"十三五"国家重点图书出版规划项目

西方古典学研究
编辑委员会

主　编：黄　洋（复旦大学）
　　　　高峰枫（北京大学）

编　委：陈　恒（上海师范大学）
　　　　李　猛（北京大学）
　　　　刘津瑜（美国德堡大学）
　　　　刘　玮（中国人民大学）
　　　　穆启乐（Fritz-Heiner Mutschler，德国德累斯顿大学）
　　　　彭小瑜（北京大学）
　　　　吴　飞（北京大学）
　　　　吴天岳（北京大学）
　　　　徐向东（浙江大学）
　　　　薛　军（北京大学）
　　　　晏绍祥（首都师范大学）
　　　　岳秀坤（首都师范大学）
　　　　张　强（东北师范大学）
　　　　张　巍（复旦大学）

西方古典学研究

Friendship and Community
A Study of Greek Political Thought

友爱共同体

古希腊政治思想研究

张新刚 著

图书在版编目（CIP）数据

友爱共同体：古希腊政治思想研究/张新刚著.—北京：北京大学出版社，2020.1

（西方古典学研究）

ISBN 978-7-301-30993-3

Ⅰ.①友…　Ⅱ.①张…　Ⅲ.①政治思想史-研究-古希腊　Ⅳ.①D091.2

中国版本图书馆CIP数据核字（2019）第272900号

书　　　名	友爱共同体：古希腊政治思想研究
	YOUAI GONGTONGTI: GUXILA ZHENGZHI SIXIANG YANJIU
著作责任者	张新刚　著
责任编辑	王晨玉
标准书号	ISBN 978-7-301-30993-3
出版发行	北京大学出版社
地　　　址	北京市海淀区成府路205号　100871
网　　　址	http://www.pup.cn　　新浪微博：@北京大学出版社
电子信箱	pkuwsz@126.com
电　　　话	邮购部 010-62752015　发行部 010-62750672　编辑部 010-62752025
印　刷　者	北京中科印刷有限公司
经　销　者	新华书店
	730毫米×1020毫米　16开本　29.5印张　373千字
	2020年1月第1版　2022年11月第2次印刷
定　　　价	78.00元

未经许可，不得以任何方式复制或抄袭本书之部分或全部内容。
版权所有，侵权必究
举报电话：010-62752024　电子信箱：fd@pup.pku.edu.cn
图书如有印装质量问题，请与出版部联系，电话：010-62756370

"西方古典学研究"总序

古典学是西方一门具有悠久传统的学问，初时是以学习和通晓古希腊文和拉丁文为基础，研读和整理古代希腊拉丁文献，阐发其大意。18世纪中后期以来，古典教育成为西方人文教育的核心，古典学逐渐发展成为以多学科的视野和方法全面而深入研究希腊罗马文明的一个现代学科，也是西方知识体系中必不可少的基础人文学科。

在我国，明末即有士人与来华传教士陆续译介希腊拉丁文献，传播西方古典知识。进入20世纪，梁启超、周作人等不遗余力地介绍希腊文明，希冀以希腊之精神改造我们的国民性。鲁迅亦曾撰《斯巴达之魂》，以此呼唤中国的武士精神。20世纪40年代，陈康开创了我国的希腊哲学研究，发出欲使欧美学者以不通汉语为憾的豪言壮语。晚年周作人专事希腊文学译介，罗念生一生献身希腊文学翻译。更晚近，张竹明和王焕生亦致力于希腊和拉丁文学译介。就国内学科分化来看，古典知识基本被分割在文学、历史、哲学这些传统学科之中。20世纪80年代初，我国世界古代史学科的开创者日知（林志纯）先生始倡建立古典学学科。时至今日，古典学作为一门学问已渐为学界所识，其在西学和人文研究中的地位日益凸显。在此背景之下，我们编辑出版这套"西方古典学研究"丛书，希冀它成为古典学学习者和研究者的一个知识与精神的园地。"古典学"一词在西文中固无歧义，但在中文中可包含多重意思。丛书取"西方古典学"之名，是为避免中文语境中的歧义。

收入本丛书的著述大体包括以下几类：一是我国学者的研究成果。近年来国内开始出现一批严肃的西方古典学研究者，尤其是立志于从事西方古典学研究的青年学子。他们具有国际学术视野，其研究往往大胆而独具见解，代表了我国西方古典学研究的前沿水平和发展方向。二是国外学者的研究论著。我们选择翻译出版在一些重要领域或是重要问题上反映国外最新研究取向的论著，希望为国内研究者和学习者提供一定的指引。三是西方古典学研习者亟需的书籍，包括一些工具书和部分不常见的英译西方古典文献汇编。对这类书，我们采取影印原著的方式予以出版。四是关系到西方古典学学科基础建设的著述，尤其是西方古典文献的汉文译注。收入这类的著述要求直接从古希腊文和拉丁文原文译出，且译者要有研究基础，在翻译的同时做研究性评注。这是一项长远的事业，非经几代人的努力不能见成效，但又是亟需的学术积累。我们希望能从细小处着手，为这一项事业添砖加瓦。无论哪一类著述，我们在收入时都将以学术品质为要，倡导严谨、踏实、审慎的学风。

我们希望，这套丛书能够引领读者走进古希腊罗马文明的世界，也盼望西方古典学研习者共同关心、浇灌这片精神的园地，使之呈现常绿的景色。

"西方古典学研究"编委会

2013 年 7 月

序　言

张新刚博士的著作《友爱共同体——古希腊政治思想研究》完稿付梓，邀为作序。我作为他研究生阶段的导师，很高兴看到他这部花费十余年心力的研究成果面世。

审视欧洲政治思想传统，古希腊的重要性如何强调都不为过。公元前6世纪末到公元前4世纪这两百多年的时间内，希腊城邦世界的政治实践和反思为西方乃至世界提供了政治思考的基本概念和议题。现代西语中的"政治"概念就是由古希腊城邦事务（*ta politika*）演变而来，而用"政体"来思考政治秩序构建也是古希腊人对后世的重要贡献，更不用说古希腊思想家关于"正义""公民权""德性"等议题的哲学反思仍在不断影响当代政治思想和实践。上个世纪，特别是第二次世界大战以后，古希腊政治思想又成为学术界讨论的热点，卡尔·波普尔、汉娜·阿伦特、列奥·施特劳斯、埃里克·沃格林等政治思想家纷纷将目光投回古希腊，从不同的视角重新审视古希腊政治思想，并将之与西方文明的命运再次结合在一起。与此同时，雅典民主制度也成为古史学界以及当代政治理论家热衷讨论的议题，而诸如修昔底德等古代史家的名字也以各种方式出现在当下的政治话语中。可以说，古希腊政治思想自诞生之初就不再是历史性、地方性知识，而是逐步成为政治思考的基础性范式，并与后世不同时段和地区的政治实践持续地互动和碰撞。

国内学术界对古希腊政治思想的引介也有较长的历史。1929年，吴献书先生将柏拉图《理想国》翻译为中文。此后在20世纪40年代，英国著名政治学家拉斯基的高徒、在伦敦政治经济学院获得博士学位并任教于北京大学政治学系的吴恩裕先生，在《东方杂志》刊发了一系列讨论古希腊政治思想的文章，如《柏拉图"政治家"及"法律篇"中的政治思想》《亚里士多德"政治论"中的政治理想》等，对柏拉图和亚里士多德这两位古希腊最重要的政治思想家进行了精当的介绍。自20世纪90年代以来，随着国内学术界对西方思想传统更为系统的了解，以及对国际学界共和主义以及保守主义思想家的引介，国内学人对古希腊政治思想的关注也日益增多。与此同时，越来越多的年轻学者有条件接受较为系统的语言和学术训练，能够更为深入地研究西方政治思想的发端，也有不少专著和译著问世。

在国内古希腊政治思想研究方兴未艾之际，张新刚的这部《友爱共同体》提供了一个新的视角，帮助我们理解古希腊政治思想的起源、性质和流变，甚至在相当程度上调适学界对古希腊政治思想的一些传统看法。无论国内还是国际学界，对古希腊政治思想的既有研究多集中在诸如正义、政体、德性等议题，这些也是柏拉图和亚里士多德政治著作讨论的核心问题。但是读者眼前的这项研究却将"友爱共同体"作为统摄古希腊政治思想演变的主线，可谓是极富创见和野心的理论努力。在现代政治思想和政治哲学中，"友爱"通常并不被严肃对待，而是更多地被当作是私人领域的道德伦理议题。但是我们如果打开亚里士多德《尼各马可伦理学》，却会发现友爱在他的政治共同体论述中占据核心地位。亚里士多德在该书的第八卷中明确讲到"友爱将城邦聚为一体，立法者对友爱的关切要胜过正义"，"人们之间有了正义还需要友爱，但有了友爱就不必需要正义"等重要观点。尽管古代文本中还有诸多类似的讨论，但是友爱与古希腊政治思想的关系并未受到学者应有的关注，这就使得我们可能错失进入理解古希腊政治秩序构建的门径。所以，要探究古希腊政治思想的本源，必须从正视友爱议题入手，而《友爱共同体》在这方面的理论努力与贡献是特别值得肯定的。实际上，张新刚对友爱问题的关注始于研究生阶段，他的博士论文即是对柏拉图《理想国》与《法律篇》中友爱共同体思想的系统研究，而经过近几年的研究深化，他将视野从柏拉图进一步拓展到整个古风和古典时期，研究的对象也从哲学家的经典文本延伸到历史、戏剧、演说等多种性质的文本。这部著作充分展现了作者跨学科的研究功底和对长时段思想史演变的驾驭能力，以及对希腊政治传统更为深入而细致的理论理解。

除了在研究主题方面的自觉反思与正本清源之外，本书至少在以下诸方面对古希腊政治思想史乃至一般意义的思想史研究都有突出贡献。

第一，作为一部政治思想史的研究著作，《友爱共同体》体现出作者对研究议题和方法的自觉反思，特别表现为用"政治"的视角来研究政治思想史。传统的政治思想史研究，特别是在材料相对匮乏的古典政治思想史领域，学者们往往将大部分注意力放在重要思想家的核心政治著作上，通过扎实的文本研究，梳理不同时段政治思考的基本范式和逻辑，这无疑是非常核心和基础性的工作。但是在本书作者看来，单单凭靠政治思想家来理解特定时代的政治思想是不充分的，还要同时关心特定政治共同体真实发生的政治思考，尽可能地理解政治共同体内的政治主体的政治反思。只有将参与政治的广大政治主体与政治思想家的政治思想不断交互研究，才能对特定时段和区域的政治思想有更加中允的把握，同时也会更准确地理解经典文本的内在脉络。

具体到本书而言，相当大的篇幅被用作分析古希腊悲剧文本，用作者自己的话来说，面向城邦公民群体上演的"悲剧更能代表普通公民的政治思考，进而展现了更为鲜活而真实的城邦政治思想"。作者认为，相较于智者和哲学家的抽象思考，悲剧面对的广大观众使得剧作家必须反映城邦公民通常的政治和道德关切，不仅如此，剧作家通过戏剧来展示各种悬而未决的价值，让城邦的政治主体一起来进入这些人物和情节加以反思。除了悲剧外，本书另外一个关注的重点放在了与历史相关的材料和著作，通过对共同体秩序的历史考察，作者区分了城邦从政治共同体到政体的不同演变阶段，并在不同的秩序范式之上考察政治思想的内生逻辑。如果说悲剧是公民们坐在剧场中进行政治和伦理的思想实验，那么历史著作中所记述的就是政治家与公民主体在公民大会、陪审法庭以及战场上呈现的真实行动和思想品性。在对公元前5世纪政治思想考察的基础之上，本书最后两部分关于柏拉图和亚里士多德政治思想的研究就更为自然地嵌入城邦政治的演进脉络，并且将"最佳政体"和"友爱共同体"这两个古典政治思想的核心关切以非常清晰和令人信服的方式呈现出来。

本书将政治参与主体的政治思考和思想家文本置于同等地位加以考察，对政治思想研究的对象有较大的拓展，能更加准确地审视政治思想。虽然相较于印刷术普及后的西方近代世界以及报刊流行的18—19世纪而言，古代世界可供利用和研究的文献相对有限，但这种对政治思想的理解范式是十分可取的，作者通过历史视角努力还原的城邦主体政治思想变迁是弥足珍贵的。

第二，本书将政治的产生与城邦内乱作为并行的政治议题进行研究，揭示了古希腊城邦政治演进的核心主线。传统的古希腊政治思想史研究更多强调最佳政体和正义城邦等，也会关注智者思想以及柏拉图著作中提及的 *nomos-physis* 之间的紧张关系，但是鲜有学者将城邦的现实政治议题与理论思考紧密结合在一起考察。《友爱共同体》一书旗帜鲜明地提出，城邦内乱（*stasis*）可以被视作"政治"创生时的孪生兄弟,并且一直作为"政治"的对立面,成为贯穿古风和古典希腊城邦秩序构建的核心挑战。

根据作者的研究,政治的创生很大程度上是为了解决以贵族斗争为特征的城邦内乱,而随着民主制以及更广范围的政体时代的到来,城邦内乱呈现新的"意识形态"特征。在伯罗奔尼撒战争期间,战争与城邦内乱进一步相互激发,使得城邦秩序遭遇到一系列重大挑战,并深陷危机而无法自拔。无论是希腊范围的城邦实践还是雅典自身的内乱经历,都使得公元前5世纪末和公元前4世纪的作家与思想家重新从理论层面回应内乱问题。从这个角度出发,作者令人信服地论证了,城邦内乱及其背后的理论支撑构成柏拉图政治著述的核心命题,也是打开柏拉图政治思想的钥匙。为了解决城邦内乱的现实与理论挑战,柏拉图构建了旨在达成统一共同体的最佳政体学说,并从德性培养的角度观照人的美好生活。由此,从公元前5世纪上半叶埃斯库罗斯的悲剧作品《复仇女神》一直到公元前4世纪中后期亚里士多德的《政治学》,古希腊作家都将内乱视为城邦最大的恶,类似瘟疫一般的恶疾,从而寻求各种手段力图防范城邦出现内乱。正是在这个意义上,友爱共同体成为与城邦内乱相对的理想政治秩序。根据我有限的阅读所知,对于城邦内乱这一议题的阐述,包括国际学界在内的已有研究都重视不足,只有少数历史学者对此有简单讨论,而这恰恰是把握城邦秩序构建的关键所在。可以说,不理解内乱问题对于城邦的重要性,我们对希腊政治思想的认知将仍旧会是"雾里看花",而无法把握其精要。

第三,本书除了将城邦内乱和友爱这两个被忽视的线索揭示出来之外,最为精彩的是对政治与友爱共同体复杂关系的细致辨析。作者通过对历史上城邦共同体的诞生,特别是雅典作为政治共同体诞生的历史考察,首先区分了"政治"与"民主制"。依照作者的分析,公元前6世纪末的克里斯提尼改革的结果是将雅典改造为政治共同体，而非现代学者追溯的民主政体。政治共同体意味着以公民整体为基础进行同质化的政治整合，虽然克里斯提尼改革的雅典政体带有很强的民主色彩，但雅典成为民主城邦是希波战争后随着海军的兴起以及城邦内政治斗争而逐步演变的结果。作者所做的这一区分至关重要，因为它澄清了城邦政治的核心内涵，以及政治与之后衍生的政体之间的历史与逻辑关系。

不仅于此，通过对克里斯提尼改革和埃斯库罗斯悲剧的分析，作者敏锐把握到政治性安排的内在张力，即需要在城邦内部合理地处理分歧，在统一的共同体基础上进行政治运作，而不致将城邦推向内乱。这就要求城邦必须找到友爱的联结纽带，将政治共同体维系为一体而不是分裂。跟随作者的分析，我们看到希腊城邦经历了从家庭亲缘关系和伙伴关系为核心到以城邦为核心构建政治友爱关系的漫长历程。公元前5世纪的城邦实践表明，这一过程并不是一帆风顺的，恰恰相反，如《安提戈涅》和《伯罗奔尼撒战争史》等展示的是政治友爱的重重挑战。本书对这一过程有很多新颖而精彩的分析，这里仅举几例说明。比如通过对悲剧《安提戈涅》细密的文本爬梳，作者认为安提戈涅并不能代表家庭伦理，反而是扭曲的义务伦理观的体现；而克瑞翁则是将扭曲的家政理解错误移植到城邦治理上面，他也就不能代表城邦伦理。所以对于索福克勒斯而言，城邦尚待寻找到能够同时安顿亲缘关系和城邦关系的新型友爱。再比如在对修昔底德《伯罗奔尼撒战争史》的分析中，作者提出城邦内乱实际上构成与战争平行的叙述主线，而修昔底德笔下关于民主和寡头对抗的意识形态式内乱，从根本上说仍是以统治权为核心的权力派系斗争，而从友爱的角度上说，是派系关系胜过了传统家庭和共同体亲缘关系。这一发展脉络直到柏拉图在《理想国》和《法律篇》中对家庭进行重新安顿，以及亚里士多德将家庭纳入城邦并最终被城邦统摄,构建起以德性为基础的政治友爱而得以完结。

《友爱共同体》一书中还有很多精彩的论述,留待读者自行研读探究。我想强调的是,本书的副标题是"古希腊政治思想研究",但该研究却绝非一般性的思想史概述,而是有着明确问题意识和理论关怀的"厚重"研究。从这个意义上说,该书并不容易读,而这恰恰也是深入探索西方政治传统内在肌理后留下的印迹。最难能可贵的是,作者对古希腊政治思想研究的最终关切点落在现代政治秩序的构建上。在人民主权的时代,古希腊人对政治的典范理解得以进一步实现。在后启蒙时代,我们或许比任何其他时候都更需要重新审视古希腊政治思想的精髓,完善地理解政治的本质以及政治友爱在构建共同体中的纽带作用。

张新刚博士能够如此精深而细腻地分析古风和古典时期的希腊政治思想,不仅澄清了古希腊政治思想的核心线索,而且也展示了政治事务自身的内在肌理和演进逻辑。这项研究所提出的议题以及研究的深入程度实际上并不逊于很多西方研究成果,对于中文学界理解古希腊政治思想,乃至古希腊城邦世界的性质也具有重要意义。笔者衷心希望这部著作能够推进国内学界对古希腊政治思想的研究,并通过对西方政治传统的理解,改进我们对政治的理解,从学理和实践上探究优良的政治秩序。

李 强

目 录

导　论　重访希腊政治　　　　　　　　　　　　　1

第一部分：政治共同体的创立 / 21

第一章　从共同体到政治共同体　　　　　　　　23
第二章　内乱与政治：共同体的思想创生　　　　60
第三章　《安提戈涅》：家城友爱的困境　　　　95

第二部分：政体时代的分裂城邦 / 139

第四章　战争、内乱与政体思想　　　　　　　　141
第五章　祖宗之法与雅典的政治和解　　　　　　192
第六章　友爱危机与"自然 – 礼法"关系　　　　238

第三部分：柏拉图与统一城邦 / 261

第七章　柏拉图政治思想的问题意识　　　　　　263
第八章　《理想国》：美丽城与统一城邦　　　　286

第九章 《法律篇》:"次佳政体"   327

第四部分:亚里士多德与友爱城邦 / 375

第十章 亚里士多德:政治共同体与政体   377
第十一章 亚里士多德论政治正义   404
第十二章 亚里士多德论政治友爱   419

结语:政治 在过去与未来之间 / 449

导论　重访希腊政治

> 因为发展出了政治，希腊人成为整个世界历史的针眼儿，必须通过它才能到达现代的欧洲。
>
> ——迈耶（Christian Meier）[1]

"政治"的诞生

翻开政治学者或者古代史学者关于古希腊政治理论的研究著作，会发现大多数学者都会秉持一个主张，那就是古希腊人发明或发现了"政治"。[2] 这一初看起来颇为强势的论断自然会引发一系列疑问，其中有三个问题是无法回避的：首先，政治作为处理人类共同体事务的秩序安排，何以可能将其创生的功劳单独归于古希腊人呢？再者，现代人对政治的核心理解是与现代国家及其制度性安排紧密相关的，那么依托于城邦共同体的古希腊政治理解是否能够延续到现代政治中呢？最后，如果假定古希腊城邦政治仍有助于增进我们对政治的理解，以何种方式回到古希腊才是合宜的路径呢？

---

[1]　Christian Meier, *The Greek Discovery of Politics*, trans. D. McLintock, Harvard University Press, 1990, p.2.

[2]　如古代史学者芬利就说："我们意义上的政治在前现代世界的人类活动中十分少见。事实上它是希腊的发明。"见芬利：《古代世界的政治》，晏绍祥、黄洋译，商务印书馆，2013年，第69页。

对第一个疑问的直接回答并不复杂。借用卡斯托里亚迪斯（Cornelius Castoriadis）对 *le politique* / the political 和 *la politique* / politics 的区分，可以很好地说明这一问题。他认为："希腊人并没有发明前者（the political），即在任何社会中都明确存在的权力维度。他们（希腊人）发明了，或更准确的表达是创造了政治（politics），这与前者是完全不同的。"①之所以二者并不一样，是因为希腊人为权力安排提供了一种独特的秩序构建方式。这被后人称为"政治"，而所有的"希腊发明／发现政治说"都在这一点上做起了文章。比如政治学者米诺格（Kenneth Minogue）在其关于政治学的一部导论中开门见山地讨论"为什么专制者不属于政治"②，亦即是说并非所有的权力组织方式都是"政治"组织方式，来源于古希腊主奴统治意涵的专制者（despots）从亚里士多德开始就已经被排除出政治的范畴。而"政治"则是古希腊人对自己构建共同体秩序的独特理解，它不仅指城邦-共和的形式，而且该词在较强的意义上意味着："经过投票人或者说在投票人面前经过实质性的讨论后，对关涉公共的事务做出集体决议。这些投票人是平等的，所讨论的问题既有原则性问题，也有纯粹技术性和操作性的。"③

在对希腊人以政治的方式组织共同体秩序的描述背后，更为重要的问题是何以希腊人能够发展出"政治"？对这一问题的回答就要交付给历史学家了。希腊政治的出现和演变与城邦密不可分。通过对城邦崛起以及演变的分析，我们看到自前 8 世纪以后，城

---

① Cornelius Castoriadis, "Power, Politics, Autonomy", in his *Philosophy, Politics, Autonomy*, Oxford University Press, 1991, pp.143-174.

② Kenneth Minogue, "Why Despots Don't Belong in Politics", in his *Politics: A Very Short Introduction*, Oxford University Press, 1995, pp.1-9.

③ 保罗·卡特利奇："希腊政治思想：历史背景"，收入克里斯托弗·罗、马尔科姆·斯科菲尔德主编：《剑桥希腊罗马政治思想史》，晏绍祥译，商务印书馆，2000 年，第 21 页。

邦成为希腊这片土地上最重要的共同体形式。在城邦彼此间长期的军事冲突与竞争中，拥有一定地产的战士群体也同时成为城邦公共事务的重要参与者，使得城邦这一形态自身就带有强烈的平等倾向。① 古风时期，虽然城邦秩序遭遇到内部贫富冲突等一系列挑战，但是通过早期立法、僭主等方式得以缓解，恢复到优良秩序（eunomia）。后来随着统治精英间的竞争加剧以及外部威胁的压力加大，城邦不得不进一步扩大统治基础，将更大规模的民众以政治的方式整合到城邦中来，进而促使希腊城邦发展出以公民为主体的秩序构建范式。城邦也就不仅仅是一个空间概念，而成为修昔底德笔下的公民－城邦。② 在公民城邦基础上，特别是公元前 5 世纪后半期以降，希腊人的政治思考也开始从优良秩序逐渐演变为对政体（politeia）理论的探究，这一进程在公元前 4 世纪的柏拉图和亚里士多德对最佳政体的讨论中达到顶峰。希腊的政治思考范式在经过罗马的转译之后，更加稳固地留在了西方政治传统之中。与此同时，希腊城邦和罗马共和传统都将公民对公共事务的关切与异族的非政治状态对立起来，从而不断形塑和强化了欧洲政治传统。

　　基于这一演变过程，我们得以理解缘何是古希腊人为思考政治事务提供了基本语汇库。诸如公民、自由、政体、投票、陪审、民主等概念，无论其实质内涵到今天是否发生了改变，都已经成为现代政治分析的基础。但是除了提供这些政治概念外，古代希腊政治

---

① 关于希腊城邦早期的平等倾向，可参见 Ian Morris, *Archaeology as Cultural History*, Wiley-Blackwell, 1991; Kurt A Raaflaub, and Robert W. Wallace, "'People's power' and egalitarian trends in archaic Greece", in Kurt A. Raaflaub, Josiah Ober, and Robert Wallace eds., *Origins of democracy in ancient Greece*, University of California Press, 2007, pp.22-48。

② 修昔底德："人就是城邦"（*andres polis*），《伯罗奔尼撒战争史》, 7.77.7, 译文参考 Hammond M., Rhodes, P. J., *Thucydides: The Peloponnesian War*, With an Introduction and Note by P.J. Rhodes, Oxford University Press, 2009。

对于现代政治究竟意味着什么呢？用前面引用迈耶的话说，如果只有通过希腊政治的针眼儿才能通达现代欧洲，那这个针眼儿究竟是什么？

返回希腊政治的路径

相对于之前的问题，对这第二个疑问的回答就要复杂得多了。概览已有学者的研究进路，我们可以简单地将对古希腊政治的关切大致划分为两种方式。第一种方式是出于对现代政治某些议题的关注，以追溯的方式返回到古希腊相关议题的讨论，比如对古代个体自由的讨论、政治权利与义务的讨论等等。[1] 而这方面讨论最多的话题当属雅典民主制度，无论是关于民主起源还是民主制度运行的研究，实际上都反映了学者们对当代政治价值的关切。略微奇怪的是，如邓恩所言，"民主这一政府形式，在其作为词语的差不多两千年的历史中，已经证明在理论上它完全没有什么正当性，而在实践中处处都带来灾祸"。而到了现代政治里就不仅仅是一种政府形式，而且具备了正面的政治价值。[2] 民主在现代政治理论中的核心位置也引发了对雅典民主制不断地加以诠释。在这一路径中，近年来最有代表性的学者当属奥伯（Josiah Ober）。在他的研究中[3]，雅典民主成为一种典范性制度，是一群有着明确政治意识的人们的自

---

[1] 如 Paul Cartledge and M. Edge, "'Rights', Individuals, and Communities", in R.K. Balot, eds., *A Companion to Greek and Roman Political Thought*, Wiley-Blackwell, 2009, pp.149-163。

[2] 约翰·邓恩：《让人民自由：民主的历史》，尹钛译，新星出版社，2010 年，第 3—5 页；黄洋：《古代希腊政治与社会初探》，北京大学出版社，2014 年，第 97—150 页。

[3] 奥伯著述甚多，除了文章外，几部雅典相关大部头基本可以管窥他的研究进路，参见 Josiah Ober, *Mass and Elite in Democratic Athens: Rhetoric, Ideology, and the Power of the People*, Princeton University Press, 1989; *Political Dissent in Democratic Athens: Intellectual Critics of Popular Rule*, Princeton University Press, 1998; *Democracy and Knowledge: Innovation and Learning in Classical Athens*, Princeton University Press, 2008。

我统治，进而能够避免集权或者寡头统治铁律。在奥伯看来，目前留下来的古希腊哲学家等群体对雅典民主的批评更多是理论上的，并没有对雅典政治实践产生实质性影响。不仅如此，雅典民主派还在实践中不断构建和改进自身的知识体系。在奥伯对雅典民主实践颂扬的背后，反映了这位古代史学者对现代政治，特别是对自由民主体制的乐观态度。

与奥伯相对，更为审慎的古代史学者强调不要刻意将现代民主的意识形态套用在对雅典民主的分析上面。[①]也有学者尖锐地指出，回到古代希腊那里寻找现代政治的价值完全是一厢情愿，雅典民主并不具备现代法国、美国等政治革命的智识资源，甚至在古典时期的希腊，民主自身是否具有坚实的理论基础都需要打上一个大大的问号。[②]经由这些争论，我们注意到古代希腊城邦政治虽然作为政治的创生地，为后世提供了政治分析的基本概念和工具，甚至在某种程度上出现了与现代政治有很深关联的政体形式，但是简单地将政治议题进行古今对接却显得太过简单和草率。要真正理解作为世界历史针眼儿的希腊政治，需要检讨的是古今政治各自不同的深层逻辑，以及在更实质性的意义上思考古希腊政治在现代世界中的位置。

一旦将古代政治与现代世界的关系推进到更深的层面，就要将目光转向现代政治中的共和主义传统。关于共和主义传统的古代渊源，学界有诸多细致的讨论，特别是关于希腊共和与罗马共

---

① 如 Peter Rhodes, *Ancient Democracy and Modern Ideology*, Duckworth, 2003。在该书中，Rhodes 就提出警告，不要对历史做削足适履式的比附研究，这将有害于对古代史的理解，也将最终影响研究所想要达到的目的。

② 这方面的研究也很多，仅举一例说明，参见 Edward Harris, "The Flawed Origins of Ancient Greek Democracy", in Aleš Havlíček (†), Christoph Horn and Jakub Jinek, eds., *Nous, Polis, Nomos,* Sankt Augustin, 2016, pp.43-55。

和的区分也更加丰富了对这一问题的认知。但总体来说，共和主义传统都会比较强调公民的政治参与、混合政体以及对公民德性的培养。①

现代公民的政治参与被思想家们视为是捍卫现代政治价值的重要手段。比如贡斯当明确提出政治自由是个人自由的保障，"一旦沉湎于享受个人的独立以及追求各自的利益，就会过分容易放弃分享政治权力的权利"②，进而使得最终个人自由沦丧。托克维尔则通过对美国民主的观察，发现"美国人以自由抵制平等所造成的个人主义，并战胜了它。美国的立法者们认为，只在全国实行代议制，还不足以治愈社会机体在民主时期自然产生的而且危害极大的疾患。他们还认为，使国内的各个构成部分享有自己的独立政治生活权利，以无限增加公民们能够共同行动和时时感到必须互相信赖的机会，是恰当的"③。在托克维尔眼里，政治参与意义上的自由不仅仅是一种抽象的价值，而且构成了对抗专制威胁的强大武器，这也是美国区别于法国政治传统的关键所在。

需要特别指出的是，美国政治中所蕴含的这种共和主义因素并不仅仅是宪法塑造的，而是在美国革命与建国过程中切实存在的政治传统。比如在反联邦党人的主张中，对小国寡民理想诉求的实质内容就是，只有类似于城邦的公民共同体才能确保政府履行责任以及培育真正的公民德性。④20世纪中叶以来，学界对美

---

① 中文学界对这一问题的系统梳理，可参见萧高彦：《西方共和主义思想史论》，商务印书馆，2016年。
② 贡斯当：《古代人的自由与现代人的自由之比较》，李强译文，见贡斯当：《古代人的自由与现代人的自由》，阎克文，刘满贵译，上海人民出版社，2005年，第48页。
③ 托克维尔：《论美国的民主》下卷，董国良译，商务印书馆，2004年，第631—632页。
④ 赫伯特·J.斯托林：《反联邦党人赞成什么》，汪庆华译，北京大学出版社，2006年，第25—42页。

国革命和建国进行了一系列重新理解的努力，其中最为重要的结果就是共和主义成为与自由主义相并立的解释范式。[①]无论是美国革命中民众参与所展示出的公共美德和爱国主义，还是建国制宪过程中对混合政体的讨论与设计[②]，无不体现了发端于古代政治的基本原则。

波考克[③]和伍德等共和派学者为我们揭示了现代政治中存续的共和主义源流和要素，但不可忽视的是现代共和与古代传统也存在着重大的差别，特别表现在对公民德性的理解上面。在现代共和主义的重要开端处，马基雅维利就看到共同体的基础已经开始转化为更为广大的平民或民众。民众国家的出现以及现代欧洲的历史进程使得现代共和虽然同样强调公民德性，但是往往只能将公民德性停留在爱国主义的层面，很难维系古代政治对个体德性和美好生活的总体关涉。而如果进一步把思考的视域放在现代国家和商业社会的语境之下，我们会发现，现代公民生活方式与政治的关系变得更加扑朔迷离。具体来说，自近代以来，欧洲从中古社会以及绝对主义君权国家中逐渐发展出理性、严密而高效的国家机器，并且基于现代国家和现代个体构建了一整套现代政治理论。自霍布斯以降，我们可以清楚地看到现代政治逻辑的转变。国家的首要目的是保障个体的安全，从而拒绝也无力承担使每个个体本性完满的任务，而古代城邦通过政治生活来引导和关照灵魂的部分已经被现代政治推向了个体心灵和社会之中。总体来说，现代国家和与之相配套的制度

---

① 参见戈登·S.伍德：《美利坚共和国的缔造1776—1787》，朱妍兰译，译林出版社，2016年。

② 参见詹姆斯·麦迪逊：《辩论：美国制宪会议记录》，尹宣译，译林出版社，2016年；伍德：《美利坚共和国的缔造1776—1787》第六章。

③ 参见约翰·波考克，具体参见其《马基雅维里时刻：佛罗伦萨政治思想和大西洋共和主义传统》，冯克利、傅乾译，译林出版社，2013年。

架构,以及18世纪以后兴起的商业社会决定性地支配着现代人对政治的感受。

现代人对政治的认知与生活在古希腊城邦中的公民对政治的认知是完全不一样的,用卢梭的话说:

> 古代的人已不再是我们现代人的模特儿;现代人在各方面都与古代的人大不相同……你们(日内瓦人)不是罗马人、斯巴达人,甚至也不是雅典人……你们是商人、工匠和有产者;你们成天忙碌奔波的,是你们个人的利益、工作和生计;对你们来说,甚至自由也只不过是为了没有阻碍地取得这些利益并平平安安地拥有这些利益的手段。①

这一论断在贡斯当关于古今自由的著名区分中被表达得更为直接。在他看来,"古代人的目标是在有共同祖国的公民中分享社会权力:这就是他们所称谓的自由。而现代人的目标则是享受有保障的私人快乐;他们把对这些私人快乐的制度保障称作自由。"② 这一转变的重要前提是古今生活方式的变化,在《古代人的自由与现代人的自由》这一演讲开始的地方,贡斯当提出现代社会和古代政治在生活方式上的重大变化是以商业取代战争,他的意思并不是说现代世界中没有战争或是古代世界没有贸易,而是说在现代世界中,商业是常态,"是所有国家的唯一目标、普遍趋势与真正的生活"。商业构成了一种新的生活方式,它将古人不断参加政治生活的闲暇剥夺了,激发了个体的独立,使人专注于个体事业和欲望的满足。虽然发生了这么重大的变化,贡斯当仍没有完全放弃古代政治的核心目标:

> 先生们,我可以证明,我们的本性中有更好的部分,这

---

① 卢梭:《山中来信》第九封信,李平沤译,商务印书馆,2012年,第240—241页。
② 贡斯当:《古代人的自由与现代人的自由》,第39—40页。

就是驱使并折磨我们的那种高尚的忧虑，这就是希望拓宽我们知识以及发展我们能力的那种欲望。我们的使命要求我们的不仅仅是快乐，而且还有自我发展；政治自由是上帝赋予我们的最有力、最有效的自我发展的手段。

………………

研究中世纪共和国历史的著名作者曾说过，制度必须完成人类的使命，如果某种制度能使尽可能多的公民升华到最高的道德境界，它便能最好地实现这一目标。假如立法者仅仅给人民带来和平，其工作是不完全的。即使当人民感到满意时，仍有许多未竟之业。制度必须实现公民的道德教育。①

贡斯当这里提到的"道德能力""本性中更好的部分""自我发展""最高的道德境界"等概念更常见于柏拉图和亚里士多德的著作，它们实际上是古典希腊政治思想的核心关切和最终目标。但是我们需要追问的是，在一个商业社会为常态的世界中，个体生活方式除了自由和和平外，本性发展以及最高的道德境界的实质意涵究竟是什么呢？贡斯当只是在演讲的最后给出了方向，但并没有予以明确回答。而恰恰是演讲最后极富修辞性的表达将古今政治最根本的区别呈现了出来，这就是政治与总体生活关系的实质性演变。

上面提到，现代政治是以国家为核心构建的秩序安排，欧洲近代以来的历史进程已经将政治打造为高度理性化和中立化的制度机器，除了生存意义上的幸存与和平外，政治已经不再是包办一切的整体性安排。而在古代政治哲学中政治对于人来说是全面而首要的，用亚里士多德的话说，政治共同体是包含其他共同体的，其目

---

① 贡斯当：《古代人的自由与现代人的自由》，第49页。

的是最高的善。城邦的善是所要获得和保持的更重要的、更完满的善。政治学则是最权威的科学。它规定了城邦中应该研究和学习什么，其目的包含着其他学科的目的。① 政体与立法安排的着眼点应该放在如何将人培养得更好，或者用柏拉图的话说，政治技艺最重要的是"照看人的灵魂"②。不仅如此，与贡斯当的语焉不详相比，在公元前4世纪的柏拉图和亚里士多德的政治思考中，最佳政体和优良的生活方式基本上是明确的，围绕着德性培养而最终实现幸福的路径也是笃定的。但是，古代政治对人类生活的核心规定性在现代世界中遭受了全面的挑战，霍布斯在《论公民》中就是通过颠覆古代政治的核心命题，即人是政治的动物，开启了对现代政治逻辑的重建之路。③ 在现代政治的基底上，伴随着确定性的道德与上帝的退隐，已经疏离了实质性价值目标的现代政治恐怕要一直与其内在的道德困境相伴。第二次世界大战之后，我们虽然看到一些政治理论家出于对现代性的反思，试图重启古代政治哲学的资源来激活政治对人的总体关切④，但是否可能将古代政治思考的视野直接纳入现代政治框架仍是一个悬而未决的问题，贡斯当对古今政治结合的美好愿望仍未可期。

总起来说，无论是对古代希腊政治议题的追溯与激活，还是

---

① 亚里士多德：《政治学》1250a1-7（本书所引用《政治学》文本，译自 Aristotle, *Politics*. Translated, with introduction and notes, by C. D. C. Reeve, Hackett, 1998）；《尼各马可伦理学》1094b1-11（本书所引用《尼各马可伦理学》文本，译自 Aristotle, *Nicomachean Ethics*, translated by Terence Irwin, 2nd edition, Hackett, 1999）。

② 柏拉图：《法律篇》650b。

③ 这一过程详见李猛：《自然社会：自然法与现代道德世界的形成》，第一章"从政治到社会"，生活·读书·新知三联书店，2015年，第43—89页。

④ 如施特劳斯在其一系列论著中强调古典政治哲学对政治生活目标，以及实现这一目标所依仗的贵族共和政体的关注，参见施特劳斯："什么是政治哲学？""论古典政治哲学"，收入施特劳斯：《什么是政治哲学》，李世祥等译，华夏出版社，2011年。

通过共和主义重新审视现代政治中的古代传统，这两种思路基本集中于古希腊政治两个最夺目的议题，即雅典民主制度与以柏拉图和亚里士多德为代表的古典希腊政治哲学。古希腊政治思想最初发端于以城邦为核心的政治实践和反思，这些理论和思考范式在形成之后便逐渐成为抽象的政治原则，从而具有了普遍适用性，并在不同时空语境中不断进行调适。但是一旦进入后世的历史和思想传统中，古希腊政治思想在不断地抽象化和重新阐释中，就不可避免地要被简化和转化，从而远离远为丰富而混沌的古希腊政治世界，甚或可能遮蔽了对于古代希腊人而言至关重要的思考议题。

以上面谈到的两个主题为例，我们可以进一步追问：雅典民主是否真的能够代表或反映希腊政治思想的要义？或者民主能否反映古代雅典公民对自身城邦秩序的政治思考？如果回到古代希腊的历史文献中，我们会发现虽然现代学者不断争论民主制究竟是由梭伦还是克里斯提尼，抑或厄菲阿尔特斯与伯里克利真正创立，但 demokratia 一词首次出现是在公元前 5 世纪后半叶，而根据现有的材料，该词第一次在雅典官方文献中出现是在前 410 年甚至更晚一些。那么由此而来的一个非常自然的问题就是，古风和古典时期（特别是伯罗奔尼撒战争之前）的雅典公民是如何构想自己的政治秩序的？后人将雅典政治描绘成朝向民主的演变历程[①]，实际上遮蔽了几个世纪中雅典政治思考的复杂性和丰富性。而要切近这一问题，就需要以更为本源的视角和广泛的材料来重新审视政治思想的范畴，不仅仅哲学家和历史学家在从事政治思考，那些在城邦民众面前上演的戏剧与塑造共同体生活传统的神话和宗教，以及公民

---

① 甚至在亚里士多德的《雅典政制》中都可以看到这一潜在的线索，比如在讨论梭伦变法时会评论其中最为民主的措施等等。

大会的发言与法庭上的辩词，甚至雅典城邦政治斗争的实践，无一不是城邦内曾经真实进行过的政治思考。要对雅典人自身政治秩序反思有所把握，就必须从民主话语进一步回到更为庞杂而混沌的城邦生活实践中，尽最大努力完成对以雅典为代表的城邦政治思想的拼图。

同样的，以古典政治思想为基础构建的共和主义思考范式也需要仔细辨析和追问。柏拉图和亚里士多德毋庸置疑奠定了罗马共和以降的欧洲政治思考传统。这两位哲学家作为古典政治哲学最为重要的开创者①的地位无论如何强调也不为过，甚至后世也往往会以二人的政治思想作为理解希腊政治传统的正宗。但是有一个事实其实往往被后来的学者有意或无意地忽视，那就是这师徒二人都是公元前4世纪的哲学家，按照今天学界对古希腊历史的分期，他们基本居于古典希腊的晚期，身为亚历山大老师的亚里士多德辞世之日已经到达希腊化时期的临界点上。他们著书立说之时，希腊世界最为重要的希波战争已是一个世纪之前的事情，震动整个希腊世界的伯罗奔尼撒战争已完结，雅典在历经劫难之后也进入到比较平稳的时期，柏拉图和亚里士多德在这一阶段成为城邦政治思考的集大成者。需要重新审视的是，公元前4世纪的古典政治思想是如何承接古风以降城邦政治的问题意识，进而构建起以最佳政体的讨论为核心，以公民优良生活方式为旨归，在今人看来带有浓厚伦理色彩的政治思想范式的呢？此外，过强的共和主义解释范式是否遮蔽了古典政治思想的某些核心关切呢？

受到上述回归古希腊政治思想路径的启发，以及对透过不同

---

① 如沃林就将柏拉图视为构建系统性政治哲学的第一人，见谢尔登·沃林：《政治与构想：西方政治思想的延续和创新》，上海人民出版社，2009年，第31—35页。

的"针眼儿"所看到的古希腊政治思想图景的反思,本研究希望找到一个新的契机和视角再次重访古希腊,并通过重新审视希腊城邦政治内在的问题意识以及不同时段的实践与理论解决方案,推进对"政治"本身的思考。

友爱共同体视野下的希腊政治思想

一旦将视野从不同阶段的古代作家关于特定政治议题的讨论①,特别是从公元前4世纪哲学家的政治哲学著作的特别关切中扩展开来,古希腊政治思想的主题与对象就来到更为宽广而实在的政治领域本身。而面对古希腊人的历史与思想实践,是否有可能找到一条能够切实反映其构建自身秩序逻辑的思想线索呢?本研究希望给出肯定的回答。那么,剩下的问题就是究竟该如何界定这一线索呢?我们可以从一个具体的历史事件中去寻找那几个坐标。

大约在公元前4世纪末或公元前3世纪的某个时段,西西里西部的一个叫作纳考奈(Nacone)的希腊小城内部发生了动乱。这次内乱的缘由和过程已经不可考了,但幸运的是,内乱后的和解处理以法律的方式铭刻在了青铜板上,使我们今天还可以管窥两千多年前希腊人的政治行动和思考方式。纳考奈议事会通过的这部法律非常生动和鲜活,我们先将这段铭文②完整地看一下:

在阿道尼斯节的第四天,由凯西奥斯之子吕克奥斯和菲○之子菲隆尼达斯主持,公民大会和议事会通过:由于好运的

---

① 比如剑桥政治思想史文本系列中的早期古希腊政治思想文本选编:*Early Greek Political Thought from Homer to the Sophists,* eds. by Michael Gagarin and Paul Woodruff, Cambridge University Press, 1995。

② *Supplementum Epigraphicum Graecum (SEG)* 30,1119. 译文可对照 Benjamin Gray, *Stasis and Stability*, Oxford: Oxford University Press, 2015, pp. 38-39; Nicole Loraux, *The Divided City*, Zone Books, 2002, pp.216-218。

降临，纳考奈人的公共事务已经恢复良序，他们以后应和谐地作为公民来行动和生活，而这是有益的；从塞盖斯塔而来的使者——阿得达斯之子阿派理考斯，匹思通之子阿提考斯和德克〇之子迪奥尼西奥斯……就全体公民的公共善好进行了审议；因此决定在阿道尼斯节的第四天召集公民大会。那些在公共事务上有分歧而有冲突的人，把他们召集到大会后，让他们彼此间进行和解，每一方提前拟好一个三十人名单。让先前是对手的人各自拟定名单，每一方编写对方的名单。执政官将每组的名字分别写在阄上，然后放入两个罐中，之后从每一组中抽一个，然后从剩下的公民中再抽出三个成员（法律规定的应在法庭上回避的当事人亲属除外）；被抽到一起的人彼此间就成为抽签而成的兄弟，要以正义和友爱以待，实现同心一致。在六十个阄抽取出来，以及和他们在一起的其他人抽取完毕后，他们就用抽签的方式将余下的公民分成五人组，如前面规定的，要将亲属都分开，那些抽到一起的人就是彼此的兄弟，就像先前抽签组合的人一样。Hieromnamones 将献祭一只白山羊，司库则会提供献祭所需的一切。此外后来所有继任的官员会在每一年的这一天向先人和 Homonoia 神进行献祭，分别祭献他们挑选的动物，公民们都要分组参加庆典，以与兄弟情谊的诞生相符合。执政官将会把这一法律铭刻在青铜板上，并将之树立在奥林匹亚神宙斯神庙门厅处。

从铭文可以看出，纳考奈城发生的这次内乱规模并不大，最为激烈的活跃分子总共约有六十余人。尽管城邦以及冲突的规模比较小，但是我们看到，主政者在外部力量的干预下，城邦和解的方式却带有很强的典范色彩。首先，内乱双方成员要一一单独抽签配对组合在一起，并且为了防止配对二人可能出现的敌对行为，还要辅之以与之没有亲缘关系的其他三个公民，一起组成稳定的五人小组。[①]可以猜测，城邦中的大部分公民是没有深度参与内乱的，他们可以稀释和化解陷入冲突的双方。其次，法律中刻意撤除了自然血缘关系，将原本处在自然家亲关系中的人区隔开来，而通过抽签组成五人组，形成新的人为兄弟关系（ἀδελφοὶ αἱρετοί），并要求他们彼此以正义和友爱（δικαιότατος καὶ φιλίας）相待。再次，为了消除之前的敌对关系，实现和解，不只是冲突双方被重新组合，而且剩下的城邦公民群体都划分为五人小组，也要建立起新的人为兄弟关系。至此整个城邦的基础被重新替换。最后，城邦通过这么繁复的措施希望达成的效果是协和一致（20, homonoia），并且要以新的公民小组为单位向 Homonoia 女神献祭。

正如洛候所言，纳考奈城虽然是西西里的小城，但是其达至和解的途径却绝对是希腊式的。看到上面这几点措施，我们会很自然地联想到柏拉图在《理想国》卷五中关于统一城邦的论述。在那里苏格拉底也给出了通过消解家亲血缘关系，构建人为的城邦大家庭来实现统一的方案。如果说《理想国》是用言语掀起了城邦构建所遭遇的第二次浪潮，那么纳考奈则是通过立法在实践中规定了城邦和谐的新基础。虽然我们不能确定柏拉图的著作是否直接影响了纳考奈城的政治法律实践，但毋庸置疑的是，希腊化时期城邦政治的思考范式与秩序理想在很大程度上仍然接续并落实了之前政治思想的基本原则。

在针对城邦内乱威胁进行的政治安排中，纳考奈这份政治文件里所强调的公民之间的"兄弟情谊""正义和友爱"以及"协和一致"将古代希腊政治思想最鲜活而核心的关切都提了出来。虽然古代希

[①] 相关的其他解释可参见 Nicole Loraux, *The Divided City*, p.225。

腊人，特别是公元前 4 世纪的雅典人会不断讨论民主议题，强调公民的政治参与。但是回到城邦的政治进程中，真正重要的主题是内乱（stasis）、友爱（philia）与协和一致（homonoia）。打造统一的共同体（koinoia）既是一般性的城邦实践的目标，同时也是古典政治哲学追求的德性共同体的基础。而出于种种原因，这几个在古希腊政治实践与思想中占据核心地位的主题并没有在既有的研究中受到应有的重视。可能相比于政体、正义等概念来说，这些议题并不能占据现代政治概念坐标系的核心位置，甚至像友爱这样的概念根本就进不了现代政治的分析视野。但如果梳理从古风以降的城邦进程，就会发现这几个概念是枢纽性的，并且它们之间的关系构成了自古风到古典时期希腊政治思想的核心线索。

简单来说，政治和城邦有着内在的共生关系，但是城邦真正成为政治共同体最初却是对内乱压力反应的结果。古希腊最重要的两个城邦开始构建统一的政治秩序的重要前提是城邦出现了内乱，无论是梭伦和克里斯提尼在雅典的立法，还是来库古在斯巴达的立法，其背景都是城邦中因为贫富分化或贵族争斗而出现了严重的内乱。内乱作为城邦的实质特征，贯穿着从古风到希腊化时期的城邦历程[1]，是与城邦如影随形的政治现象。从政治实践来看，雅典和斯巴达自打从原有的自然血缘共同体转化为以城邦为核心的同质的政治共同体以后，总体来说很少如其他城邦那样频繁陷入内乱的困扰。但是有一个重要的例外，那就是雅典在公元前 5 世纪末伯罗奔尼撒战争后期，两次陷入寡头政变和内乱之中，但最后却得以从

---

[1] Mogens H. Hansen, "*Stasis* as an Essential Aspect of the *Polis*", Mogens Herman Hansen, Thomas Heine Nielsen ed., *An Inventory of Archaic and Classical Poleis. An Investigation Conducted by The Copenhagen Polis Centre for the Danish National Research Foundation*, Oxford University Press, 2004, pp.124-129.

内乱中走出并一直维系到希腊化时期。雅典这两次城邦秩序的打乱以及恢复也促使了雅典民主制度的自我更新,同时也成为希腊世界中城邦和解的典范。从历史和政治实践的角度看,内乱构成了希腊城邦政治形塑自身秩序的基本语境,也构成了政治思想最重要的议题。

从政治思想的角度来看,正如莫米利亚诺所言,虽然希腊城邦世界中战争无处不在,甚至"希腊人将战争作为像生死一样自然的事实,人对其无能为力",但是"希腊的政治思想更倾向于关注城邦的内部变化和内部问题。战争的原因和对外冲突是边缘性的而非核心问题"①。从埃斯库罗斯的《奥瑞斯提亚》三部曲开始,到伯罗奔尼撒战争期间出现的从礼法-自然关系下的权力政治视角的思考,再到柏拉图和亚里士多德为代表的古典政治思想都将城邦内乱视为要应对和回应的首要理论难题。本研究希望证明,正是基于内乱这一核心问题意识,柏拉图和亚里士多德才得以构建起以德性关照为主旨,以最佳政体构建为手段的政治思考范式。也就是说,离开了内乱及其理论基础,后世所熟悉的古典政治思想是无法得到完善理解的。

为了对抗内乱的压力,城邦在构建新的秩序过程中,必须找到新的关系来组织公民以及更广泛的邦民共同体。这一任务并非一蹴而就,而是经历了漫长的演进过程。我们可以从雅典的克里斯提尼改革清楚地看到这一方向的努力,人必须从原来的血缘和宗教共同体中走出,被城邦视角为核心的结构和共同体原则重新进行同质化组织。而要想理解这一转变,则必须通过对友爱关系(*philia*)演变的研究来进行。古希腊城邦语境中的友爱意涵要比该词的现代意

---

① A.D.Momigliano, "Some Observation on Causes of War in Ancient Historiography", in *Studies in Historiography*, Harper Torchbooks, 1966, p.120.

涵丰富得多，它可以指代家庭关系、社会中的成员关系以及公民间的关系等等。对于古希腊城邦来说，公民甚至邦民之间的友爱关系构建是一个最为重要的任务，像亚里士多德就在其伦理学著作中表示，立法者对友爱的重视要胜过正义[①]，也就是说城邦应该是一个友爱的共同体。但是从家亲关系到公民间的友爱关系的探索之路并不平坦，从索福克勒斯的《安提戈涅》中我们可以清楚地看到基于家亲和城邦原则友爱关系的剧烈冲突，而雅典城邦土生神话中也努力地对共同体成员的类兄弟亲缘关系进行界定。围绕友爱共同体的构建努力也一直延续到古典末期的《理想国》和亚里士多德伦理政治著作中，乃至纳考奈所处的希腊化时期。简而言之，为了克服城邦内乱，希腊政治思想自发端处就紧紧围绕统一城邦的议题，分别在实践与理论中构建起协和一致（homonoia）的政治方案和思想体系。而作为古希腊政治思想标签的"政体""正义"和"伦理政治"议题，也必须放在这一线索中才能被公允地理解。

  本书希望通过对克里斯提尼改革以降的雅典以及更大范围内古希腊城邦政治的专题研究，综合利用考古、历史、戏剧、神话、宗教以及哲学文本等不同性质的资料，系统讨论城邦政治的核心议题，澄清和梳理围绕友爱共同体开展的希腊政治思想进程。受限于古代材料的限制，与雅典相关的材料以及雅典作家的著作构成我们理解古代希腊的最庞大和最重要的文本资源，这使得整本书的很多内容也不得不围绕这些文本展开，但考虑到也正是这些文本对后世政治思想和进程产生了根本性的影响，这一被迫的选择也有其内在的合理性。总体来说，本书除了关注传统思想史研究中非常重要的哲学家文本之外，也希望能够寻求一种研究进路，考察参与到希腊

[①] 亚里士多德：《尼各马可伦理学》1155a25。

城邦政治进程中的人以及城邦在不同阶段真实发生的政治思考。相比于印刷术开始普及的文艺复兴时期，以及报刊普及的19世纪，能够反映古代社会公民层面的政治思考的材料可谓少之又少，在古希腊只能从戏剧和历史作品中寻找蛛丝马迹。从某种意义上说，正是古典时期的戏剧作家、诗人与历史学家等为我们展示了公元前5世纪古希腊政治思想的真实面貌。剧作家通过戏剧情节将城邦关心的核心政治议题交由剧场中的公民观众一起反思，历史学家将城邦及其公民群体处理内外政治事务时的抉择与表现记录下来。城邦或者公民总体在公元前5世纪的政治反思也构成了公元前4世纪的柏拉图与亚里士多德更为系统性的政治思考的基础，而通过这两位哲学家的努力，以最佳政体为核心的政治思想范式一直影响，甚至支配着后来的西方乃至更大范围内的政治思想传统。

第一部分
政治共同体的创立

第一章　从共同体到政治共同体

1. 共同体

亚里士多德在《政治学》的开篇就提出，城邦是一个政治共同体（koinonia）。它是由很多共同体（koinoniai）构成。亚里士多德的这一讲法不仅仅是理论上的分析，而且也是对古代希腊城邦的真实写照。无论是考古还是文献资料都足以证明希腊城邦中有着丰富的共同体组织形态，其中最有代表性的一个材料当属梭伦关于共同体的立法，我们可以从《学说汇纂》中看到这一法律的具体内容。《学说汇纂》记载了盖乌斯（Gaius）对罗马古风时期十二铜表法中一项关于共同体法令的评注，他提到这一法令实际上出自雅典的立法者梭伦对城内共同体的立法：

Ἐὰν δὲ δῆμος ἢ φράτορες ἢ ἱερῶν ὀργίων ἢ ναῦται ἢ σύσσιτοι ἢ ὁμόταφοι ἢ θιασῶται ἢ ἐπὶ λείαν οἰχόμενοι ἢ εἰς ἐμπορίαν, ὅτι ἂν τούτων διαθῶνται πρὸς ἀλλήλους, κύριον εἶναι, ἐὰν μὴ ἀπαγορεύσηι δημόσια γράμματα.①

民众（demos）或族亲（phratriai）或共同祭祀英雄和神（orgeones）或船员（nautai）或共餐（syssitoi）或共同埋葬

---

① Digest 47.22.4. 参见 Delfim F. Leão, P. J. Rhodes, *The Laws of Solon: A New Edition with Introduction, Translation and Commentary*, I. B. Tauris, 2015, fr.76。

（*homotaphoi*）或共同祭献主神（*thiasoi*）或共同出外劫掠或贸易的成员们，他们可以就自己的事务做出安排，只要公共的成文法不加以禁止，那么这些安排就是有效的。

学者们关于6世纪的《学说汇纂》中这则托于公元前6世纪梭伦法律的真实时代有不少争论，毕竟前后时隔千年，而且目前存有的材料很难对其进行确证。① 根据现有的铭文和文献材料，法令中提到的不同概念可分别追溯至荷马史诗和古典后期，使得这则材料的性质变得难以把握。但另一方面，我们也难以找到确实的根据能够完全否认公元前6世纪的雅典确实存在如此众多、性质各异的成员团体，虽然梭伦没有明确使用"共同体"这一概念，但是这诸多有着共同行动甚或目标的团体的确存在于古风时期的城邦中。

具体考察这则材料中提到的共同体形态，可以确认的是，古风时期已有村社/德谟（*demos*）这一组织存在，亚里士多德的《雅典政制》、希罗多德等都多次提到德摩斯梯尼改革之前的村社及其体系。② 族亲关系则可以上溯至《伊利亚特》中，在卷九中涅斯托尔在联军大会上说："一个喜欢在自己的人中挑起可怕的战斗的人，是一个没有族亲、没有炉灶、不守法律的人。"③ 更为明确的证据来自前620年代德拉古的立法，其中提到族亲成员在处理杀人案件中

---

① 有学者认为这则法律应该不会早于公元前1世纪，相关的讨论如 Ilias N. Arnaoutoglou, "The Greek text of D. 47.22.4.(Gai 4 ad legem duodecim tabularum) reconsidered", *Legal Roots* 5 (2016) pp.87-120。

② 相关的文献讨论参见 David Whitehead, *The Demes of Attica, 508/7-CA.250B.C.*, Princeton University Press, 1986, pp.5-15。

③ 荷马：《伊利亚特》9.63-64，罗念生、王焕生译本，人民文学出版社，2014年。

所发挥的作用。① 祭祀社（*orgeones*）② 则见于荷马③ 和埃斯库罗斯④ 笔下，一般是指共同祭献同一英雄或神的成员共同体。*Thiasoi* 同样也是共同祭献神的共同体，但在古典时期主要祭献的神是赫拉克勒斯和狄奥尼修斯。⑤ 而共同出城劫掠和贸易则是古代希腊非常普遍的行动，最早在荷马史诗中就有很多例证。

而其他几种共同体形态在现有的文献资料中出现得稍晚一些，如共餐会（*syssitoi*）大量出现于公元前 4 世纪的文献中，指男青年在部落等组织中共同进餐或一般性的公餐。*Homotaphoi* 指共同埋葬或举行葬礼的成员团体，该词目前最早见于公元前 4 世纪雅典的演说家埃斯基涅斯（Aeschines）的《诉提马考斯》（*Against Timarchos*）中。而像 *nautai* 的确切含义并不能完全确定，但很有可能是与船及航行有关。

总而言之，虽然梭伦这则法律的真实性仍有可待商榷之处，但这些团体基本很有可能都是自古风时代就存在了。这些成员团体性质和目的不同，内部的组织和秩序结构也各异，但都是城邦中非常重要的共同体形式。在这一点上，我们也可以从稍后一些的亚里士多德那里找到佐证，在其几部政治/伦理学著作中，曾经多处提到城邦中的共同体样态，在《尼各马可伦理学》卷八，他曾详细列出

---

① *IG*. I³ 104. 关于胞族（phratry）更为系统的研究，参见 S. D. Lambert, *The Phratries of Attica*, University of Michigan Press, 1993。

② Orgeones 这一概念没有合适的中文或现代西文词汇与之对应，弗格森曾提出与之最接近的英文表达是"Sacrificing associates"。本书将之翻译为"祭祀社"主要是受日本学者冈田谦基提出的"祭祀圈"概念启发。祭祀圈的主要意涵为共同奉祀一个主神的民众所居住之地域，这里将圈改为社以强调其成员共同体性，并与其他的祭祀共同体相区分。见 William Ferguson, "The Attic Orgeones", *Harvard Theological Review*, 37(2), pp. 61-140；祭祀圈理论的相关研究参见周大鸣："祭祀圈理论与思考"，载《青海民族研究》，第 24 卷第 4 期，2013 年 10 月。

③ Homer, *Hymnus ad Apollinem*, 389.

④ Aeschylus. fr. 144.

⑤ 参见欧里庇得斯：《酒神的伴侣》。

了城邦共同体与其涵盖的其他共同体：

> 所有的共同体（koinoniai）都是城邦共同体（koinonia）的组成部分。因为，人们结合到一起是为了某种利益，即获得生活的某种必需物。人们认为，政治共同体最初的设立与维系也是为了利益。而且，这也是立法者所要实现的目标。他们把共同利益就称为公正。其他共同体以具体的利益为目的。例如，水手们结合在一起航海，是为了赚钱或诸如此类的目的；武装的伙伴聚集在一起打仗，是为了劫夺钱财、取胜和攻城略地。部族（phyletai）和德谟（demotai）也具有自己的目的。[有些共同体似乎是出于娱乐，例如宗教性团体（thiasotai）和宴会团体（eranistai），它们分别为了献祭和社交而举行。但这些共同体都从属于政治共同体。政治共同体关注的不是当前的利益，而是生活的整体利益。]人们奉献祭品举行祭典，既是祭祀神明，也是为自己过一个欢娱的节日。古代的祭祀和庆典往往作为丰收节在谷物收获之后举行。因为，只有在这个季节，人们才有最多的闲暇。所有这些共同体都是政治共同体的一个部分，友爱也随着这些具体的共同体的不同而不同。

（1160a11-30）

亚里士多德这里提到的诸多共同体样态，无疑是古典时期存在于城邦之中的，其中像水手、武装劫掠者、商人、宗教和宴会等团体也都是梭伦法律中所提及的。略有不同的是，亚里士多德更强调城邦或政治共同体，以及拥有更完整组织和管理架构的部族与德谟。在他的理论体系中，城邦共同体的性质与其他小共同体有着根本的区别，在《政治学》中，亚里士多德如此总结各共同体与城邦共同体的关系：

> 显然，并不是在一起居住就是一个城邦，城邦的存在也

不是为了防止互相伤害和互通有无。而城邦要出现的话，是需要这些的，但所有这些都出现了还不是城邦，只有当诸家庭（oikiai）和宗族（gene）作为一个共同体（koinonia）生活得好，这个共同体的目的是完备和自足的生活时，城邦才出现。这只有他们生活在一个地方并且通婚。这也是为什么城邦中会出现婚姻的联结，还有族亲关系（phratriai）、宗教祭祀和闲适地追求一起生活的原因。因为这类事是友爱的结果，而审慎地选择生活在一起构成了友爱。城邦的目的是活得好，其他的事情都是为了这个目的。城邦是实现了完备而自足生活的宗族（gene）和村落（komai）的共同体，我们说其生活得幸福与高贵。（1280b29-1281a1）

亚里士多德在这里将家庭和宗族视为城邦的组成部分突出强调了出来，这样一来，城邦以及内部各共同体的整全图景就基本清晰了。在城邦这一大的政治共同体下，既有为了不同目的和利益的事务性活动共同体，也有组织性很强的亲缘共同体以及与之相对应的规模不一的地缘与宗教共同体，它们一方面呈现为叠层架屋的层级结构，另一方面彼此之间又相互交织和渗透。[①] 如果将亚里士多德关于共同体"整体－部分"的政治理论描述放回到希腊的历史进程之中，就会发现城邦最终成为政治共同体也经历了一个类似的过程，具体到雅典城邦来说，阿提卡地区也经历了从诸多共同体并存到政治共同体凸显的过程。学者们普遍认为这一决定性转折要归于

---

① 参见 Paulin Ismard, "Clisthène et les associations : le politique « par le bas »", dans V. Azoulay et P. Ismard (éd.), *Clisthène et Lycurgue d'Athènes. Autour du politique dans la cité classique*, Paris, 2011, p. 165-174; 更全面的研究参见 Paulin Ismard, *La cité des réseaux: Athènes et ses associations, VIe-Ie siècle av. JC.,* Sorbonne, 2010。

克里斯提尼改革。① 在这一理解的指引下，我们就需要对雅典城内的主要共同体进行简要的讨论，特别是祭祀社（*orgeones*）、宗族（*genos*）和族亲（*phratry*）这三种共同体的性质。②

前文梭伦关于共同体立法中就已经提到祭祀社，从词源上讲，作为复数的 *orgeones* 是指祭祀仪式（*orgia*）的主持者和参加者。关于这一概念，目前尚没有足够的古风时期材料，两则古典时期的材料可以帮助我们了解这一团体的性质。基于历史学家斐洛考鲁斯（Philochorus）记述的一则公元前 5 世纪的法律③，目前学者们倾向于认为祭祀社和宗族都是族亲的下属共同体，该法律规定族亲成员需接受祭祀社为宗族成员（*gennetai*）。另一则来自演说家伊赛尤斯（Isaeus）的材料也可佐证这一关系：

> 因此法律允许梅涅克勒斯收养一个儿子，因为他膝下无儿。他收养了我，先生们，并且不是如其他公民那样在临死前或卧病时才收养的我；而是在他身体和心智都很健康的时候，

---

① 对于雅典政治共同体的形成时间，学界一直有不同的观点，但是总体而言，大部分学者倾向于认为克里斯提尼的改革实质性地塑造了雅典以及阿提卡地区的政治组织模式，如 Greg Anderson, *The Athenian Experiment: Building an Imagined Political Community in Ancient Attica, 508-490 B.C.*, Ann Arbor: University of Michigan Press, 2003； Meier, *The Greek Discovery of Politics*； Nicole Loraux, *The invention of Athens: the funeral oration in the classical city*, Zone Books, 2006; Kurt A. Raaflaub, "Archaic and Classical Greek Reflections on Politics and Government", in Hans Beck eds., *A Companion to Ancient Greek Government*, John Wiley & Sons, Ltd., 2013, pp.73-92。

② 这里无法对这些概念及相关的材料和研究传统进行充分的展示，只能在晚近学界研究的基础上，将几个概念最核心的内涵与特征进行简要的澄清。同时，这里的讨论将尽量集中在古风时期，考虑到材料的限制，有些概念也将利用古典时期的材料进行佐证。中文学界对此问题的讨论，特别是几个概念内涵的澄清与译法的辨析，参见黄洋："古代希腊的城邦与宗教——以雅典为个案的探讨"，《北京大学学报》（哲学社会科学版），2010年第6期，第90—98页。

③ Philochorus *FGrH* 328 F 35a. 相关的讨论参见 A. Andrewes, "Philochoros on phratries", *Journal of Hellenic Studies,* 81, 1961, pp.1-15。此外，学者们倾向于认为这则法律与伯里克利的公民权法律有关，见 Jacoby, Felix, "Philochoros von Athen (328)", In *Die Fragmente Der Griechischen Historiker Part I-III*, edited by Felix Jacoby, Accessed April 9,2019。

并且完全知道他自己在做什么的时候收养了我,并在这些指控我的人面前将我介绍给他的族亲成员,将我登记为德谟成员和他祭祀社的成员。①

结合上述两则材料可以合理推论,在古典时期的祭祀社是族亲的下属机构,并且其成员身份是通过家庭关系传承甚至收养获得的,而一旦成为祭祀社的成员,便自动获得族亲成员的身份。

祭祀社成员共同祭拜的对象往往是英雄或神,后来的一些材料表明有些祭祀活动是一年一次。②也就是说祭祀社每年在固定时间来到某圣地或神殿,向某英雄或神进行祭祀仪式和庆典活动,而在其他时间,祭祀场所则关闭或移作他用。③在古典后期,还出现了由非公民成员构成的祭祀社,像在《理想国》开篇提到的本迪斯的祭祀社就与色雷斯人有着密切关联。总体来说,祭祀社是带有浓厚宗教性质的祭祀群体,其成员身份和下面要讨论的宗族与族亲都有直接或间接的关联,但从目前的铭文材料看,祭祀社本身并不具有很强的政治性或公共性。与祭祀社类似,在族亲之下还有一种共同体,它和宗教以及祭司的安排有关,这就是宗族(genos)。

关于古风时期宗族这一共同体的性质,目前主要有两种不同的理解范式。第一种是较为传统的理解,将 genos 视为是贵族家庭主导的支配秩序。这一观点的典型支持者是 19 世纪的史家格罗特,在其《希腊史》第三卷中,他提出宗族是由诸多家庭构成,这些家庭都声称来自同一祖先;他们拥有共同的宗教仪式和墓地;在这一共同体内相互间拥有财产继承的权利,并有相互扶助的义务;在婚

---

① Isaeus, *2. On the Estate of Menecles*, 14-15.

② Kostas Vlassopoulos, "Religion in Communities", in Esther Eidinow and Julia Kindt eds., *The Oxford Handbook of Ancient Greek Religion*, Oxford University Press, 2015, p.263.

③ 参见 Parker, *Athenian Religion: A History*, pp.109-110。

姻和共同财产方面有特定的权利与义务；并且还从内部选出官员进行共同体的治理。① 根据传统的阐释，genos 为主的共同体组织形态在梭伦改革后发生了重要转变，因为梭伦将城邦的人群按照财产而非出身分为四等，并以此为基础进行官职和政治资格的安排，这就在实质上消解了宗族的政治影响力，进而宗族逐渐丧失了政治权力而仅余宗教权力。按照这一解释框架，古风时期的雅典的秩序是由贵族控制的宗族主导的，贵族一方面充当重要的宗教祭司，另一方面也是在地的治理者。

但是自 20 世纪 70 年代以来，将宗族视为古风时期希腊秩序构建基本组织的观点不断遭到挑战，学者们开始在前者的基础上提出了修正性观点。② 简而言之，在后者看来，传统理解中将宗族（genos）和家庭（oikos）混淆了，因为家庭是有真实血缘关系的共同体，而宗族则是拟制的家亲关系。根据现有的史料，宗族主要是一个宗教性共同体，并没有确凿的证据表明这一共同体掌握重要的政治或治理权力，而政治权力实际上在更为有限的贵族家庭（oikos）手中。③ 此外，宗族基本不拥有共同财产，也没有公共墓地。根据帕克对现有资料的系统性研究④，他给出了古风时期宗族较为有说服力的结论：即宗族为宗教仪式提供公共祭司，并且在古风时期的阿提卡地

---

① George Grote, *A History of Greece*, Vol.3, London, 1884, pp.54-55.

② 20世纪70年代最重要的修正性研究来自两位法国学者，即 Denis Roussel, *Tribu et Cité: Etudes sur les Groupes Sociaux Dans les Cités Grecques aux Epoques Archaïque et Classique*, Paris: Les Belles Lettres, 1976; Félix Bourriot, *Recherches sur la nature du génos: etude d'histoire sociale Athénienne. Périodes archaïque et classique*, 2 vols, Lille: Champion, 1976。关于 genos 议题的学术史讨论参见 S. D. Lambert, "The Attic *Genos*", *Classical Quarterly*, Vol.49, NO.2, 1999, pp.484-489; Robert Parker, *Athenian Religion: A History*, Oxford University Press, 1996, pp.56-66。

③ Nicholas F. Jones, *The Associations of Classical Athens: The Response to Democracy*, Oxford University Press, 1999, p.249.

④ 帕克在其书的附录中列举并简要讨论了目前已知的 47 个确定的 gene，以及 33 个不完全确定的 gene，见 Parker, *Athenian Religion: A History*, appendix 2, pp.284-327。

区，宗族体系应该是我们已知唯一的分配祭司的组织架构。祭司在宗族中往往是自然继承的，其族谱往往可以追溯至祭典的创立者那里。除祭司外，宗族还会负责公共节庆的组织和执行。①

如果说宗族（gene）并不是古风时期雅典城邦基本的政治组织形式，那么涵盖宗族的族亲（phratry）的政治性相对而言就更多一些。一般的词源学研究表明，在印欧语系中，相应的语词的含义都是兄弟关系，而处于这一关系中的人称为是 phrateres，即兄弟。但需要注意的是，仅从语文学的角度难以证实古风时期族亲关系的确切意涵。②关于族亲，亚里士多德在《雅典政制》中留下了一些有争议的线索。首先是在介绍克里斯提尼改革时，他说关于"宗族和族亲，以及属于各德谟的宗教职务，他允许保持祖传的习惯"③。即是说，克里斯提尼诸多改革中并没有改变宗族与族亲的传统职能，并且强调了宗族和族亲的宗教色彩。对于这一条材料，现在的学者会略有保留意见，但总体问题并不太大。真正有争议的是第三则残篇："他们依一年四季之例结合为四部落，每部落又分为三区，共得十二区，有似一年的月数，这些区被称为三一区和族亲；每一族亲有三十宗族，有似每月的日数，每一宗族则包括三十人。"这段材料将克里斯提尼改革前的四部落与族亲直接关联起来，这就将族亲直接视为雅典正式的一级治理组织单位。但是目前主流观点倾向于认为，这则材料应为后来公元前4世纪的假托，而非对古风雅典的真实描述。④

由于材料所限，我们对于公元前6世纪雅典族亲的情况所知甚少，最为重要的材料是前文提到的前620年代德拉古关于杀人案件

---

① 这里根据帕克的研究进行简要的结论总结，参见前引书，pp.65-66。
② Lambert, *The Phratries of Attica*, pp.8-11.
③ 亚里士多德：《雅典政制》XXI。
④ 对这则材料的详细讨论，参考 Lambert, *The Phratries of Attica*, pp.371-380；另外可参见 Lambert 为《牛津古典词典》（*OCD*，第四版）撰写的"phratries"词条。

的法律,这则法律在两百年后的前 409/ 前 408 年被雅典再次发布。根据这项法律,如果发生了非故意杀人案,在受害人的父亲、兄弟和儿子愿意的情况下,可以赦免凶手,否则凶手要被流放。如果受害人没有这些亲属,那么决定权就交到堂表亲及其儿子手中。如果连这些亲属关系也都没有,就由受害人族亲中选出的十人来决定,而这十个人是由五十一人择优(*aristinden*)选出。① 从该法律规定中,我们可以推测出族亲在古风和古典时期的雅典所处的位置及发挥的作用。首先,既然被作为有公共约束力的法律颁布,我们就可以合理地推断它具有普遍适用性和约束力,所以族亲在古代雅典城邦中应该是与家庭(*oikos*)一样普遍的组织,即所有人都有其自己的族亲。其次,族亲在这项法律中被视为是家亲关系的某种延伸与替代,对于雅典公民来说,最亲近的是直接的家亲关系,叔表亲次之,而族亲则是家亲关系的替代,或者说是血缘关系的自然延伸。

族亲成员之所以具有这样的职能是因为族亲与雅典公民的身份确认有着密切的关系。阿提卡的不同地区都会共同庆祝阿帕图里亚节(Apatouria),祭祀宙斯(Zeus Phratrios)和雅典娜(Athena Phratria),从祭祀的神就可得知这是族亲成员的庆典节日。但是与别的节日略有不同的是,阿帕图里亚节不只是大家在五天的假日一起宴饮作乐,还要从事一项重要的工作,那就是确立亲缘关系并将新人介绍和吸纳进族亲中。用兰伯特的话说:"节日更多是对社会中每一层成员身份和亲缘关系的控制、维系和确认。"② 在阿帕图里亚节需要确认的新人主要有两类人:男童和新婚的妻子。在节日的第三天(Koureotis)会举行两个庆典,分别是 Meion 和 Koureion,

---

① *IG*. I³ 104.

② Lambert, *The Phratries of Attica*, p.151.

即对男童以及青少年的确认。① 在这两个庆典中，族亲成员确认男孩儿拥有正宗的雅典血统，是由雅典公民所生。所以，族亲是对雅典男性家庭血缘和公民身份的双重确认。

在族亲中，女性也需要有正式的介绍与吸纳环节。通常当一位女性嫁给某族亲成员时，她需要在 Gamelia 庆典的时候被正式介绍给族亲成员，通过这一仪式，该名女子的雅典公民身份及其婚姻关系也再次被确认。不仅如此，只有经过这一过程确认的男女公民所生的孩子才是合法的。另一方面，父亲并不必须将女儿介绍给族亲成员，但是在涉及继承事务方面，女儿就需要经历这一过程。所以，将儿女或妻子带到族亲庆典上的确认仪式绝不仅仅是向自己所在的这一群体介绍新加入的成员，更重要的是确认其公民成员以及法律上相关的责任资格。

正因为族亲拥有这一职能，德拉古关于杀人案中亲缘关系以及族亲成员责任义务的规定才能得以理解。我们虽不能完全确认从古风到古典时期族亲没有发生任何变化，但是如果亚里士多德关于宗族和族亲连续性的说法可以基本采信的话，那族亲确认城邦合法成员资格这一职能基本保留和维系了下来。在古典时期的戏剧和演说辞中，我们可以看到族亲的具体作用语境，比如在阿里斯托芬的《阿卡奈人》中，从色雷斯归来的使节特奥罗斯讲到色雷斯奥德律塞人国王西塔尔克斯特别亲雅典，并且他的儿子撒多克斯还获得了雅典公民身份。特奥罗斯提到此事的时候说："他的那个被接受为雅典公民的儿子，非常爱吃阿帕图里亚节的香肠，并请求父亲帮助他这个祖国。"② 德摩斯梯尼在诉优布里戴斯的讲辞中也提到族亲对公民身

---

① 对这两个庆典，有学者认为分别针对男童与女童，但兰伯特认为更有可能是对男孩儿不同年龄的两次确认，见 Lambert, *The Phratries of Attica*, p.162。
② 阿里斯托芬：《阿卡奈人》144-146。

份确认的效力:"我还是个孩子的时候,他们有一次把我带到族亲成员面前,把我带到我们的祖神阿波罗的神庙,以及其他的圣地。我当时还是个孩子,不会通过贿赂而让他们这么做。并非是那样,当时是我的父亲,那会儿他还在世,他当时按惯例宣誓,并将我介绍给族亲的成员,确认我是雅典人,由一位雅典的母亲所生,她与我父亲是合法的婚姻。所有的这些事实都已经证实。"① 总体来看,相比之前讨论的宗族(genos),族亲(phratry)这一共同体除了保有很多宗教性特征外,其司法与身份认定的功能也更突出,虽然无法完全确定克里斯提尼改革前族亲这一共同体的所有情况,但是在公元前6世纪的时候,它们已经实际上构成了古风时期雅典重要的亲缘共同体形态,并在确认和判定合法身份方面发挥着重要作用。从更为完备的古典时期的材料来看,雅典公民至少需要族亲和德谟的双重血缘与政治确认,特别是后者,在公元前6世纪末以后发挥着越来越重要的作用。

总体来说,希腊古风时期除了各种具体的事业共同体外,人们更多的是生活在家庭、祭祀社、宗族以及族亲等共同体中。这些共同体的重要特征是具有浓厚的亲缘或准亲缘色彩,同时还承担着重要的宗教性职能。到目前为止,仍有一个问题需要解答,那就是如果着眼于整个雅典或阿提卡地区,民众的公共身份是什么呢?特别是在克里斯提尼改革之前,应该如何理解雅典共同体意义上的成员认同呢?

2. 邦民与公民

在古代文献中,有多个用以指称公民的词汇,如 *astos/astoi*(邦民)和 *polites/politai*(公民)②,以及带有地域含义的 *Athenaioi*(雅

---

① Demosthenes, *Against Eubulides*, 54.
② 关于公民权以及 *astoi* 与 *polites* 含义的争论,参见 Sviatoslav Dmitriev, *The Birth of the Athenian Community: From Solon to Clesthenes*, Routledge, 2018, pp.128-143。

典人）和 *Attikos*（阿提卡人），但是这些语词并不能完全与现代政治中的公民或公民权等同，而是有着其自身复杂的应用语境。特别是在古风时期，很难用现代政治权利/权力的视角来理解公民身份，更为稳妥的理解是将其视为共同体成员身份。

已知的材料中，德拉古关于命案的立法中[①]最早出现了对雅典人和非雅典人的司法区分，在非故意杀人案中，通常的惩罚方式是将凶手放逐。在这种情况下，如果有人将凶手杀害，该项法律明确规定，"他就要被视为是杀害了一个雅典人一样受到处置"。从德拉古的这一立法中可以推测，公元前7世纪后期"雅典人"已经是一种身份的指称，并且其权利受到法律的平等保护。但除此之外，公民权的实质内涵并不是太清楚。到了公元前6世纪的时候，雅典人的身份开始变得更加清晰。下面我们主要以梭伦相关的立法来对成员身份进行简要讨论，以理解古风时期的共同体成员认同及其关系结构。

概览现有的文献，我们会发现在公元前5世纪中叶之前，后世所指称的"公民"更多是用邦民（*astoi*，即 *astos* 的复数）这一概念来表达，这也是该时期阿提卡地区共同体成员身份最重要的界定。从词源上讲，*astos* 源自 *asty*（城及城墙），正如公民的另一个语词 *polites* 类似地源自 *polis*（城，特别是城邦的卫城 *acropolis*）。相对于作为宗教和政治中心的 *polis* 而言，*asty* 更侧重雅典作为阿提卡地区城市中心的意涵，所以邦民（*astoi*）指代的是生活在同一城邦中或者同属一个地域共同体的成员。

在词源追溯之外，古风时期的邦民概念还需更为细致地辨析。梭伦在其著名的关于秩序的诗歌中，将邦民与神的责任相区分，并

[①] *IG.* I³ 104. 28.

将雅典的秩序危机直接归于邦民：

> 我们的城邦绝不会因为宙斯的命定或不朽诸神的意图而毁灭；因为由强大的父亲所生的帕拉斯·雅典娜，她是如此一位心胸宽广的护卫者，用双手保卫着城邦。是**邦民们**自己愚蠢的欲望摧毁了伟大的城邦，他们追逐物质利益，领袖们的心智也是不义的。①

但是需要进一步追问的是，邦民是指哪个群体呢？是否是所有居住在阿提卡地区的所有人，即包括侨民、妇孺、奴隶等在内都属于邦民呢？对这一问题的直接回答并不容易，但是可以找到一些指示性的线索，表明并不是所有住在同一地区的人都能被认为是邦民，该词实际上具有明确的身份意涵。比如从雅典的立法中，我们就可以清楚地看到这一点。在前403/前402年，结束了内乱的雅典重新颁布了伯里克利（前451/前450年）关于公民身份的法律，明确规定只有那些由具有真正邦民身份的男子（astos）与女子（aste）所生的孩子才是合法的雅典公民。也就是说，邦民是判定公民身份的重要前提。此外，在古典时期的文献中，丈夫在向自己的宗族和族亲介绍自己的儿子时，通常会说他是由邦民及合法的妻子所生。②这些法律表明，公民身份是有条件和资格认定的，而一旦将这些合法的资格划定在邦民身份上面，也就表明邦民实际上也是一个排他性的群体。关于共同体成员的合法资格认定，亚里士多德《雅典政制》中总结的德拉古法律中就已经有所体现了："凡能自备武装的人有公民权，这些人进行选举，九执政官和一些司库官从财产不少于十明那且无负累的人们中选出，其余低级官吏由能够自备武装的人们中选出，司令官和骑兵司令则由财产不少于一百明那、又无负

---

① 梭伦，残篇 4。
② 如 Demosthenes, *Orations 59. Theomnestus and Apollodorus against Neaera*, 59-60。

累,且拥有年龄在十岁以上合法婚生儿子的人们中选出。"① 这一规定的核心在于两点,一是对公民身份的财产资格要求,二是对合法婚姻及生养后代的要求。这两点原则的精神在梭伦的立法中得以保留。下面我们就从梭伦关于家庭事务的立法和城邦重组两个方面来进行考察,这两个方面分别体现了对于个体身份原初合法性的确立以及城邦共同体身份的法律确认。

在关于家庭方面的立法中,最为瞩目的当属梭伦关于合法婚姻与子嗣的法律,这也就为合法的亲缘关系设立了一个确定的起点:

> 合法的婚姻应由女性的父亲或同父的兄弟或父系的祖父来主持完成,这样她的孩子才是合法的(gnesioi)。如果她没有这些亲属,且她是女继承人(epikleros),那么她的监护人(kyrios)应娶她为妻,如果她不是女继承人,那么这个人就应作为她的监护人。②

根据这一法律,女性并没有自主权利,而必须处于男性家长或监护人的权力支配之下。婚姻则是从父亲的支配中转移到丈夫的权力之下(ekdosis),监护人的转变是给予子嗣合法身份的基础。只有合法的婚姻才能确立合法的子嗣,而只有合法婚生的孩子才享有继承权。在关于继承的法律中,梭伦规定:"如果有合法的子嗣(paidon onton gnesion),私生子(nothos)没有继承权(anchistheia);如果没有合法的子嗣,财产将传给最近的亲属(tois engytato genous)。"③ 梭伦在另外一则关于遗产继承的法律中④进一步具体规定了亲缘关系的秩序结构,亲亲关系的秩序为同父的兄弟

---

① 亚里士多德:《雅典政制》IV。
② Solon, Fr. 48b: law ap. [Dem.] XLVI. *Stephanus* ii. 18.
③ Solon, Fr.50a: Ar, *Av*.1660-4.
④ Solon, Fr. 50b: Dem. XLIII. *Macartatus* 51.

或其合法（gnesioi）后代；同父的姐妹和其合法后代；其他父系亲属，最远到叔侄。如果这些父系亲属都不存在，那么财产则转到母系亲属那边。这一法律所规定的继承权次序实际上构成了司法意义上的亲缘关系结构（anchisteia），它不仅可以用来判定继承的次序，而且也被用来决定谁有权利娶女继承人（epikleros），以及在凶杀案中的起诉人次序。所以，梭伦的上述立法实际上呈现了复杂的亲缘关系结构，自然血缘关系是必要的前提条件，但自然血缘并不是一切法律权利的充分凭证，比如私生子虽然有血缘的确证，但并不能在这一亲缘结构中享受财产继承权。

甚至，合法的身份确认可以超出直接的血缘关联，学者反复讨论的梭伦关于遗嘱的法律就记录了这一突破。① 梭伦通常被认为是开创了重要的遗嘱传统，在没有合法的后嗣情况下，他立法允许人们可以将自己的财产留给任何他想给的人（exeinai dounai ta heautou ho an tis bouletai）。根据普鲁塔克的说法，在梭伦之前，是不允许立下这种遗嘱的，其遗产必须保留着宗族之内。而梭伦的这一变革则是将遗产赠予范围扩展至宗族之外，通过"将财产赠予任何他想给的人，他将友爱关系放在亲缘关系（syngeneias）之上"②。这一法律将遗产传承从宗族拓展到更广泛的范围，但是晚近也有学者指出，梭伦的这一变革实际上也有限制，这个范围并不是无限的。③ 考虑到在没有亲生合法子嗣情况下，最为普遍的一种遗产转移方式就是收养继子，所以从梭伦关于收养继子的法律中可以更明确看到这一限制。对于收养的孩子的立法表明，雅典人可以收养自

---

① Cynthia B. Patterson, *The Family in Greek History*, Cambridge University Press, 1998, p.86.
② 普鲁塔克：《梭伦传》21.3. 中译参考黄宏煦主编，陆永庭、吴彭鹏等译，商务印书馆，1994年。
③ Dmitriev, *The Birth of the Athenian Community*, p.66.

己宗族以外的孩子，但是被收养的孩子往往也是收养人的亲戚，同时也必须是合法生的孩子（gnesioi）才能有继承权。比如一则宗族和族亲的法律就明确规定：

> 人在引介他的儿子时，无论这个儿子是亲生的还是收养的，他要按着祭祀的牺牲发誓，他介绍的孩子是邦民母亲（aste）合法婚姻生育的（gegonotha orthos），无论他是亲生的还是收养的儿子。①

也就是说，哪怕是收养的儿子，也必须具有合法的身份才能加入被收养人所在的族亲。根据后来的规定，加入族亲是进一步获得城邦公民的重要前提。所以，回到梭伦关于家庭和继承权的法律，可以看出邦民身份与合法婚姻及其生子是享受司法权力保障的核心身份保障。梭伦的贡献在于将人的亲缘共同体从宗族亲属扩大到邦民（astoi），而邦民并不等同于享有政治权利的公民（politai），但却是公民重要的前提条件。晚近的一些研究开始将邦民与公民进行区分，像科恩就在对古代文献系统梳理之后指出，很难对邦民（astos/astoi）进行正面的界定，因为它是相对于外邦人（xenos/xenoi）而言的，带有更强的地域色彩；而 polites/politai 则是指公民。② 既然邦民强调是与"外人"相对的"自己人"，那就将偶然或短暂住在阿提卡地区的外邦人排除在外，并且很有可能不包含那些没有合法婚生身份的人。③

除了邦民外，另一个关键的问题是该如何理解 politeia 和 polites 这些概念，以及这两个概念是否就是指涉政治权利意义上的公民权。关于希腊城邦的公民权界定，影响最大的当属亚里士多德

---

① Isaeus, 7. *On the Estate of Apollodorus*, 16.
② Edward Cohen, *The Athenian Nation*, Princeton University Press, 2000, pp.50-78.
③ 主张将邦民与合法婚姻联系在一起的观点实际上将邦民的范围限定得最小，虽没有确定的证据证实这一主张，但也是一种合理的推测，参见 Dmitriev, *The Birth of the Athenian Community*, p.139。

在《政治学》卷三给出的界定,即公民要有资格参加城邦的公民大会和司法陪审。我们可以清楚地看到,亚里士多德完全是在政治参与的意义上界定公民身份,并且将公民身份严格限定在成年男性成员。① 但是亚里士多德这一理论界定是否能够反映古希腊城邦共同体成员的真实身份构建呢?实际情况要复杂得多,我们需要首先澄清 politeia 以及与之相关的 polites 的适用范围。

如亚里士多德《雅典政制》述及梭伦立法的用词一样,后来很多人用 politeia 这个概念来讨论梭伦的立法内容,但是这个概念的含义实际上非常丰富。学者一般会认为这个概念在古代希腊有多重意涵,其中最核心的是"政体"和"公民权",但除此之外还可以指"公民体""生活方式"和"城邦具体的制度安排"等等。② 学者们之所以为该词赋予了这么多意涵,实际上表明很难在希腊世界找到一个对应于现代公民权的概念,这就导致当古希腊作家在使用这个词的时候,在现代人看来其具体的含义是含混不明的。这一情况也具体反映为古代作家在非常宽泛的意义上使用 politeia 和 polites 这些词,特别体现在对于城邦中有合法身份的妇女和儿童的身份界定上。因为在讨论古希腊政治时,学者们通常会将政治领域的参与者基本限定在有着合法城邦身份的成年男性,妇女和儿童则不具备严格意义上的公民身份,也就不会纳入公民体之中。但是在古代文献和铭文材料中,我们却发现妇女和儿童也能够被称为是"公民"。比如在索福克勒斯的悲剧《厄勒克特拉》中,厄勒克特拉(1227)就将女人称为公民(politides,即 politis 的复数),类似的表达也能够在欧里庇得斯和演说家德摩斯梯尼那里看到。这些用法说明,虽

---

① 亚里士多德:《政治学》1275b17-20。
② Brook Manville, *The Origins of Citizenship in Ancient Athens*, Princeton University Press, 1990, pp. 37, 185-186.

然妇女并不能参加公民大会和陪审法庭，但是她们仍可以称为是"公民"。那么妇女公民的具体意涵是指什么呢？这一点上学者们有细节上的分歧，比如罗兹（Peter Rhodes）就认为妇女和儿童是宽泛意义上的公民，帕克则强调妇女在宗教意义上的公民身份等。这些理解和解释实际上已经将公民的意涵扩展到更广泛的共同体成员的范畴，即他／她们都以某种方式参与到城邦的共同生活之中，而未必仅指政治意涵上的公民权。

除了妇女儿童外，更为复杂的一个群体是那些被剥夺政治权利的人（*atimoi*）。就在亚里士多德讨论公民的章节中，他明确提到有一些被剥夺政治权利的人也可以是某种意义的公民（*politai*）：

> 像未成年人，他们因为年纪太小而不能在公民册上登记，或者老年人，他们则免于承担政治责任，他们必须被视为是某种类型的公民，但却是有条件限制的公民。对这些群体，必须加上一个限定，诸如"不完整的"或"超龄的"或与之类似的表达。我们所要寻找的是无条件的公民，即可以完整地宣称拥有公民权，而没有类似的缺陷需要补足调整（因为同样的质疑也可以提向那些被剥夺公民权或流放的人）。

（1275a14-22）

亚里士多德这里的说法是在描述和形容城邦日常话语中对于公民词汇的使用状况，所以有较强的可信度，而一旦确认这些说法是真实存在的话，就会发现无论是前面讨论的邦民还是更常被等同为公民的 *politai*，其实都是有条件限定的公民，并不能将之与享受政治权利意义的公民等同。简而言之，在希腊城邦的日常实践中，并没有一个完美对应现代意义的公民权或者亚里士多德严格意义上的公民权的词语，古代文献中最为常见的邦民与公民概念指涉的是包含政治权利主体在内的更广泛的成员集体，他／她们通过宗教、军事或其他途径在城邦共同体中生活在一起。用研究雅典公民权的学者布洛克（Josine Blok）的话说："古风时期的材料并没有将 politai 视为享受政治特权的人，而是指在城邦中一起做事情的人：一起聚集在广场上，庆祝比赛的胜利者，打水，彼此闲聊，哀悼死者。"[1]

总起来看，在古风时期，人们在城邦以及内部的各个共同体中以不同的方式相互联系和交往，在涉及家室和财产等义务关系时，也有一系列成员认定的程序和方式，城邦内部共同体以及成员的身份并不必然限定在狭义的公民共同体的意涵上面。但是仅仅作为生活共同体的城邦并不是典范意义的希腊城邦，在古风时代晚期城邦作为政治共同体的面相才得以逐渐强化。城邦作为政治共同体的出现和发展很大程度上是公元前6世纪内部秩序危机的产物，以雅典为例，从梭伦到克里斯提尼期间的城邦内部秩序的动荡与调适，最终将雅典塑造为一个政治共同体，同时也催生了希腊政治思想。

3. 政治共同体的诞生

政治以及政治思考的载体是城邦，而希腊式城邦的崛起则是理解希腊政治与反思的关键。如果将目光投向雅典，我们会发现雅典城邦最为基础性的发展阶段是公元前6世纪从梭伦到庇西特拉图再到克里斯提尼这一时期。与这一过程相伴，在梭伦这样的立法者的诗歌和法律中，较为明确的政治反思也出现了。[2] 而如果回到公元前6世纪早期的历史现场，追溯政治共同体与政治思想的生成时，我们会发现构建统一的政治共同体最初的动力实际上来自其对立面，即城邦内乱（stasis）。不仅如此，内乱贯穿着公元前6世纪雅

---

[1] Josine Blok, *Citizenship in Classical Athens*, Cambridge University Press, 2017, p.150.
[2] 像迈耶就提出雅典的政治思想就诞生于公元前7世纪，参见克里斯蒂安·迈耶：《自由的文化：古希腊与欧洲的起源》，史国荣译，北京时代华文书局，2015年，第21章。

典的历史进程，雅典先后通过优良秩序（eunomia）和僭政，并最终于世纪末通过平等秩序（isonomia）解决了内乱的威胁。经历了近一个世纪的演变，雅典成为阿提卡统一的政治共同体，并为在下一个世纪成为希腊世界强大民主城邦奠定了基础。

公元前6世纪初，雅典城内秩序遭遇巨大的危机，亚里士多德描述过这一危机："多数人被少数人奴役，人民（demos）起来反抗贵族（gnorimoi）。内乱（stasis）非常激烈，他们长期互相对抗着。"[1] 梭伦对此说道："我明白，当我看到伊奥尼亚最古老的一片土地正在倾覆，悲哀留存我心挥之不去。"[2] 从亚里士多德和普鲁塔克的文献传统中，我们可以得知当时很多人因为债务而失去人身自由，城内的秩序已经到了崩溃的边缘，梭伦就是在这种情况下临危受命，出任调停者和执政官。梭伦为后人留下了大量的诗歌和法律，并在古典时期被雅典塑造为伟大的立法者形象，通过这些材料我们可以管窥其政治思考的基本面向。但在此之前，有必要先考察一下雅典城这场危机的性质。

目前对这一内乱危机最主要的文献记载是亚里士多德的《雅典政制》和普鲁塔克的《梭伦传》，但正如默里（Oswyn Murray）所言，对待这些材料需要保持一定的怀疑态度。[3] 除了文献传统外，晚近学界还利用考古和人类学的发现，为雅典危机提供不同的解释模式。尽管这些解释细节有所不同，但通过结合文献和考古材料，仍可能还原大致的危机面貌。[4] 根据莫里斯（Ian Morris）等人的研究

---

[1] 亚里士多德：《雅典政制》V.1。
[2] 梭伦，残篇 4a，梭伦诗歌中文译文参考张巍：《希腊古风诗教论》，北京大学出版社，2017 年，附录二，部分内容有改动，下同。
[3] 奥斯温·默里：《早期希腊》，晏绍祥译，上海人民出版社，2008 年，第 175 页。
[4] 晚近代表性的研究如 Lin Foxhall, "A view from the top: Evaluating the Solonian property classes", In *The Development of the Polis in Archaic Greece*, eds. L.G. Mitchell and P.J. Rhodes, Routledge, 1997, pp.113-136; *Solon of Athens. New Historical and Philological Approaches*, eds. Josine Blok and André Lardinois, Brill, 2017。

推论，黑暗时代的希腊社会中至少有一半人口要依赖另一半人口供养自己，另一方面，这一半的佃农实际上依附于拥有土地的富人。这两类人在古风和古典时期也演变为城邦的两个群体，一是拥有大量土地（如 *hippeis*）以及重装步兵阶层，一是处于城邦较低阶层的公民（如 *thetes*）。① 根据这一分析架构，处于较低阶层的一半人口实际上是大地产主的依附性劳力，而贵族则要履行对佃农生活保障的义务。② 亚里士多德在《雅典政制》中提到了两种依附性群体：

> 以后就发生了贵族和群众之间的纷争，继续了很长时间。因为雅典政体完全是寡头政治的，贫民本身以及他们的妻子儿女事实上都成为富人的奴隶；他们被称为是被护民（*pelatai*）和六一汉（*hektemoroi*）。（《雅典政制》2.2）

被护民是贵族或地产主的雇佣劳动力，通过在富人的土地上劳动获取酬劳。六一汉的性质有很多解释，一般的解释认为佃农需要支付六分之一的劳动产出给土地所有者。③

但是这一社会关系结构也在不断地演变。从长时段来看，希腊从公元前 10 世纪开始，特别是公元前 8 世纪以后，墓葬和聚居点明显增多④，并且在阿提卡地区土地的开垦面积明显增大。这些新的变化都在逐渐改变着雅典城邦内部的结构与社会关系网络。首先，如莫里斯正确指出的那样，人口的增多使得单位劳动力相对于土地的价值降低⑤，原有建基于劳动依附的义务关系开始松动。此外，

---

① Ian Morris, *Burial and Ancient Society. The Rise of the Greek City-State*, Cambridge University Press, 1987.
② 类似的观点可参见默里的讨论，见《早期希腊》，第十一章。
③ 关于六一汉的学者争论，参见 P.J. Rhodes, *A Commentary on the Aristotelian Athenaion Politeia*, Oxford University Press, 1981, pp.90-96。
④ Morris, *Burial and Ancient Society*.
⑤ Ian Morris, "Hard Surfaces", in *Money, Labour and Land. Approaches to the economies of ancient Greece*, eds. Paul Cartledge, Eaward Cohen and Lin Foxhall, Routledge, 2002, pp.8–43, esp.p.36.

随着阿提卡地区新开垦农地的增多以及贸易的发展，贵族间基于财富的竞争也进一步强化。梭伦在其著名的诗歌《优诺米亚》提到这一场景："他们从不同的地方暴力窃取，而不论是属神的还是民众的财产，他们不再守卫正义女神的神圣基石。"① 对财富不惜一切手段地获取自然会使得土地拥有者对劳力进一步剥削，从而加重两个阶层间的紧张关系。需要指出的是，这一变化不仅仅出现在雅典，而是希腊城邦进程的普遍现象，如古风时代另一位重要的诗人麦加拉的特奥格尼斯也对城邦中出现的财富竞争现象深恶痛绝："坏人（kakoi）以施行暴戾为乐，蹂躏民众并做出偏袒不义的裁决，他们为了个人的财富和权力，不再指望那座城邦能长治久安……个人财富以伤害公众利益为代价。由此将会出现内乱、同胞间的仇杀以及独裁者……"② 特奥格尼斯和梭伦所观察到的这些现象背后实际上体现了希腊城邦价值的演变，财富及其附着的社会价值逐渐开始取代荷马社会里所尊崇的骁勇善战、守卫家庭等价值体系，财富与德性和善好等价值观念的关系越来越密切。我们从赫西俄德那里已经可以看到这一端倪，在劝说自己的兄弟佩尔塞斯努力劳作时，赫西俄德说：

> 人类只有通过劳动才能增加羊群和财富，而且也只有从事劳动才能倍受永生神灵的眷爱。劳动不是耻辱，耻辱是懒惰。但是，如果你劳动致富了，懒惰者立刻就会忌羡你，因为德性（arete）和声誉与财富为伍。③

赫西俄德在这里虽然强调的是劳动，但是财富作为劳动的结果

---

① 梭伦，残篇 4.12-14。
② Theognis, 44-52, 参见 *Greek Elegiac Poetry*, edited and translated by Douglas E. Gerber, Harvard University Press, 1999, 中译参照张巍译文。
③ 赫西俄德：《工作与时日》308-313 行，中译文参照赫西俄德：《工作与时日、神谱》，张竹明、蒋平译，商务印书馆，1995 年，第 10 页。

开始与德性关联起来而获得正面的意义。当然需要指出的是，赫西俄德注重的是劳动致富，而非通过欺诈等手段获得的财富。但是到了特奥格尼斯和梭伦的时代，他们眼中的邦民已经把财富视为正面价值来追求了。特奥格尼斯在一首诗歌中说："对大多数人而言，只剩下这一种德性：财富！其余的一切都无足轻重。"① 梭伦则观察道："在凡人眼中，财富显然没有界限，我们当中如今已拥有巨大资产的人，仍渴望使之倍增。"② 所以，总起来看，公元前 7 世纪和公元前 6 世纪的雅典乃至更大范围的希腊经历人口、土地、价值观念和阶层义务网络的结构性变更。原来黑暗时代稳定的贵族–佃农义务关系随着人口和新开垦土地的增加而遭到破坏，贵族间就财富聚敛以及可能与之相关的权力获取使得对农事劳动力的剥夺变本加厉。这就是梭伦出任调停人前所面临的城邦样态，雅典的这场危机表面上是地产主和附庸劳动者之间的债务和经济危机，但更根本的是精英阶层的财富和权力竞争所导致的社会危机。

梭伦在《优诺米亚》中将这一危机界定为城邦内乱和战争：

> 如今这无法逃避的创伤向整个城邦袭来，
> 城邦旋即处于悲惨的奴役之中，
> 它唤醒沉睡的内乱和战争
> 摧毁众多风华正茂的青年。
> 因为在不义之人的阴谋里，我们挚爱的城邦
> 正被自己的敌人消耗得精疲力竭。
> 这些罪恶在民众那里泛滥成灾，
> 而众多的贫民只得背井离乡，

---

① Theognis, 699-700.
② 梭伦，残篇 13.71-73。

被绑上可耻的脚镣遭到贩卖。①

在梭伦看来，内乱给城邦带来的是"坏秩序"（dysnomia），而作为调停人和执政官的他所要实现的目标是恢复城邦的"优良秩序"（eunomia）。"优良秩序"是古风时代的核心政治价值观，在赫西俄德的诸神谱系中，优诺米亚（Eunomia）是宙斯（Zeus）和忒弥斯（Themis）的女儿，是正义（Dike）和和平（Eirene）神的姐妹。② 在公元前7世纪，"优良秩序"是希腊多个城邦回应内部危机和重建和谐秩序的代表性观念，像斯巴达诗人提泰奥斯（Tyrtaeus）有一首诗歌后来就被命名为《优诺米亚》。斯巴达莱库古的立法也被后来的叙事传统视为是终止了斯巴达的内乱（stasis）和失序（kakonomia），而恢复到良序（eunomia）。③ 梭伦沿袭这一传统，他所要做的是实现"人间万事恰如其分、审慎有度"。所以梭伦的一系列立法措施并非要革命性地缔造一个新秩序，或者以某种特定政体观念为指导进行激进的政制改革，而是相当保守地进行秩序恢复工作。用梭伦自己的话说：

> 我给予庶民适可而止的权利，
> 既不剥夺也不增加他们的尊荣；
> 而那些既拥有权力，财富又令人羡慕的人，
> 我也设法让他们不遭受损害。
> 我屹立于此，为双方挥舞坚实的大盾，
> 不许任何一方行不义而占上风。④

根据前文对雅典城邦危机性质的讨论，梭伦亟需解决的两个

---

① 梭伦，残篇 4.17-25。
② 赫西俄德：《神谱》901-903。
③ 希罗多德：《历史》1.65-68；修昔底德：《伯罗奔尼撒战争史》1.18.1。
④ 梭伦，残篇 5。

层面的问题：一是平息贵族和贫民之间直接的债务危机和城邦内乱；二是重新确立贵族之间的权力分享机制，以平息由精英阶层竞争导致的城邦内乱。针对第一个危机，梭伦颁布了"解负令"，即"拔除了竖立着的债碑（horoi）"，废除债务奴役，使负债人重新获得自由。但是需要指出的是，梭伦并没有重新分配土地，甚至按照晚近的研究，这一举措的实际效果只是免除了奴役，使得小自耕农可以在自己土地上劳作，上层地产主的土地和财富权利并没有受到影响，甚至梭伦也并没有免除依附劳力为上层地产主劳动的义务。①

针对第二个危机，梭伦最为重要的措施就是前文提到的按照财产来划分阶层，第一个阶层需拥有500麦斗，第二阶层300麦斗，第三阶层200麦斗，第四阶层200麦斗以下：②

> 他依照以前人民的分等，按财产估价把人民分作四个等级，五百斗者、骑士、双牛者和佣工，各种官职，如九执政官、司库官、公卖官、警吏和国库监，他分配给五百斗者、骑士和双牛者三级，按各级的财产估价比率，指定以相应的官职；至于列在佣工等级的人，他只允许他们充当民众会和法庭的成员。③

根据学者的研究，这些资产在古风雅典相应的土地财富规模见表1.1：④

---

① John Bintliff, "Solon's Reforms: An Archaeological Perspective", in Blok, Josine, and André Lardinois, eds. *Solon of Athens: New historical and philological approaches*, Brill, 2006, p.319-333.

② 关于梭伦对四个阶层的划分，学界一直有质疑，有不少学者认为这是后世的创造，梭伦立法中并没有法律规定这一划分，也有学者认为后三个阶层在梭伦之前就存在。参见 G.E.M de Ste. Croix, *Athenian Democratic Origins and Other Essays*, eds. D. Harvey and R. Parker, Oxford University Press, 2004, pp.48-49; Rhodes, *A Commentary on the Aristotelian Athenaion Politeia*.

③ 亚里士多德：《雅典政制》VII。

④ 图表引自 Foxhall, "A view from the top: Evaluating the Solonian property classes", Table 10.2, p.70。

表 1.1　梭伦立法中财产阶层表

梭伦的财产阶层	小麦	大麦
500 麦斗 *pentakosiomedimnoi* 500 斗级	48 × 1.087 × 0.772=20140 kg / 200= 可供养约 100 人 / 年 = 最少拥有约 20+ – 34+ 公顷土地	48 × 1.087 × 0.643=16775 kg/ 200= 供养 84 人 / 年 = 约 17–28 公顷土地
300 麦斗 *hippeis* 骑士	12084 kg / 200= 养 60 人 / 年 = 12–20 公顷土地	10065 kg / 200= 养 50 人 / 年 = 10–17 公顷土地
200 麦斗 *zeugitai* 双牛级	8056 kg / 200= 养 40 人 / 年 = 8–13 公顷土地	6710 kg / 200= 养 34 人 / 年 =7–11 公顷土地
<= 200 麦斗 *thetes* 佣工		

根据这一测算，前三个阶层是极为富有的。用福克斯豪（Lin Foxhall）的话说："这些数据表明他们（前三个阶层）不仅拥有肥沃的土地，而且他们还能有足够的劳动力在这些土地上耕作。"[①] 因为梭伦将出任官职的资格限定在前三个阶层，高级官职只能在前两个阶层中分享，所以他实际上是将城邦的统治权通过财富标准限定在精英群体内进行重新分配。从这个角度上来看，梭伦并非如亚里士多德等公元前 4 世纪希腊作家认为的那样，是在进行民主化的改革，而是通过立法将财富作为精英统治的标准确立下来，以恢复城邦秩序。但从另一方面来看，财富标准与出身以及荷马社会中的德性标准相比，具有更为普适的面向，或者说以量胜质，所以通过以财产资格作为区分阶层的标准，财富的同质化特征也将佣工和小自耕农一并纳入城邦政治秩序中来，这在客观上改变了共同体成员政治参与的基础。[②]

---

① 表格引自 Foxhall, "A view from the top: Evaluating the Solonian property classes", Table 10.2, p.71。

② 参见 Philip B. Manville, *The Origins of Citizenship in Ancient Athens*, Princeton University Press, 1990, pp.154-156; Cynthia Farrar, "Power to the People", In K. A. Raaflaub et al., eds., *Origins of Democracy in Ancient Greece*, University of California Press, 2007, pp. 170-195, esp.pp.186-187。

由此我们可以总结梭伦的立法结果，一方面城邦实际的统治权仍掌握在精英群体手中，平民依附关系也仍然存在。根据考古证据，庶民墓葬真正广泛出现是在公元前6世纪末期①，这也一定程度上佐证了梭伦立法的目标在于恢复良序而非推动民众掌握权力。另一方面，通过上面两节的论述，梭伦也明确了邦民在共同体中的合法身份。在财富这一新的衡量标准之下，所有合法邦民原则上都有资格参与公民大会和陪审法庭。这也为政治共同体的进一步发展提供了重要的开端。但这一开端也不应估计过高，因为基于一则出土的墓碑材料，公元前6世纪中叶雅典和阿提卡乡郊仍有很明显的区别：

> 无论是邦民（astos）还是外人（xenos），愿从这里经过并阅读此碑的人为泰提考斯（Tettichos）感到惋惜，他英年早逝，战死疆场，是一位优秀的人。为其哀悼便敬其伟业。②

正如弗罗斯特（Frank Frost）正确指出的那样，因为泰提考斯的坟墓并没有坐落在阿提卡之外的主要道路上，而是在往北通向阿卡奈（Akharnai）的路上，所以邦民与外人是对城内居民和乡村居民的区分，这里的外人（xenos）并非如古典时期时指代外邦人或从阿提卡地区以外来的人，而就是对城外人的称呼。③ 如果这一分析成立，可以确定在这个时期阿提卡远没有形成一个同质的邦民共同体。

比较梭伦立法前后的雅典政治状况，可以看到其立法取得了一定的成效，但仍留有很大的隐患。具体来说，通过解负令，贵族和债务奴隶的问题得到解决，并且通过阶层划分保障了贵族相对于底

---

① Morris, *Burial and Ancient Society*, p.208.

② SEG（*Supplementum Epigraphicum Graecum*）60-121. Athens. Funerary? epigram for Tettichos, ca. 575-550 B.C..

③ Frank Frost, "Aspects of Early Athenian Citizenship", in *Athenian Identity and Civic Ideology*, eds. A.L. Boegehold and A. C. Scafuro, The John Hopkins University Press, 1994, p.51.

层民众的权力。但是，梭伦的立法并没有能够从根本上消除第二重危机，即贵族之间的竞争和冲突，这个隐患在其立法后不久便暴露了出来。从公元前6世纪中叶开始，雅典进入了庇西特拉图家族的僭主统治时期。

根据文献传统，梭伦立法后雅典内部很快陷入了派系斗争，内乱再次降临到城邦中，最终以庇西特拉图成为僭主并开启了半个世纪（约前560—前510年）的僭政时期。关于庇西特拉图开创僭政的叙述，主要来自两个文献传统，一个是希罗多德的《历史》，另一个是亚里士多德《雅典政制》。后者可能采纳了前者的一些叙事，但又略有不同。① 根据这些文献的撰述，当时雅典共有三个派系：以阿尔克迈昂之子麦加克里斯（Megakles son of Alkmeon）为首的海岸党人、以阿里斯托莱戴斯之子莱库格斯（Lykourgos son of Aristolaides）平原党人和山地党人，而后来篡夺僭主的庇西特拉图就是山地党人的领袖。在希罗多德笔下，前两个派系陷入紧张的权力争斗，而庇西特拉图则是后来兴起的第三个派系，并通过欺骗夺得了权力。亚里士多德则直接认为当时存在三个派系，并且拥有不同的政体主张，麦加克里斯想建立温和政体，莱库格斯想建立寡头制，而庇西特拉图则是极端倾向于民众的领袖。亚里士多德将派系斗争的性质归为政体之争，从而将僭政阶段也纳入到《雅典政制》更长时段关于民主制度演变的脉络之中，但这种叙事方式很可能是公元前4世纪的重写，因为在公元前6世纪中期的希腊人并非以政体的方式思考城邦权力秩序。

在夺取权力之后，庇西特拉图虽然成为僭主，但并没有完全采取僭主的作风，而是保留了梭伦的法律，并以温和的方式处理城

---

① 参见希罗多德：《历史》1.59-64；亚里士多德：《雅典政制》XIII-XVII。

邦事务。不仅于此,根据传统的叙事,庇西特拉图家族还利用宗教庆典等对阿提卡地区进行了整合,特别是通过泛雅典娜节、大酒神节、布劳罗尼亚节和埃琉西斯秘仪等强化了城市与周边地区的联系。除此之外,他还到村庄巡回审判,使得雅典成为一个更为紧密的宗教-政治共同体。亚里士多德甚至总结说:"人们常常说,庇西特拉图的僭主统治是克洛诺斯的黄金时代。"① 但是由于原始材料的匮乏,文献传统所撰述的公元前6世纪中叶以降的雅典政治局势的真实情况仍有很大可商榷的空间,并且即便完全采信文献传统,也难以完全解释为何庇西特拉图有意将阿提卡地区进行以城市为中心的政治整合。

如果结合晚近的考古发现,我们会对这一时期的文献传统有更多的保留。比如有学者经过分析指出,早期雅典不可能存在山地、海岸和平原三个持有不同政治统治理想的派系②;帕克也指出不应过分夸大庇西特拉图及其儿子们的重要性,而应该将僭政时期的宗教、庆典以及城市建设放在整个公元前6世纪的总体变迁大势中进行理解③;在雅典广场的考古发掘显示,广场开始显示基本的形态,十二主神的祭坛等很可能已经在这个时期兴建,但总体的建筑规模仍有限。④ 综合来看,基本可以认为庇西特拉图及其后代的僭政使得雅典城的地位上升,并可能在一定程度上推动了雅典城与乡郊地区的联系。但是考虑到僭主统治的特征以及庇西特拉图后代的统治风格,可以断定在这半个世纪的僭政期间,雅典作为政治或公民共同体的进程并不是特别显著。更为重要的是,僭政统治并没有

---

① 亚里士多德:《雅典政制》XVI。

② R.J. Hopper, "'Plain', 'Shore', and 'Hill' in Early Athens", *The Annual of the British School at Athens*, Vol. 56 (1961), pp. 189-219.

③ Parker, *Athenian Religion: A History*, Chapter 6.

④ 参见 John M. Camp, *The Athenian Agora*, Thames and Hudson Ltd., 1986, pp.39-47.

从根本上解决梭伦立法后的城邦秩序困境,原来精英阶层的竞争和斗争仍然存续,但只是被一个僭主家族暂时压制,但这又催生了僭主家族与其他贵族的紧张关系。一旦僭主统治不稳定时,原有的贵族竞争以及所导致的城邦内乱便又会出现,而正是僭政结束后的内乱及秩序安顿从根本上改变了雅典,使得雅典正式成为一个以平等(*isonomia*)为特征的政治共同体。

雅典僭政的结束始于一桩谋杀僭主家族成员的谋杀案。前514年庇西特拉图儿子希帕库斯被刺杀,导致其兄长希庇阿斯改变了之前的温和统治,处死很多贵族成员,包括克里斯提尼在内的阿尔克迈翁家族也流亡国外。最终在前510年,克里斯提尼通过自己在德尔斐的影响,使得斯巴达获得解放雅典的神谕,进而在斯巴达国王克列奥美涅斯(Cleomenes)率领下推翻了雅典的僭主统治。僭政的结束并没有解决城邦新秩序该如何安顿的问题,雅典又一次陷入内乱之中,这一次权力争夺是在克里斯提尼(Cleisthenes)和另一位贵族后代伊萨格拉斯(Isagoras)之间展开的。按照希罗多德的讲法,伊萨格拉斯除了自己在城邦中的团体力量外,还取得了斯巴达及其国王克列奥美涅斯的支持,以外力帮助自己驱逐克里斯提尼一派并武力占领卫城,克列奥美涅斯甚至想要扶植伊萨格拉斯做雅典的僭主。而处于斗争劣势的克里斯提尼则使民众(*demos*)都成为他的伙伴(*hetairia*)①,这样一来就压过了对方派系(*antistasiotai*)的成员。②正是克里斯提尼这一关键的举措,使得内乱的主体不再局限在贵族及其周围的小集团,而是将所有公民都动员起来参与城邦统治权的重塑。

如果我们相信希罗多德的撰述,那么伊萨格拉斯自己的僭主

---

① 希罗多德:《历史》5.66。
② 希罗多德:《历史》5.69。

野心和外援斯巴达的干预都引起全体雅典公民的不满和抗争,雅典人民在克里斯提尼被流放的情况下,围困了占领卫城的伊萨格拉斯和克列奥美涅斯,逼迫斯巴达人签订和约离开雅典,之后便将克里斯提尼召回雅典。关于这一斗争的解释,学者们历来有不同的分析视角,如奥伯就认为这是雅典人民自主发动的,旨在反对外邦支持的僭主阴谋的雅典革命①,这一解释看到了内乱的基本权力格局,但也过高估计了雅典民众的政治意识。另有学者从克里斯提尼个人及家族的政治利益角度来解释这场政治斗争策略。② 尽管无法完全还原当时雅典人民和克里斯提尼的真实想法,但克里斯提尼能够成功动员人民起来加入针对伊萨格拉斯派系的斗争是确凿无疑的。如果将视野投向公元前 6 世纪,会发现雅典的这一"革命"反映了希腊城邦的总体演变趋势,那就是平民开始在城邦中扮演着越来越重要的角色,城邦统治权也开始在更大范围内分享,用希罗多德的话说,每个人在城邦中拥有了平等的声音(*isegorie*)。③

城邦发展的这一趋势也得到了考古发现的佐证,按照莫里斯的研究,雅典地区的墓葬数目在克里斯提尼改革前后有巨大的变化(见图 1.1),他给出的解释是原来在公元前 7 世纪以及公元前 6 世纪相当长时间内,并不是所有人都能拥有正式的墓葬,只有特定的群体如贵族等才能进行正式的埋葬。但是这一情况到了公元前 6 世纪末有了巨大的变化,男女老幼的墓葬都开始大量出现,并且成年

---

① Josiah Ober, "'I Besieged That Man' Democracy's Revolutionary Start", in Kurt A. Raaflaub, Josiah Ober and Robert W. Wallace, *Origins of Democracy in Ancient Greece*, University of California Press, 2007, pp. 83-104.

② 如 Anderson, *The Athenian Experiment*; David Lewis, "Cleisthenes and Attica", *Historia*, Vol.12, 1963, pp.22-40。

③ 希罗多德:《历史》5.78。

墓葬中没有明显的贫富差距。① 虽然我们并不能完全确定6世纪这一变化的真正原因，但是可以确定的是，墓葬的平等反映了平等意识在公元前6世纪晚期和公元前5世纪早期的城邦中迸发，而社会阶层比重的变化也必将改变城邦的政治秩序构建。克里斯提尼就是在这种语境下进行了雅典的政治化重组。②

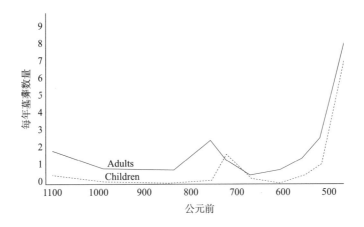

图1.1　前1100—前450年雅典成人与儿童墓葬数量变化图③

克里斯提尼的改革方案中最为重要的是对部落的重组，原来雅典人生活在四个部落中，并以伊翁（Ion）的四个儿子的名字命名。克里斯提尼新划分了十个部落，并以十个与雅典历史密切相关的英雄命名，其中如埃里克特斯（Erekhtheus）等五个英雄是雅典传说中的王；莱奥斯（Leos）曾经为拯救雅典的瘟疫而献祭了自己的女儿们等等，通过弱化雅典与伊奥尼亚希腊人（Ionian）的关系，新

---

① 引自 Moriis, *Burial and Ancient Society*, pp.104-109。
② 根据希罗多德的记述（5.67-69），克里斯提尼的改革措施并非其发明，而是模仿其外祖父西基昂统治者的做法，这也进一步佐证了公元前6世纪城邦总体发展的平等化趋势，雅典的变革可能只是这一趋势的产物之一。
③ 引自 Moriis, *Burial and Ancient Society*, p.73。

的部落带有浓厚的雅典色彩。不仅如此,原来四个部落基本上属于亲缘共同体,即便到了公元前4世纪,不承担政治作用的四个部落的领袖仍然是从出身高贵的人中选出。而克里斯提尼的部落则是以地域为基础的空间重组,通过将全部德谟分为三十个区,城市、海岸和山地各十个区,每个部落则由三个来自不同地域的区抽签分配构成。这样一来,每个部落的三个区可能相隔甚远,但都在雅典每个大的区域占据一份。亚里士多德曾指出这一改革方案目的就是要使"不同部落的成员混合起来"[1],学者们都注意到了这一改革的动机和效果,即将阿提卡地区进行了地域重组,奥斯特瓦尔德对此有准确的总结:

> 每个部落包含了横跨整个阿提卡的区域,因为每个区域都在其中得以被代表。这就超越了地区性的限制,并有助于使每个部落的成员将阿提卡视为一个整体。地区之间的差异可以在部落会议中得到解决,所以这些分歧不会上升到城邦层面,也不会因地区利益而导致政体的瓦解。[2]

部落在新的城邦秩序中扮演着重要的政治角色,尤其体现在三个方面:议事会、军事组织和公民。[3] 克里斯提尼重组了议事会,以新的部落为基础,每个部落出五十人组成城邦五百人议事会。议事会的职责很可能是为公民大会设定议程和议题,并且在前487年之前,议事会成员是由选举而非抽签产生。另外一项重大的变化就是军队的组织工作。设立新的部落组织后,每个部落每年选举一个将军,这也意味着部落开始成为军事活动的重要分

---

[1] 亚里士多德:《雅典政制》XXI;《政治学》1319b19-27。

[2] Martin Ostwald, "The Reform of the Athenian State by Cleisthenes", in *The Cambridge Ancient History*, Vol.4, Cambridge University Press, 1988, p.316.

[3] 大部分学者都注意到了前两者,如 Rhodes, *A Commentary on the Aristotelian Athenaion Politeia*, p.253。

支单位，根据出土材料，战争中伤亡的士兵名单都是以部落为单位列出的，而没有提及德谟或家族。① 根据学者的研究，每个部落兵团大概有一千名重装步兵，另还有小队骑兵，在新的军队中，来自不同地区的士兵们开始为他们的雅典城并肩作战。② 除了前两者之外，根据亚里士多德《政治学》中的讨论，克里斯提尼的部落改革也与公民权的授予有关。在《政治学》第三卷讨论公民身份的时候，亚里士多德提到克里斯提尼"将许多外邦人和客居奴隶（xenous kai doulous metoikous）也登记在部落"，这些人在驱逐僭主后也参与到政体之中。③ 这一表述表明部落接受外来的公民或者按照法律授予的公民，这些人原本并非雅典本地居民（astoi 或 gnesioi），而是通过革命事件之后被吸纳为城邦的公民（polites）。

克里斯提尼改革方案中另一个重要举措是将德谟（或村社，demos）政治化。目前大部分学者倾向于认为改革后的 139 个村社并非全新设立，更多的是沿袭已有的村落结构。④ 有学者根据考古发现推测，阿提卡地区的村社真正成为正式的聚居团体大约是在前 700 年左右⑤，而在此之后的公元前 6 世纪，数量更多的有核心聚居区的村社逐步发展成型。但是需要指出的是，目前尚无确切证据表明在克里斯提尼改革之前，村社是政治性的单元。根据亚里士多德的讲法，克里斯提尼规定：

---

① Robin Osborne, *Greece in the Making, 1200-479 BC*, 2nd edition, Routledge, 2009, p.279.

② Michael Stahl and Uwe Walter, "Athens", in *A Companion to Archaic Greece*, eds. Kurt A. Raaflaub, Hans van Wees, Blackwell, 2009, p.157. 同参考 Anderson, *The Athenian Experiment*, pp.123-124, p.148; 卡特利奇甚至认为克里斯提尼建立的是一个重装步兵政体，参见 Paul Cartledge, *Democracy: A Life*, Oxford University Press, 2016, pp.61-75。

③ 亚里士多德：《政治学》，1175b33-36。

④ 如 Jones, *The Associations of Classical Athens*, Chapter 2。

⑤ 考古的证据可参见 Whitehead, *The Demes of Attica*, pp.6-7; Lilian H. Jeffery, *Archaic Greece: the city states c. 700-500 BC.*, Ernest Benn, 1976, p.84。

所有住在同一个德谟里的都是彼此的同德谟居民（*demotai*），以防他们有可能通过其父亲的名字（*patrothen*）来区分新公民（*neopolitai*），而皆以德谟名相称。他又设置德谟长，其职务与以前的造船区长相同，因为他已经用德谟代替造船区。①

德谟在新的秩序中也发挥着确认城邦公民的作用，通过以德谟名相称，新的公民得以整合进德谟的组织之中。除了克里斯提尼引入的新公民之外，德谟还承担着雅典公民识别与登记功能，特别是年满十八岁的合法婚生的男性，通过德谟登记成为雅典城邦的公民。②到克里斯提尼改革的公元前6世纪末，雅典的社会结构有了巨大的变化，原来贵族与依附于精英的佃农与雇工秩序逐渐演变为新的秩序，这一秩序被学者们称为"平等的秩序"（*isonomia*）③，正是这一新秩序带来了参与性的"政治"共同体。

概览克里斯提尼的改革，这一平等秩序的具体内涵也得以展现，特别体现在三个方面。首先，共同体的基础得以更新。改革后的城邦虽然保留了原有很多共同体，如宗族、祭祀社乃至原来四个部落，但是新的秩序基础却是更为同质化的公民群体，这一群体既包括传统合法婚生的邦民，也包括因为种种原因被法律批准而获得公民身份的外人。其次，城邦空间通过同质化改造进而成为一个共同体。整个雅典或阿提卡地区通过部落和三一区的设置以地理位置为标准得以均质化④，空间的重组背后是城邦政治单位的平等重组，并使得各个部分与城邦整体发生了关联，城邦也得以成为统一

---

① 亚里士多德：《雅典政制》XXI。
② 亚里士多德：《雅典政制》XLII。
③ Cartledge, *Democracy: A Life*, p.75; 默里：《早期希腊》, 第269页。
④ Lévêque, Pierre, Pierre Vidal-Naquet, *Cleisthenes the Athenian: an essay on the representation of space and time in Greek political thought from the end of the sixth century to the death of Plato*, trans. and ed. David Ames Curtis, Humanities Press, 1996.

的共同体。最后,平等的政治参与机制逐步成型。通过新的部落构造了新的军事组织和政治参与机制,使得城邦共同体成员除了原来的生活世界外,频繁地举行议事会选举、召开公民大会以及从事军事活动①,使得公民和城邦的关系性质发生改变。借用希罗多德的评论,公民们获得自由后便全心全意地投入城邦事务中,与此同时,基于政治生活的公民间关系开始常态化。

需要特别强调的是,克里斯提尼的改革毋庸置疑地为希波战争之后雅典民主制度的成型和发展铺平了道路,但是平等秩序尚非民主制(民众-统治)。在克里斯提尼的改革后,确实有广泛的城邦居民,特别是男性公民群体能够更加频繁地参与城邦政治,但在公元前6世纪末的雅典还没有真正出现民主制度。更为准确的看法是将克里斯提尼改革视为公元前6世纪城邦发展的一个总体结果。如罗宾逊(Eric Robinson)等学者通过研究已经指出,在公元前6世纪末基于平等秩序构建的城邦有很多。② 在这一秩序中,原有贵族仍然可以通过议事会或战神山议事会等掌握更多的权力,但城邦的基础已经不再允许单一家族的世袭统治,或权力高度封闭分享的贵族集团统治。在城邦内部权力斗争以及城邦对外战争频繁的语境下,普通民众开始同时扮演自耕农、战士和公民三个角色③,城邦内外的压力环境迫使城邦秩序向更大范围的邦民开放,而这也从根本上塑造了城邦这一政治共同体的基本样态,并为希腊"政治"思想的生成和发展提供了舞台。

---

① Meier, *The Greek Discovery of Politics*, pp.73-78.

② Eric Robinson, *The First Democracies: Early Popular Government Outside Athens*, Franz Steiner Verlag, 1997.

③ 希腊城邦崛起已经是希腊史研究的重点议题,参见 Kurt Raaflaub, "Homer to Solon: the rise of the polis", in M.H.Hansen eds., *The Ancient Greek City-State, Copenhagen*, 1993, pp.41-105。

第二章 内乱与政治：共同体的思想创生

在荷马、赫西俄德以及古风时期诗人和立法者那里，已经出现了对于共同体事务的反思与思考，但是因为这一阶段也是城邦兴起和逐渐演变定型的过渡时期，所以公元前 6 世纪及其之前的政治反思和古典时期的"政治"思考仍有较大区别。从共同体演变的视角来说，城邦只有在真正成为基于平等秩序构建的政治共同体之后，才有可能出现城邦反思其自身秩序的政治思考。所以，政治共同体的创生并不必然指向民主制等某种特定政体的形成，政体只是平等的公民秩序基础之上的二级议题。从雅典的实践来看，正如在上一章中揭示的那样，政治共同体的创生要归于克里斯提尼的改革，自此以后雅典的政治组织体系开始发挥越来越重要的作用。而在这之后不久，希腊世界经历了最为重大的外敌入侵，经过对抗波斯的战争，希腊世界和雅典都发生了重大的变化。与此同时，在公元前 5 世纪上半段，雅典出现了现存最早的"政治"反思，这就是埃斯库罗斯的悲剧作品。可以说，在埃斯库罗斯之前，古风作家和诗人们进行的是关于城邦事务的思考，而经过他的悲剧之后，基于政治共同体的思考才得以萌生和发展。

1. 悲剧与政治思想的起源

之所以将悲剧，特别是埃斯库罗斯的悲剧视为古希腊政治思想的起源，是因为埃斯库罗斯开始在政治共同体的视野范围内进行政治反思，并通过悲剧的形式将这些政治议题在城邦节日庆典时通达普通公民。此外，埃斯库罗斯的悲剧作品还直接处理了本书在第一章中阐述的共同体演变过程。为了更好地理解悲剧与政治思想起源的关系，我们可以从以下几个方面进行讨论。

第一，大酒神节的性质使得悲剧成为城邦政治性活动的一环。悲剧主要的表演场合是大酒神节（Great Dionysia），这一节庆是以敬拜酒神狄奥尼索斯（Dionysus Eleuthereus）展开的，时间是在冬季结束后的三月底。该节日庆典早期发展状况已无法完全追溯确认，但学界一般认为在庇西特拉图时期这一节日的重要性开始突显。[①] 关于这一节日庆典的性质，不同的学者有着差别较大的判断。如塔普林（Taplin）就认为这只是一个娱乐性节日，和狄奥尼修斯崇拜关系并不紧密：

> 对于雅典人来说，大酒神节是一个大家停止工作，豪饮朵颐的节日，人们在这节日中观看或参加各种仪式、游行、祭祀等例行活动。悲剧和喜剧也在这时上演，但是我在这些娱乐活动中看不到任何酒神的影子。有一些雅典人抱怨悲剧"和酒神毫无关系"……换言之，希腊悲剧本质上与酒神并无关联。[②]

塔普林将酒神节的娱乐性强调了出来，并认为其宗教色彩并不浓厚，但是这一判断并没有将酒神节以及悲剧比赛的性质完全表达出来。根据皮卡德－坎布里奇（Arthur Pickard-Cambridge）的经典研究，无论从庆典之前的游神、祭祀等活动，还是节日期间的活动

---

① 参见 Martin L. West, "The Early Chronology of Attic Tragedy", *Classical Quarterly* 39, 1989, pp.251-254。

② Oliver Taplin, *Greek Tragedy in Action*, Routledge, 2003, p.103.

来看，大酒神节实际上与狄奥尼索斯崇拜紧密相关。① 而西福德更进一步认为，狄奥尼索斯崇拜和相关的仪式发挥着重要的作用，不仅整合了城邦的中心和边缘地区，而且在悲剧中也起到了枢纽性的作用，它帮助崛起中的城邦摒除死亡仪礼中以家族复仇为形式的潜在暴力，进而将对家庭的忠诚转化为对城邦的忠诚。②

除了娱乐和宗教职能外，大酒神节还具有浓厚的政治色彩，戈德希尔（Simon Goldhill）对此有最为系统的总结。根据他的总结，在戏剧开场之前有四个重要的仪式：第一项仪式是宰杀献祭动物，把血洒在比赛场地周围，并把奠酒倒给众神。而进行奠酒仪式的是城邦中最重要的军事首领——十将军。第二项仪式是宣布为城邦做出杰出贡献的公民名字，他们在众人见证下被授予桂冠。第三项仪式是阿里斯托芬的喜剧《阿卡奈人》（前504年）记录的，在剧场中展示雅典帝国盟邦的进贡，即是展示雅典帝国的政治和军事力量。③ 第四项仪式是因战争而丧失父亲的孤儿们的游行，他们将被城邦教育和抚养长大，他们成年时身着盔甲进入剧场，宣誓要像父辈那样为城邦而战。④ 很显然，戈德希尔从古代文献中整理的这四项仪式都与城邦密切相关且带有很强的象征意义，在身处剧场中的

---

① Arthur Pickard-Cambridge, *The Dramatic Festivals of Athens*, 2nd edition, revised by John Gould and D.M. Lewis, Oxford University Press, 1968, pp.57-74. 其他强调酒神要素的研究可参见 P.E. Easterling, "A show for Dionysus", in Easterling eds., *The Cambridge Companion to Greek Tragedy*, Cambridge University Press, 1997, pp. 36-53。

② Richard Seaford, *Reciprocity and Ritual. Homer and Tragedy in the Developing City-State*, Oxford: Clarendon Press, 1994.

③ 同参 Henk S. Versnel, "Religion and Democracy", in Walter Eder eds., *Die athenische Demokratie im vierten vorchristlichen Jahrhundert*, Stuttgart, 1995, pp.367-387。

④ Simon Goldhill, "The Great Dionysia and Civic Ideology", *Journal of Hellenic Studies* 107, 1987, pp.58-76. 类似的版本见其为《剑桥希腊罗马政治思想史》撰写的"希腊戏剧和政治理论"一章，中文版第69—94页。对戈德希尔的批评，参见 Jasper Griffin, "The Social Function of Attic Tragedy", *The Classical Quarterly*, Vol. 48, No. 1, 1998, pp. 39-61。

公民和外邦使者面前举行这些仪式无疑是对城邦认同的强化以及对希波战争后雅典帝国力量的宣示。

综合上述讨论可以看出，大酒神节首先是一个节日庆典，除了娱乐外，该庆典带有浓厚的宗教色彩和政治因素。悲剧竞赛的剧场不仅上演着悲剧作家们的剧作，同时也是雅典展示和强化城邦认同的场域。不仅于此，在进行完那四项重要的政治仪式之后，剧场舞台上上演的悲剧作品本身就是城邦政治反思的载体。

第二，悲剧是城邦**普通公民**的政治思想体现。关于悲剧的政治性质，学界已有诸多的阐述和论争，主张悲剧的政治相关性的学者大致从下述几个方面来进行论证。首先是悲剧作家及悲剧作品内容与当时的现实政治议题相关，比如埃斯库罗斯的《波斯人》就直接与波斯在希腊的战败相关，而《被缚的普罗米修斯》则被认为是探究僭政的性质。[①] 这一类型的讨论在部分悲剧作品中的确可以找到直接或间接的证据，但并不能够将现存的所有悲剧都与同时代的语境建立起紧密的关联。

其次是将悲剧与雅典民主政治关联在一起，比如卡特里奇认为酒神悲剧节是界定雅典公民认同（civic identity）的工具，这里的公民认同是指"探究和确认，同时也质询民主制的公民以及这一新型的民众自我统治的政府究竟应该是什么样子的"[②]。这一解释路径上更为激进的学者是戈德希尔。他在大酒神节具有政治性的基础上更进一步，主张公元前5世纪雅典的戏剧节是民主式节日，戏剧持续反映了公元前5世纪雅典的政治环境。比如在戏剧节的组织方

[①] 这种阐释的代表性研究参见 Anthony Podlecki, *The Political Background of Aeschylean Tragedy*, Bristol Classical Press, 1999。

[②] Paul Cartledge, "'Deep Plays': theatre as process in Greek civic life", in *The Cambridge Companion to Greek Tragedy*, p.6.

面，戈德希尔认为基本都是民主原则在发挥作用：

> choregia（资助合唱队或庆典）尤为一民主体系；通过民主程序选择裁判、歌队和演员；部落的座位（可能），以及（可以确定的）根据民主制中政治地位安排的位置（比如议事会成员的坐席）；通过德谟名册来分发剧票的程序；剧作演出前仪式的改革日期；剧场中讨论戏剧的大会——实际上整个表演都是通过民主制方式安排的，其作用就是运作中的民主制的符号与象征。①

同时，在悲剧的主题方面，戈德希尔也给出了与民主相关的三个议题：个人与集体间关系的规范化和制度化，悲剧审查作为民主理想的、享有独立判断力的个人的建构，民主制的城邦依赖语言的公开交流。② 经过这些讨论，戈德希尔将悲剧与民主绑定在一起，着重强调公元前5世纪悲剧表演和雅典民主帝国的总体语境和制度性关联，但是二者之间究竟是否存在实质性的联系却是需要审慎对待的。罗兹就撰文专门讨论了戈德希尔所列的这些条目，并逐一进行了澄清和反驳。在罗兹看来，将悲剧与民主制关联起来是难以成立的，因为即便某些悲剧制度不可避免地采用了雅典民主制的形式，但雅典的这些制度也是在当时希腊世界普遍存在的，即并非雅典所独有。如果仔细考察的话，雅典这些制度的很多方面实际上并不太民主。罗兹指出，与其说某些悲剧是民主式的，不如说它们是希腊人对城邦的关切和思考，戏剧中出现的对民主价值的质疑恰恰说明雅典人是在反思和讨论一种非确定性的价值体系。③ 总起来说，

---

① Simon Goldhill, "Civic Ideology and the Problem of Difference: The Politics of Aeschylean Tragedy, Once Again", *Journal of Hellenic Studies*, Vol.120, 2000, p.38.

② 戈德希尔：“希腊悲剧与政治理论”，《剑桥希腊罗马政治思想史》，第78—81页。

③ Peter Rhodes, "Nothing to Do with Democracy: Athenian Drama and the Polis", *The Journal of Hellenic Studies*, Vol. 123, 2003, pp. 104-119.

罗兹对悲剧民主式解释的批评是令人信服的，如果考虑到悲剧的流变以及希腊其他城邦的戏剧实践，将戏剧定位在城邦而非特定的民主制度是更为合理的做法。

在罗兹观点的基础上，我想进一步提出悲剧不仅是以城邦事务为前提的创作与反思，并且与公元前5世纪和公元前4世纪的智者与哲学家不同的是，悲剧更能代表普通公民的政治思考，进而展现了更为鲜活而真实的城邦政治思想。就这一判断，首先需要澄清一点，即这并不是说三大悲剧作家的智识水平低于智者和哲学家，或者其剧作远逊于后两者的作品，而只体现了普通公民的水准。恰恰相反，三大悲剧作家通过其剧作都展示了超乎普通公民的才智和极为深邃的思想洞察，对这一点亚里士多德在其《诗学》中就已经明确阐明了，戏剧（相较于历史）在他看来更具哲学性也更为崇高。①

如果承认悲剧作家及其作品的复杂与深刻，那在何种意义上理解悲剧所反映的城邦政治思想呢？对这一问题的回答可以从两个方面进行。第一个方面是悲剧面对的广大观众使得剧作家必须反映城邦公民通常的政治关切。根据学者们对剧场规模的测算，一般认为观众在14000—17000人之间。而按照柏拉图在《会饮》中的讲法，阿伽通在悲剧比赛中取得胜利时，现场有30000多希腊人。②如果柏拉图的讲法没有夸张的话，那基本上整个雅典的公民群体都可以在剧场之中了。无论是万余人还是30000人，大酒神节的悲剧剧场中都聚集了比任何其他集会更多的公民群体。相对而言，在当时雅典公民大会最多有6000公民参加，陪审法庭一般有1500—2000公民参加。为了保证公民进剧场，传统认为伯里克利时期还开始给最贫穷的人发放看戏津贴，以保证尽可能多的公民参与其中。面对如

---

① 亚里士多德：《诗学》1451a36-b11。
② 柏拉图：《会饮》175e。

此众多的公民观众,剧作家的创作必须要考虑城邦全体公民的接受度,而不是一味追求议题讨论的高深,否则是很难在悲剧比赛中获胜的。通过改写传统的史诗和神话故事,剧作家需要找到观众关心以及能够有深切感受和思考的情节与人物表达,所以在剧场中就形成了一个围绕着舞台中心形成的价值与情感试验场。演员、歌队与观众共同进入故事情节与人物的行动之中,在表演与观看的结构里,观众并不必然作为一个集体进行思考,但剧作必是能够影响和激发大多数公民观众的情感与反思,所以与历史或哲学作品相比,悲剧能更为准确地反映城邦一般性的思想状况。

另一方面,这里所说的"政治"是广义的城邦政治生活,包含城邦的公共事务与公民生活方式在内。目前留存的悲剧中,有一些直接与政治议题相关,如下文中将要讨论的埃斯库罗斯《奥瑞斯提亚》三部曲。除此之外,悲剧中还大量处理了献祭、女性、葬礼等日常事务,这些主题实际上与城邦的生活方式和价值观紧密相关。在大多数情况下,剧作家并没有像老师一样来灌输某种特定的价值观,而是通过戏剧来展示各种悬而未决的价值,让观众一起来进入这些人物和情节加以反思。绝大多数的悲剧作品虽然以上古神话和故事为原型,描述的也大多是英雄或王族家庭的事迹,但剧作家对传统情节的改编却不是为了捍卫王制或固守英雄价值观,而是在政治共同体诞生之后,公开探究新的适用于城邦的生活方式和价值体系。比如下一章中将重点讨论的《安提戈涅》一剧中,虽然剧情是远古的俄狄浦斯家族中的冲突,但讨论的却是政治共同体兴起后家庭与城邦的关系纽带问题。索福克勒斯对此并没有给予明确的答案,而是将剧场中的观众带到了这一难题面前。悲剧的这一功能到了公元前4世纪哲学家那里演变和确定为对于城邦公民的文艺教育(或乐教),而教育也被哲学家们视为照看灵魂的政治事务,只不过相较于悲剧作家，柏拉图和亚里士多德对公民青少年时期的文艺教育有更为自信而明确的方向和目标。

概览既有的古希腊悲剧，无论从悲剧表演的形式和受众角度，还是从悲剧的内容来看，都是城邦崛起为严格意义的政治共同体之后出现的。借助经典故事情节，剧作家通过剧场表演的形式和公民们一起质询和反思城邦相关的总体事务。启动这一进程的就是埃斯库罗斯。

第三，埃斯库罗斯的悲剧可以被视为雅典成为政治共同体后最早的政治思想实践。之所以将政治思想诞生的殊荣归予埃斯库罗斯主要是基于两点考量，一是他的生平年代正好跨越了雅典从僭政晚期到民主化改革的剧变时段；二是他悲剧作品所讨论的主题是在严格的政治共同体意义上进行的，这一点与公元前6世纪以及更早的作家有着根本性的区别。

埃斯库罗斯于公元前525/前524年出生阿提卡西部的埃琉西斯，当时雅典还处在庇西特拉图家族的僭主统治之下。他在18岁左右时，目睹了僭主政治的终结以及伊萨格拉斯与克里斯提尼的权力斗争。在克里斯提尼改革之后，可以合理地推测埃斯库罗斯在新的德谟中登记，他的政治身份和认同也伴随着政治共同体的建立而重新构建起来。在35岁时，埃斯库罗斯经历了波斯对希腊以及雅典的第一次入侵，以及雅典在马拉松战役的胜利。几年之后的前484年，40岁的埃斯库罗斯第一次在大酒神节获得悲剧比赛的头名，这也开启了他辉煌的剧作生涯，根据古代记载他共13次拔得头筹。前481/前480年，波斯大军在薛西斯的亲自统领之下再次入侵希腊，埃斯库罗斯参加了前480年夏天在萨拉米斯的海战，他甚至还很有可能参加了前479年的普拉提亚的陆地战役，并获得最终的胜利。公元前472年，埃斯库罗斯依据自己亲身的海战经历，创作了《波斯人》并获得头奖。希波战争后，雅典借着对抗波斯的名义在希腊世界中急速崛起，同时战争也使得城内平民-海军的力量上升。在前462/前461年，随着客蒙的失势和被放逐，雅典放弃了与斯巴达的结盟，转向斯巴达在半岛最大的敌人阿格斯城邦；城内则在厄尔阿尔特斯的改革中移除了战神山议事会的特权。两三年之后，埃斯库罗斯的《奥瑞斯提亚》（包括《阿伽门农》《奠酒人》和《复仇女神》）上演，并赢得前458年大酒神节悲剧比赛的桂冠。之后不久，他便前往西西里并于前456/前455年在西西里的该拉（Gela）去世。埃斯库罗斯一生共创作了大约80部左右的作品，但传世的完整剧作仅有7部。从这仅有的几部作品中，仍能看到埃斯库罗斯悲剧在政治反思方面做出的努力。

在埃斯库罗斯作品中有一条核心主线，这就是政治共同体的出现及与之相对应的价值体系，特别是克里斯提尼改革后雅典城邦所体现出的政治品质，而与之相对立的是不同性质的君主或家族统治。比如在《波斯人》这部描述波斯战败后宫廷反应的剧中，当大流士之妻阿托萨询问歌队"谁是希腊人的牧人，主人以及将领"时，歌队回答道："他们不是任何人的奴隶或臣民"（241-242）。后面信使在汇报战况时，复述了战场上听到的希腊人的口号："冲啊！希腊人的儿子们！为了祖国的自由，为了你们孩子、妻子、祖先神殿和坟茔的自由！"（403-405）可以很明显地看出，波斯人对希腊人的这些描述与希罗多德对克里斯提尼改革后雅典的评论很类似。与希腊人形成鲜明对照的就是波斯大王薛西斯。他的统治依靠暴力，治下的人民没有谈话的自由（591-594），并且为了个人的野心，最终丧失了千军万马以及整个帝国。在《七将攻忒拜》中，最核心的事件是由俄狄浦斯两个儿子的权力争斗所引发的战争，波吕涅克斯带兵攻打由其兄弟厄忒俄克勒斯统领的城邦。这一事件完全是俄狄浦斯家族内部纷争，但是在埃斯库罗斯的笔下，城邦成为贯穿全剧的线索。整部悲剧开场第一句话就是厄忒俄克勒斯对城邦公民（politai）的呼唤。在整场战斗过程中，悲剧始终强调的是城邦的安危。而在兄弟二人战死之后，传令官公布了处理二人尸体的办法，并特意提出这一处理决议并非出自某个单一的统治者，而是出自"民众议事会"（1006）。面对城邦的决议，俄狄浦斯家族的幸存者安提戈涅明确表示要埋葬波吕涅克斯，悲剧最终也以城邦原统治家族成员与城邦的对抗告终。而最能展现僭主家族统治到政治共同体过渡的《奥瑞斯提亚》三部曲，在这个系列中，埃斯库罗斯用剧作的方式对城邦这一关键的发展阶段进行了思想重现。

2. 家中之战

《奥瑞斯提亚》三部曲由《阿伽门农》《奠酒人》和《复仇女神》三部悲剧作品构成，讲述的是阿伽门农一家的血亲仇杀故事。在《阿伽门农》剧中，特洛伊战争的希腊联军统帅阿伽门农在十年之后得胜回家，但是因为在出征前他为了大军的顺利出发而将自己的女儿伊菲革尼亚献祭，在其妻子克吕泰墨涅斯特拉心里埋下了复仇的种子。在阿伽门农回来之后，蓄谋已久的克吕泰墨涅斯特拉与情夫埃奎斯托斯将其杀死在澡盆之中。《奠酒人》则讲述阿伽门农与克吕泰墨涅斯特拉的儿子奥瑞斯特斯从流放中返家，与姐姐厄勒克特拉相认后，潜入王室为父亲报仇，杀死了母亲和埃奎斯托斯。最后一部《复仇女神》则描述了奥瑞斯特斯在德尔菲的阿波罗神那里得到净化，但仍然被复仇女神追赶，一直追到雅典，雅典娜设置了战神山法庭，并亲自主持了对奥瑞斯特斯的案件审理，最终判他无罪。雅典娜最后还成功劝服复仇女神为雅典祈福并接受雅典人的祭献，到此整个三联剧告终。

根据一个多世纪后亚里士多德的经典分析，悲剧最应该描述发生在家亲关系之中的仇杀，因为这类情节最能激起观众的恐惧与怜悯，进而使观众情感得到净化。① 根据这一讲法，埃斯库罗斯的《奥瑞斯提亚》三部曲堪称标准悲剧。不仅于此，这三部曲涉及的内容远远超出了亲缘关系的自相残杀，特别是最后一部《复仇女神》，用新的城邦机制解决了无休止的复仇，引发了众多政治性议题的讨论，甚至关于埃斯库罗斯自己政治立场的争论。② 从政治思想的角度将《奥瑞斯提亚》与雅典政治进程结合最紧密的讨论当属迈耶的研究，在其《埃斯库罗斯的〈复仇女神〉与政治的兴起》一文中，他综合考察当时雅典政治的语境，并将这三部曲视为古风政治思想的巅峰，并且是将政治化的进程彻底完成，自此以后城邦秩序自身开始从属于政治。③ 迈耶系统地总结了埃斯库罗斯在《复仇女神》中的政治理解，为了后续讨论的方便，将之引用如下：

1. 通过新的法权（城邦）秩序克服无休止的复仇（或一般意义上险恶的政治冲突）。整个新秩序成了讨论的对象，放在全体公民中间进行讨论。于是：

2. 产生了一种高度片面性的根本对立，这种对立实际上扩展到了整个政治秩序，因此：

---

① 亚里士多德：《诗学》1453b1-11。

② 如罗兹倾向于认为埃斯库罗斯是持偏保守的政治立场，见 Rhodes, *A Commentary on the Aristotelian* Athenaion Politeia, p.312。多佛则认为埃斯库罗斯秉持民主派立场，见 K.J. Dover, "The Political Aspect of the *Eumenides*", *The Journal of Hellenic Studies*, Vol.77, 1957, pp.230-237。也有学者认为应该弱化其政治立场的判断，而集中于悲剧本身所开启的政治议题的讨论空间，或者说埃斯库罗斯故意采用了模糊性的表达来呈现这些问题，如 C.W. MacLeod, "Politics and the *Oresteia*", *The Journal of Hellenic Studies*, Vol.102, 1982, pp.124-144; E. R. Dodds, "Morals and Politics in the Oresteia", in *The Ancient Concept of Progress and Other Essays on Greek Literature and Belief*, Oxford University Press, 1973, pp.45-63; Alan H. Sommerstein, *Aeschylean Tragedy*, 2nd edition, London: Bloomsbury, 2010, pp.193-212.

③ Meier, *The Greek Discovery of Politics*, pp.82-154, esp. p.124.

3. 原来那些核心问题从属于真理的标准，而现在则是要就这些问题进行决策讨论，这意味着：

4. 位于家庭之上的新政治权威建立起来，统一的城邦胜过了各种特殊的强力。进一步说：

5. 敌友关系从城内转到了城外。最后，

6. 需要所有的强力在一统合性秩序中进行和解与和平的妥协。①

迈耶的这几条总结基本梳理出三部曲的发展与最后新政治秩序的基本内涵，从复仇到政治的叙事也是对三部曲的主流解释。本研究这里无须重复这一叙事，而是希望强调迈耶提到的一条线索，那就是家庭中的战争和城邦内乱，以及这一议题最终的解决与疑难。仔细考察三部曲会发现，阿伽门农家族的纷争最终只是表面上得以解决，阿伽门农所在的阿格斯城的王朝政治并没有因为奥瑞斯特斯被判无罪而发生根本性的变化，政治只与雅典相关。另一方面，阿伽门农家族的内部战争确实推动了后来雅典政治秩序的创生。所以总体来说，家族内部斗争所引发的复仇与最终政治的出现有着远为复杂的关系，我们需要先考察家中之战。

《阿伽门农》这部剧最为直接的冲突就是在克吕泰墨涅斯特拉与阿伽门农之间展开的，而这一冲突的缘由也非常清楚，这就是出征前阿伽门农的两难选择。因为阿伽门农得罪了狩猎女神，希腊联军的战舰被困在海湾里不得出航，导致他必须在联军与自己的女儿之间做出一个抉择，歌队重现了这一场景：

> 若要不服从，命运自然是苦；但是，若要杀了我女儿，我家里可爱的孩子，在祭坛旁边使父亲的手沾染杀献闺女流出来

---

① Meier, *The Greek Discovery of Politics*, pp.121-122.

的血，那也是苦啊！哪一种办法没有痛苦呢？我又怎能辜负联军，抛弃舰队呢？这不行；因为急切地要求杀献，流闺女的血来平息风暴，也是合情合理的啊！但愿一切如意。（206-216）

阿伽门农无论如何选择都将给自己带来灾难，但他还是决定将女儿献祭，而这一选择在城邦的长老们看来是不虔敬、胆大妄为的，是为了一个女人（海伦）而进行的报复战争。这一选择为十年后复仇埋下了种子，当在为自己的杀夫行为辩护时，克吕泰墨涅斯特拉给出了三个理由。首先，阿伽门农杀死了自己怀孕所生的女儿，阿伽门农被杀死才得以偿还他所欠的血债。其次，克吕泰墨涅斯特拉之所以要自己动手让阿伽门农还债，是因为城邦并没有对阿伽门农当初的行为进行处理，克吕泰墨涅斯特拉在弑夫后质问城邦长老："你们当时难道不应该把他流放以惩罚这罪行？"（1419-1420）也就是说，面对城邦统治者的不洁罪行，城邦当时并没有采取任何行动，而是任由其发生，这使得克吕泰墨涅斯特拉只能自己采取行动。最后，克吕泰墨涅斯特拉将罪行推向更为根本的原因，即不是她杀死了阿伽门农："不要以为我是阿伽门农的妻子。是那个古老的凶恶的抱冤鬼，为了向阿特柔斯，那残忍的宴客者报仇，假装这死人的妻子，把他这个大人杀来祭献，叫他赔偿孩子们的性命。"（1498-1504）从这三个理由来看，克吕泰墨涅斯特拉和阿伽门农的冲突不仅是夫妻二人因女儿而起的矛盾，还涉及家族中的传统，以及城邦秩序与统治者关系的失度。这些冲突在先知般的卡珊德拉口中被称为纷争/内乱（*stasis*）：

> ἀλλ' ἄρκυς ἡ ξύνευνος, ἡ ξυναιτία
> φόνου. <u>στάσις</u> δ' ἀκόρετος γένει
> κατολολυξάτω θύματος λευσίμου.
> 与他同床的女人就是圈套，是谋杀的帮凶；让那不知足

的纷争（stasis）向这家族，为这个会引起石击刑的杀戮而高呼。（1116-1118）

克吕泰墨涅斯特拉和卡珊德拉将夫妻之间的冲突进一步推至阿伽门农的父辈。根据故事传统，克吕泰墨涅斯特拉的情夫埃奎斯托斯是提厄斯忒斯之子，而提厄斯忒斯与阿伽门农父亲阿特柔斯是兄弟。提厄斯忒斯曾诱奸阿特柔斯的妻子阿厄洛珀，并与阿特柔斯争夺王位，后被阿特柔斯放逐。提厄斯忒斯离开城邦时带走了阿特柔斯的儿子普勒斯忒涅斯，并在将之抚养长大后派他杀害自己的父亲，却反被阿特柔斯杀死。后来阿特柔斯假意与自己的兄弟提厄斯忒斯和好，请他赴宴，宴席上却用他两个儿子的肉款待他。再之后就是阿伽门农远征特洛伊。在此期间，埃奎斯托斯与其妻克吕泰墨涅斯特拉通奸。在悲剧的最后，埃奎斯托斯选择性地重复了这一故事（1583-1611），并主动承担了责任："我长大后，正义之神将我带回来，直到我捉住这家伙（阿伽门农），整个致命的计划是由我安排的。"（1607-1609）所以，克吕泰墨涅斯特拉杀害阿伽门农是双重复仇的结果，一是克吕泰墨涅斯特拉为女儿伊菲革涅亚报仇，一是其情夫埃奎斯托斯谋划整个事件来报复家族史上错综复杂的仇恨。也就是说，第一重复仇是表面的阿伽门农自己的家庭关系，第二重复仇则是更为深远的祖辈王族的关系。我们无法假设没有后一重关系，这场谋杀是否还会发生，但是这双重关系却将亲缘关系的仇杀议题转变为共同体的秩序议题。

根据埃奎斯托斯最后的这段表述，他并没有提及传统叙事中自己的父亲提厄斯忒斯诱奸自己兄弟夫人的事情，而是将焦点放在统治权的争夺上："我的父亲——也就是他的亲弟兄，质问他统治的权力，他就把他赶出了家门，赶出了国境。"（1584-1586）阿特柔斯-提厄斯忒斯一家不仅仅是一个家族，因为同时还是城邦的统治家族，这就为家中关系增添了更为复杂的权力关系。在王朝结构中，统治者是唯一的，对权力最有可能的挑战就是统治者的兄弟，这也是家庭关系的自然结果。因为在一个家庭中，男性家长无疑是掌握稳定权力与权威的"统治者"，但是一旦家长缺位，最为平等的兄弟关系应该如何排名和安顿就成了难题。如果只涉及家产分割，还有城邦习俗法律处理，但如果还叠加了统治资格的排名，这兄弟关系就会恰恰因为家庭亲缘关系而成为仇敌。不仅仅阿特柔斯和提厄斯忒斯是这样，悲剧作家们反复表达的类似主题还有《七将攻忒拜》，故事即俄狄浦斯将王位移交给自己的两个儿子轮流坐庄，但最后还是导致兄弟二人为了争夺统治权而自相残杀。所以，当城邦统治权加诸家庭亲缘关系之上时，往往会破坏家亲关系，并引发一系列后续复仇或冲突事件。

在《阿伽门农》中，埃斯库罗斯将这一家庭叠加统治的王朝关系揭示地生动而深刻。首先在阿伽门农与克吕泰墨涅斯特拉的对峙中，原来非常稳定的家庭关系就发生了颠倒。按理说，阿伽门农应是一家之主，管理自己的家庭，包括妻儿和财产等，但是当阿伽门农来到家门口时，却在与妻子的斗争中败下阵来。克吕泰墨涅斯特拉为阿伽门农安排了非常盛大的欢迎仪式，先是在众人面前表白对丈夫的思念与称赞，并在地上铺了花毡等待阿伽门农下车。但是这些安排却引起了阿伽门农的不满，这也导致十年未见的夫妻重逢后的对话以不满开始：

> 阿伽门农：勒达的后裔，我家的保护人，你的话正和我们别离的时间相当；因为你把它拖得很长了。但是适当的称赞——那颂词应当由别人嘴里念出来。此外，不要把我当一个女人来娇养，不要把我当一个东方的君王，趴在地下张着嘴向我欢呼，不要在路上铺上绒毡，引起嫉妒心。（914-923）

阿伽门农看到夫人后非但没有表达思念之情，反而立马表达了几重不满，表示自己不愿意听到她冗长的、并且不该由她发出的赞美；更严重的是不该把他当作东方的君王对待；她的行为还可能让自己招致神的嫉妒。这场遭遇战同样也有类似的双重意涵，一是很明显的家庭中的权威争夺，一是与城邦统治相关。阿伽门农不想自己如东方的君王一样行事，因为他担心"民众那强有力的议论"。阿伽门农的这一立场在他与克吕泰墨涅斯特拉见面之前就已经有所表明，在刚回到城邦出现在舞台上时，他便回复歌队队长提醒他注意伪善之人，说："有关城邦和神的事，我们要召集大会，在大家面前一起讨论。"（843-846）这句话表明阿伽门农并不想做一个专断的君主，而是将城邦的事务开放给大家一起讨论。与之形成鲜明对照的就是其妻克吕泰墨涅斯特拉，后者则秉持另一种城邦秩序观念，即认为君王就应让人嫉妒和羡慕。面对妻子的不同观点，阿伽门农说了一句："女人不应想争斗。"这既是在告诫妻子不要违背丈夫的意思，也是在告诉克吕泰墨涅斯特拉不要掺和城邦统治类型的争论，因为这两点在阿伽门农看来都不是女人应该做的事情。不仅如此，使用"争斗"一词也将夫妻二人的对话变成了带有军事性的对抗。但是克吕泰墨涅斯特拉非但没有顺从，反而进一步让阿伽门农退让："幸运的人被击败也是合宜的。"阿伽门农则更进一步将与妻子的争吵理解为战争，质问妻子真的要取得"胜利"吗？克吕泰墨涅斯特拉果断地回复道："如果你愿意把胜利让给我，那你肯定也是赢了。"最后阿伽门农终于屈服妥协，克吕泰墨涅斯特拉实际上取得了和阿伽门农斗争的"胜利"。虽然克吕泰涅斯特拉表面上给了阿伽门农面子，但是实际上却赢得了家庭中的战争。

家内战争的结局自然很重要，但同样重要的问题是，阿伽门农为何会屈服呢？有学者从阿伽门农的性格方面入手，认为他是一位厌倦了争论的绅士，暂时服从妻子的意愿。① 这种解释也受到批评，晚近一些学者认为并不能从悲剧的字里行间还原人物角色的潜意识活动，而开始从文本内外寻找理由。② 其实要回答这一问题，需要回到基本的事实，那就是虽然阿伽门农依循了妻子的安排，败给了妻子，但是最终的结果却是像东方君主一样走在了紫色花毡之上。所以这一问题就转变为：阿伽门农是否像他之前声称的那样，是一个可以将城邦事务交付给公民们讨论的统治者呢？在剧中其他地方，埃斯库罗斯给出的一些线索表明这答案要复杂得多。在第一合唱歌中，由城邦长者组成的歌队对阿伽门农提出了异议。远征特洛伊虽然是由于帕里斯拐走了海伦，但是这本是阿伽门农的家事，但就因为他身居王族，所以远征军是由城邦中普通的成员构成。换言之，城邦共同体的成员因为统治者家里的事情而被卷入了一场生死未卜的战争之中，而这恰恰导致了城邦的不满：

> 一般地说，在每一个家里都可以看出为那些一起从希腊动身的兵士而感到的难以忍受的悲哀，是呀，多少事刺得人心痛呀！
>
> 送出去的是亲爱的人，回到每一个家里的是一罐骨灰，不是活人。
>
> ………………
>
> 他们哀悼死者，赞美这人善于打仗，那人在血战中光荣地倒下，为了别人的妻子的缘故；有人这样低声抱怨，对阿特留斯两个儿子发出的悲愤正在暗地里蔓延。有的兵士在那城墙

---

① Eduard Fraenkel, *Aeschyulus: Agamemnon*, vol.2 , Clarendon Press, 1950, pp.441-442.

② Oliver Taplin, *Greek Tragedy in Action*, Routledge, 2002, pp.57-58. 对该问题不同观点的总结可参见 Haruo Konishi, "Agamemnon's Reasons for Yielding", *The American Journal of Philology*, Vol. 110, No. 2, 1989, pp. 210-214。

下，占据了伊利翁土地上的坟墓，他们的形象依然美丽；他们虽是征服者，却埋在敌国的泥土里。

公民的忿怒的话是危险的，公众的诅咒现在发生了效力……一个人名声太响了，也是危险；因为电光会从宙斯眼里发射出来。

我宁可选择那不至于引起嫉妒的幸福：我不愿毁灭别人的城邦，也不愿被人俘虏，眼看我过奴隶生活。(429-474)

在统治者家族之外的共同体成员看来，这场战争是为了阿伽门农兄弟的荣誉而起的，战士的性命实际上被统治者绑架了，也就是说，他们并不是为城邦的安危而战，而是为了其他人的妻子献出了自己的性命。城邦长老的这段表白将王族统治者的家庭事务与其所统治的城邦成员进行了区分，并且明确表示出公民们对阿特留斯兄弟有明显的愤恨不满情绪。第一合唱歌中的这些话语实际上提出了王族统治与城邦共同体的紧张关系，虽然后来阿伽门农向歌队队长表示要广泛听取公民们的意见，但他之所以能够接受东方君王的做派，恰恰是因为他的王族统治有着和东方君王类似的地方，他之所以推辞很大程度上是出于惹神嫉妒而遭受神罚的恐惧（946-947），而非他完全不想享受紫色花毡。

如果说阿伽门农关于城邦统治的想法是在东方君主与城邦共同咨议之间的话，那么共同策划杀害阿伽门农的克吕泰墨涅斯特拉和埃奎斯托斯的立场则要更为激进。杀死阿伽门农对于他们二人来说，首先是完成了家庭关系中的双重复仇，同时也实现了对城邦统治权的篡夺。不仅如此，他们在城邦中要建立僭主制度。在面对歌队的指控时，克吕泰墨涅斯特拉明确表示："我已经准备好了，只有用武力制服我的人才能统治我。"（1421-1424）埃奎斯托斯也以同样的观点回应歌队队长："我打算用这家伙（阿伽门农）的资财统治人民；谁不服从，我就给他驾上很重的轭，那与黑暗同住的可恨的饥饿将使他驯服。"（1638-1642）埃奎斯托斯的这一立场恰恰是当时阿特柔斯对待他父亲时的立场，任何质疑统治者权力的都被当权者流放和折磨。从二人的回应可以看出，克吕泰涅斯特拉和埃奎斯托斯的统治是建立在强力基础之上的，并且他们认为城邦统治基础就是强力，拥有压倒性力量的一方就会是统治者。所以总起来看，《阿伽门农》这部剧冲突的根源就在于城邦统治家族历代围绕统治权争夺而生发的世仇，再加之以阿伽门农献祭女儿导致的与妻子的仇恨，这些冲突都是家庭亲缘关系附加城邦统治权力而导致家中的战争。从几个关键角色的立场来看，城邦统治基本上是以财富和力量为基础的，只有阿伽门农表面上将城邦其他成员也纳入公共事务的讨论之中，但在城邦看来，即便是阿伽门农也只是为了自己家族荣誉而将整个城邦甚至希腊世界拖入了一场浩劫。

在结束对《阿伽门农》的讨论之前，还必须讨论一个问题。这就是这部剧中几个重要角色都声称自己的行动是正义的。如果这一点成立的话，那为什么正义的行动会引发一系列仇杀呢？这部剧中所体现的正义观是否能够很好地解决家中之战的困境呢？

《奥瑞斯提亚》三部曲中的正义观念是学者们非常热衷讨论的议题，一般认为正义观念从《阿伽门农》到《复仇女神》经历了重要的转变和发展，即从作为复仇的正义演进到政治司法规定的正义[①]，而三部曲的第一部《阿伽门农》则充分展示了复仇正义观的基本形式和内在困难。正如基托（H. D. F. Kitto）正确指出的那样，阿特柔斯两个儿子讨伐特洛伊本身就是复仇行为，正是因为帕里斯冒犯墨涅拉奥斯在先。在歌队的第一合唱歌中，帕里斯被认为是踢

---

① 对传统观点的讨论和批评可参见 Simon Goldhill, *Reading Greek Tragedy*, Cambridge University Press, 1986, pp.37-56。

翻了正义之神的祭台（384），所以宾客之神宙斯才会派阿伽门农与墨涅拉奥斯兄弟二人去惩罚帕里斯。① 这一点在后面也得到了传令官和阿伽门农的确认。传令官在报告大军回城时提到，阿伽门农王"已经借报复神宙斯的鹤嘴锄把特洛伊挖倒了"（525）；阿伽门农在出场时也重复了诸神帮助他惩罚特洛伊（813-817）。所以阿波罗或是潘神或是宙斯派复仇神来惩罚帕里斯罪行就是在讨伐违背正义的人，唯一可能存在的问题就是超出双方家庭成员的损失与伤害，即前文中讨论过的城邦其他公民成员因帕里斯这一行为而被卷入战争，最终要么死在敌人的城墙下，要么被敌人攻陷城池而被杀害或被俘。但总体而言，阿特柔斯之子与帕里斯的复仇正义属于两个家族和城邦之间的关系，所以基本能够履行和实现，并不会引致这一正义观的坍塌，真正对复仇正义观的威胁出自家庭与城邦内部，特别是始于阿伽门农献祭女儿伊菲革尼亚。

阿伽门农因为得罪了狩猎神阿忒弥斯，引发了复仇正义观内在的困境，并成为双重复仇关系的枢纽。② 我们首先要回答的问题是，复仇的主体是谁？克吕泰墨涅斯特拉杀死阿伽门农后，曾抱怨城邦长老，指责他们现在要判处自己流放，而当初却没有流放阿伽门农。克吕泰墨涅斯特拉似乎是在暗示，对于城邦的统治者来说，城邦并没有正当处置其错误的机制，换言之，对于阿伽门农来说，并不存在城邦意义的正义或不义，他超脱出这一体系之外。在这种情况下，能够对其施行报复的只有其家庭中的成员，也就是他的妻子、伊菲革尼亚的母亲。这一逻辑同样也适用于阿伽门农祖辈的冲突和复仇，其父亲阿特柔斯将亲兄弟提厄斯忒斯流放，杀害其儿子，城邦对这一系列事件无力解决，导致只有在王的家族内部以个

---

① 《阿伽门农》，40-71；H.D.F. Kitto, *Greek Tragedy*, Routledge, 2003, pp.64-77。

② Sommerstein, *Aeschylean Tragedy*, p.197.

体复仇的方式维系正义。所以，全剧最终的结果就是，阿伽门农为了履行复仇正义的原则而将自己的女儿献祭，而其命运借用戈德希尔的话说，"阿伽门农迎来了自己所秉持原则的后果，走向了自己悲剧的死亡终点"①。

对阿伽门农来说，复仇正义在他身上实现了最大的反讽和自我毁灭，那么在剧中是否有新的出路呢？答案是否定的。克吕泰墨涅斯特拉和埃奎斯托斯的行为和阿伽门农以及之前的阿特柔斯一样，城邦对他们的强力束手无策，而歌队长也就是城邦长老最终诉诸的竟也是同样的复仇原则。在整部剧临近结束的时候，歌队队长呼唤阿伽门农的儿子："啊，奥瑞斯忒斯是不是还看得见阳光，能趁顺利的机会回来，全力杀死这两个人？"（1646-1648）也就是说，城邦自身并没有能力约束和惩罚篡夺权力的二人，复仇正义观最终还是要依赖这一逻辑来实现正义，但是正义的要求却会进一步导向复仇，三部曲的第二部《奠酒人》就是沿着这一思路展开。在《奠酒人》中，歌队教阿伽门农女儿厄勒克特拉祈祷"求天神或凡人对那杀人的罪犯血债血还"（117-121）。在著名的哀歌序曲中②，歌队进一步将复仇与正义关联在一起：

> 强大的命运女神啊，请你们遵照宙斯的意旨，让事情按照正义追逐的方向进行！"以恶言报恶言"，那要求赔偿的正义女神这样大声嚷道，"以凶杀报凶杀"。"血债血还"，古谚是这样说的。（306-314）

正义在这里被直接等同为同态复仇，这一观念也最终被奥瑞斯

---

① Goldhill, *Reading Greek Tragedy*, p.37.
② 此处无法对哀歌曲的内容做全面的分析，仅关注复仇与正义的关系，更为全面的讨论可参见科纳彻（D.J.Conacher）：《埃斯库罗斯笔下的城邦政制——〈奥瑞斯忒亚〉文学性评注》（Aeschylus' *Oresteia*: a literary commentary），孙嘉瑞译，华东师范大学出版社，2017 年，第 142—150 页。

特斯接受。在哀歌临近结尾的地方，奥瑞斯特斯自己说出了："以暴力对暴力，以正义对正义。"（461）① 歌队在奥瑞斯特斯动手前重申了复仇行为是正义之神的命令（639-651）。而在杀死了埃奎斯托斯与自己的母亲之后，奥瑞斯特斯陈诉说："我杀母亲并非不正义（οὐκ ἄνευ δίκης）"（1027），他在这里用了双重否定的讲法，实际上是从正义的角度为自己辩护，即因为母亲杀了父亲，手上有污染从而为诸神所憎恨。奥瑞斯特斯最初表示自己被复仇神所驱使（283），但是这一逻辑在与母亲的对峙中遭遇悖论（922-925）：

> 克吕泰墨涅斯特拉：儿啊，你好像定要杀你的母亲。
>
> 奥瑞斯特斯：是你自己杀自己，不是我杀你。
>
> 克吕泰墨涅斯特拉：你要当心，谨防那些替母亲报仇的愤怒的猎狗。
>
> 奥瑞斯特斯：如果我就此住手，我怎能躲避那些替父亲报仇的猎狗？

克吕泰墨涅斯特拉在警告奥瑞斯特斯，他受复仇神的驱使来杀自己的母亲，最终复仇神会用同样的逻辑来追杀他。奥瑞斯特斯处于悲剧必然链条的夹缝之中，实际上只是正义女神的工具。用萨默斯坦的话说，"如果正义神只能通过暴力的复仇来行动的话，那么正义或惩罚的每一次行动都同时是在犯罪，进而又需要对该罪行的惩罚"②。在这个意义上，《阿伽门农》剧中歌队在阿伽门农被刺前的一段话昭示了暴力复仇正义观的普适性和无解：

> 众神让我们的国王贡献了普里阿摩斯的都城，它并且蒙上天照看，回到家来；但是，如果他现在应当偿还他对那些先前被杀的人所欠的血债，把自己的生命给予那些死者，而这又

---

① Ἄρης Ἄρει ξυμβαλεῖ, Δίκα Δίκα.

② Sommerstein, *Aeschylean Tragedy*, p.195.

会引发更多的死亡。听到这些故事的凡人，有哪一个会夸口说自己生来是能免于厄运的呢？（1331-1342）

所以，《阿伽门农》与《奠酒人》中各位角色及歌队所秉持的正义观是暴力复仇，这一正义观并不能克服王族家中的冲突，反而会将这一冲突无限延续下去。总结来看，当把视野投向《奥瑞斯提亚》三部曲时，我们可以看到最初的冲突起源是阿格斯城邦的统治者家族内部的战争，这一家中之战被卡珊德拉称为内乱（stasis）。经过上面的分析，我们可以确认这一家族中以及围绕城邦统治权的争斗并非偶然，而是一般情况下君主统治自身的结构性困境。在家亲关系与统治权力的叠加后，这一困境就不可避免，也无法解决。在阿特柔斯兄弟为统治权起纷争之后，城邦统治的合法性问题就凸显了出来，对此并没有一个家亲关系之外的裁判机制，而家庭中的兄弟关系也并不像父子关系那样有明确的统治秩序依循。阿特柔斯使用暴力驱逐了自己的家亲兄弟，其后代阿伽门农本质上也是超越于城邦裁判体系之外的，而一旦他的行为触碰到神圣或家亲的边界，自己便进入血亲仇杀的链条，在没有城邦公共权威介入裁判的情况下，结果必然是家亲关系的崩塌及与之相伴的城邦权力纷争。面对统治家族内部无解的复仇正义链条，埃斯库罗斯并没有停留在此，而是在最后一部《复仇女神》中给出艰难的回答，恰恰是这一解答宣告了政治思想的创生。

3.《复仇女神》与艰难的政治共同体

《复仇女神》作为三部曲的最后一部，将之前的复仇链条进一步激化和延伸，并经过雅典娜设置的战神山法庭将案件议决。在悲剧的结尾处，雅典娜成功将复仇女神说服并安顿在雅典，至此阿伽门农家族无休止的仇杀得以最终平息。正如上一小节中对迈耶研究的介绍，《复仇女神》被学者们广泛认为是创生了一种家族之上的新城邦秩序逻辑，这就是政治。但是如果仔细研读这个文本，就会发现政治共同体和政治思考的诞生是非常艰难的，与政治创生相伴共存的是其对立面，即分歧与内乱。

奥瑞斯特斯在为父亲报仇之后，便到指示他复仇的阿波罗神所那里接受净化，但是这并没有起到多大的作用。虽然已经没有任何凡人能延续复仇，但报复的链条并没有中断，克吕泰墨涅斯特拉的鬼魂要求复仇女神追杀弑母的奥瑞斯特斯（94-139）。这也延续了之前《奠酒人》中所揭示的复仇逻辑，那就是奥瑞斯特斯一旦进入复仇链条，便必然会遭受复仇逻辑的毁灭性后果。这一逻辑悖论是否能够解决呢？在《复仇女神》中，埃斯库罗斯进行了几重尝试。

第一重尝试就是辨析家亲复仇关系中，有没有一种关系更为重要，可以压倒别的亲缘关系，从而通过为家亲复仇排序来终结无休止的仇杀？这个问题首先通过阿波罗和复仇女神的对峙表达了出来：

> 歌队队长：我们要把杀母的人赶出家门。
>
> 阿波罗：但是对于那杀夫的妇人你又是怎么看待的呢？
>
> 歌队队长：那不是流杀人者同血缘的血。
>
> 阿波罗：你这样辩解，对于宙斯和司婚姻之神赫拉的盟誓很不尊重，很是藐视；你的话使库普里斯蒙受耻辱，人间最大的快乐是从她那里得来的。那命中注定的、男女的婚姻重于盟誓，受到正义的保护。如果其中一个杀死另一个，你却很宽容，而不动怒加以惩罚，那么，我要说，你追逐奥瑞斯特斯就未免不公正，在我看来，你对这件事很是关心，过于热烈，对那件事却显得不动声色。（213-223）

复仇女神的首要职能是追逐那些弑亲的人,"若有凡人胆敢谋杀亲人,我们就尾追他,直到他进入地下。即便他死了,也不能完全自由。"(336-340)她们也知道,自己所守护的家庭秩序的结果是将家庭摧毁:"每逢家庭间的斗争害死一个亲人,我们就颠覆那个家。不管这人多么强壮,我们都要用新鲜的流血把他弄得软弱无力。"(367-369)如果说复仇女神真是在守护家庭秩序的话,那她们也是通过让人们看到家庭以及依附其中的亲缘关系的坍塌来产生恐惧,从而不再敢启动家中的战争。但是对于发生内部战争的家庭来说,最终的结果就是所有人的毁灭。但需要注意的是,复仇女神的这一职能在与阿波罗以及雅典娜的对峙中,又出现了新的元素,即家庭中既有血亲关系又有婚约关系,在这两种不同性质的关系中,是否能分出高低上下呢?

复仇女神明显站在血亲复仇上面,即克吕泰墨涅斯特拉和奥瑞斯特斯是母子血亲关系,而她与阿伽门农却无血缘关系。对于复仇女神的立场,奥瑞斯特斯首先提出反对:"我和我母亲有同一血缘吗?"(606)复仇神非常惊异地反问他:"你竟然不承认你母亲和你有最亲近的血缘?"(608)奥瑞斯特斯为什么会否认这一明显的事实呢?悲剧后来没有沿着这一思路推进,但从三部曲的文本中,我们可以得到一些信息。在《奠酒人》中,奥瑞斯特斯和厄勒克特拉已经单方面断绝了与克吕泰墨涅斯特拉的母子关系。厄勒克特拉将自己视为奴隶(135)而非王族的公主,在她眼中唯一的亲人就是奥瑞斯特斯:"我父亲家中最亲爱的人……亲爱的人,你和我有四重关系:我必须称呼你为父亲;我对母亲的爱也给了你,因为她遭我记恨;还有妹妹对那个被残忍献杀的姐姐的爱也归你;你还是我忠实的弟弟,只有你给予我尊重。"(235-243)从这些表述可以看出,厄勒克特拉已经将奥瑞斯特斯视为家父,以及家亲关系中唯一的亲人,母亲虽然还活着,但已经不是亲人而是敌人,并且被排除出阿伽门农的家亲关系。同样,奥瑞斯特斯也拒绝认克吕泰墨涅斯特拉为母亲:"你生了我,却弃我于不幸。"(913)"我身为自由的父亲所生,却很不体面地被人出卖。"(915)对他来说,克吕泰墨涅斯特拉是杀害父亲的凶手、僭主和篡夺家庭的人(973),原有的血缘关系已经被母亲后天对家庭与城邦权力的褫夺行动所否弃了,但这是否能彻底摆脱血亲生育的事实仍悬而未决。

奥瑞斯特斯的这一家亲观在《复仇女神》中并没有得到进一步阐发,而护佑他的阿波罗则明确站在赫拉所守护的婚姻立场上,认为夫妻关系受到正义的保护,并且一个父亲被杀死与儿子杀死母亲相比起来要更为严重。阿波罗就此给出的理由是:

> 一个被称为孩儿的人的母亲,并不是这人的生殖者,而是新播种的胚胎的养育者。生子的是授胎者,她只是作为那客人的客人保存的这苗裔,只要天神不伤害。这论点我可以向你证明:即使没有母亲,父亲还是能成为父亲。这旁边就一个见证——奥林匹斯的宙斯的女儿,她不是在子宫的暗室里养大的,这样的苗裔不是一位女神所能生产的。(658-666)

因为雅典娜是从宙斯脑子中生出来的,这恰好成了阿波罗强调父亲这一位置重要性的例证。阿波罗这一主张在古希腊思想传统中也能找到支撑,如后来的亚里士多德在《动物的生殖》中概述前人观点时提到,阿那克萨戈拉和其他一些自然学家认为,种胚来自雄性,而雌性只是提供播种之地。[①] 但是阿波罗对父亲位置和角色的强调也遭受到复仇女神的挑战,那就是阿波罗和雅典娜所拥护的

---

① Aristotle, *Generation of Animals*, 763b30-32.

父神宙斯其实并没有善待自己的父亲克洛诺斯，反而是将其捆绑起来。对此质疑，阿波罗并没有正面回应。

总起来看，在家亲关系中，无论是对血缘关系的强调还是对婚姻关系的重视，抑或对父亲作用的争论并没有形成一个压倒性的结论。无论是复仇女神还是阿波罗，都无法提供一种无可指摘的立场来支撑自己的行动选择。这一难题最后交给了雅典城的保护神雅典娜手里，她提供了一种新的解决方式，那就是"将案件交于陪审员，让他们发誓公正地判决这件杀人案"（483-484）。在讨论陪审员投票之前，有必要先来看一下雅典娜设置的这一法庭的性质，考虑到晚近学者们关于战神山法庭以及由此推论的埃斯库罗斯自己的政治立场的争论甚多，在这里更有必要仔细考察作者的细致表达。

雅典娜面向全体阿提卡的居民宣布设置战神山法庭：

> 这地点日后将永远成为埃勾斯的人们断案的议事会。这阿瑞斯山……在这里，邦民心中的虔敬和天生的畏惧之心会在白天、夜晚同样制止他们犯罪，只要公民们不改变法律；要是用泥浆使清水变色，你就得不到一口来喝。不要不受管束，也不要受专制统治。这就是我劝市民维护和尊重的法则；也不要把恐惧完全扔到城外去。哪一个凡人会遵守正义，要是他没有畏惧之心？你们遵守正义，有所敬畏，你们的土地和城邦就有了安全的保障，这不是西徐亚或帕罗普斯的领土上任何一个个人所能有的。（690-703）

雅典娜创设的是战神山法庭。有意思的是，就在《奥瑞斯提亚》三部曲上演几年前的前462年，厄菲阿尔特斯大大削弱了战神山议事会的权力。根据亚里士多德《雅典政制》的讲法，厄菲阿尔特斯"首先就战神山议事会成员的行政行为对他们起诉，通过法律程序将其中很多人赶走；然后在客农担任执政官期间，他剥夺了议事会全部附加权力，而正是这些权力使其成为政体的监护者。此外，他又将这些权力交给五百人会议，另外一些交给人民和陪审法庭"①。将悲剧放在这个语境之中，学者们对埃斯库罗斯自己的政治立场展开了不同的阐释。特别是雅典娜的这段话提到法律不能轻易改变，引发了许多争论，像多兹就认为埃斯库罗斯这是在借雅典娜之口表达自己的保守性立场②；类似的观点也见于科纳彻，后者明确提出，埃斯库罗斯"对旧的战神山法庭怀有一定程度的热爱"，总体上他"至多只是一个保守的民主派"③；迈耶则认为这恰好反映了雅典贵族的失势以及后续的调整。④但是从埃斯库罗斯的文本来看，其实他的表达是非常含混的，正如萨默斯坦敏锐指出的那样，当雅典娜说"邦民心中的虔敬和天生的畏惧之心会在白天、夜晚同样制止他们犯罪"时，从原文的语法结构来看，无法断定其意义是要表达邦民害怕战神山法庭成员，还是战神山法庭成员害怕邦民集体；同时也无法判定"他们犯罪"中的"他们"究竟是指邦民还是法庭成员。所以，萨摩斯坦认为，"前458年春天的埃斯库罗斯并不想明确地展示自己关于邦内极具争议性议题的立场"⑤。考虑到三部曲自身内部的情节脉络，萨摩斯坦的观点应该是更为可取的，虽然埃斯库罗斯和观众都知道城邦刚刚以及正在发生什么事情，但是回到悲剧自身的逻辑中来审视的话，正如迈耶总结的那样，雅典娜这里的创举是给出一个超越家族的裁判机制，这才使得阿伽门农一家的仇杀有可能终结。

回到雅典娜的这段话，可以看到雅典与阿格斯城邦最大的不

---

① 亚里士多德：《雅典政制》XXV.2。
② Dodds, "Morals and Politics in the Oresteia".
③ 科纳彻：《埃斯库罗斯笔下的城邦政制》，第263页。
④ Meier, *The Greek Discovery of Politics*, pp.145-154.
⑤ Sommerstein, *Aeschylean Tragedy*, pp.286-7.

同，在阿格斯的正义裁断没有超出统治者及其家族范畴，而雅典开始设立城邦议事会来裁决案件。不仅如此，雅典娜还为议事会设置了目标，那就是在无统治状态与专制／主奴统治之间（696），而这恰恰也是复仇女神先前在第二合唱歌中讲出的城邦秩序目标（526-528）。巧合的是，雅典娜和复仇女神也都强调了城邦和公民应该遵守正义，有所畏惧，复仇女神甚至还歌颂城邦应守中道以及尊重正义的祭坛（529-539）。这说明雅典娜和复仇女神关于城邦秩序的目标是一致的，但是对于达到这一目标的具体方法确有差异。下面的问题就是，《复仇女神》这部剧在多大意义上创制了政治，以及政治这一处理案件的新方式在什么意义上是能够成立的？

雅典娜设置战神山议事会来裁判奥瑞斯特斯的案件，实际上是将阿格斯城邦中的王族事务交给雅典陪审员来决定。这一做法现实上给雅典带来很大的风险，因为雅典自身并没有面对不同家亲关系的决断，却要因为奥瑞斯特斯而不得不表达立场，此外还有复仇女神对雅典的威胁与诅咒。与此同时，公民投票也可以视作阿波罗与复仇女神争执的延伸过程，本质上并没有改变两个不同立场的分歧，而是通过投票的方式得到一个最终的结果。但是埃斯库罗斯对于最终投票结果的设定是很复杂的，雅典娜首先表明自己的立场，由于她自己完全是父亲宙斯的孩子而没有母亲，所以她不会重视一个杀死丈夫和家庭守护者的妇人的死，她的票先投给了奥瑞斯特斯。并且她还预判即便最后票数相同，她这一票也会使得奥瑞斯特斯最终获胜。战神山议事会的成员投票结果的确是相等的，也就是说，雅典人自己在面对王族家亲关系的疑难时，并没有压倒性的结果，有一半人选择支持母子血亲关系，有一半人选择支持父亲以及夫妻关系。正如之前阿波罗与复仇女神就这两层关系进行争执时所展示的那样，并没有哪一方能够完全说服另一方，夫妻和血亲都是家亲关系中不可忽视的。可以设想，如果雅典自己遭遇了阿伽门农一家的事情，也是同样无解的，投票的方式并没有解决实质的纷争。

更为严重的是，通过投票的机制，进一步将城邦内部的价值分歧明确化和激化，使得城邦在这一问题上分成了两个针锋相对的群体。相信当时坐在剧场中的雅典观众也会在心中默默支持某一方。从这个意义上讲，雅典娜设置的法庭非但没有解决问题，反而是将城邦整体进一步分裂。当雅典娜说奥瑞斯特斯会赢的时候，她使用的词是军事术语的胜利（*nike*），也就是通过多数投票所赢得的优胜。洛候曾富有洞见地指出，投票就预设了分歧（*diaphora*），除了将公民群体分成两个对立的部分外，投票还引入了力量（*kratos*），即两种观点中必有一方压倒另一方。"虽然用审判取代直接的争论意味着司法的竞争不是内乱，但它却含有很强的冲突因素。"① 所以，对于很多学者通常持有的观点，即《复仇女神》中给出的政治性解决方式顺利取代之前的复仇模式，需要更为谨慎地对待。总体来说，政治解决方式是把双刃剑，一来在家族之外创设了城邦解决争端的方式，使得问题有可能被解决；但另外一面则是通过将城邦以及更广范围的公民群体引入争端，这就有可能把家族的矛盾输出为城邦内部的根本性分歧，进而导致城邦内乱。

如果说战神山议事会并没有有效裁决这一案件，甚至还可能带来了相反的危害作用，那么案件的最终裁决还是要交给雅典娜与复仇女神。正是雅典娜自己的一票使得奥瑞斯特斯获胜，但这一做法

---

① Nicole Loraux, "Reflection of the Greek City on Unity and Division", in Anthony Molho, Kurt Raaflaub, and Julia Emlen eds., *City States in Classical Antiquity and Medieval Italy*, Stuttgart and Ann Arbor: F.Steiner Verlag, 1991, pp.33-51; Loraux, *The Divided City*, pp.21-24,101.

明显没有说服复仇女神。她们作为古老的神系开始谴责宙斯及其子女一代的新神系,并诅咒雅典所在的土地(778-792),这使得悲剧收尾处用相当大的篇幅来撰述雅典娜对复仇女神的劝说。在复仇女神看来,她们所强调的血亲关系是对家庭秩序的捍卫,如果杀母无须被惩罚的话,"新法律将会使世界天翻地覆,这个行为会让所有的人对罪恶采取宽容的态度,日后会有许多真正是孩子们造成的创伤留待父母忍受"(489-498)。就这一根本挑战,雅典娜在最后的劝说中首先强调,复仇女神并没有失败,因为判决票数相等。雅典娜这一讲法实际上承认了复仇女神秉持价值的有效性。不仅如此,雅典娜还更进一步许诺让复仇女神掌管家庭,允诺她将享受雅典人在生育儿女和婚礼时为她献上的祭品(834-835),并且如果复仇女神不愿意,任何一个家庭都不能兴旺(895)。这样一来,夫妻与血亲关系没有决出最终的胜负,而是共同被整合进良好的家庭秩序中,复仇女神仍然守护着家庭秩序不被颠覆,只不过现在是为雅典城内的家庭赐福,其惩罚的职能仍保留着,也就是通过她的意愿来捍卫家亲关系。

沿着这一思路,会发现《奥瑞斯提亚》三部曲最后的安顿其实是有限度的。如果复仇女神和雅典娜(及阿波罗)的立场都有道理,奥瑞斯特斯只是在雅典娜的个人意愿之下被赦免,我们并不知道回到阿格斯城邦的奥瑞斯特斯会怎样执政,以及他之后的王朝统治会不会重新掉入无休止复仇的链条。奥瑞斯特斯在这个意义上只是一个诱因,使得雅典发展出超越于家族的城邦处理机制,但是到了城邦层面,核心问题就从家中之战过渡为城邦的分裂与内乱。所以,在雅典娜和复仇女神最后交互的过程中,双方谈判的一个核心主题就是让复仇女神不要鼓动雅典公民的内乱,而这恰恰是裁决案件的政治方案最后存在的难题。

雅典娜对复仇女神说：

> 你不要把这种刺激人杀人流血的怒火散布到我的领土上，这会败坏年轻人的心灵，使他们喝了忿怒之酒而发狂；也不要把公鸡的心取来移植到我的邦民的胸中，使他们同类相残，困于私斗。让他们对外打仗（polemos）去吧，机会不难找，只要他们有强烈的追求名声的欲望。鸡在家里打架是不足道的。（858-866）

经过几轮游说后，复仇女神接受了雅典娜的邀请，住在雅典并祝福这个城邦：

> 但愿那作恶的内乱（stasis）不要在城里闹哄哄。尘土不得吸吮公民（polites/politai）的深红的血，由于忿怒而急于为公民的毁灭进行残杀的报复。愿人们在互相友爱（koinophiles）的心情下以喜悦报喜悦，同仇敌忾，这样，人间的许多事才能挽救。（976-987）

这两段讨论城邦内乱与对外战争的话可以被视为是古希腊政治思考主线的发端，从《复仇女神》最后的这段话到一个世纪之后的柏拉图和亚里士多德，古典希腊政治思想一直聚焦于城邦内部的互相友爱、内乱与对外战争等核心议题。回到文本中来，埃斯库罗斯明确区分了对外战争（polemos）与城邦内乱（stasis），前者在价值上是积极的，因为对外战争能够为人赢得声望；但是内乱明显是负面的和需要避免的，并被称为"糟糕的胜利"（903）。战争与内乱这一区分的基础是将城邦确立为价值评判的新着眼点，在城邦层面只可能有外部的敌人，内部绝不能走到自相残杀的地步。城邦的性质也因此区分而得以确认，即城邦是一个邦民或公民共同体，而不是潜在的敌对部分构成的共同体，城邦内部并没有绝对意义上的敌人。

那么一个自然的问题就是，城邦内部邦民的关系应该是什么样的呢？转换立场的复仇女神提出相互／共同友爱，即以城邦为边界，对外判定共同的敌人，对内建立起共同体成员相互间的友爱关系。值得注意的是，埃斯库罗斯并没有在分裂的内乱城邦与友爱的共同体之间设置第三种状态。而这恰恰是问题的关键。因为从截至目前的讨论来看，雅典娜和复仇女神只是在提出自己的希望和祝福，不想让城邦内部出现纷争，但并没有从根本上回答投票平局所提出的挑战。换言之，如果城邦一半的成员支持捍卫夫妻关系和父亲地位，另一半的成员支持捍卫母子血缘关系，该如何处理这种紧张关系呢？很明显，他们虽然生活在一个城邦中，但是在家亲友爱的裁判上却没有形成一致的友爱关系，除了倡议和祝愿，政治的处理方式是怎样的呢？对此问题，我认为埃斯库罗斯通过雅典娜的一段唱词给出了他的回答，那就是劝服：

> 我很高兴在我受到她们的忿怒的拒绝的时候，劝说之神的眼睛照看着我的舌头和嘴唇。好在广场神宙斯（Zeus agoraios）终于赢了；我为善好而进行的斗争也获得了永久的胜利。（970-975）

在三部曲最后的地方，宙斯从《阿伽门农》中的报复神演变为广场神。雅典娜认为她对复仇女神的劝说代表了宙斯的胜利，也就是说广场上的竞争原则开始取代复仇发挥效力。在广场上持不同立场的人不再进行突破亲缘关系的仇杀，而是舌头和嘴唇表达的话语的竞争。说服并不是要消灭对方，而是通过话语的竞争进行道理的澄清与妥协，从而最终实现生活在一起的总体目标。将政治的处理方式落在根本性分歧之上的劝说上，雅典娜和复仇女神最后长达200余行的沟通其实就是广场话语辩论的最佳呈现。而既然起初非常暴戾的复仇女神都能被说服留在雅典，接受祭拜并护佑雅典，那么对于同属一个城邦的成员来说，自然也是可以妥协与和解的。

分析至此，可以对上一部分中迈耶的结论进一步补充和完善。综合以上对《奥瑞斯提亚》三部曲的讨论，可以看出三部曲并非简单地从家亲复仇走向政治解决，"阿伽门农——克吕泰墨涅斯特拉/埃奎斯托斯——奥瑞斯特斯"的复仇链条虽然最终在雅典得以终结，但是奥瑞斯特斯被赦免并没有改变阿格斯城邦的统治秩序。雅典娜通过建立战神山议事会来裁决奥瑞斯特斯的案件，实质上是冒险强迫更大范围的雅典城邦公民共同来面对这难以完满解决的案件，进而将原来家族冲突升级为城邦内部分歧。正如阿伽门农最初必须在两件错事之间选择一样，复仇女神和阿波罗的立场各有道理，投票会产生一个结果，但是并不代表能够彻底解决投票自身就预设的分歧。在政治这一新的解决冲突和争端的方式中，埃斯库罗斯强调要将城邦内部和平作为所有讨论的基础。只有坚持这一点，才有可能要求内部不同立场的成员相互妥协，同时话语的说服才可能成为以广场为核心的政治沟通和决议手段。如果上述分析成立的话，《复仇女神》所建立的政治方式就要比通常设想的困难得多，甚至可以说揭示了政治创生时与之相伴的最大威胁，即城邦内乱。

如果把埃斯库罗斯的《奥瑞斯提亚》三部曲与克里斯提尼改革前后的雅典历史结合在一起，就会发现三部曲实际上用悲剧的方式讨论了政治共同体在雅典艰难的创生过程。面对庇西特拉图家族统治之后贵族间的权力斗争，雅典最终找到了一种将城邦的公民或邦民吸纳进来的争端解决机制，雅典从而也转化为政治共同体。但是政治本身并不是秩序的同义词，恰恰相反，与政治相伴生的就是内乱，所以城邦必须探索和寻找能解决更大范围邦民冲突的方式。除了广场上的理性说服之外，从上面的引文可以看到，最后被雅典娜成功说服转换立场的复仇女神对雅典表达了祝福,提出希望公民们能够相互友爱,但悲剧中并没有对友爱的基础和性质给出更进一步的说明。政治共同体建立以后,埃斯库罗斯高度仰仗的克服内乱的友爱应该是什么样的呢?原有的家亲友爱是否能够被顺利地整合进政治共同体这一新的秩序之中呢?要完全回答这些问题并不容易,埃斯库罗斯年轻的竞争者索福克勒斯勇敢地拾起了这个命题,在《安提戈涅》中将这一问题的疑难充分展示了出来。

第三章 《安提戈涅》：家城友爱的困境

在城邦中，人们生活在各种类型与功能各异的共同体中，其中，以家庭及族亲为核心的关系构成人们共同生活在一起的最重要意义网络。当城邦转变为政治共同体以后，城邦开始要求公民面对和参与公共事务，这在城邦层面要求公民们重新思考和构建彼此间的关系网络，以及重新安顿之前各层级共同体所形成的亲缘友爱关系。政治创生的过程不可避免地会要求邦民原有生活的意义世界不断去调整和适应新的公民共同体，这个过程不是简单地此消彼长，而是需要诸原则之间不断地试错性妥协。从"邦民们生活在一起"转变为"公民们政治地生活在一起"的过程中，最重要的问题是友爱关系的演进。《复仇女神》的最后开始呼吁城邦内公民间的相互友爱来克服政治上的分歧，但是城邦层面的政治友爱并不会自然产生，更为关键的是，政治友爱也并不必然与之前诸共同体的亲缘友爱关系和谐共存。在古典希腊思想中，人们越来越笃定地认为，决定个体幸福的是公民在城邦中的政治生活，而非在家庭中履行自己的角色。索福克勒斯的《安提戈涅》为这一问题的讨论开启了最重要的方向，它淋漓尽致地揭示了家庭与城邦两种共同体友爱关系的错综交织，并且在城邦日益优胜的时代给自然亲缘关系投下了幽暗的影子。

在进入具体的文本讨论之前，有必要就友爱的意涵进行简略的说明。本书所讨论的友爱共同体中的友爱一词是 *philia*，相应的动词爱是 *philein*，名词朋友是 *philos*。根据邦弗尼斯特（Émile

Benveniste)的研究,"亲属、'姻亲'、奴仆、朋友,以及所有经由敬畏羞耻(aidos)的相互义务关联的人都被称为朋友(philoi)"①。从严格的意义上讲,并不能找到一个现代汉语语词完全对应古希腊的"友爱"及"朋友"概念,甚至在现代西文语词中也难以找到完全的对应概念,这一翻译困难的背后是古希腊社会结构与现代社会的重大变迁。②正如邦弗尼斯特指出的,与现代观念相比,古希腊的友爱观念实际上涵盖的范围非常广,既可以指代家庭中的血亲、婚姻和主奴关系,也可以指代各种社会义务关系乃至公民关系。除概念内涵范围不同之外,古今对友爱的理解还有一个差异,这就是不少研究希腊友爱的学者注意到的,古希腊的友爱并不是主观的感情纽带,而完全是客观的相互义务纽带。③对希腊友爱的这一极端解释并不完全准确,但的确看到了古希腊友爱关系的一些核心特征,这在索福克勒斯笔下的安提戈涅那里表现得尤为明显。

《安提戈涅》所描述的故事也是源自王族内两兄弟争夺权力的内乱,俄狄浦斯的儿子波吕涅克斯带兵攻打忒拜城,与自己的兄弟厄忒俄克勒斯在对战中双双战死。王位就转移到他们的舅舅克瑞翁手中,克瑞翁命令要予厄忒俄克勒斯以厚葬,而波吕涅克斯因为是城邦敌人而被抛尸,不许埋葬。身为二人妹妹的安提戈涅则因神律的要求,埋葬哥哥,因而也触犯了克瑞翁的命令。坚持城邦利益的克瑞翁与坚守家庭伦理的安提戈涅便陷入冲突,也导致了后续一系

---

① Émile Benveniste, *Indo-European Language and Society*, trans. by Elizabeth Palmer, London: Faber & Faber, 1973, p.278;对希腊友爱概念更为系统的研究参见 David Konstan, *Friendship in the Classical World*, Cambridge University Press, 1997, pp.1-92。

② 康斯坦(Konstan)更倾向于认为古希腊的朋友(philos)和现代英语中的 friend 含义大致相仿,而友爱(philia)的语义学要更广,既包括各种形式的积极情感关系,如父母与子女的爱,也包括同胞公民的团结。见 David Konstan, "Greek Friendship", *The American Journal of Philology*, Vol. 117, No. 1, 1996, pp. 71-94。

③ 如 Malcolm Heath, *The Poetics of Greek Tragedy*, Stanford University Press, 1987, pp.73-74。

列的悲剧事件。

　　围绕这一悲剧，自黑格尔提出家与城的伦理冲突后，对安提戈涅和克瑞翁的形象便生发了众多解释。[①] 有的学者会将安提戈涅理解为家庭伦理价值的守护者[②]，晚近的学者则突出强调安提戈涅公民不服从的精神；与之相对，克瑞翁的形象则要黯淡得多，这在很大程度上是因为克瑞翁在剧中最后改变了自己的决定，以及一系列悲剧事件后使得他意识到自己可能存在的问题，但是在后来的一些讨论中，克瑞翁的积极一面也被强调出来，如有学者认为他对城邦安危的重视是值得辩护的，甚至城邦也是支持克瑞翁的。[③] 这些解释分歧很大程度上出于对《安提戈涅》创作和上演的古希腊特别是雅典城邦价值观的理解差异。所以在正式讨论文本之前，有必要先对这部剧的语境进行简要的讨论，特别是尸体是否应被埋葬这一问题，因为它构成了理解该剧最为重要的前设，也是导致阐释分歧的重要基点。

　　《安提戈涅》这部剧上演的时间通常被认定在前440年代后期[④]，在此后十年左右，也就是伯罗奔尼撒战争开始后第二年，伯里克利发表了其著名的阵亡将士葬礼演说，用国葬的方式对为雅典城奋

[①] 黑格尔在《精神现象学》《法哲学原理》以及《美学》等多处对《安提戈涅》进行过讨论；肯斯在最新的书中对该剧的解释史做了细致的梳理，见 Douglas Cairns, *Sophocles: Antigone*, Bloomsbury Academic, 2016, pp.115-154; André Lardinois, "Antigone", in Kirk Ormand eds., *A Companion to Sophocles*, Blackwell Publishing Ltd., 2012, pp.55-68。

[②] 如 C. P. Segal, "Sophocles' Praise of Man and the Conflicts of the Antigone", *Arion*, 3 (1964), pp. 46-66。

[③] 如 Christiane Sourvinou-Inwood, "Assumptions and the Creation of Meaning", *The Journal of Hellenic Studies* 109 (1989), pp.134-148; P. J. Ahrensdorf, *Greek tragedy and political philosophy: Rationalism and Religion in Sophocles' Theban Plays*, Cambridge: Cambridge University Press, 2009, esp. p.88。

[④] 参见如 Sourvinou-Inwood, "Assumptions and the Creation of Meaning", p.134 n.3。另有像 R. G. Lewis 将时间定在稍晚一些的前438年，参见 Lewis, "An Alternative Date for Sopholces' Antigone", *Greek, Roman, and Byzantine Studies* 29, pp.35-50。

战牺牲的人及其家属进行了缅怀和激励。从这一事实来看，公元前5世纪后半叶的雅典公民（同样的群体也会坐在剧场里看戏）并不会惊讶由城邦来履行自己亲人葬礼的义务。那么，公元前5世纪的雅典观众会如何看待城邦禁止某些人的尸体埋葬这一事情呢？我们可以从几则古代材料中找到一些参照系。第一个材料是修昔底德提供的，在地米斯托克利被放逐去世之后，他的亲属说："他们按照其（地米斯托克利）遗愿，将其尸骨收回，瞒着雅典人秘密地将之埋葬在阿提卡。因为他是被控背叛城邦而遭放逐，埋葬他是非法的。"① 第二个材料是色诺芬记述的，雅典在前406年羊河战役之后讨论如何处置十将军的时候，优里托利莫斯（Euryptolemos）在公民大会上提到一则"堪瑙瑙斯（Kannonos）法令"，根据这一法律，那些被认定犯叛国罪的人将禁止被埋葬在阿提卡境内。② 基于对公元前5世纪雅典状况的考察，我们基本可以确认禁止在境内埋葬叛国者在当时是毋庸置疑的历史事实。③ 基于对公元前5世纪雅典宗教和政治语境的考察，像苏尔维诺-英伍德（Sourvinou-Inwood）直接将安提戈涅称为"坏女人"（bad woman），因为根据古典时期雅典的惯例，当时安提戈涅所在的家的家长应该是克瑞翁，她有义务遵从家长的命令，并且埋葬亲人首先是克瑞翁这个家长需要考虑

---

① Thucydides, 1.138.6, 版本见 Hammond M., Rhodes, P. J., *Thucydides: The Peloponnesian War*. With an Introduction and Note by P.J. Rhodes, Oxford University Press, 2009。

② Xenophon, *Hellenika*, 1.7.22, 版本参见 Robert Strassler, ed. *The landmark Xenophon's Hellenika: A new translation*, Pantheon, 2009。

③ 相关的讨论参见 Hester, "Sophocles the unphilosophical. A study in the *Antigone*", *Mnemosyne*, Fourth Series vol. 24, Fasc. 1, 1971, pp.11-59, esp. p.55; Liapis, "Creon the Labdacid", p.89; Robert Parker, *Miasma: Pollution and Purification in Early Greek Religion*, Oxford University Press, 1983, p.47. 最近从当时雅典语境讨论这一问题的文集是 Cynthia B. Patterson ed., *Antigone's Answer: Essays on Death and Burial, Family and State in Classical Athens. Helios, Special Issue, 33*, Texas Tech University Press, 2006。

的事情，而非安提戈涅。① 所以，雅典人会认为克瑞翁的做法是很合理的。② 类似的观点还见于霍特，他在此基础上进一步得出结论说，"在公元前 5 世纪，克瑞翁作为城邦的领导者有权利这么做，并且他关于波吕涅克斯禁止被埋葬的命令是理性的。在公元前 5 世纪的人看来，安提戈涅违背这一禁令是严重的甚至是惊人的出格行为：她作为个体在城邦危机时刻为了城邦的敌人而违背城邦的权威，更不用说作为女性违背男性。"③

公元前 5 世纪雅典的语境为我们今天阅读《安提戈涅》提供了一些背景和预设，但是需要斟酌的是，除了悲剧当初上演的时间和地点外，我们并没有充分的理由认定，雅典观众是带着当时的价值观来进入这部戏剧。毕竟《安提戈涅》描述的是英雄时代的传说故事，和公元前 5 世纪相距甚远，如果对比一下会发现，忒拜和雅典还有太多其他的重要差别，比如剧中的忒拜是僭主或王统治，而雅典是民主制，当时雅典极为提防的就是僭主，但这并不妨碍索福克勒斯的《僭主俄狄甫斯》上演并激发观众就悲剧情节本身生发感触而喜爱这一剧作。④ 所以，我主张在阅读和分析《安提戈涅》时，公元前 5 世纪的雅典是重要的语境参照，但是也需要注意这一故事的远古语境和由此带来的语境差异。总体的标准还是要以文本的线索为主，因为在该剧中，尸体被埋在何处从未成为争执和冲突的焦点，甚至叛国者是否能被埋葬也没有被具体讨论，只是到了全剧的

---

① 古典时期雅典的妇女基本生活在关系最近的男性亲属的管理下，参见 D.M. MacDowell, *The Law in Classical Athens*, London: Thames and Hudson, 1978, pp.84-9; C.B. Patterson, "Marriage and the Married Woman in Athenian Law", in S.B. Pomeroy eds., *Women's History and Ancient History*, University of North Carolina Press, 1991, pp.48-72。

② Sourvinou-Inwood, "Assumptions and the Creation of Meaning", esp. pp.139-140.

③ Philip Holt, "Polis and Tragedy in the 'Antigone'", *Mnemosyne*, Fourth Series, Vol.52, Fasc. 6, 1999, pp.667-668.

④ 类似的观点见 Cairns, *Sophocles:* Antigone, p.45。

尾声处，才通过先知忒瑞西阿斯之口（1064-1076）说出尸体应被埋葬。所以无论是索福克勒斯还是当时的观众，在一开始面对这部剧的时候，其价值预设应该是悬而待定的，任何压倒性倾向于一方的观点都将不足以使戏剧冲突发生并激化。

在《安提戈涅》双重语境的视野下，我们可以更好地回到剧作的自身脉络中。根据前面开始提到的诸种解释，戏剧冲突则集中体现为城邦与家庭、男与女、地上与地下等形式。但是在这些解释中，大多数学者基本将安提戈涅和克瑞翁视为静态的人物形象，而没有对二人在剧中逐步展现的复杂面向给予足够的重视。这会导致对戏剧冲突性质的倾向性误判，即决定性地偏向二者中的一方。仔细研读文本会发现，安提戈涅和克瑞翁的真实面貌是逐步展开的，并且在悲剧前后段表现出较大的差异，仔细考察这一过程会发现，二人形象的变化恰恰赋予我们打开戏剧冲突的钥匙[①]，从而推进对戏剧所展示的家城友爱困境的理解。

1. 安提戈涅与义务之爱

《安提戈涅》前半部剧的高峰是安提戈涅埋葬哥哥波吕涅克斯后被发现，并被带到克瑞翁接受盘问。二人之间的对峙将戏剧冲突呈现得淋漓尽致，面对克瑞翁咄咄逼人的讯问，安提戈涅道出了自己行动选择的根本原因（522-523）[②]：

[①] 晚近也有学者开始注意到这一问题，如 Vayos Liapis, "Creon the Labdacid Political Confrontation and the Doomed Oikos in Sophocles' Antigone", in Douglas Cairns, eds., *Tragedy and Archaic Greek Thought*, The Classical Press of Wales, 2013, pp.81-118。

[②] 本书所引用《安提戈涅》文本参考罗念生译文，《罗念生全集》（第二卷），上海人民出版社，2007 年，第 293—342 页，部分有调整；另参见 Mark Griffith, eds., *Sophocles: Antigone*, Cambridge University Press, 1999; Sophocles, *Antigone*, eds. and trans. by Reginald Gibbons and Charles Segal, Oxford University Press, 2003。

第三章 《安提戈涅》：家城友爱的困境

Κρέων:
οὔτοι ποθ' οὑχθρός, οὐδ' ὅταν θάνῃ, φίλος.

Ἀντιγόνη
οὔτοι συνέχθειν, ἀλλὰ συμφιλεῖν ἔφυν.

克瑞翁：
敌人，即便他死了，也不会是朋友。

安提戈涅：
我生来并非和人一起去恨，而是一起去爱。

在安提戈涅说出这句话后，克瑞翁便放弃了在道理上与她质询，直接说："那么你就到冥土去爱那些朋友吧，如果你必须爱他们的话！"安提戈涅的这句话可以说是奠定她形象最重要的一句话，也是其在戏剧前半段表现的总结。在整部戏剧的开始，安提戈涅的言行展示了她对亡兄的家亲之爱，以及由这爱所驱动的一系列行动选择。作为爱的化身的安提戈涅也构成了理解这一戏剧矛盾的重要线索，这种爱植根于她对家亲关系的理解。

通过整部戏剧的第一句话，安提戈涅就向观众清楚地表达出自己的价值观归宿："啊，伊斯墨涅，我（同根生）的至亲妹妹（*koinon autadelphon*），你看俄狄浦斯传下来的诅咒中所包含的灾难，还有哪一件宙斯没有在我们活着的时候使它实现呢？"（1-3）这里采用 *koinon* 一词，将安提戈涅－伊斯墨涅姐妹的命运与俄狄浦斯联系到了一起，她们都出自一个家庭，并且不得不共同承受父母过错所带来的灾难。现在，这一系列的灾难落在了她们家庭成员的身上：

现在据说我们的将军刚才向全城的人颁布了一道命令。是什么命令？你听见没有？也许你还不知道**敌人**应受的灾难正落到我们的**朋友们**身上？（7-10）

安提戈涅和伊斯墨涅将自己的哥哥们称为同属一家的亲人／朋友，家族的诅咒已经使得厄忒俄克勒斯与波吕涅克斯兄弟俩死于彼此之手，但是灾难并没有因此而止，克瑞翁的命令使得俄狄浦斯家庭的亲缘关系进一步受到挑战。面对厄忒俄克勒斯厚葬，而波吕涅克斯不许埋葬的命令，安提戈涅将自己与家亲关系绑在一起，决定要亲自埋葬哥哥。哥哥在安提戈涅口中有几个并列的称呼："我自己的／属于我的人"（48）、"我爱的和爱我的人"（74）、"最亲爱的哥哥"（81）。可以很明显地看出，这几个称呼都是从家庭关系推延出来。对于自己的同胞哥哥，安提戈涅不吝于反复使用 phi- 派生的词（友爱、爱、朋友），① 来表达自己与他的关系。

但如果进一步仔细探究，我们会发现家亲友爱关系对于安提戈涅来说，首要的并非爱，而是义务。② 在回答伊斯墨涅对其违背法令埋葬哥哥的问题时，安提戈涅给出的理由是辩护性的："我的哥哥，也是你的哥哥，哪怕你不愿意；我不会让人们看见我背弃了他。"（45-46）哪怕为此事而死，也是一件光荣的事。无论是背叛还是光荣，安提戈涅将埋葬哥哥的行为放入了家庭为核心的价值评判体系中，她最为在乎的是自己是否履行了家亲的义务，因为履行这一义务能够使得她获得信奉传统价值的人的肯定。甚至安提戈涅的这一选择还不免带有价值计算的成分在其中，选择履行家亲义务而死能够"永久得到地下鬼魂的欢心，这要比讨凡人欢喜的时段更长，因为我（安提戈涅）将永久躺在那里"（74-76）。在安提戈涅面前，实际上是两个选择，一个是讨神的欢心，在死后无限的时间内取悦于死去的亲人；另一个是违背神的意旨，在活着的短暂时间内讨克瑞翁的欢心。对她

---

① philia 一词是该悲剧非常重要的语汇，该词难以找到相对应的中文表达。它可以涵盖家庭亲缘关系、公民间关系、商业互利伙伴关系乃至城邦间的义务和友爱关系等，与之相对应，家庭中的成员也可以互称为 philos，文中翻译为家亲关系。与之相对的是敌人／仇恨概念，安提戈涅这里使用的是私敌（echthros）的概念，而非公敌（polemios），也就是说她基本是在用私人关系来界定和描述敌友。关于古希腊友爱观念，可参见 David Konstan, *Friendship in the Classical World*, Cambridge University Press, 1997; K.J. Dover, *Greek Popular Morality in the Time of Plato and Aristotle*, Blackwell, 1974, pp.273-278; Simon Goldhill, *Reading Greek Tragedy*, Cambridge: Cambridge University Press, 1986, pp.79-106。

② Goldhill, *Reading Greek Tragedy*, p.93；玛莎·纳斯鲍姆：《善的脆弱性》，徐向东、陆萌译，译林出版社，2007 年，第 84—87 页。

来说，做出合理的选择并不难，因为她必须要去讨好那最应该讨好的人，而生的有限与死后无限的对比早已提供了答案。

不仅如此，对死去哥哥的义务还进一步使她割裂了与活着的妹妹的联系。本来至亲的姐妹和家亲友爱关系在义务约束面前也坍塌了，并且转化为对立面。在得知妹妹不愿意帮助自己埋葬哥哥后，安提戈涅立即对伊斯墨涅恶语相向："我再也不求你了；即使你以后愿意帮忙，我也不欢迎。你打算做什么人就做什么人吧。""至于你，只要你愿意，你就藐视天神所重视的天条吧。"在伊斯墨涅表示自己会帮姐姐保守秘密的时候，安提戈涅却更加生气，并开始将妹妹视为敌人：

安提戈涅：呸！尽管告发吧！你要是保持缄默，不向大众宣布，那么你就更招致我更多的记**恨**。（86-87）

…… ……

安提戈涅：你再这样说，会让我**恨**你，死者也会对你生**恨**，这是活该。（93-94）

安提戈涅这里使用的"恨"（echth-airo）与"敌人"（echth-ros）是同一词根，所以在戏剧的第一幕中，安提戈涅对伊斯墨涅的态度就完成了从至亲到敌人的颠转。上面86-87引文也将这一颠覆的原因说了出来，那就是安提戈涅希望伊斯墨涅向公众宣布是自己埋葬了哥哥，因为知道这个秘密的目前只有伊斯墨涅，而只有这件事被公布于众，安提戈涅才能够确认其他人知道了这件光荣的事。那么，我们就要追问，既然埋葬哥哥必然会讨得死去哥哥的欢心，那为什么安提戈涅还要伊斯墨涅这么做呢？唯一可能的回答就是，安提戈涅埋葬的动机里，首要的并不是对死去哥哥的爱，而是要确保获得来自世人对其履行家庭义务的称颂，甚至为此不惜舍弃唯一的血亲妹妹。所以，尽管安提戈涅标榜自己天性爱人，但正如默里正确指出的那样:"她展现出自己是个善于仇恨的人。"①

身为妹妹的伊斯墨涅颇为同情地看着安提戈涅,她自己虽不能做出支持姐姐的选择,但是仍然宽慰她说:"你的亲人们(朋友们)会认为你是可爱的。"而导致姐妹矛盾的最直接原因是家亲友爱所要求的义务关系受到了约束,这就是来自城邦统治者克瑞翁的命令。

2. 克瑞翁与城邦原则

在厄忒俄克勒斯与波吕涅克斯阵亡之后,作为王子们的舅舅,克瑞翁出于家亲关系接受了王位,成为忒拜城新的统治者。正是他颁布的命令,使得安提戈涅和伊斯墨涅处于艰难的境地之中,作为长辈的他并非不知道埋葬对于死者的重要性,但是他的法令却有着新的道理。在一出场的独白中,克瑞翁将自己打造成城邦的化身:

ἀμήχανον δὲ παντὸς ἀνδρὸς ἐκμαθεῖν
ψυχήν τε καὶ φρόνημα καὶ γνώμην, πρὶν ἂν
ἀρχαῖς τε καὶ νόμοισιν ἐντριβὴς φανῇ.
ἐμοὶ γὰρ ὅστις πᾶσαν εὐθύνων πόλιν
μὴ τῶν ἀρίστων ἅπτεται βουλευμάτων
ἀλλ' ἐκ φόβου του γλῶσσαν ἐγκλῄσας ἔχει
κάκιστος εἶναι νῦν τε καὶ πάλαι δοκεῖ·
καὶ μεῖζον ὅστις ἀντὶ τῆς αὑτοῦ πάτρας
φίλον νομίζει, τοῦτον οὐδαμοῦ λέγω.
ἐγὼ γάρ, ἴστω Ζεὺς ὁ πάνθ' ὁρῶν ἀεί,
οὔτ' ἂν σιωπήσαιμι τὴν ἄτην ὁρῶν
στείχουσαν ἀστοῖς ἀντὶ τῆς σωτηρίας,
οὔτ' ἂν φίλον ποτ' ἄνδρα δυσμενῆ χθονὸς
θείμην ἐμαυτῷ, τοῦτο γιγνώσκων ὅτι
ἥδ' ἐστὶν ἡ σῴζουσα καὶ ταύτης ἔπι
πλέοντες ὀρθῆς τοὺς φίλους ποιούμεθα.

一个人若是没有执过政、立过法,没有受到这种考验,我们就无法知道他的灵魂、心智和判断力。任何一个掌握着城邦大权的人,倘若不坚持最好的政策,由于有所畏惧,把自己的嘴闭起来,我就认为他是最卑鄙不过的人。如果有人把他的朋友放在祖国之上,这种人我瞧不起。至于我自己,请无所不见的宙斯作证,要是我看见任何祸害——不是安乐——逼近了人民,我一定发出警告;我决不把城邦的敌人当作自己的朋友;我知道唯有城邦才能保证我们的安全;我等我们在这只船上平稳航行的时候,才有可能结交朋友。(175-190)

---

① Gilbert Murray, *Sophocles. The Antigone*, George Allen & Unwin, 1941, p.10.

如果说安提戈涅首要关心的是家亲关系，那么凭借族亲关系登位的克瑞翁则站在城邦一边。与安提戈涅相似的是，克瑞翁同样关心朋友和敌人的问题，只不过他给出的标准截然不同于自己的外甥女。克瑞翁在这里就朋友和敌人提出了三点全新的认知。第一，掌握城邦权力的人应该将城邦放在第一位，自己的朋友永远是屈居次席的。也就是说，城邦的利益成为统治者首先要考虑的因素，它超越了家亲、伙伴等可以称之为朋友的友爱关系。第二，敌友划分的标准在于城邦而不在个人，因为只有城邦才能保证我们的安全，所以安全与生存的迫切性要求人们以城邦安危为基准，这样一来，城邦的敌人绝不可能是个人的朋友。第三，朋友并非给定的，而是"结交"的。① 这意味着，哪怕出于机运，人降生在某个家庭或族群中，有着伴随着出生而获得的家庭亲属，但这并不必然构成真正的朋友。沿着这一逻辑推进，在克瑞翁看来，朋友是需要经过城邦这个过滤器重新过滤审查的，原有共同体所生发出的对朋友的理解都需要被暂时悬置，只有通过有利于城邦安全繁荣的标准才能重新结交为朋友，这一新基础上的朋友不再是家亲血缘的，而是城邦性/政治性的朋友。正如纳斯鲍姆恰当总结的那样："在克瑞翁的一生中，所有的人际关系都与城邦相关；而评价所有的人又都以其对城邦的贡献为准绳。夫妻之间的关系就只是生育新公民的手段；父子之间的关系就只是公民之间的友谊。"②

正是基于这一理解，克瑞翁才下令厚葬保卫城邦的厄忒俄克勒斯，而禁止埋葬攻打城邦的波吕涅克斯。不仅如此，在他眼中，攻打城邦的人是邪恶的坏人，而保卫城邦的人则是值得尊敬的好人。

---

① M.W. 布伦戴尔：《扶友损敌：索福克勒斯与古希腊伦理》，包利民等译，生活·读书·新知三联书店，2009 年，第 154 页；Cairns, *Sophocles: Antigone*, pp.95-96。

② 玛莎·纳斯鲍姆：《善的脆弱性》，第 79 页。

这一新标准放在俄狄浦斯家族关系中就更为瞩目，因为本来从家庭的关系来说，厄忒俄克勒斯兄弟都是克瑞翁的外甥，也就是家亲意义上的朋友，而按照城邦的标准，兄弟二人对克瑞翁而言则是一敌一友。家亲关系在城邦面前显得毫无价值，并且正是王家庭内部的权力纷争给忒拜城带来了战争的灾祸。

正如很多学者注意到的那样，克瑞翁开场的这段独白后来还曾被德摩斯梯尼引用，这表明站在城邦立场的统治原则是深得古典时期雅典政治家的欣赏的。① 此外我们从修昔底德笔下的伯里克利等人的演讲中也能看到类似的表述。基于这些文本证据，我认为克瑞翁作为城邦的化身，将城邦安危视为行动准则，这一立场并无问题。但另一方面，坚持为死去亲人埋葬的安提戈涅也并不应被指责。这两种原则的冲突最终在克瑞翁与安提戈涅的对峙中爆发。安提戈涅坚持认为，她所奉行的不是凡人所颁布的短暂的法律，而是神颁布的，是不成文的永恒律法。在城邦法律和未成文法之间，安提戈涅毫不犹豫地选择了后者。

但是这一选择的确也存在内在的困难，那就是克瑞翁对安提戈涅的质询揭示出来的：

> 安提戈涅：尊敬一个同母弟兄，并没有什么可耻。
>
> 克瑞翁：那对方不也是你的弟兄吗？
>
> 安提戈涅：他是我的同母同父弟兄。
>
> 克瑞翁：那么你尊敬他的仇人，不就是不尊敬他吗？
>
> 安提戈涅：那个死者是不会承认你这句话的。
>
> 克瑞翁：他会承认；如果你对他和那坏人同样地尊敬。

---

① Demosthenes, *On the False Embassy* 19.247, 参见 Demosthenes, *On the False Embassy (Oration 19)*, edited with facing-page translation, introduction, and commentary by Douglas M. MacDowell, Oxford University Press, 2000。

安提戈涅：他不会承认；因为死去的不是他的奴隶，而是他的弟兄。

克瑞翁：他是攻打城邦，而他是保卫城邦。

安提戈涅：可是冥王依然要求举行葬礼。

克瑞翁：可是好人不愿意和坏人平等，享受同样的葬礼。（511-520）

虽然波吕涅克斯是安提戈涅的亲哥哥，对其有埋葬义务，但是在她的两个兄长的层面，波吕涅克斯和厄忒俄克勒斯彼此却是敌人。兄弟二人的家亲友爱的联结不但没有能够成功地约束他们，反而是家亲血缘关系促使他们为争夺城邦权力而自相残杀。克瑞翁通过层层质问，实际上将家与城更深层面的冲突揭示了出来，那就是家庭伦理和城邦安全的冲突并不始于安提戈涅与克瑞翁，而是在这一矛盾的原因中就出现了，并且是无法解决的。按照传统的故事版本，俄狄浦斯退位后将王位暂时委托给克瑞翁，待二子长大后还给兄弟二人，但是厄忒俄克勒斯却与波吕涅克斯就城邦统治权产生了暴力冲突，冲突的主因在于厄忒俄克勒斯违背约定而拒绝轮值王位，才使得波吕涅克斯纠集外邦军队夺回忒拜统治权。所以，在兄弟二人的关系中，家亲的友爱关系因为城邦统治权的纷争而丧失。在家父俄狄浦斯王退场之后，无头之家被城邦权力摧毁，如果说俄狄浦斯尚能在觉知自己命运后刺瞎双眼流浪他乡，那么他下一代的王室内部权力争斗使得血缘关系几无约束力。兄弟二人的争斗既是家内斗争，也是混杂了城外力量的城内统治权斗争，在他们眼中，家与城秩序的根本逻辑并无二致。

安提戈涅虽然无法从根本上回答两位兄长超越家亲约束的敌对关系，但是她自己的行动选择却将家与城的复杂性保留了下来，她坚守在家亲友爱关系所要求的义务一端，并相信家亲有着其内在的道理。在回应克瑞翁质问的时候，安提戈涅坚定地相信，自己如果因为埋葬哥哥而死的话，最终会得到荣誉和民众的赞许（504-507）。这说明，在安提戈涅看来，她所维系的不仅仅是和家亲相关的未成文律法，这些律法也支撑着整个城邦的礼法价值，正如有学者指出的，神法在这个意义上也是城邦法。① 所以，我们可以将安提戈涅与克瑞翁的戏剧冲突看作厄忒俄克勒斯兄弟冲突的升级版本，安提戈涅的家亲义务与克瑞翁的新城邦原则冲突，实际上反映出原来以家亲义务为核心构建的政治秩序出现危机后，如何重建家与城的问题。

在截止到目前的冲突中，克瑞翁和安提戈涅的矛盾基本无法解决，但总体来看，安提戈涅的立场显得问题更多一些，因为她的困境是双重的：她首先试图用自己对两位哥哥的爱来悬置他们互为仇敌的事实；而她自己的行动最终逃脱不了城邦法令的束缚。相对而言，秉持城邦立场的克瑞翁虽然受到安提戈涅的挑战，但通过对她的惩罚仍能让之纳入到城邦秩序之中。如果整部戏剧终止于此，那么黑格尔对该部剧的总体判定就是成立的了，但是索福克勒斯并没有这么做，而是为这一冲突安排了更为复杂的面相，安提戈涅和克瑞翁在戏剧的下半场将自己的另一面展示了出来。

3. 误置家城关系的克瑞翁

在克瑞翁与儿子海蒙的对谈中，我们得以探知他对城邦更为全面的认知。如果说克瑞翁出场时的开场白将其塑造为城邦的化身，那么后来的表现则将其独断专行的一面展示了出来。②

---

① Giulia Maria Chesi, "Antigone's Language of Death and Politics in the *Antigone* of Sophocles", *Philologus*, Vol.157, 2013, No.2, pp.223-236.

② 已有的研究基本都注意到了克瑞翁趋向僭主的改变，除了前文提到的文献外，还有如 R.P. Winnington-Ingram, *Sophocles, an Interpretation*, Cambridge University Press, pp.124-128。

在得知未婚妻被逮捕判决之后，海蒙赶来，这时克瑞翁与海蒙进行了长篇对话。这一对话既是父亲同儿子的对话，也是统治者与被统治者的对话。在这双重的对话中，克瑞翁将自己关于城邦的认知充分展现出来。对于被统治者，克瑞翁说：

> 若是有人犯罪，违反法令，或是想对当权的人发号施令，他就得不到我的称赞。凡是城邦所任命的人，人们必须对他事事顺从，不管事情大小，公正不公正……背叛是最大的祸害，它使城邦遭受毁灭，使家庭遭受破坏，使并肩作战的兵士败下阵来。只有服从才能挽救多数正直的人的性命。所以我们必须维持秩序……（667-672）

克瑞翁的这段话将对城邦本质的理解非常直接地陈述出来。城邦所有的人必须服从统治者，不存在任何对统治者的制约力量，因为任何可能的背叛在他看来都将带来秩序的坍塌。如果对照克瑞翁最初登台开场白里对城邦的认知，我们就会发现，克瑞翁随着将自己观点的进一步澄清而已经发生了变化。在此之前，克瑞翁将城邦利益视为考量的首要对象，一切都要服从城邦的安全和繁荣。但是，现在的克瑞翁则正式将自己等同于城邦，自己的判断就是城邦的利益所在。现在最重要的不是城邦利益，而是服从城邦利益的代理者和代表，那就是克瑞翁本人。只要是统治者颁布的命令，事无大小，并且无关是否公正，服从命令成为克瑞翁统治秩序的核心。

在紧接着与海蒙的对话中，克瑞翁的这一城邦理解遇到了困难。海蒙试图告诉克瑞翁，城邦统治不是王一个人的法令展示，而需要将公民的意见也纳入其中。而这是克瑞翁无法理解和接受的。海蒙通过替克瑞翁观察公民的所作所为，从而知道公民们为安提戈涅哀叹，说："她（安提戈涅）做了最光荣的事，在所有的女人中，只有她最不应当这样悲惨地死去！当她哥哥躺在血泊里没有埋葬的时候，她不让他被吃生肉的狗或猛禽吞食；她这人还不该享受黄金似的光荣吗？"（693-699）海蒙通过委婉的劝说，试图提醒克瑞翁意识到，城邦是全体公民的城邦，而正是这一点惹怒了后者。克瑞翁再次贬斥安提戈涅为坏人，但是海蒙回复到"忒拜全城都否认这一点"，克瑞翁则将自己独断的一面彻底暴露出来（734-739）：

Κρέων
πόλις γὰρ ἡμῖν ἁμὲ χρὴ τάσσειν ἐρεῖ;

Αἵμων
ὁρᾷς τόδ᾽ ὡς εἴρηκας ὡς ἄγαν νέος;

Κρέων
ἄλλῳ γὰρ ἢ ᾽μοὶ χρή με τῆσδ᾽ ἄρχειν χθονός;

Αἵμων
πόλις γὰρ οὐκ ἔσθ᾽ ἥτις ἀνδρός ἐσθ᾽ ἑνός.

Κρέων
οὐ τοῦ κρατοῦντος ἡ πόλις νομίζεται;

Αἵμων
καλῶς γ᾽ ἐρήμης ἂν σὺ γῆς ἄρχοις μόνος.

Κρέων
ὅδ᾽, ὡς ἔοικε, τῇ γυναικὶ συμμαχεῖ.

Αἵμων
εἴπερ γυνὴ σύ. σοῦ γὰρ οὖν προκήδομαι.

Κρέων
ὦ παγκάκιστε, διὰ δίκης ἰὼν πατρί;

Αἵμων
οὐ γὰρ δίκαιά σ᾽ ἐξαμαρτάνονθ᾽ ὁρῶ.

Κρέων
ἁμαρτάνω γὰρ τὰς ἐμὰς ἀρχὰς σέβων;

Αἵμων
οὐ γὰρ σέβεις τιμάς γε τὰς θεῶν πατῶν.

克瑞翁
还需要城邦告诉我应该下什么命令？

海蒙
你看你说这话，不就像个年轻人吗？

克瑞翁
难道我应当按照别人，而非自己的意思统治这国土吗？

海蒙
只属于一个人的城邦不算城邦。

克瑞翁
难道城邦不应该是统治者的吗？

海蒙
你可以独自在沙漠里做个好统治者。

克瑞翁
这孩子好像成为那女人的盟友了。

海蒙
除非你就是那女人。我关心的是你。

克瑞翁
坏透了，你对你父亲的指控是不义的。

海蒙
因为我看到你犯错而不义。

克瑞翁
我尊重我的统治难道错了？

海蒙
你没有表现出对神的尊重。

这整段对话中,海蒙都是以被统治者的身份在和克瑞翁交流,尽管克瑞翁一再以父子关系相称,但是海蒙坚定地以城邦为中心来劝诫忒拜的统治者。已经提醒克瑞翁要关注城邦公民意见的海蒙,为城邦进一步提供了认知维度,这就是正义和对神的尊敬。城邦的这几个向度是相互关联的,神所规定的礼法实际上就是公民们所秉持的意见,而这在海蒙看来是正义的。与之相对,克瑞翁则走向另外一个极端,城邦成了统治者本人不容置疑的命令,公正与否以及是否需要顾及命令的对象都无关紧要。所以在海蒙以及他所探听的忒拜公民眼中,克瑞翁实际上是沙漠之王,沦为真正的孤家寡人。

通过克瑞翁和海蒙的对峙,前者对城邦的狭隘理解以及对自己作为统治者的专断得以更为深刻地呈现,城邦在克瑞翁看来是通过权力实施自己意愿的场域,自己先前所主张的城邦繁荣也堕落成对自身权力的尊崇。值得注意的是,在与海蒙的对话中,克瑞翁并不能理解海蒙站在被统治者角度的劝导,而是用父亲和儿子的关系不断地提醒海蒙要尊重父亲,不能屈尊于女性。克瑞翁的这一做法将其城邦认知的基础揭示了出来,那就是克瑞翁实际上将掌管家政的逻辑移植到统治城邦之上。在克瑞翁眼中,身为家父和作为忒拜城统治者并无二致,也正是出于这个原因,在与海蒙对话的开始,克瑞翁才会用其讨论城邦的敌友划分来训诫儿子:

> 啊,孩子,你应当记住这句话:凡事听父亲劝告。做父亲的总希望家里养出孝顺儿子,向父亲的敌人报仇,向父亲的朋友致敬,像父亲那样尊敬他的朋友。那些养了无用儿子的人,你会说他们生了什么呢?只不过给自己添了苦恼,给敌人添了笑料罢了。啊,孩子,不要贪图快乐,为一个女人而抛弃了你的理智;要知道一个在家中和你有床笫之欢的坏女人会在你怀抱中成为冷冰冰的东西。还有什么烂疮比不忠实的朋友更

有害呢？你应当憎恨这女子，把她当作仇人，让她到冥土嫁给别人。（639-654）

从这段话可以明确看出，克瑞翁对儿子的要求也是从朋友和敌人的角度提出来的。在克瑞翁看来，儿子应该以父亲的朋友为朋友，以父亲的敌人为敌人。换言之，如何对待父亲的朋友和敌人成为衡量儿子是否合格的标准，而在这一原则之下，儿子只能服从家长－父亲。不但如此，克瑞翁还将对儿子的支配扩张到对儿子婚姻关系上，即儿子的夫妻友爱需要服从于父亲的敌友划分。这就将家庭中的等级秩序清晰地展示出来，即身为家长的父亲拥有最高的权威，儿子应该服从父权，儿子的婚姻也必须经过父权的审核。并且，在前面对伊斯墨涅的反驳中，克瑞翁也清晰地表述了自己对婚姻的立场：婚姻无非是生育的工具。没有了安提戈涅，儿子还有别的土地可以耕耘。基于此，儿子的婚姻就要更为彻底地服从父权。在克瑞翁的家庭秩序观中，男优于女，父亲位于权力的顶点，支配着所有其他家庭中的亲属。如果再将这一家庭秩序搬到城邦框架之中，我们就可以理解克瑞翁的城邦秩序观了。正如他自己所说："在自己家里是好人，在城邦中才可能是正义的。"作为忒拜城统治者的克瑞翁同样将城邦视为自己的私产，对他而言，家庭和城邦没有本质的区别，这两种秩序都需要服从秩序的掌管者，即家长和城邦的统治者，而这就是克瑞翁眼中的家中的好和城邦的正义。

经由上面的分析，我们可以说，身兼家城之首的克瑞翁并没有意识区分家庭和城邦治理的不同逻辑，甚至简单地将自己作为家父的经验移植到对城邦的治理上面，这就导致了自己与城邦和公民在观念上的冲突，也导致了后续一系列事件的发生。但是这里还需要追问的一个问题是，克瑞翁对家、家庭成员的亲爱关系以及家庭秩序的理解是正确的吗？答案同样是否定的。

克瑞翁在判决安提戈涅后，看到海蒙前来时，害怕儿子因为未婚妻的事情生自己的气，便首先以父亲的身份和他对话："儿子，莫非你是听见你未婚妻的最后判决，来同父亲赌气的吗？还是不论我做什么，我们仍相亲相爱（δρῶντες φίλοι）？"（632-634）克瑞翁预见到自己破坏儿子的婚姻可能的后果，首先所要确认的就是自己受儿子尊重。海蒙深知父亲的担忧，便也首先用家庭关系回答说："父亲，我是你的孩子（πάτερ, σός εἰμι）。"（635）但是，紧接着，海蒙给父亲统御的家庭秩序增加了一个条件，那就是："只要你的判断是正确的，我都遵循。我不会把我的婚姻看得比你优良的教导更重。"（635-636）在海蒙看来，家庭秩序不只是听命于父亲的命令，而是要判定父亲的教导是否正确，这一权力并不属于父亲，而是要经得起理智的考验。更进一步来说，拥有对家庭或是城邦的统治权力并不等同于拥有了理智/良好的判断力，善与权力是性质不同的两种东西。仅有权力不能给人带来荣誉，所以海蒙会说自己作为儿子最为关心父亲的福祉，以及父亲的荣誉（701-704）。如果说权力可以在很大程度上决定或支配处于权力格局中的其他人，荣誉则恰恰相反是权力无法控制的，而是要依赖其他人的认可。海蒙用荣誉来劝导父亲，是在给克瑞翁明确的提示，无论在家中还是城邦中，统治不但需要权力，还需要别人认可的荣誉。把城邦利益放在第一位的克瑞翁尚能获得公民的认可，但在将自己凌驾于城邦之上以后，克瑞翁的荣誉便落了空。[①]

克瑞翁不但失去了在城邦中的荣誉，即作为被统治者的海蒙以

[①] 晚近有更多的学者注意到海蒙所体现的温和立场及其实践智慧，进而从海蒙的角度对该剧进行了阐发，如 Derek Parker, "Haemon's Paideia: Speaking, Listining, and the Politics of the Antigone", *Polis*, Vol.23, No.1, 2006, pp.1-20。

及城邦的其他成员并不认同忒拜新王的命令,而且在家中的父子关系里,克瑞翁也失去了儿子。在海蒙试图用城邦逻辑劝诫克瑞翁未果之后,二人又回到了家庭关系中,克瑞翁愤怒地指责海蒙是"愚蠢的,是女人的追随者",海蒙便回复说,如果安提戈涅死了,自己也将相伴而去。感受到权威被威胁的克瑞翁立马斥责儿子胆敢挑战自己,并且说儿子是不聪明的。海蒙的回答则近乎将父子关系彻底割裂:"如果你不是我的父亲,我就会说你没有良好的心智。"(755)在离开舞台前,海蒙在形式上断绝了父子情谊:"你再也不能亲眼看见我的脸面了,去跟那些愿意继续做你朋友的人发你的脾气吧!"(764-765)因为父亲的不公正和不明智,海蒙最终也拒绝了自然家庭给他提供的家亲友爱关系,父子的友爱关系并不能束缚克瑞翁不公正的城邦法令所带来的伤害。

所以,克瑞翁在戏剧后半部分的形象发生了重要的转变,从城邦利益的捍卫者蜕变为信奉自己权力至上的独断君主。① 这一蜕变的原因有两个:第一是他将家父的治理经验直接移植到城邦统治上面,而没有理解城邦并非一个人的城邦,城邦是由公民集体参与而成的共同体。第二,克瑞翁对家庭也没有正确的认知,他所统摄的家庭关系也存在内在缺陷,他只看到父亲凭靠血缘而获得权威,而忽略了家中的公正,以及与治家相对的家亲之爱。和海蒙的交谈使得克瑞翁的立场得以彻底暴露,而结果就是克瑞翁即将成为真正的孤家寡人。

---

① 在剧中,克瑞翁的称呼有王 basileus(一次),主公 anax(九次),僭主 tyrannos(两次),首领 tagos(一次)。传信人说克瑞翁的政体是绝对君主制(pantele monarchian)。

4. 没有朋友的安提戈涅

安提戈涅在与克瑞翁对峙的最后说，自己生来与人一同相爱而非相恨。但是仔细考察安提戈涅的家亲关系会发现，她对自己埋葬哥哥行为的解释并不能准确地描述她的处境，这在她迈向地牢路上的哀歌中体现了出来，在那里她哀伤自己"没有朋友"。这就带来一个非常重要的问题，为什么以爱为旨归的安提戈涅到最后竟没有朋友呢？她所坚守的家亲友爱为何会让她孤苦无依呢？安提戈涅真的如她声称的那样"没有朋友"吗？

上文我们已经看到，安提戈涅埋葬波吕涅克斯的动机中，很大一部分是出于家亲的义务约束，甚至可以说，在她心目中，只有通过埋葬这一行动才能确认兄妹的亲缘关系。这一义务使得安提戈涅将所有的重心都放在死者那边，无论是神法还是永久的死后的世界，都促使她做出弃绝尘世的选择。一旦做出这一选择，死亡便成了安提戈涅的信念，她开始与所有活着的人做了切割，无论这些人是否阻碍她履行自己的义务。

安提戈涅首先隔绝的是妹妹伊斯墨涅，正如前文第一部分阐述的那样，在得知妹妹不会帮助自己之后，安提戈涅立即将伊斯墨涅视为敌人。而在克瑞翁召来伊斯墨涅之后，安提戈涅又一次拒绝妹妹和自己分担罪行，甚至害怕妹妹分享自己的功绩："事情是谁做的，冥王和下界的死者都是见证；口头上的朋友我不喜欢。"（542-543）"不要和我同（koina）死，不要把你没有亲手参加的工作作为你自己的。"（546-547）面对世上唯一的具有血缘关系的亲人，安提戈涅决绝地将自己视为"活死人"①而与之划清界限，甚至在最后的独白中，安提戈涅惋惜自己的命运，她再次确认了自己才是俄

---

① 安提戈涅：请放心，你活得成，我却是早已为死者服务而死了。（560）

狄浦斯家中最后一个人，而置未被判死刑的伊斯墨涅于家系之外。①可以说，安提戈涅并不爱妹妹，对死者的义务将自然的家亲关系撕裂，正如她们的两位哥哥最后也没有兄弟情谊一样。

如果对比伊斯墨涅，我们可以更清楚地把握安提戈涅的决绝。与姐姐的绝情不同，伊斯墨涅则展示出对安提戈涅的爱和姐妹情谊。在被召唤入宫时，伊斯墨涅已经知道姐姐被逮捕。上场时歌队队长说："看呀，伊斯墨涅出来了，那表示姐妹之爱（*philadelpha*）的眼泪往下滴，那眉宇间的愁云遮住了发红的面容，随即化为雨水，打湿了美丽的双颊。"（526-530）不仅如此，伊斯墨涅还愿意和姐姐一同承担罪责。在安提戈涅的一再拒绝中，伊斯墨涅说："失掉了你，我的生命还有什么可以爱的呢？"（548）"没有她（安提戈涅）和我在一起，我一个人怎样活下去？"（566）从这些话中可以看出，对于伊斯墨涅来说，唯一幸存的姐姐是她活在世间的支柱，与安提戈涅的姐妹情谊而非对死者亲属的爱才是她对家亲友爱的核心理解。

安提戈涅对死去亲人的偏向招致了克瑞翁对其的裁决："我要把她带到没有人迹的地方，把她活活关在石窟里，给她一点点吃食，只够我们赎罪之用，使整个城邦避免污染。她在那里可以祈求冥王，她所崇奉的唯一神明，不至于死去；但也许到那时候，虽然为时已晚，她会知道，向死者致敬是白费功夫。"（773-780）但在最后走向地牢的途中，安提戈涅似乎变了一个人，开始哀叹自己的命运。②她对自己尚未完婚特别表示哀伤，而对自己英勇赴死的光荣

---

① 安提戈涅："坟墓呀，新房呀，那将永久关住我的石窟呀！我就要到那里找我的亲人，他们许多人早已死了，被冥后接到死人那里去了，我是最后一个，命运也最悲惨……"（891-896）在940-941行处，她又说："忒拜长老们呀，请看你们王室剩下的唯一后裔。"

② 相关的讨论见 Winnington-Ingram, *Sophocles, an Interpretation*, p.139。

也不再那么看重：

>安提戈涅：那使众生安息的冥王把我活生生带到冥河边上，我还没有享受过迎亲歌，也没有人为我唱过洞房歌，就这样嫁给冥河之神。
>
>…… ……
>
>歌队队长：好在你死后，人们会说你生前和死时都与天神同命，那也是莫大的光荣！
>
>安提戈涅：哎呀，你是讥笑我！凭我祖先的神明，请你告诉我，你为什么不等我不在了再说，却要趁我还活着的时候挖苦我？城邦啊，城邦里富贵的人啊，狄尔克水泉呀，有美好战车的忒拜的圣林啊，请你们证明**我没有朋友哀悼**，证明我受了什么法律处分，去到那石牢，我的奇怪的坟墓里；哎呀，我既不是住在人间，也不是住在冥间，既不是同活人在一起，也不是同死人在一起。（810-852）
>
>安提戈涅：我如今被人诅咒，还没有结婚就到他们那里居住。
>
>…… ……
>
>安提戈涅：没有哀乐，**没有朋友，没有婚歌**，我将不幸地走上眼前的道路。我再也看不见太阳的神圣光辉，我的命运没有人哀悼，**也没有朋友为我恸哭**。（866-881）

安提戈涅先是将亲妹妹伊斯墨涅剔除出自己的亲人圈，而舅舅克瑞翁自从颁布了不许埋葬波吕涅克斯的命令，就成为她的敌人，而仅剩的未婚夫海蒙在克瑞翁否决了这场婚事之后，也无法成为她的爱人。不仅如此，在这部剧中，海蒙这个名字第一次并非被安提戈涅提出，而是出自伊斯墨涅之口。后者曾经试图用海蒙来劝克瑞翁放过安提戈涅：

>伊斯墨涅：你要杀你儿子的未婚妻吗？
>克瑞翁：还有别的土地可以由他耕种。
>伊斯墨涅：不会再有这样情投意合的婚姻了。
>克瑞翁：我不喜欢给我儿子娶个坏女人。
>伊斯墨涅：啊，最亲爱的海蒙，你父亲多么蔑视你啊！
>
>（568-572）

　　伊斯墨涅在这里提出，安提戈涅和海蒙两个人是非常契合的，这是在自然家亲关系外的友爱联结。但令人意外的是，安提戈涅自始至终都没有提到她的未婚夫，甚至在最后的关于婚姻的悼歌中，都没有提及海蒙。所有尚在世间存续的社会关系都被安提戈涅一一剥离，她最后发现自己是个孤独的活死人，从而只能与死神结婚。根据西福德等学者的研究，婚礼和葬礼对于古希腊女性来说是两个最为重要的事件，二者甚至在礼仪形式上都有高度一致性。未曾结婚就死去的女孩则是非常不幸的事情，她会被以新娘装扮埋葬，以表示被哈德斯娶走。① 所以，安提戈涅为自己唱道："坟墓啊，新房啊，那将永久关住我的石窟啊。"（891）她这就是在为自己的葬礼哀悼。② 在安提戈涅自己构建的世界中，亲人-朋友都是处于冥府之中的，她只能渴求死去的母亲、哥哥、父亲的欢迎。③

　　安提戈涅为自己营造的葬礼哀叹颇为打动人，但走向地窟的路并非故事最终的结局。在戏剧尾声处，索福克勒斯通过先知忒瑞西阿斯来劝告克瑞翁，为戏剧的和解提供了一丝希望，克瑞翁也的确

---

① Richard Seaford, "The Tragic Wedding", *The Journal of Hellenic Studies*, Vol.17, 1987, pp.106-130, esp.pp.106-107. 关于葬礼的描述参见 D.C. Kurtz and J. Boardman, *Greek Burial Customs*, Cornell University Press, 1971, Chapter 7。

② 关于安提戈涅最后的这段哀伤的歌唱，有学者认为有悖于其前面的表现，并基于此给出一些解释。但如果西福德的解释是正确的话，我们就可以更准确地理解安提戈涅这里的哀叹，并非是对之前立场的退步，而是死亡葬礼以及与冥神婚礼的自我哀悼。

③ 玛莎·纳斯鲍姆：《善的脆弱性》，第 84—85 页。

做出让步和妥协，这本可以解决之前的冲突，但是悲剧最终却仍以克瑞翁家庭的崩塌收场。我们就必须要追问，戏剧尾声处给出的和解路径为何没能阻止悲剧的结尾呢？仔细分析文本会发现，这一问题的症结就在安提戈涅偏执的家亲友爱观上面。

在安提戈涅被押往石窟之后，先知忒瑞西阿斯前来劝告克瑞翁，他先是说因为波吕涅克斯的尸体没有埋葬，导致城邦祭坛被污染。进而他劝克瑞翁要对死者让步，但是克瑞翁拒绝了他的劝告，并斥责他是收了贿赂来说这些话。直到忒瑞西阿斯预言克瑞翁的家庭以及忒拜城将要遭受的灾难，克瑞翁才真正惶恐起来，并且决定退让，听从歌队的劝告："把那女孩儿从石窟中放出来，给那暴露的尸体起个坟墓。"（1100-1101）戏剧至此，之前的冲突和矛盾在理论上似乎已经解决，即以克瑞翁的错误和悔改告终，但是戏剧的悲惨结局却未能按照这个逻辑延伸下去，导致这一错位的恰恰是安提戈涅的主动赴死。

如果回到戏剧之中，我们看到克瑞翁在对安提戈涅进行最后审判之后，并没有直接处死她，而是下命令："把她关在那拱形的坟墓里之后，就扔下她孤孤单单，随便她想死，或者在那儿过坟墓生活。"（885-888）而安提戈涅的选择是自缢而死，并没有拖延任何时间，她急忙着奔赴地下冥府，连随后赶到的海蒙也没有来得及阻止她，更不用说先去埋葬了波吕涅克斯之后才匆忙赶往石窟的克瑞翁了。① 安提戈涅做出这样的行动并不意外，从准备埋葬波吕涅克斯

---

① 关于克瑞翁未能救起安提戈涅，阿伦斯多夫（Ahrensdorf）等学者提出："克瑞翁和安提戈涅都被他们的虔敬所毁。克瑞翁没能解救安提戈涅，因为他更重视安葬死者，而非拯救生者。"这一解释有部分道理，但是需要看到的是，海蒙实际上第一时间到了石窟中，但仍没有能够拖延或救出安提戈涅。见阿伦斯多夫：《希腊肃剧与政治哲学》（Peter J. Ahrensdorf, *Greek Tragedy and Political Philosophy*），袁莉等译，华夏出版社，2013年，第143—144页。

那一刻起,她就已经知道自己违背克瑞翁法令的可能下场,那就是被市民用石头投死。自此以后,她就将自己视为必死之人,用生和死去区分伊斯墨涅和自己的选择,在560行处,安提戈涅和伊斯墨涅说:"你活着,但是我因为服侍死者,我的灵魂早已死了。"在安提戈涅看来,选择履行她认为最为重要的家庭义务就是选择死亡,在二者之间并没有任何别的可能,甚至只有通过自己的死亡才能完成义务履行和与之相伴的名誉。

虽然在走向地窟前进行了自我的哀悼,但安提戈涅明确指出自己没有朋友,在生和死之间,以及死去的亲属和活着的亲友之间,她义无反顾地投向了冥界。在这一对立之中,我们看到安提戈涅在家亲伦理关系的处理中也存在着重大的缺陷,这在悲剧最后海蒙的表现中集中体现出来。前文提到,在安提戈涅最后的自我哀悼中,我们看到安提戈涅尽管多次提出自己渴求婚姻,但却只字不提自己的未婚夫海蒙。从她的这些表现中,我们看不到安提戈涅对海蒙丝毫的爱和眷恋,但是海蒙却是深爱着安提戈涅的。当海蒙最后在地牢中看到安提戈涅自缢之后,他"抱住安提戈涅的腰,哀叹未婚妻的死亡,他父亲的罪行和他不幸的婚姻"。后来,海蒙甚至在克瑞翁到场之后要行刺父亲,未能成功之后便自戕而亡,死时将安提戈涅抱在手臂之中(1220-1239)。

海蒙最后的表现充分展示了一个有情有义的爱人形象,他出于对安提戈涅的爱来到地窟之中,并且抱着安提戈涅的尸体为其哀悼,从而用自己的行动否定了安提戈涅之前"没有朋友哀悼自己"的认知和判定。不仅如此,出于爱情,海蒙通过刺杀父亲的行动将父子关系和城邦统治者与被统治者的关系终结了,同时也宣告了克瑞翁家庭秩序的瓦解。最后,海蒙的自杀完成了与安提戈涅的死亡婚姻,我们可以合理推想,对于海蒙而言,自杀是为了能够和安提戈涅"永远躺在一起，相爱的人陪着相爱的人"，而这恰恰是安提戈涅埋葬波吕涅克斯所声称的理由和希望。可以说，海蒙在安提戈涅死后的表现越令人动容，则越是凸显安提戈涅对海蒙的无情。所以，通过与海蒙的对比，安提戈涅对家亲关系的偏执和缺陷进一步暴露出来，她不但将伊斯墨涅排除出家亲关系中，并且没有任何爱活着的亲人的意愿和能力。

安提戈涅已经完成埋葬哥哥的行为，世上唯一可能的亲人-朋友就是海蒙了，但她毫不眷恋海蒙，也并不期待与海蒙临终相见，而是一心赴死。这种决绝和无情实际上将安提戈涅的家庭观更为完整地揭示了出来，她不仅仅是在城邦和家庭的对峙中偏向家庭，而且在死去的亲人和活着的家亲关系中偏向死者。由此，我们并不能认为安提戈涅能够代表完善的家庭伦理，她对伊斯墨涅的拒斥和对海蒙的漠不关心表明她的家亲友爱观是偏颇和不健全的。因为对死者尽义务并不必然排斥对生者的爱，和海蒙的关系尤为如此，海蒙并未像伊斯墨涅那样阻止她埋葬波吕涅克斯，而是劝告克瑞翁要倾听和理解城邦对安提戈涅做法的同情意见。但这一切都没有能使海蒙在安提戈涅的家亲友爱关系中占有一席之地。正是安提戈涅的这一偏执，使得尽快赶到地窟的海蒙未能与之话别和拖延可能的时间，这也继而引发海蒙和母亲欧律狄刻的自杀，从而使得戏剧冲突在理论上解决之后却无法避免克瑞翁家破人亡的残局。

根据以上分析，安提戈涅的形象也得以完整呈现。如果说戏剧一开始描绘了一个受家庭义务约束的女子形象，到了悲剧的尾声，安提戈涅的形象进一步复杂化。通过安提戈涅最后对自己没有朋友的哀叹以及海蒙为其自杀的反衬，索福克勒斯为我们揭示了她对家庭理解的缺陷。悲剧最后的结局并非简单的安提戈涅之家与克瑞翁之城的矛盾导致的，而是安提戈涅对家亲关系偏执的理解与克瑞翁对家城关系错误的理解产生冲突的后果。如果这一新的理解框架成立的话，我们需要问的就是，家和城是否有和解的可能呢？索福克勒斯是否为这部剧提供了可能的出路呢？

5. 城邦的视角

在悲剧的最后，索福克勒斯给出了一种妥协的努力，但最终未能成功。在将安提戈涅投入地牢之后，城邦的先知忒瑞西阿斯出场，警告克瑞翁关于禁止埋葬波吕涅克斯的法令会招致对城邦的污染。忌惮于先知忒瑞西阿斯的警告，克瑞翁最后决定妥协，但也未能避免悲剧性的收尾。如果仔细考察忒瑞西阿斯的警告，我们会发现克瑞翁的错误有两点：首先是让波吕涅克斯暴尸荒野，这会给城邦带来污染，从而触犯诸神以及引发可能的城邦间纷争；其次不应将安提戈涅这个活人投入地窟。但是正如布朗敏锐指出的那样："诸神并没有对安提戈涅是否可以违背克瑞翁的权威表明态度。他们惩罚了克瑞翁，但并没有肯定安提戈涅。"[①] 所以，虽然克瑞翁最后做出了妥协，但克瑞翁与安提戈涅冲突背后的家城危机并没有解决。安提戈涅以自己的方式对抗克瑞翁法令的合理性仍是悬而未决。此外，波吕涅克斯最后被克瑞翁埋葬也并不能消解安提戈涅的两个兄长因争夺统治权而互为敌人的事实。

作为戏剧舞台上的内部观众，由城邦长老组成的歌队构成了一种普通和日常的视角，他们体现着城邦传统的价值观，并在戏剧的不同阶段对王族中人给出自己的意见、规劝和哀叹。由于事件冲突发生在统治家族之中，这一冲突也就超出了家的范畴而成为城邦的

[①] Andrew Brown, "Introduction", in *Sopholces: Antigone*, edited with translation and notes by A.L. Brown, Oxbow Books, 2014, p.9.

事情。那么城邦对此事如何反应呢？对于城邦中的其他人而言，无论统治精英家族内部发生了什么事情，总还是要继续共同生活，承受自俄狄浦斯以来的城内动荡。歌队成员和歌队队长的态度实际上构成了承载这一系列冲突的语境和基底，从他们的口中，我们可以更全面地理解家城关系的基本逻辑。

在进场歌中，歌队首要关切的是城邦的安危。他们首先描述了忒拜城刚刚经历的战争。歌队将波吕涅克斯比作要吸饮忒拜城血的老鹰，而忒拜城则是难以征服的龙。对于战死的波吕涅克斯和厄忒俄克勒斯，歌队队长给出的画面并非之前描述的那样敌我分明，而是将他俩重新放回到家庭中进行描述，即认为他们是"两个<u>不幸的 / 被憎恨的人</u>（πλὴν τοῖν στυγεροῖν）①，同父同母所生，他们举着战斗的长矛对刺，双方<u>同归于尽</u>（κοινοῦ θανάτου μέρος ἄμφω）"（145-148）。这句话非常巧妙地将二人的复杂关系表达了出来：一方面二人拥有共同的父亲和母亲，有着同一个来源，但是兄弟二人在生前却并不能联结为一，反而是相互憎恨，是相互敌对的对手；另一方面，这两个不受家亲关系束缚、反目成仇的兄弟，最后分有了共同的死亡，即在死亡中合一。但无论如何，王族内部的权力争斗终归平息，王位也按照家亲的序列转交到克瑞翁手中。城邦的长老和民众更多是作为事件的旁观者，实际上度过了一劫，他们开始欢呼胜利，并准备欢庆恢复了秩序的忒拜。总体来说，城邦长老们在进场歌中并没有明确表示自己的是非判断，而是更在意城邦重归和平。他们对家和城的看法留在了第一合唱歌中才开始正面表露。

第一合唱歌又称人颂，是这部剧中最为著名的合唱歌，也引

---

① στυγεροῖν 这里的意思比较含糊，如 Griffith 评注时指出的那样，这里既可以指"不幸的"，可以是"被憎恨的"，可能被神所憎恨，也可能是兄弟二人相互憎恨，也可能是被其他人所憎恨。参见 Griffith ed., *Sophocles: Antigone*, p.152。

发了诸多的讨论，但已有的讨论往往都集中在对人的奇异（厉害）这一点上。实际上在这一合唱歌中，歌队也阐述了对家、城邦以及两者关系的看法。首先歌队感叹人的卓越能力，人能够驾驭自然世界中的海洋和大地，进而捕捉有生命的飞鸟和游鱼，不仅如此，还能通过技艺将野生的动物驯化为家养农作动物。在驯化了天地以及生活于天地间的动物之后，人开始进入家庭和城邦的生活：

> 他教会自己语言和像风一般快的思想，以及适于城邦法律的性情（καὶ φθέγμα καὶ ἀνεμόεν φρόνημα καὶ ἀστυνόμους ὀργὰς ἐδιδάξατο），还有怎样在不利于露宿的地方（δυσαύλων）躲避霜箭和雨箭。（354-359）

这句话中，歌队将人的奇异再一步推进。在歌队看来，人是自己教会自己一系列社会性能力，包括语言、思想和进入城邦生活所需的性情和能力，以及建造能够躲避自然界伤害的庇护所。换言之，城邦生活的法律以及家室的基础在于人自身。但是进入公共生活之后，城邦和家庭抵御自然界侵害的属性开始减弱，而开始具备新的运行规则。人凭借技艺可以掌控和主宰自然，但是在城邦和家庭出现之后，技艺从纯然积极的能力变成了双刃剑，它"有时候使人走厄运，有时候使人走好运"。而好运和厄运的标准则与共同生活的法则有关：

> 只要他尊重<u>地方/大地</u>的法律（νόμους χθονὸς）和他凭天神发誓要主持的正义（θεῶν τ' ἔνορκον δίκαν），<u>他的城邦便能耸立起来/他便能在城邦中被尊重</u>（ὑψίπολις）；如果他胆大妄为，犯了罪行，<u>城邦就不再是城邦了/他就没有城邦了</u>（ἄπολις）。我不愿这个为非作歹的人在我家做客（μήτ' ἐμοὶ παρέστιος），不愿我的思想和他的相同（μήτ' ἴσον

φρονῶν）。（369-375）

歌队提出了人所要遵循的两种规则，首先是 chthon 的法律，这个词既可以理解为城邦在地的法律，也可以理解为大地女神（338）的法律。如果将这两种理解套用在波吕涅克斯埋葬一事上，就会有截然不同的两种结果：按照城邦的法律，埋葬就是非法的，而如果按照大地女神的法律，埋葬就是值得肯定的了。该词的模糊性也使得遵守大地的法的实质含义难以确定。第二是神的正义，虽然神的概念是明晰的，但是在克瑞翁和安提戈涅那里，从神而来的正义的实质意涵却是模糊的，因为两个人都宣称是尊奉神的。克瑞翁在对守兵发号施令的时候，宣称自己是崇奉宙斯的："既然我依然崇拜宙斯，我凭宙斯发誓告诉你……"（304-305）而另一方面，从上文的分析中我们也获知，安提戈涅认为自己埋葬波吕涅克斯也是在遵守宙斯的法律和神的正义（450-451）。所以，这些模糊的语词和意义导致的一个结果就是，虽然共同生活的规则已经出现，但无论是大地的法还是神圣正义，在实际应用的时候，其实质意涵都是含混不清的，让人难以抉择和评判是非对错。

尽管法律和正义的意义含混，但脱离了自然界之后的人类生活具备了规则与标准，可以确定的是遵守和违背规则的结果是明晰的。歌队这里使用了两个相对立的概念 hupsipolis 和 apolis，和前面一样，这两个词在此处的含义同样有歧义，既可以指城邦的耸立和消亡，亦可以指人在城邦中有良好声望和丧失城邦，但这里的含混却将人和城邦的统一性恰当地表达出来。[①] 也就是说，在歌队看来，城邦中人的表现既能影响他个人的状态，也能影响城邦的状态，城与人在这里是协和一体的。而对于那些为非作歹之人，也就

---

① 参考 Griffith ed., *Sophocles: Antigone*, pp.189-190；Th.C.W. Oudemans and André Lardinois, *Tragic Ambiguity: Anthropology, Philosophy and Sophocles' Antigone*, E. J. Brill, 1987, p.124。

是没有城邦或使城邦败亡的人，歌队表示不愿意与之共享一个家灶（parestios），也不愿与之有共同的心智，抑或可以理解为不愿意在政治上与之共同生活。① 值得注意的是，歌队这里使用的"家"一词是 hestia（灶神）。这个词就将之前遮蔽自然侵害的物理空间（aule，356）进一步深化为带有宗教意涵的家庭共同体。根据学者的研究，灶神（Hestia）是家庭的中心，也是家庭共同体延续的永恒支点，甚至在比喻的意义上，她也可指城邦乃至大地的中央。② 所以，歌队最后的这句话将共同体意义上的家庭与城邦放在一起考虑，认为二者的根本利益是一致的，而对于那些伤害城邦的人，城邦的长老们表示并不会认同其观点，也不愿与其共同生活。

总起来看，在第一合唱歌中，歌队强调了人的奇异之处。人通过自身的能力，既可以征服除死亡以外的大部分自然侵害，并建立起家室和城邦生活；另一方面，人的能力同样也可以为其带来毁灭性的结果。在人类的共同生活中，大地之法和神圣正义成为人和城邦幸福与否的标尺，家和城的核心利益关切并无二致。

歌队另一处集中表达家庭及城邦关系的地方是第三合唱歌，在海蒙和父亲克瑞翁对峙完之后，歌队就爱欲进行了阐发：

  爱欲啊，从未吃过败仗；爱欲啊，浪费了多少钱财，你在少女温柔的脸上守夜，你飘过大海，飘到荒野中的田园；没

---

① Jebb 认为第二种含义并非这里的主要意涵，但是 ta auta phronein 狭义理解是政治上的共识和协议，参见 R. C. Jebb, *Sophocles: The Plays and Fragments. Volume 3. The Antigone*. Cambridge University Press, 2010, p.77; Griffith 则认为政治理解才是这里的意思，"既不共有家，也不共有政治上的联合"，见 Griffith ed., *Sophocles: Antigone*, p.190.

② 关于赫斯提亚的详细讨论，参见 Walter Burkert, Greek Religion, trans by John Raffan, Harvard University Press, 1985, p.170; 让-皮埃尔·维尔南:《希腊人的神话和思想》, 黄艳红译, 中国人民大学出版社, 2007 年, 第 158—208 页。

有任何神,也没有任何朝生暮死的凡人能躲得过你;谁碰上你,谁就会疯狂。

你把正义的人的心引到不正义的路上,使他们遭受毁灭;这亲属间的争吵是你挑起来的;那美丽新娘眼中发出的鲜明热情获得了胜利;爱欲像其他永恒律法一样有力量;女神阿佛洛狄忒是不可战胜的。(781-800)

歌队强调了爱欲的力量,她的力量主导着神和人的生活,哪怕是身居荒野田园也离不了爱欲。爱欲是人与人结合,特别是婚姻结合的重要推动力,从这个意义上讲,爱欲是家庭秩序的基础。但是歌队对爱欲的力量还有更为复杂的评价,那就是她也会摧毁家庭亲缘关系,挑起亲属间的争吵。歌队在这里主要是指海蒙和克瑞翁最终的对立,在歌队看来,海蒙对父亲有理有节的质询与劝告主要是出于他自己对安提戈涅过分的爱,进而才会违背通常情况下的父子关系秩序。爱欲不仅对家庭关系有充满悖论的作用,而且就正义议题来说,爱欲同样扮演着类似的作用。一方面,爱欲和其他永恒的律法一样,守护着律法之下的秩序;但另一方面,她也能将正义引向歧路,摧毁秩序本身。所以,爱欲在家庭和共同体生活中既起着支撑性的作用,同时也是摧毁性的力量。总体来说,歌队也并没有找到一个能够弥合家庭中不同性质关系的方法。

歌队的犹豫还进一步表现在最后对安提戈涅的矛盾态度上面。安提戈涅孤独地走向地窟时,歌队和她有大段的对白。歌队看到安提戈涅的下场,首先表示深切同情,甚至称赞安提戈涅会享有荣誉(817-818)。但另一方面,歌队也不无指责地说她是鲁莽地撞击正义神坛(854),是她自己倔强的性情最终害了她自己($\sigma\grave{\epsilon}\ \delta'\ \alpha\dot{\upsilon}\tau\acute{o}\gamma\nu\omega\tau o\varsigma\ \ddot{\omega}\lambda\epsilon\sigma'\ \dot{o}\rho\gamma\acute{\alpha}$ 875)。这里使用的"性情"($\dot{o}\rho\gamma\acute{\alpha}$)一词可以对应到前面第一合唱歌中提到的"适于城邦法律的性情",也就是说，在歌队看来安提戈涅并不具备适于城邦法律的性情，而是太过自我中心了，这也是歌队最后给出的告诫。

在悲剧结束处，歌队队长给出了陈词式的总结教导："明智是幸福的首要原则，千万不要犯不敬神的罪；傲慢的人的狂言妄语会招致严重惩罚，这使人老来时得以明智。"（1348-1352）这是歌队队长对戏剧中几个核心人物表现的评论。正如很多学者都注意到的那样①，安提戈涅和克瑞翁的冲突很大程度上出于二人的自信和顽固。在歌队甚至克瑞翁眼中，安提戈涅虽声称是遵循未成文法，但更多的是遵循她自己的法（*autonomos*）②，即她坚信自己的选择没有错。同样，克瑞翁在这一点上的表现和安提戈涅类似，当面对儿子、歌队队长和先知忒瑞西阿斯最初的善意劝说时，他以自己不容挑战的权威之名，予以驳斥和拒绝。歌队给出的建议并不为错，这些城邦中的长者对家城协和的追求也值得肯定，但是如何能够找到一种具体调和家城关系的友爱仍不明确。

总结来看，《安提戈涅》这部剧所呈现的困境或冲突有着几个层面。从表面上看，安提戈涅与克瑞翁的矛盾是家庭伦理与城邦伦理、神法或习俗与城邦法等的冲突，但实际上是上文分析所揭示出的家庭与城邦友爱的双重失败所引发的冲突。声称自己是爱的化身的安提戈涅实际上爱得极为偏私。她将自己完全放在了死者和义务一边，对世上的人伦和城邦关系并没有能力进行合适的处理。用安提戈涅自己的话说，她是一个没有朋友的人，所以她对家亲友爱的理解是有着内在缺陷的，对城邦基础上的友爱则顾及更少。克瑞翁一出场时给出了城邦意义的敌友意涵，但是随着剧情的推进，他真

---

① 如 Jill Frank, "The *Antigone*'s Law", *Culture and the Humanities* 2, 2006, pp.336-340; Goldhill, *Reading Greek Tragedy*, p.103; 玛莎·纳斯鲍姆：《善的脆弱性》，第 85—87 页。

② 文本见 821，875 行等处。

正的立场也逐步呈现出来。克瑞翁所理解的城邦以及城邦安全基础上的友爱，实际上是以他对家庭秩序的错误理解以及将家的逻辑直接移植到城邦为基础的，这也直接导致他最初提出的城邦友爱观的失败。在此基础之上，歌队揭示出的安提戈涅和克瑞翁都坚持自己为自己立法，并且拒绝妥协的做法直接导致了不可挽救的结果。如果非要从这部剧中找到一些积极的暗示和方向，很可能就要将目光投向安提戈涅和克瑞翁的两个镜像人物角色，即伊斯墨涅和海蒙。相对于戏剧的主角，这两个人物表现得更加富有爱的意愿和能力，也能够更加公允地对待各种复杂的关系。但这两人也并没有给出明确的新友爱样式。从这个角度来看，《安提戈涅》是在讨论政治共同体兴起后，原共同体中占主导性的家亲友爱支配关系开始转向以城邦为核心的政治友爱关系所面临的各个维度的限制，而既能安顿老朋友又能结交新朋友的政治共同体的友爱仍是悬而未决的议题。

6. 小结

从公元前6世纪后半期开始，城邦的崛起以及演变逐渐改变了共同体的秩序构建逻辑。居住在城邦中的人开始在原有共同体基础上构建政治共同体。从雅典的历史来看，自梭伦时代开始，城邦就进入漫长的秩序调适期。经历了庇西特拉图僭政之后，贵族间就城邦统治权展开了竞争。在这场城邦的内乱中，克里斯提尼通过将整个城邦范围内的平民纳入斗争的策略取得最终的胜利，这也直接促使雅典转变为一个政治共同体。在埃斯库罗斯的悲剧作品中，这一过程通过阿伽门农家族的复仇主题得以体现，王朝统治家族内部统治权力的争夺开启了复仇链条，但是血亲复仇的逻辑必然导向家破人亡。这一难题最终在雅典经由战神山法庭得到终判，解决方式也是将王族内部难以解决的冲突上升为城邦层面的分歧,由更大范围内的雅典人对此问题进行评判。值得注意的是,这种解决问题方式的变化并没有真正化解难题,反而给城邦带来了巨大的风险,即如同最终法庭成员投票显示的那样,城邦层面出现了高度的对立,王族内部的复仇转变成了政治性分歧。这一过程可以总结为王族内部的纷争(stasis)转化为城邦内部的动乱(stasis),所以政治共同体的出现和内乱失序是一体两面的。

城邦一旦从诸共同体演变为政治共同体,就必须找到新的解决秩序纷争的方式。公民大会以及陪审法庭等机制的出现代表了政治性解决方案。但投票和辩论背后所展示的分歧并没有从根本上得到解决,政治共同体也并非要取消分歧,而是将内部的纷争控制在和平的范围之内。在《复仇女神》的最后,埃斯库罗斯通过雅典娜对复仇女神们的艰难劝说,还是成功维系了共同体的和平。如果将复仇女神愿意做出妥协的政治意涵投射到城邦,相对应的就是出于政治分歧之中的人们愿意承认彼此是同属一个共同体,并且相互是朋友而非敌人。换言之,政治共同体要保持其政治性而不走向动乱失序,就必须成为一个友爱共同体。政治共同体的友爱关系并不能将原有诸共同体的亲缘-友爱关系直接移植过来,甚至正如《安提戈涅》所揭示的那样,在城邦成为新的生活世界之后,既有的家亲-友爱与城邦友爱有着错综复杂的交融与冲突关系,而新的城邦友爱形态尚未明朗。

在希波战争之后,特别是公元前5世纪中期之后,雅典日益形成并流行关于城邦认同的"土生神话"(αὐτόχθων),即认为雅典人的祖先是从大地中生长出来,以及雅典人自远古就生活在此地,再演变为雅典人民从大地出生等。① 无论从希罗多德还是修昔底德的雅典古史描述来判定，这一神话叙事都很难被视为是阿提卡地区真实历史的写照②，但是该神话无疑是雅典城构建自我认同的真实话语体系，并可被视为公元前 5 世纪城邦构建新的集体纽带的"政治神话"③。有学者甚至进一步主张土生神话象征或彰显了雅典公民的平等身份。④ 从政治思想的角度来看，土生神话以及围绕这一神话构建的话语、图像和仪式体系构成了雅典政治生活的重要组成内容，是政治共同体成员自身最直接的集体政治反思。

Autochthon（土生）一词由两个部分构成，分别是 *auto*（同一、自我）和 *chthon*（大地）。根据罗西瓦赫（Rosivach）的词源学考证，这个词更为确切的含义是从一开始就住在同一片土地上。⑤ 这一意涵也可以在希罗多德那里得到佐证，在《历史》第四卷（4.197）中，希罗多德区分了土生民族与移民的民族："有四个族群居住在那里，

---

① 土生神话最具代表性的研究参见：Nicole Loraux, *The Invention of Athens. The Funeral Oration in the Classical City,* trans.by A. Sheridan, Cambridge University Press, 1986; Nicole Loraux, *The Children of Athena: Athenian Ideas about Citizenship and the Division between the Sexes,* trans. by C. Levine, Princeton University Press, 1993; Nicole Loraux, *Born of the Earth. Myth and Politics in Athens,* Ithaca/London 2000; Vincent Rosivach, "Autochthony and the Athenians", *The Classical Quarterly*, Vol.37, Issue 2, 1987, pp.294-306; H. A. Shapiro, "Autochthony and the Visual Arts in Fifth-Century Athens", in Deborah Boedeker, Kurt Raaflaub eds., *Democracy, Empire and the Arts in Fifth-century Athens*, Harvard University Press , 1998, pp. 127-151。

② 有学者认为土生性并不符合真正的历史，如 Edward Cohen, *The Athenian Nation*, Princeton University Press, 2000, pp.79-103。另有学者注意到在希罗多德和修昔底德笔下，雅典的土生性并没有被刻意强调，但是这是有原因的，具体来说，土生性的叙事和希波战争后的雅典在希腊世界中的帝国格局有冲突，而并非历史学家刻意拒绝这一神话叙事，见 Christopher Pelling, "Bringing Autochthony Up-to-Date: Herodotus and Thucydides", *Classical World*, Vol.102, NO.4, 2009, pp.471-483。

③ Loraux, *The Children of Athena,* p.41.

④ Osborne, *Athens and Athenian Democracy*, p.106. 罗西瓦赫则认为土生神话是一个民主神话，见 Rosivach,"Autochthony and the Athenians"。

⑤ Rosivach, "Autochthony and the Athenians", pp.297-301.

两个族群是土生/土著的，另外两个则不是。这两个土生族群是利比亚人和埃塞俄比亚人……而腓尼基人和希腊人则是后来才移居到那里的。"在第八卷中描述伯罗奔尼撒的族群时（8.73），希罗多德也将土生与移居对比使用："两个族群是土生/土著，他们是阿卡底亚人和库努力亚人，他们至今居住在他们最初居住的地方。第三个民族是阿凯亚人，他们从来没有离开过伯罗奔尼撒，但是他们离开了自己的故土，而移居到别人居住的地方。剩下的四个族群则都是移民。"始终居住在一个地方不仅仅是描述历史事实，更多的是要通过这一讲法来证成某些主张或投射到现实中来。这方面最好的例子也出自希罗多德（7.161），他在描述雅典人应当担任希腊海军统帅时，提到雅典的使者给出的理由是："我们雅典人是希腊人当中最古老的民族，又是希腊人当中唯一一个从来没有改变过居住地的民族——诗人荷马说，在所有来到特洛伊的军队中，最善于摆兵布阵的就是雅典人。"所以，从来没有变更居住地或始终在同一地方生活构成雅典人争夺联军统帅的理由，用后来亚里士多德《修辞学》中的话说："民族或城邦的高贵出身，意味着她的成员或居民是土生的（autochthones）或悠久的，她最初的领导者们是非常杰出的。"① 这些表述进一步表明了土生性在雅典日常话语中是带有政治价值的修辞表达，而非简单地陈述事实。

希罗多德笔下的雅典使者除了强调雅典人自远古就住在阿提卡地区外，还引述荷马的舰队目录来表明雅典当统帅的资格，而恰恰是《伊利亚特》中的这段话将雅典人的谱系追溯到一个大地中出生的英雄厄瑞克修斯（Erechtheus）。荷马如此描述雅典：

　　　　心志豪莽的厄瑞克修斯统治的地域。宙斯的女儿雅典娜

---

① Arsitotle, *Rhetoric*, 1360b30-3.

曾养育过他，而出产谷物的大地生育了他，把他置放在雅典，她的丰足的神庙里。年复一年，雅典的儿子们用犍牛和公羊祭盼着他的祝佑。①

根据神话传统②，阿提卡地区最早从大地出生的是 Ogyges，之后发生了洪水，继任的是 Actaios，其女 Agraulos 嫁给了大地出生的刻克洛普斯（Cecrops），后者人形蛇身，也是阿提卡地区第一个王。之后他儿子 Cranaos 继任，阿提卡再次遭遇大洪水。之后厄瑞克托尼奥斯（Erichthonios）③出生并成为雅典的王。根据神话④以及结合欧里庇得斯《伊昂》中的讲法，厄瑞克托尼奥斯是赫菲斯托斯在追求雅典娜被拒绝时精液落地而生。后来大地女神盖亚把婴儿交给了雅典娜，雅典娜又把他交给了刻克洛普斯的妻子阿格劳罗斯的女儿们手里。⑤用洛候的话说，"刻克洛普斯是第一个王；而厄瑞克托尼奥斯是第二个王，但却是第一个雅典人。刻克洛普斯在一块未开化的土地上建立了秩序，而厄瑞克托尼奥斯实施的却是政治权力"⑥。不仅如此，上面引用的《伊利亚特》中提到的雅典娜将厄瑞克修斯安置在卫城，在《奥德赛》中也有文本佐证，雅典娜回到雅典走进厄瑞克修斯宏伟的殿堂。⑦厄瑞克修斯的出生开启了雅典

---

① 荷马:《伊利亚特》，546-550，中译参考陈中梅译本，有改动，花城出版社，1994年。
② 关于雅典早期王系，参见 Gantz Timothy, *Early Greek Myth. A Guide to Literary and Artistic Sources*, The John Hopkins University Press, 1993, pp.233-246. 同参考 Loraux, *The Children of Athena*, pp.37-71.
③ Erichthonios 是童年 Erechtheus 的称呼，后者则指代成年时期的王。
④ 希罗多德也提到过厄瑞克修斯是大地出生的，见《历史》8.55。
⑤ 从公元前6世纪开始，雅典出现大量描述此场景的瓶画，参见 Uta Kron, "Erechtheus", in *Lexicon Iconographicum Mythologiae Classicae* 4, 1988, pp.923–951; 研究参见 Shapiro, "Autochthony and the Visual Arts in Fifth-Century Athens"。
⑥ Loraux, *The Children of Athena*, p.38.
⑦ 荷马:《奥德赛》7.81。

人的历史，后世的雅典人就用他的名字来称呼自己。① 这样一来，通过一个神话中大地出生的人物，雅典人成为一个整体。此外，根据洛候的研究，雅典还通过每年的泛雅典娜节等宗教庆典不断确认城邦的这一起源，"围绕着卫城上的厄瑞克托尼奥斯，城邦中多种多样的人在综合性的泛雅典娜节上找到了一种统一性"②。

在上述分析基础上重新看希罗多德笔下雅典使者的话，会发现土生性对雅典来说首先意味着其创制城邦的王厄瑞克托尼奥斯或厄瑞克修斯是从大地中出生的，虽然他与后来雅典人的具体关系在神话系统中并没有连贯的叙事，但后世雅典人明确将他作为城邦的化身；与此同时，土生性的第二个含义也适用于雅典，即雅典人一直住在这里，并没有移居他地。在这双重意涵基础上，到了公元前5世纪末，出现了一种新的土生性理解，即将雅典人理解为大地出生。③ 这方面最重要的文本就是欧里庇得斯的《厄瑞克修斯》。在该剧中，面对色雷斯的外敌入侵，普拉柯西泰娅（Praxithea）陈述为什么可以为了城邦的利益牺牲女儿，正如儿子可以在战场上光荣牺牲一样：

> 这么做有很多理由。首先，我找不到哪里还有一个比这更好的城邦：第一，它的人民不是来自其他地方，而都是土生的（*autochthonous*）。其他城邦的建立就好像棋盘游戏一般，有的是从这个地方搬来的，有的是从别的地方搬来的：那些住在不属于自己的城邦中的人，就好像圆洞中的方钉，只是徒有

---

① 索福克勒斯：《埃阿斯》201-202："埃阿斯的水手，厄瑞克修斯的后裔，土地神的儿子们啊！"

② Loraux, *The Children of Athena*, p.48.

③ Josine Blok, "Gentrifying Genealogy: On the Genesis of the Athenian Autochthony Myth", In *Antike Mythen: Medien, Transformationen und Konstruktionen*, edited by C.Walde and U. Dill, Berlin: Walter de Gruyter, 2009, pp.251-275, esp.p.261.

公民的虚名而已，并无公民之实。①

经由这一过渡，到了柏拉图的《美涅克塞努斯》中，土生神话的完整意涵才完全展现出来。这一对话的核心内容是苏格拉底借阿斯帕西娅之口虚拟了一篇葬礼演说，内容涵盖雅典初创到前386年漫长的历史时段。正如洛候敏锐观察的那样，土生神话是雅典葬礼演说家的高贵主题，是强化城邦政治认同的重要媒介。②在这篇对话中，柏拉图澄清了土生神话的多重意义，并在公元前5世纪的基础上进一步将土生神话与政体结合到一起：

> 关于他们崇高的身世，首先应当赞扬的是这一点——这些人物的祖先不是移民，根据世系来说，他们这些后裔也就不是出自于移民的异邦人，而是大地所生（*autochthones*），生活和居住在自己父母之邦的本地人；他们也不像别的民族那样，受抚养于后母，而是哺育于他们所居的祖国，祖国产生了他们，教养了他们，如今在他们死亡之后又迎受他们安息在自己的家园。③

这段话中，土生神话原有的祖上土生以及非移民等意涵都得以保留，并且由此而生的高贵性也有所体现。这些意涵都是既有的，柏拉图并没有满足于沿袭已有的说法，而是更进一步将土生性与政体结合起来。在他看来，雅典优良的政治制度源自平等的秩序：

> 我们这种政治制度的根源在于我们出身平等。其他一切

---

① 欧里庇得斯：《厄瑞克修斯》（*Erechtheus*）fr.360 K. 文本参见 Euripides, *Fragments: Aegeus-Meleager*, eds.and trans. by Christopher Collard and Martin Cropp, Loeb Classical Library, Harvard University Press, 2008。

② Loraux, *The Invention of Athens*, pp.149-153.

③ 柏拉图：《美涅克塞努斯》（*Menexenus*）237b-c，译文参考《柏拉图〈对话〉七篇》，戴子钦译，辽宁教育出版社，1998年。

> 国家种族复杂，因此它们的政治制度也是五花八门的，有各种僭主政体，又有各种寡头政体，有些种族视别人为奴隶，另有一些种族则视别人为主人。我们和我们的同胞公民，大家都是一个母亲所出，谈不到谁是谁的奴隶或谁是谁的主人；就是我们天然的出身平等，促使我们在法律上要求平等地位，除了德性上和知识上的名望之外，谁都不肯在哪一方面低首让人。①

当将整个城邦以及所有公民都视为从大地中出生之后，土生神话的新意涵和优势就展现出来了。由大地出生，所有人拥有平等的出身，并且基于平等出身要求平等的政治地位，这是政治共同体的核心基石，也与克里斯提尼改革所开创的平等秩序相符合。此外，柏拉图这里还给出了土生神话一个新的发展方向，那就是所有人都是从同一个大地母亲那里出生。潜在的意思就是所有同胞公民也同时是同胞兄弟。这一意涵在《理想国》第三卷结尾著名的高贵谎言直接提了出来。②沿着这一进路，基于平等秩序的政治共同体可能衍生出紧密的友爱关系，但是在公元前5世纪的雅典，这一信息并不明显。

通过土生神话，雅典在公元前5世纪后半期逐步生发出一种强化共同体认同的思想与实践，从远古的厄瑞克修斯世袭以及围绕他所建立的仪式庆典，雅典城在政治化的道路上摸索出一种与新的政治共同体相匹配的纽带编织方式，尽最大可能将与政治伴生的分歧和内乱控制在合理范围之内，同时还能将精力投入城门外的战争之中。但是，当历史来到公元前5世纪最后三十年，雅典以及更广

---

① 柏拉图：《美涅克塞努斯》238e-239a。
② 柏拉图：《理想国》414e。

范围内城邦的政治进程遭遇重大打击,希腊世界爆发了规模空前的伯罗奔尼撒战争。在大战的环境下,城邦政治的对立面内乱开始如瘟疫一般在希腊肆虐。战争与内乱直接塑造了修昔底德以及智者的政治思考,也如炼丹炉一样考验并锻造着雅典及其他类型政体的韧性。

第二部分
政体时代的分裂城邦

第四章 战争、内乱与政体思想

1. 从"秩序"到"政体"

从公元前 6 世纪到公元前 5 世纪早期,希腊政治思想最为集中的关切是秩序。从古风时期的雅典和斯巴达来看,优良秩序(*eunomia*)是要平息城邦内部纷乱,经由立法者梭伦和来库古的改革和制度创设,城邦恢复到良好的秩序。另一个与秩序相关的核心概念则是平等秩序(*isonomia*)。在雅典城邦演变过程中,它主要是对僭主政治之后贵族权力斗争的安顿,通过将更大范围的共同体纳入秩序之中,政治共同体得以诞生。但是,在公元前 6 世纪至公元前 5 世纪交接之际,希腊尚未诞生以政体为核心的政治思考范式,后世追溯为民主政治创建者的克里斯提尼虽然为近半个世纪后民主制的出现奠定了最为重要的基础,但他在进行改革时实际上并没有民主的自觉意识,也尚不知民主制为何物。

真正催生政体相关的秩序设计与政治思考的,是希腊世界的两次大战。第一次是希腊世界对抗波斯的希波战争,第二次是雅典和斯巴达及其各自盟邦间长达 27 年的伯罗奔尼撒战争。发生于前 490 年和前 480—前 479 年的希波战争使得雅典以及整个希腊世界正面遭遇到波斯大王统治的东方帝国。这场大战决定性地塑造了公元前 5 世纪希腊世界和城邦内部政治局势的走向。在镇压完伊奥尼亚地区城邦反叛之后,波斯大军于前 490 年在雅典原僭主家族的希庇阿斯帮助下登陆马拉松，这就给雅典带来了双重危机。一来，整个雅典城可能要臣服于波斯帝国，成为波斯大王治下的城邦；二来，一旦被波斯控制，雅典刚刚建立的平等秩序将不可避免地被颠覆，回到僭主统治。对于雅典人来说，马拉松战役是要捍卫双重自由，即城邦内部免于僭政并自我统治的自由，以及城邦整体免于外部强权支配的自由。① 这一模式也主导了前480—前479希腊世界对抗波斯的战争逻辑。除了使自由这一观念开始在希腊世界成为核心语汇外，希波战争的战争形态对希腊城邦世界也带来了深远的影响，最为重要的就是催生了民主制度。

在马拉松战役之后，雅典的政治家蒂米斯托克利未雨绸缪，力排众议，用新发现的劳里昂银矿的钱财在雅典兴建海军，以准备未来可能的波斯再次入侵。后来历史证明蒂米斯托克利的决断是非常英明的。希腊海军在第二次希波战争最后的胜利中扮演着至关重要的作用。但这一作战方式的改变也实质性地改造了雅典以及其他城邦的样态，因为从城邦崛起的历史来看，构成城邦平等秩序以及像斯巴达这样由"类似的人"组成的城邦的阶层基础是三位一体的"重装步兵 – 自耕农 – 公民"②。随着海军的崛起，希腊城邦内部战士阶层比重发生实质性改变，根据希罗多德的记述，伊奥尼亚城邦起义时，雅典派出20艘战舰援助。③ 这对当时的雅典已经不是小数目了。而在第二次希波战争前，雅典已经拥有200艘三列桨战舰并成

---

① 希腊历史中的自由议题，参见张新刚："希腊'自由'概念的历史考察"，《史林》，2012年第3期。

② 关于城邦崛起中重装步兵的作用，参见 Kurt Raaflaub, "Homer to Solon: The rise of the 'Polis', the written sources", In Mogens Herman Hansen ed., *The Ancient Greek City-State: Symposium on the Occasion of the 250th Anniversary of the Royal Danish Academy of Sciences and Letters, July, 1-4 1992*, Munksgaard, 1993, pp.40-105; Ste. Croix, G.E.M. de., *Athenian Democratic Origins and Other Essays*, Oxford University Press, 2004, pp.5-72; 晏绍祥："古代希腊重装步兵的兴起及其政治意义"，载《首都师范大学学报（社会科学版）》，2017年第6期。

③ 希罗多德：《历史》5.97。

为希腊最强大的海军城邦。根据学者估计，雅典战舰共需四万名水手。这就将城邦绝大多数成员都纳入军队之中。[1] 相对于重装步兵对装备资产的要求，水手的从军门槛更低，使得大量低收入公民可以履行军事义务并在战争中发挥举足轻重的作用。在希波战争胜利之后，雅典将对抗波斯的联盟保留了下来，以防备波斯的威胁。战争威胁的持续存在以及雅典对盟邦海军的配备要求，都持久改变着伊奥尼亚地区以及爱琴海中诸海岛城邦内部的阶层格局，这也使得公民共同体的秩序调整成为可能。

根据《雅典政制》的记述，公元前462—前461年，厄菲阿尔特斯进一步改革了雅典的政体结构，增加了五百人议事会、公民大会和陪审法庭的权力，进一步削弱原来战神山议事会的权力。之后伯里克利延续改革的逻辑，重新规定了公民权，降低从事公职的财产限制，并为公民参与各项城邦公共事务提供薪俸。[2] 雅典借由其支配的"帝国"（arche）资源，在城邦内进一步推动民主制的最终创生，包括抽签制度、议事会成员的任期限制、在最广大公民群体内分配职务等新的政治制度得以确立并完善。[3] 除雅典外，其他城邦也诞生了具有民主制特征的政体。[4] 随着平等秩序之后，政体特别是民主政体的逐渐明晰，与政体相关的反思性讨论也开始出现，其中最为重要的当属在公元前5世纪中后期写作的希罗多德。他在

---

[1] 奥斯温·默里：《早期希腊》，第276—277页。

[2] 亚里士多德：《雅典政制》XXV-XXVII。

[3] 参见 M.H. Hansen, *The Athenian Democracy in the Age of Demosthenes: Structure, Principles, and Ideology*, 2nd edn. Norman, 1999, pp.230-242。

[4] 最新的研究参见 E.W. Robinson, *Democracy Beyond Athens: Popular Government in the Greek Classical Age*, Cambridge University Press, 2011。

《历史》第三卷中花了相当篇幅来讨论三种类型的统治。①

《历史》3.80-82（卷三，80—82节）关于政体的辩论发生于前522/前521年波斯宫廷政变之后，参与政变的人用辩论的方式来决定未来波斯的统治方式，最终大流士的方案获得优胜。大流士也成功继任波斯大王。②学者们一直对政体辩论的真实性持保留态度，甚至有现代注疏者认为，无论从论辩所使用的概念还是从辩论的形式本身来看，它都是典型的希腊式论辩，所以辩论更合理的发生场景应该是前511年雅典在克里斯提尼、伊萨格拉斯和庇西特拉图家族三方的辩论。③其实对波斯宫廷中的这一政体辩论真实性问题，希罗多德自己也意识到了，在书中的两处地方他都主动提出，这一论辩是大部分希腊人难以相信的。④但如果将政体辩论的历史真实性暂时搁置，我们仍能将之视为是公元前5世纪后半期希腊出现的政体思考的反映，下面有必要对这一辩论进行简要的分析。

首先是奥塔涅斯主张的"多数人的统治"。奥塔涅斯首先明确反对君主制／一人统治（monarchia）。他的理由是他们都经历和见证了之前波斯大王冈比西斯以及祭司们的暴政。根据希罗多德先前的描述，冈比西斯曾处死了自己的亲兄弟，并且还娶了自己的亲姐妹而后将其杀死。除此之外，对其他波斯人或占领的地区更是做出

---

① 现有资料中，最早关于三种统治类型的分类出现在前470年左右品达的诗歌中，他区分了僭主、一群智慧之人（hoi sophoi）和狂暴的人（ho labors stratos）的统治，见 Pindar, *Pythian*, 2.86-88。

② 关于政体辩论更为详细的语境解读，参见 Christopher Pelling, "Speech and action: Herodotus'debate on the constitutions", *Proceedings of the Cambridge Philological Society*, Volume 48, 2002, pp. 123-158。

③ David Asheri, Alan Lloyd, and Aldo Corcella, *A Commentary on Herodotus Books I-IV*, Oxford University Press, 2011, p.472.

④ 希罗多德：《历史》3.80, 6.43。

诸多违背礼法的大逆不道行为。① 奥塔涅斯认为君主制最大的坏处在于，他任意废止国家的法律，不经审判就任意处死他人，强奸妇女。从奥塔涅斯对君主制的这些批评来看，他实际上首先是对坏的君主暴政的批评。除此之外，他对最优秀的人同样不抱什么希望。奥塔涅斯说："即便是最优秀的人，一旦获得这种大权，他那正常的心智也会失衡，身陷他拥有的繁华给他带来的迷狂，以及所有人生来就自然带有的嫉妒之中。"② 奥塔涅斯认为，人的自然禀赋永远无法抵御权力的侵蚀，无论人如何优秀，一旦和权力结合之后，必然陷入迷狂和嫉妒的失常状态，进而堕落为糟糕的统治者。根据这一逻辑，君主制在他看来必然是僭主（turannos）的统治。统治者会嫉妒公民中有德性的人，而喜欢逸佞宵小之辈。所以总结来看，奥塔涅斯对君主制的根本性批评在于，君主制的恶不仅仅是个人道德品性或自然性情之恶的体现，其根源出自权力恶的本性。而要解决君主制的弊病，奥塔涅斯认为，唯有实行多数人的统治（plethos archon），也称这一统治方式为平等（isonomie）。在这一统治秩序下，权力的实行依靠抽签。官员要对自己的统治负责，每一项事务都交由公众议决。虽然奥塔涅斯没有具体说明多数人究竟指哪一个群体，但从理论上讲，通过将权力交由多数人，权力对掌权者的腐蚀得以缓解，权力高度集中所带来的专断统治的弊端得以在最大程度上被控制。值得注意的是，奥塔涅斯这里对多数人统治具体内容的描述带有强烈的民主制色彩，但他并没有使用民主（democratia）一词。这并非是说希罗多德拒绝使用民主一词，因为在 6.43 处再次提到这一辩论时，希罗多德明确说波斯在其他城邦中建立民主制。所以希罗多德在此的措辞选择是有其特殊考量的，借用弗拉斯托斯

---

① 希罗多德：《历史》3.27-38。
② 希罗多德：《历史》3.80。

的分析，这里所使用的平等更多是在表达口号而非政体，采用这个概念主要是为了强调对僭政的批判。[①] 换言之，奥塔涅斯主张多数人统治是为了防范坏的统治，而非追求最好的统治秩序或明智的决策，这也被第二个发言人敏锐捕捉到。

与奥塔涅斯故意含混地使用概念不同，下一个发言的麦伽布索斯一上来就明确主张寡头制/少数人统治（oligarchia），但他并没有对寡头制有实质性的阐述，而是主要在论述多数人统治的弊端。在他看来，奥塔涅斯关于僭政的批评是非常准确的，但是将权力交给多数人却非明智之举。因为：

> 没有什么比无用的暴众更愚蠢和残暴的了。我们从一个迷狂的僭主统治之下挣脱出来，却又使自己陷入桀骜不驯的民众（demos）统治之下，那真是无法忍受的事情。不管君主做什么事情，他至少大概知道做的是什么事，但是那些民众（demos）连这一点知识都缺乏；他们从未就这些事接受过教育或者有过经验，又怎么可能拥有相关的知识呢？他们随心所欲地处理国家事务，就如同一条泛滥的河流。（3.81）

麦伽布索斯同样不赞成僭政或是君主制，但也不支持多数人统治，他给出的理由恰好就是奥塔涅斯最后遗留的问题。多数统治自然可以避免一个人的暴政，但是却无法许诺较好的统治，甚至在麦伽布索斯看来，民众根本无法进行优良统治，因为他们并不具备进行政治议事和决策的知识与能力。由此导致的结果就是，整个国家像泛滥的河流一样四处奔流，方向不定，民众（demos）成了集体的僭主。针对于此，他给出的替代方案是"选出一些最优秀的人，把权力交到他们手中"，因为可以合理地认为"最优秀的人能做出

[①] Vlastos, "*Isonomia politike*", in J. Mau, E. G. Schmidt eds., *Isonomia*, Berlin, 1964, pp.1-35, p.8.

最优秀的决策"。麦伽布索斯的寡头制在其发言的最后进一步明确界定为最优秀的人的统治，或者说是后来熟知的贵族政体或贤人政体。通过将政体落实在优秀的决策和富有知识与经验的一群统治者那里，麦伽布索斯为政体确立了正面的资格标准。

大流士第三个发言，他紧紧抓住麦伽布索斯新确立的政体标准，认为应该由最优秀的一个人统治。面对三种可能最好的统治形式，最好的民众（demos）、最好的寡头制和最好的君主制。大流士提出最后一种，即由一个最优秀的人统治是值得选择的。大流士给出的第一个理由和麦伽布索斯主张寡头政体的理由一样，即统治者都是优秀的，并且因为统治者只有一个人，他所要惩罚坏人的计划也不会泄密。但是大流士丝毫不担心也没有回应奥塔涅斯的忧虑，即权力会侵蚀所有拥有它的人，哪怕是最优秀的人也不能幸免。大流士的第二个理由是实然逻辑，他认为无论是富有德性的寡头还是民众统治，最终都不可避免导向君主统治。寡头制之中，少数最优秀的人会彼此竞争，进而引发统治集团内部成员的纷争敌意（stasis），最终经过一番动乱之后也是一人统治。民众掌权的情况下，官员中败坏的人会抱作一团侵蚀公共利益，最后有人为了民众利益挺身而出，制止这些恶行，最终也将在民众的支持下成为独一的统治者。大流士的第三个理由是一人统治是波斯的惯例，因为当初是君主居鲁士带给了波斯自由，所以波斯未来的统治方式也应该是君主制。

这就是奥塔涅斯、麦伽布索斯和大流士关于三种政体的辩论。相较而言，三个人对自己所主张政体的正面价值阐述并不太充分，反而是对自己不赞成的政体的批评颇为准确。考虑到希罗多德将这一辩论安置在波斯的宫廷政变之后，根据他对礼法的强调以及波斯帝国内部人士的看法，大流士最后的胜出并不意外。而如果稍微抽离出文本的语境，用政体类型的视角来看希罗多德这里三种政体的讨论，会发现其独特的理论贡献。如果比照柏拉图或亚里士多德的政体分类，希罗多德这里提到的三种统治形式的内涵尚在逐步明晰的过程之中。就一个人统治而言，奥塔涅斯认为君主制只可能是僭主制，而大流士则会强调优秀的人的一人统治；就寡头制而言，麦伽布索斯的实际意涵是贤人统治，但是这一贤人统治在大流士那里并不能生成稳定的权力分享机制，最终个人的优胜的渴望会压倒对共同利益的考量。民众统治则更加模糊，奥塔涅斯用多数统治和平等指代它，而麦伽布索斯则称之为没有能力的民众统治。最为麻烦的是大流士的理解，在他看来民众统治更像是少数官员为了自己的利益进行统治，这更接近后世所理解的以财富为统治追求的寡头政体。所以如果对 3.80-82 处政体辩论所呈现的政体样态进行类型学划分的话，就会更加清晰地看到辩论中其实出现了不止三种的政体形式，参见下面这个复杂的表格（表 4.1）：①

表 4.1　希罗多德政体辩论中的政体分类

	一人统治	少数人统治	多数人统治
优良形式	优秀君主（大）	贤人统治（麦、大？）	平等的统治（奥）
拙劣形式	僭主（奥 & 麦）	民众统治的实际状况（大）	不够格的（麦）/名不副实的（大）民众统治

希罗多德并没有就三人的主张做出最终评价，更多的是展示了用政体的方式思考秩序的特征，以及不同政体所具备的优缺点。将三个人的观点放在一起，就会发现没有哪个人的主张是完美无缺的，哪怕最后获得统治权的大流士也无法回应奥塔涅斯对一人统治

---

① 表中奥、麦和大分别代表先后发言的奥塔涅斯、麦伽布索斯和大流士。

的质疑。所以，当出现了"某人或群体统治"（x-archia/cratia）的政体思考方式后，共同体很自然就需要面对统治者对被统治者的粗暴对待，哪怕是在所谓的多数人统治之下。大流士也看到由权力而来的腐蚀是不可避免的，那些少数实际掌权者会团结一致剥夺大部分人来满足自己的利益。[①] 所以在希罗多德撰写的政体辩论的总体图景中，并没有亚里士多德分类中"为了城邦总体的利益"的考量，这就将政治共同体进入政体时代的新困境表达了出来。

如果说在埃斯库罗斯的《复仇女神》中，内乱的威胁是通过政治投票分歧的方式显现，到了公元前5世纪后半期，政体自身的特性使得共同体内部的一方压倒性地胜过另一方，这使得政体内含的内乱逻辑成为政治共同体无法避免的困境。在希罗多德发表《历史》的时代，希腊世界进入了另一场旷日持久的战争，这就是伯罗奔尼撒战争。在修昔底德记述的这场战争中，城邦内部以寡头和民主名义开展的派系争斗成为普遍的政治现象，这同时也激发了希腊世界中对新的内乱形式的反思。

2. 修昔底德的内乱与战争叙事

本书第一部分已经就城邦内乱的议题和相关历史进行了部分阐述，在进入修昔底德的内乱与战争叙事之前，仍有必要正式考察一下内乱（stasis）的意涵以及它在希腊历史中的大致面相。在对内乱概念的既有讨论中，芬利仍是最值得重视的学者之一，在《雅典的煽动家》一文中，芬利对该词进行了非常有启发的分析：

> 内乱是最大的恶，也是最普遍的危险……（στάσις）的词根含义是"放置""设置"或"高度""身份"。至于它的政治意涵，

[①] 希罗多德：《历史》3.82。

只要把辞典中的定义列举出来，就是最佳说明："朋党""以骚扰为目的的朋党""派系""骚动""不和""分裂""异议"；最终还包括一个证据确凿的意义，但字典却很令人费解地把它省略不提，那就是——"内乱"或"革命"……这个词的原义是"身份""立场"，就抽象逻辑推论把它用于政治脉络中，它应该有同样中性的意涵，但实际上却不然。一放在政治脉络中，它马上呈现了最激烈的联想。我相信这个事实必定有重大的意义。

它必然意味着：政治立场、派系立场是件坏事，会导致骚乱、内乱和社会结构的瓦解。同样的趋势在整个语言中不断重复。①

芬利对内乱的分析可谓切中古典时期希腊城邦政治的要害，因为正如本书第一部分分析所展现的，内乱与政治是城邦的一体两面。类似的观点也见于希腊史家汉森。他提出"内乱是城邦的一个实质面向"，特别是在战争时期，公民对城邦的认同就会被对其他群体的认同所取代，甚至会为了在城邦内乱中获胜而牺牲整个城邦的自主性。②总体来看，内乱与城邦这一共同体形态密切相关③，并且在城邦的不同演变阶段体现出不同的形态特征。目前已知 stasis（内乱）一词最早见于公元前7—公元前6世纪列斯堡（Lesbos）的诗人阿凯优斯（Alcaeus）笔下，诗句提到最好不要发生 stasis（Alc. fr. 130.26-7）。本书第一部分中也着重分析了与阿凯优斯时代相距不远的梭伦，他在其《优诺米亚》的诗歌中提到"有着优良秩序的城邦能够防止内乱的侵扰"。根据梭伦以及后来希罗多德的记述，古

---

① 芬利："雅典的煽动家"（The Athenian Demagogues），见芬利：《古典民主原论》，李淑珍译，台湾巨流图书公司，第55页。

② Hansen, "Stasis as an Essential Aspect of the Polis", in Hansen & Nielsen eds., *An Inventory of Archaic and Classical Poleis*, Oxford University Press, pp.124-128.

③ 参见 Moshe Berent, "Stasis, or the Greek Invention of Politics", *History of Political Thought*, Vol. XIX. NO.3, Autumn, 1998。

风时期希腊城邦的内乱多以债务危机以及占据不同地域的贵族集团间权力斗争的形式出现①，而内乱纷争的结果往往是僭主统治。自从进入古典时期之后，很多学者认为城邦内乱更具意识形态化色彩，因为内乱通常体现为城邦内部寡头派和民主派的对抗，这一意识形态化演变的转折点就是修昔底德的记述。如在对科西拉内乱的评述中，修昔底德明确说，在希腊世界中城邦内乱频发，民主派寻求雅典帮助，而寡头派则寻求斯巴达帮助。②

与历史中城邦内乱形态的演变相对应，学者们对于内乱性质和原因的解释也有多种。自20世纪后半叶以来，有三种解释路径成为内乱研究中的代表性观点。首先是偏向马克思主义立场史学家的解释，像德·圣·克罗瓦（G.E.M. de Ste. Croix）在《古希腊世界中的阶级斗争》一书中将内乱解释为政治动乱（civil disturbances），并在分析内乱原因时将之归为财产的不平等。③ 在他看来，财产不均导致了穷人和富人的权利不平等，进而导致了阶级冲突。④ 林托特（Andrew Lintott）则不同意马克思主义的解释，在他看来，虽然贫富两个群体的冲突的确存在，但"马克思主义的阶级斗争并不会在古代世界发生"，具体原因有二：首先，古代世界并不存在劳动力市场，或者使雇主和被雇佣者发生关联的单独经济活动部门；第二，贫富群体的冲突既非生产工具拥有者和雇佣劳动力的冲突，也非地主和佃农的冲突，而是由共同体法律所区分的两个群体之间的

---

① R. Sealey, "Regionalism in Archaic Athens", *Historia*, 1960, pp.155-180.
② 修昔底德:《伯罗奔尼撒战争史》3.82。
③ G.E.M. de Ste. Croix, *The Class Struggle in the Ancient Greek World from the Archaic Age to the Arab Conquests*, Duckworth, 1981, p.79.
④ 马克思主义一派解释另可参见 P.W. Rose, *The Class Struggle in Archaic Greece*, Cambridge University Press, 2012。

冲突。① 在林托特看来，古代城邦与现代国家大不相同，并没有警察等公共安全保障者，私人或团体内部的救济是保障安全的重要手段。② 第三种解释倾向则强调法律以及文化价值观的因素，如古希腊法律研究的代表性学者科恩（David Cohen）通过对公元前4世纪雅典的研究提出，内乱发生的一个重要契机是大量的个人诉讼借以暴力方式实施复仇，虽然法律体系能够化解很多冲突，但并不能完全戒除内乱。③ 费舍尔（Nick Fisher）则将内乱原因理解为针对荣誉的纷争，个人的敌意与复仇在内乱中占了很重的分量。④

尽管现代学者对内乱原因的解释存在一些分歧，但总体而言，各种诠释基本都认为古希腊的城邦内乱从古风时期到公元前3世纪处于演变之中，在不同时期所呈现的主要样态不尽相同。而内乱形态及特征变化的重要节点就是伯罗奔尼撒战争，如富克斯（Alexander Fuks）就提出，伯罗奔尼撒战争不仅改变了古代作家看待社会冲突和经济冲突的视角，而且实质性改变了对希腊城邦政治基本演变动力的理解。⑤ 根据他对修昔底德笔下科西拉内乱的研究，政治因素超越了经济等成为内乱首要的动机和原因。⑥ 我们将富克斯对修昔底德内乱研究的具体观点留在下文辨析，但其对城邦内乱

---

① A. Lintott, *Violence, Civil Strife and Revolution in the Classical Polis*, The Johns Hopkins University Press, 1982, p.257.
② Ibid., pp.13-31. 另参见 Moshe Berent, "Stasis, or the Greek Invention of Politics"。Berent 提出，应将城邦理解为无国家的共同体（stateless community），城邦中缺乏强制的机构（coercive apparatuses）。
③ D. Cohen, *Law, violence, and community in classical Athens*, Cambridge University Press, 1995, pp.87-118.
④ N. Fisher, "*Hybris*, revenge and *stasis* in the Greek city-states," in Hans van Wees ed., *War and Violence in Ancient Greece,* Duckworth, 2000, pp.83-123.
⑤ 参见 A. Fuks, *Social Conflict in Ancient Greece*, Brill Press, 1984。
⑥ A. Fuks, "Thucydides and the Stasis in Corcyra: Thuc., III,82,3 versus , III,84", *The American Journal of Philology*, 92.1, 1971, pp.48-55, also in *Social Conflict in Ancient Greece*, pp.190-197.

动态过程的总体把握以及对伯罗奔尼撒战争的强调已基本为学界所接受。下面我就将分析的重点回到修昔底德的文本，首先探究修昔底德是如何在其书中结合内乱与战争两条线索来把握公元前5世纪末希腊政治世界的。

在《伯罗奔尼撒战争史》开篇处，修昔底德阐述了自己撰述的这场战争规模之大，他说：

> 历史上规模最大的行动是波斯战争，但是那次战争在两次海上战役和两次陆上战役中迅速决出胜负。而这场战争在时间上远远超出了波斯战争，并且在整个过程中，给希腊带来了空前的痛苦。过去从来没有过这么多的城邦被攻陷和破坏，有些是被野蛮人摧毁的，有些是由内部冲突造成的；从来没有过这么多流亡者或被杀害者——有些是因为**战争本身**（auton ton polemon），有些则是由于**内乱**（to stasiazein）。①

如果我们严肃对待这段话，那就会得到超出《伯罗奔尼撒战争史》这一书名所包含的信息，即在修昔底德看来，斯巴达和雅典两个集团之间的战争与诸城邦内乱共同造成了希腊世界的灾难。修昔底德所撰写的不仅仅是战争史，而且还是内乱史，这两者合在一起才是全书的撰述要义。该书的内容也证实了这一观察，据学者统计，在该书中公元前429—前413年的内容里，修昔底德使用内乱意义上的 stasis 一词有51处，共记录了逾30次内乱。在前413—前410年，修昔底德共记述有20余次内乱发生②，而详细记述的主要分为四个阶段，即第一卷战争缘起部分，第三卷科西拉内乱前

---

① Thucydides, 1.23. 1-2. 本书所引修昔底德《伯罗奔尼撒战争史》文本参考 Hammond M, Rhodes, P. J., *Thucydides: The Peloponnesian War*. With an Introduction and Note by P. J. Rhodes, Oxford University Press, 2009。引用为章节，下同。

② Jonathan Price, *Thucydides and Internal War*, Cambridge University Press, 2004, p.291.

后，第四卷尼西阿斯和平前和第八卷雅典与萨摩斯岛，其中第八卷实际上是修昔底德所撰述的战争尾声。基于这一事实，我们可以看到，在修昔底德整个的战争历史书写中，内乱与战争并非互不相干，而是在决定性的意义上与战争有着紧密的内在关联，甚至可以说，内乱实际上是理解伯罗奔尼撒战争一条不可或缺的线索。① 下面就从战争的缘起开始讨论。

关于战争的起因，最常被学者引用的是修昔底德在第一卷的评论："虽然在公开的讨论中最为隐蔽，我认为真正的原因是雅典处于持续崛起的状态之中，使得斯巴达产生恐惧，迫使（anagkasai）他们发动战争。"② 关于战争真正的原因，学界有诸种不同的解释，③ 但是战争最直接的原因就是关于埃庇达姆努斯（Epidamnus）的争执和科西拉海战，以及对波提狄亚（Potidaea）的围攻。从文本中

---

① 关于内乱在整部书中的位置，最近的代表性研究当属普莱斯的专著《修昔底德和内战》，在该书中，他试图论证修昔底德将伯罗奔尼撒战争视为是希腊人的内乱，并且这场最重要的内战使希腊文明产生了显著退化，就如同我们所看到的内战对城邦的影响那样。普莱斯还进一步用内战来解释修昔底德在这部书中的篇章布局，并且认为科西拉内战（3.70-83）是整本书写作的基本模式，科西拉内乱这一范型主导了修昔底德对伯罗奔尼撒战争的基本理解以及写作。笔者并不完全同意普莱斯这一较强的解释结论，而是主张内战和战争是修昔底德整部著作的两条并行主线，内战并非能够涵盖战争，内战的结构也未必能够解释战争的结构。但是我们基本同意普莱斯关于内战在书中结构节点的线索把握。

② 修昔底德：《伯罗奔尼撒战争史》1.23. 5-6。

③ 学界的不同观点参见 A. W. Gomme, *A Historical Commentary on Thucydides*, Vols. 1, Oxford University Press, 1950-1956, 区分了战争的直接原因和心理原因；R. Sealey, "Herodotus, Thucydides and the Causes of War," *CQ*, n.s. 7 (1957) pp. 1-12, 修昔底德告诉我们雅典利用斯巴达的恐惧而引发战争；A. Andrewes, "Thucydides on the Causes of the War", *Classical Quarterly*, n.s. 9,1959, pp.223-239, *prophasis* 和 *aitiai* 在前 432 年只是同一事物的两面；De Romilly, *Thucydides and Athenian Imperialism*, 1963, p.18 n3, "战争是雅典权力帝国主义式发展，而非实际的帝国主义野心表露的结果"；D. Kagan, *The Outbreak of the Peloponnesian War*, Ithaca, 1969, p.345, 修昔底德发明了将战争深层的原因和直接原因进行区分的做法，如他所说，雅典是侵略者，但是雅典的权力在前 430 年代并没有扩张；De Ste Croix, *The Origins of the Peloponnesian War*, Duckworth,1972, 认为真正的原因不同于公开表达的抱怨的缘由，斯巴达是侵略者，并且没有合法理由发起战争，伯里克利不想开战。

看，可以肯定的是，修昔底德整个战争记述的开端始于埃庇达姆努斯发生的内乱，并且正是从埃庇达姆努斯的纷争开始，雅典和斯巴达被逐步地拖入战争。修昔底德在撰述埃庇达姆努斯内乱时说，埃庇达姆努斯在经受多年的内乱之后，在与邻近蛮族的战争中失利，从而丧失了大部分实力。而就是在伯罗奔尼撒战争前夕，城内平民驱赶了掌权者，掌权者投奔城外蛮族，并和蛮族一道从陆地和海上袭击埃庇达姆努斯。① 民主派遂遣使向母邦科西拉求援，遭到拒绝。无奈之下，转而向科林斯求援。科林斯派遣一支军队从陆上增援。科西拉得知消息，立即派遣舰队开赴埃皮达姆努斯，她要求埃庇达姆努斯驱逐科林斯的援军，并让贵族派重掌政权，在遭到拒绝后，即以舰队围困埃庇达姆努斯。对此，科林斯迅速做出反应，进行大规模的军事动员。科西拉又派使节前往科林斯，试图通过外交手段解决争端，但遭到科林斯拒绝。紧接着两军交战，结果科西拉舰队大胜。战后的两年，科林斯积极扩军备战。由于科西拉并未加入雅典或斯巴达两大军事同盟，此时面对属于伯罗奔尼撒同盟的科林斯，自感孤立无援，便向雅典寻求结盟。雅典先后召开两次公民大会讨论此事，考虑到科西拉及其舰队的战略重要性，最终决定和她结成防卫同盟，就这样，最初一个小城邦的内部纷争逐步诱发两大军事阵营的对抗。不仅战争的直接起因始于内乱，而且在真正战争的一开始，也是从内乱开始的。前431年，普拉提亚发生内乱，城中一派引底比斯人入城，屠杀政敌以取得政权，在普拉提亚发生的战乱撕毁了三十年合约，直接导致了斯巴达入侵阿提卡，从而宣告战争的爆发。总起来看，修昔底德认为科西拉和波提狄亚的争端是导致雅典和科林斯冲突的重要原因（*aitiai*）。正是在这冲突之

---

① 修昔底德:《伯罗奔尼撒战争史》1.24。

后，科林斯鼓动伯罗奔尼撒联盟议事，引出了埃吉那和麦加拉的抱怨（aitiai），加之以修昔底德对雅典和斯巴达力量消长的陈述，为大战设定了基本背景。

按照修昔底德自己的叙述结构，内乱不仅成为伯罗奔尼撒战争的触发点，而且还是后来战争进程的核心线索。随着战争的逐步开展，雅典慢慢开始用民主制来控制和笼络盟邦，这一点放在修昔底德对雅典帝国的长期叙事中可以看得更加清楚。①

根据修昔底德的记述，雅典帝国的成型和发展始于对抗波斯的联盟，在斯巴达让出盟主领导权之后，雅典将之前的同盟逐步转变为雅典帝国。随着波斯威胁的消退，雅典维系帝国的合法性也逐渐丧失，随之而来的便是各盟邦的反叛活动。最早起兵反叛的城邦是纳克索斯，雅典对其进行围城战，最后纳克索斯不得不归顺雅典。修昔底德评论说："这是雅典违背盟约而奴役同盟城邦第一例，之后同盟的其他城邦就这样逐个地遭到奴役。"② 所以，在雅典帝国初期，雅典和盟邦关系主要是城邦间利益输送关系，雅典对盟邦的干涉也基本出于盟邦缴纳贡金或提供舰船的数量不足，或是拒绝服役，而政体因素并未进入修昔底德记述的内容。

在伯罗奔尼撒战争爆发前，明确提到政体变更的雅典干预事件是萨摩斯岛事件。前440年，萨摩斯人和米利都人因争夺普利爱涅起冲突，米利都人因被挫败而到雅典控诉萨摩斯。此时，萨摩斯城内想变更政体的人随米利都人一并来到雅典。修昔底德说，"因此，雅典派40艘船前往萨摩斯，去那里建立民主政体"③。在这一事件

---

① 关于雅典是否会推动同盟城邦政体变更为民主制，学界相关的研究汗牛充栋，而具体的结论却一直存有争议。这方面的相关文献讨论可参考 Roger Brock, "Did the Athenian Empire Promote Democracy?", in *Interpreting the Athenian Empire* (2009): pp.149-166，特别是注释1。

② 修昔底德：《伯罗奔尼撒战争史》1.98。

③ 修昔底德：《伯罗奔尼撒战争史》1.115。

中，雅典是出于对方的要求而做出的行动，而很难称之为雅典对萨摩斯进行的意识形态改造。后来，萨摩斯的寡头派暴动，袭击雅典军营，并取得短暂胜利，但最后还是被雅典围攻征服。值得注意的是，在萨摩斯的投降条件中，修昔底德提及的是拆毁城墙，交纳人质，交出舰船和赔偿战费，这些条件中并没有变更政体的要求。由于史料的匮乏，我们并不能完全还原雅典在萨摩斯建立民主制的动机，但根据奥斯特瓦尔德（Martin Ostwald）的研究，目前已有的材料无法推导出雅典目标就是在萨摩斯建立民主制，"雅典去推翻一个寻求波斯帮助来攻击其另一盟邦的政体是符合雅典利益的，而只因为政体是寡头制所以就去攻击萨摩斯并不符合雅典的利益"①。

同样值得注意的是，在战争爆发前的几次伯罗奔尼撒同盟大会上的辩论中，科林斯人、斯巴达人和雅典人所提及的所有内容中，并没有提到雅典的民主制度，科林斯人甚至对雅典人性格进行了描述，却只字未提民主制度对雅典的影响。民主作为一种独特的优良政体，是在伯里克利的阵亡将士葬礼演说上才正式提了出来。而直到伯里克利去世，并没有出现雅典因为偏爱民主政体而干涉盟邦或其他城邦的案例，甚至在一些重要的事情上面，雅典丝毫没有意识形态的考虑，比如当埃庇达姆努斯争端发生时，雅典与寡头制色彩明显的科西拉结成防御同盟，共同支持埃庇达姆努斯的寡头派。但是这一情况随着战争的爆发，到伯里克利后期开始发生变化。雅典维持其帝国开始遇到了重大困难，这也是雅典逐步开始利用民主制度来维系帝国的开始。伯里克利在生前劝说雅典人不要和斯巴达求和的演说中说：

---

① Martin Ostwald, "*Stasis* and *autonomia* in Samos: a comment on an ideological fallacy", *Scripta Classica Israelica,* 12,1993, p.58.

> 如果有人处于当前的恐惧认为放弃帝国是高贵的行为，那么你们现在已经不再有选择的可能了。你们拥有现在的帝国靠的是僭政；过去取得这个帝国也许是错误的，然而放弃这个帝国一定是危险的。①

在这段话中，伯里克利坦率地道出了雅典与帝国的困境。雅典此时已经凭靠帝国秩序实现并维系着自身的繁盛，但是帝国合法性却不复存在了。伯里克利承认雅典对帝国内城邦的统治是暴政，从而也就将帝国维系的纽带减损到纯粹的暴力因素上面。这一状况必然无法维持稳定的帝国秩序，伯里克利死后一年，在雅典饱受斯巴达陆上入侵和城内瘟疫困扰之时，列斯堡全岛除麦塞姆外都叛离雅典。修昔底德在对米提列涅叛乱以及雅典两位将军克利昂和狄奥多图斯的论辩中正式提出了以民主作为整合帝国的新纽带。②

米提列涅在向斯巴达求援的时候，又一次将雅典帝国合法性的困难提了出来："我们和雅典人建立同盟的目的不是要雅典人来奴役希腊人，而是把这些希腊人从波斯的统治之下解放出来。在雅典人公正地领导我们的时候，我们是忠心耿耿地追随他们的。但是当我们看到，他们一方面对波斯的敌视愈来愈少，另一方面却力图奴役同盟诸邦，我们便开始恐惧了。"③米提列涅虽然争取到斯巴达的帮助，但几经周折后，最终反叛活动还是被雅典镇压。就应该如何对待米提列涅，雅典内部产生了重大分歧，克里昂和狄奥多图斯在公民大会展开针锋相对的辩论，并自此改变了雅典对帝国的认知。

克里昂认为应该坚持之前的决议，即处死全体米提列涅人。他给出的理由与之前雅典帝国维系的逻辑高度一致。克里昂说，对于

---

① 修昔底德:《伯罗奔尼撒战争史》2.63。
② 参见 Ostwald, "Stasis and autonomia in Samos: a comment on an ideological fallacy", p.61。
③ 修昔底德:《伯罗奔尼撒战争史》3.10。

帝国而言，最致命的缺点有三，分别是同情怜悯、感情用事和宽大为怀。帝国维系需要依赖其他城邦的恐惧，基础是实力的优胜。①在其发言中，唯一一点新奇的内容是区分了米提列涅的寡头和平民。克里昂说："不要只对寡头们定罪，而赦免平民。有一点是肯定的，他们在进攻我们的时候，和寡头们是一伙儿的，虽然在那个时候，平民们是可以转到我们这边来的，如果那样的话，他们现在就可以回去管理他们的城邦了。但是，他们并没有这么做，他们认为和寡头分担危难是比较安全的，因而他们就加入了寡头派的暴动。"② 克里昂这段话或许反映了当时雅典民众对于米提列涅政治格局的看法，但是他的思考方式仍是以城邦为单位，而非将平民作为超越性的政治群体来对待。

狄奥多图斯的观点与克里昂恰恰相反，他提出了支配战争之后进程的重要思路。这段话非常重要，故而全文引证如下：

> 你们要考虑一下，如果你们采纳克里昂的意见，你们要犯下多么大的错误啊！在目前的情况下，各城邦的**人民**对你们是友好的，他们或者拒绝与寡头派一起叛离，或者，即使是被迫参加了叛离的话，他们也会很快成为叛离者的敌人的。因此，当你们和叛变属邦作战的时候，**人民大众**是站在你们这一边的，米提列涅的人民没有参加叛变，如果他们得到武器，就会主动地把城邦交给你们；如果你们杀害他们的话，首先，你们是犯罪，你们杀害那些曾经帮助过你们的人；其次，你们所做的正中统治阶层的下怀。以后他们在各自城邦发动叛变的时候，他们会立即得到人民的支持，因为你们已经清楚地向他们

---

① 参照雅典人在战争爆发前斯巴达的发言，会发现克里昂的理由与之前雅典将帝国秩序维系在强力和恐惧之上的逻辑是一脉相承的，参见修昔底德：《伯罗奔尼撒战争史》1.75-76。
② 修昔底德：《伯罗奔尼撒战争史》3.39。

宣布，犯罪者和无辜者所受到的惩罚是一样的。但事实上，纵或他们是有罪的，你们也应当佯装不知，以使这个唯一与你们保持友好的阶级不至于疏离你们。简言之，我认为对于保全我们的帝国最有利的是宁可让人家对不住我们，而不要把那些活着对我们有利的人统统处死，不管处死他们是多么正当。①

狄奥多图斯与克里昂都清醒地意识到，雅典帝国已经不具备初创时的合法性了，但是对于如何维系帝国，二者的诊断并不一样。正如学者柯干（Marc Cogan）在其对修昔底德第三卷的经典研究中指出的那样，狄奥多图斯与克里昂的关键区别在于，后者认为治理帝国要靠恐惧，而前者认为要靠希望和爱。②换言之，克里昂的思路是靠强力维持表面和平和稳定的帝国秩序，而狄奥多图斯想为帝国存续寻找到新的合法性和稳定结构。狄奥多图斯希望达成的目标是，依赖良好的治理而非强力展示的恐怖，让自由人从根本上丢掉想叛离的念头。与积极的目标相对，帝国秩序的存续还需准备防止动乱的新结构性支持，这就是将以城邦为单位转变为以平民派和寡头派为单位的思考范式。既然作为基本单位的城邦难以忍受雅典的持续盘剥，那么帝国新的合法性和稳定秩序的寄托必须另寻他路，而通过将城邦实质性区分为两个部分，狄奥多图斯认为通过联合和支持其中的平民派能够最大程度地帮助维系帝国。狄奥多图斯这一策略表面上看带有浓厚的意识形态色彩，但实际上是将雅典与属邦的冲突转化为属邦内部的派系斗争。这样一来，雅典得以一箭双雕，一则可以使属邦内部进一步分化，对平民派的支持自然会加深

---

① 修昔底德：《伯罗奔尼撒战争史》3.47。
② Marc Cogan, "Mytilene, Plataea, and Corcyra Ideology and Policy in Thucydides, Book Three", *Phoenix* 35, no. 1 (1981), p.9. 柯干认为第三卷是整部书关键性转折的一卷，修昔底德通过第三卷完成了战争的意识形态化的转向。

寡头派的猜忌和敌对，从而削弱属邦反叛的力量；二来可以通过扶植民主政体来服务于自身的帝国利益。

在修昔底德笔下，自狄奥多图斯演说之后，雅典的对外政策就马上进入新的轨道，并且意识形态要素也开始突显，成为战争和内乱叙事的主体。紧接着米提列涅事件的就是科西拉内乱，这是整本书中描述最为详细的一次内乱。① 在这场内乱中，雅典协助的对象就是科西拉的平民派领袖。关于科西拉内乱的具体内容，后文还会具体讨论，这里只需先指出该内乱在战争中所具有的两点重要意义。第一，修昔底德在对科西拉内乱的评述中，将内乱从单个城邦的冲突提升为希腊城邦的普遍性现象，即"这样，内乱在城邦间播散，在后来发生内乱的地方，因为他们知道其他地方以前所发生的事情，又出现了许多前所未有的更为出格的暴行，表现在夺取政权时更加阴险狡诈，报复政敌时更加残忍无忌"②。第二，科西拉内乱对战争实质性增添了新的因素："这次内乱如此血腥残酷……后来整个希腊世界可以说都受到震撼，因为民主党人和寡头党人到处都发生斗争，民主党的领袖们求助于雅典人，而寡头党人求助于拉栖戴蒙人。"③ 结合这两点，我们可以看到修昔底德对科西拉内乱记述的一个主要动机在于揭示这场大战为城邦内乱提供了更为方便的背景，战争的性质由两个头领城邦的冲突进一步深化为每个城邦内部的斗争。

在科西拉内乱之后，修昔底德说，内乱如同瘟疫一样在希腊世界传播，大战的背景加剧了小城邦内部的权力斗争，因为在和平时期并不像战争时期这样可以随时寻找借口来求助于两大霸主城邦。

---

① 学者普莱斯提醒，修昔底德认为"前433年埃庇达姆努斯发生的内乱与前427年科西拉内乱存在着关联"，Price, *Thucydides and Internal War*, p.277。

② 修昔底德：《伯罗奔尼撒战争史》3.82。

③ 修昔底德：《伯罗奔尼撒战争史》3.82。

比如前 424 年，麦加拉民主派领袖与希波克拉底、德摩斯梯尼谈判，想引雅典人进城，以确保自身免遭流亡的寡头派的攻击威胁，虽然民主派最终并未得逞，但是其行动逻辑却是符合意识形态和内乱模式。同年，波奥提亚诸邦和雅典将军希波克拉底和德摩斯梯尼勾结，希望变更政体，实行和雅典一样的民主制。① 当斯巴达将军伯拉西达率军在色萨利地区前进的时候，修昔底德评论说："色萨利人和雅典人总是友好相处的。因此，如果色萨利人不是像当地的通常情况那样，权力掌握在少数有势力的人的手中，而是实行民主制的话，那么，伯拉西达是绝对无法从那里通过的。"② 而伯拉西达能够顺利通过这一地区，也是因为他成功规避了内乱的逻辑。用修昔底德的话说："这一次他（伯拉西达）对于这些城邦正直而温和的行动，成功地使许多城邦叛离雅典，还利用内应取得其他一些地方。"③ 比如在阿堪苏斯事件上，伯拉西达就展示了其高超的政治手段。当伯拉西达率军到达时，就应该如何对待他的这一问题上面，阿堪苏斯城内分裂为两派，一派是与卡尔基斯人一起邀请他来的人，另一派是大多数普通民众，其中后者是亲雅典而对伯拉西达存有疑惧的。伯拉西达进城后对阿堪苏斯的民众发表演说，成功地说服平民的支持，这段演说中他谈及自己对内乱的看法：

> 我到这里来，不是想袒护你们的这个党或那个派，我也认为如果我忽视了你们的祖制，使少数人奴役多数人，或者使多数人奴役少数人的话，那不是给你们真正的自由。这种统治将比受外族人的统治还要严酷，而我们拉栖戴蒙人的辛勤功绩

---

① 修昔底德：《伯罗奔尼撒战争史》4.76。
② 修昔底德：《伯罗奔尼撒战争史》4.78。
③ 修昔底德：《伯罗奔尼撒战争史》4.81。

也不会使人感激。①

从这这段话可以看出伯拉西达卓越的政治和修辞能力,当面对雅典的盟邦时,他首先打消了平民关于斯巴达扶植寡头统治的顾虑,进而用解放希腊人脱离雅典的控制为合法性来说服民主派。无论伯拉西达所言是否是其真实的想法,但其演说和修辞之所以具有说服力,恰恰符合了科西拉内乱所揭示的大战背景下城邦内部权力格局。综合伯拉西达在色雷斯地区的政治与军事活动,我们可以总结说,他在能够直接施加影响的地方扶植和利用内应控制友邦,并用解放希腊人和帮助免除雅典支配的口号,换取他无法改变政体的城邦支持,从而取得巨大的成功。正是在色萨利地区的成功为斯巴达做出了巨大贡献,成为后来达成尼西阿斯和平的重要砝码。

通过上述事例可以看出,第三卷中狄奥多图斯提供的意识形态思路主导了后面的战争进程和叙事,并在结构上改变了战争与内乱的模式。所以,如果将雅典的帝国策略放回到战争进程中进行考察,我们可以清楚看到意识形态因素在其对外决策中分量的逐渐加重。总体来说,在伯里克利去世之后,雅典面对盟邦持续的叛乱,开始以扶植民主派为策略实现自己的帝国利益,而这在实际上促使了其他城邦内部派系的分裂和寻求外部支持的行动,客观上加剧了战争过程中希腊城邦内乱的频繁化。内乱和战争因为政体内部的分化真正紧密地结合在一起,成为推动整场大战的重要动力。

尼西阿斯和平之后,西西里远征部分关于内乱的直接记述并不多,但在修昔底德看来,远征的失败很大程度上与无法在叙拉古煽动内乱有关。在与雅典进行过战争的城邦中,"叙拉古是唯一一个和他们自己性质相似的城邦,像他们一样实行民主制……雅典人

---

① 修昔底德:《伯罗奔尼撒战争史》4.86。

既无法通过分化离间改变叙拉古人的政体的办法，使其归向自己一边，也无法以优势的军事力量征服他们"①。而到了全书最后一卷，雅典和萨摩斯岛的内乱成为修昔底德书写的重点。Stasis 一词在第八卷出现的次数也仅次于第三卷②，并实质性地成为修昔底德所撰写的战争的收尾。如果结合修昔底德在伯里克利死后对雅典政治的评论的话，我们可以看到雅典城邦内部的纷争实际上是雅典远征西西里并最终战败的根本原因：

> 他（伯里克利）的继任者们的情况就不同了。他们彼此间大都不相上下，每个人都想力争居于首要地位，最终他们竟准备靠牺牲整个城邦的利益来迎合民众的心血来潮。这种情况，正如我们所预料，在一个伟大的，居于统治地位的城邦中，必然会导致很多错误，西西里远征就是这些错误之一……因为他们忙于施展个人权谋，以图获取对民众的领导权。这样便不仅使远征军军心涣散，而且首先在国内引起**内讧**（*allelois etarachthesan*）。他们在西西里损失了大多数舰船和其他军队后，在城邦内部发生了**内乱**（*stasei*）。尽管如此，他们还是又坚持了 8 年……雅典人一直坚持着，直到由于他们内部的**纷争**（*diaphoras*）而毁灭了自己，被迫投降。③

按照修昔底德在此处的讲法，西西里远征实际上是后伯里克利时期雅典内部斗争的毁灭性结果，远征的决定以及期间的一系列错误很大程度上是由城邦内部的权力斗争带来的。也就是说，真正决定战争结局的，并非是斯巴达真的打败了雅典，而是雅典内乱使其

---

① 修昔底德：《伯罗奔尼撒战争史》7.55。
② 在第八卷中，与 *stasis* 相关的词共出现 10 次。
③ 修昔底德：《伯罗奔尼撒战争史》2.65。

丢掉了战争。①

从以上对《伯罗奔尼撒战争史》所撰战争缘起、发展逻辑与尾声来看，内乱实际上构成了与战争并行的另一条线索，并且在关键的节点处影响着战争的进程和形态。正如洛候所言："我们不应该在战争与内乱哪个更优先的问题上做出专断的结论，很显然，对于历史学家（即修昔底德）来说，这两种形式的冲突一并引发了希腊世界的运动。"②

如果对内乱与战争叙事的上述分析是正确的话，需要进一步追问的是，内乱在这场战争中具体体现为何种样态呢？根据之前的学术史回顾，通常学者会将修昔底德视为希腊城邦内乱范式转变的重要作家，那么究竟是否存在一种修昔底德范式的内乱呢？如果将全书的内乱个案统一考察的话，我们会发现，答案并非看起来的那么简单。

3. 内乱的意识形态模式？

如上所述，修昔底德共记述了 30 余次的城邦内乱，具体考察这些内乱的发生原因会发现，不同时期和不同城邦的内乱样态并不

---

① 无独有偶，柏拉图也将战争失败的责任放在雅典自身的内乱上面，只不过柏拉图指的是前 404 年的内乱。在《美涅克塞努斯》中，柏拉图曾这样看待雅典与斯巴达战争失败的原因："实际上，只是由于我们内部的纷争，而不是出于别人之手，才弄得我们失去光彩；在别人手下，我们直到今天还不曾失败过，我们乃是自己打败自己，自己被自己打败的。上述这些事件之后，当时我们正同其他城邦和睦相处，我们城内却发生了内乱。战争是这样打的，——倘使人们注定要进行内讧的话，那就没有一个不希望他自己的国家都能像我们。比雷埃夫斯来的公民和雅典本城的公民以十分亲切友爱的态度彼此和解了，并且——出乎一般人的期望之外——也同其他的希腊人和解了；在他们解决对埃流西斯人的战争时，也采取了这样的温和态度。这一举动的根源不在别的地方，乃是在于纯正的亲缘关系，它为人们提供了不仅在言语方面，而且也在行动方面所拥有的基于血亲关系的牢固友爱。"（243d-244a）

② Nicole Loraux, "Thucydides and Sedition Among Words", in Jeffrey S. Rusten, eds., *Thucydides*, Oxford University Press, 2009, pp.265-266.

完全一样,由此也引发学者对修昔底德内乱模式的不同解读。但总体而言,争议的重点集中在两种解释框架内:一种是以埃庇达姆努斯内乱为范本,将内乱最后归因于土地和财富争夺与分配;一种是以科西拉内乱为范本,强调内乱的政治性和意识形态性特征。在本部分,我们以修昔底德提及的不同内乱为研究对象,尝试辨析其提供的不同版本的内乱范式。

在《伯罗奔尼撒战争史》一书中,修昔底德最初提到内乱出现在早期希腊,那时内乱的产生主要是因为争夺土地。按照他的说法,"凡是土地肥沃的地方……其主人的更替都是最频繁的。土地的肥沃有助于特殊的个人扩大其权势,由此引发纷争,从而导致公社瓦解,还会造成外族入侵。"[1] 阿提卡地区因为土地贫瘠,所以幸而免于内乱,并且还成为希腊其他地方流亡人士的避难地。这样,修昔底德在全书开篇就给我们提供了早期希腊内乱的基本线索,即由土地生发的财富积累导致个人权力斗争,同时因为基于土地的财富增多,也会招致外敌侵扰。这一内乱的发生机理虽然简单,但却极具解释力。有学者以此为入口,提出修昔底德书中的内乱范本实际就是以此为基础的埃庇达姆努斯内乱。[2]

埃庇达姆努斯是科西拉在伊奥尼亚湾的殖民地,建成后她的势力日益强大,人口逐渐增多。但是后来因为内乱而衰落。修昔底德写道,这据说是因为与相毗邻的异邦人交战引起的。埃庇达姆努斯战败,丧失了大量兵力,后来在大战开始前,平民驱逐了掌权派,而被驱逐者投靠了异族,并和异族人一起在海陆袭掠埃庇达姆努斯。[3]

---

[1] 修昔底德:《伯罗奔尼撒战争史》1.2。

[2] Scott L. Puckett, *Stasis in Ancient Greek Historians*, (Doctoral dissertation), Tulane University, 2013.

[3] 参见修昔底德:《伯罗奔尼撒战争史》1.24。

这一内乱范式可以总结如下：城邦人口增加和实力增强是内乱的先决条件，然后内乱削弱了城邦的战争能力，导致对外敌斗争的失败，而占城邦多数成员群体（demos）认为少数掌权者（dunatoi）要对此负有责任，因而将掌权者驱逐出城邦，被驱逐者往往纠结外部势力攻打城邦以夺取权力。①

在这一模式中，有三点是值得特别注意的。第一，内乱的根本动力是对土地以及财富的追求，而内乱的前提也是财富的增加与人口的增长；第二，城内冲突双方是掌权者（dunatoi）和平民（demos）；第三，外部力量在城邦内乱中起到很重要的干预作用。后两点是修昔底德笔下大部分内乱都会涉及的要素。同时，在伯罗奔尼撒战争期间，对于大多数城邦而言，雅典和斯巴达是两个干预其内部斗争的最重要的外部因素。而在前411年雅典发生内乱时，斯巴达也是最为重要的外部力量。所以，埃庇达姆努斯模式中大部分内容是具有解释效力的，但是其第一点值得进一步讨论，对此最大的挑战就是科西拉内乱。

科西拉作为修昔底德最为详细描述的内乱个案，学者通常视为内乱的标准模式。②这一观点很大程度上来自修昔底德自己的评论，即科西拉内乱充分展示了权力斗争的残暴以及对共同体传统纽带和价值观的颠覆，是这场战争中具有代表性的内乱样本，自此以后，内乱在城邦之间蔓延。更为重要的是，与早期希腊世界的内乱不同，科西拉内乱增加了新的要素，即民主派和寡头派的"意识形态"之争。现在的问题便是，科西拉内乱是否提供了新的模式，抑或说伯罗奔尼撒战争影响下的科西拉及其他城邦内乱并未脱离希腊历史

---

① Puckett, *Stasis in Ancient Greek Historians*, p.192.

② 如普莱斯就将科西拉内乱视为整本书写作的基本范式，见 Price, *Thucydides and Internal War*, pp.6-78。

的基本演进范式？为回答这一问题，我们需要对科西拉内乱进行更为细致的考察。

科西拉内乱发生于前427年，但其诱因却是和更早的埃庇达姆努斯争端相关。前文提到，当埃庇达姆努斯的平民驱逐掌权派后，掌权派联合异邦人攻打城邦。埃庇达姆努斯人救助母邦科西拉未果，便求科西拉母邦科林斯援助。随着事态发展，科西拉与雅典结为防御同盟，并与科林斯交战。科林斯俘虏了科西拉250人，希望这些在城中原本很有地位的人能够在回去后使科西拉转到科林斯这一边。前427年夏，当这些俘虏回城游说科西拉脱离雅典时，这场内乱便拉开了序幕。归城的俘虏们先是想把雅典的代理人和民主派领袖佩西亚斯（Peithias）推上被告席，指控其使科西拉遭受雅典的奴役，但是审判结果是判其无罪。作为报复，佩西亚斯控告对方五位最富有的人，说他们在奉献给宙斯和阿尔基诺乌斯的神圣土地上砍伐葡萄树，应处以罚款。佩西亚斯作为议事会的一员，说服同僚坚持处罚。同时，还有消息说他想在身为议事会成员时说服人民与雅典订立攻守同盟。此时被控告的人突然闯入议事会会场，杀死佩西亚斯和其他60人，其中有些是议事会成员，有些是公民。

谋反者紧接着召集科西拉人大会，说明他们此举最好的后果是不用再受雅典人奴役。随后，科西拉的执政党人与民主派展开战斗，民主派在后来的战斗中占据优势。在此之后，雅典将军尼克斯特拉图斯（Nicostratus）率舰船和重装步兵前来，力图说服两派同意一起协商，把10名元凶推上审判席。裁决这10人以后不再生活在这个城邦，其余的人和平相处。两个党派相互妥协，共同与雅典订立攻守同盟。尼克斯特拉图斯完成后准备返航，此时民主派领袖将敌人名单列出来，准备让他们在尼克斯特拉图斯返航舰船上服务，但这些人害怕被送往雅典，便躲进神庙，其他的寡头党400余人看到这种情况，就跑到赫拉神庙，后来被送到神庙前面的岛屿。在这些寡头党人被送到岛屿上的第 4 或 5 天，伯罗奔尼撒人的舰队开到科西拉，并在与科西拉的海战中获胜。但伯罗奔尼撒舰队并未在科西拉长期停留。他们蹂躏了琉金密地峡土地，但在听到雅典舰队前来的消息后便撤离了。城内的科西拉人在得知敌人已经撤离，并且雅典舰队即将到达的消息后，信心大振，开始了对城内敌人的凶残杀害。民主派杀死所有能找到的敌人，之后，来到赫拉神庙，说服了那里 50 个人接受审判，处以死刑。大批祈祷者见此，拒绝出来受审，在神庙里相互杀死对方，有些自缢。在雅典舰队停泊的 7 天中，科西拉人不断屠杀他们公民中那些被认为是敌人的人。①

在对内乱的一段真伪有争议的评论中，修昔底德说："在那里，那些从未体验过平等待遇的或者的确是被统治者傲慢地统治的人，一旦取胜，便以暴力报复；那些要求摆脱他惯常的贫困并且贪求邻人财产的人，一旦取胜，便实施邪恶的动议……"② 如果只看这段评论，很容易与之前的内乱模式联系在一起。但是富克斯通过仔细地辨析，非常有说服力地论证了 3.84 的这段话实际上与修昔底德 3.82-83 的评论是矛盾的，进而证明了 3.84 是后人伪作。③ 富克斯做出这一判断的重要依据是，经济因素在 3.82-83 的分析中完全缺失，甚至在从 3.70-81 的全部叙述中都丝毫没有体现，主导科西拉内乱进程的并非追求经济平等或者土地的重新分配，他进而提出："在修昔底德看来，科西拉内乱的原因与动机纯粹是政治性的。"④ 富克斯的这一观点可谓中肯，因为经济或土地所有权指向的解释难以阐

---

① 修昔底德：《伯罗奔尼撒战争史》3.70-81。
② 修昔底德：《伯罗奔尼撒战争史》3.84。
③ Fuks, "Thucydides and the Stasis in Corcyra: Thuc. III,82,3 versus III,84".
④ Ibid., p.50.

明诸如父子相残，神庙凶杀等恶性事件。更为重要的是，修昔底德明确说，在内乱中发生的这些事情平时并不会发生，因为"在和平繁荣的时候，城邦和个人所采取的行动，其动机都比较纯粹，因为他们没有为形势所迫而不得不去做那些他们不愿意去做的事情"①。也就是说，内乱时人们行为的特殊性很大程度上是由战争的大环境造成的，和平时期人们并不会做出这些举动，但在和平时期的城邦中，社会经济结构性问题仍然存在，但却不会成为引发内乱的充分条件。

在排除了经济和土地占有等因素以后，我们仍需考察科西拉内乱究竟有何独特模式。从内乱的过程和参与力量来看，以下三点是新模式的基本框架。首先，派系成为内乱的主要行为者，寡头派和民主派是内乱的主要对立方。在修昔底德的评论中，我们可以看到在希腊城邦中，这两派"一方高喊民众应在政治上平等，另一方主张实行温和的贵族政治，他们打着为公众谋福利的幌子，事实上是为自己牟取私利。为了在斗争中赢得优势，他们不择手段……他们唯一的行为标准就是他们自己党派一时的任性，因为他们随时准备利用不合法的裁决来处罚他们的敌人，或是用暴力夺取政权"②。第二，外部力量实质性地支配了内乱的形势。在寡头派杀害佩西亚斯之后，获得伯罗奔尼撒舰队协助的寡头派当即开始攻击民主派，并处于战争的优势地位，而在雅典援助到达后，民主派则明显占优，并在最后的屠杀中获得决定性胜利。第三，内乱的缘起并非出自城邦内部，导火索是科林斯让寡头派俘虏回城将科西拉转向母邦一边。也就是说，内乱的起因是两个大阵营争夺地理位置和海军力量都很重要的科西拉城。这样一来，战争的大环境进一步激化了城邦内部的潜在党派斗争，因为"在和平时期，人们没有求助于他们

---

① 修昔底德：《伯罗奔尼撒战争史》3.82。
② 修昔底德：《伯罗奔尼撒战争史》3.82。

（雅典和斯巴达）的借口和愿望，但是在战争时期，任何一个党派为了能够伤害敌对的党派，使自己处于相应的有利地位，便总是要听命于某一个同盟，这就为那些想要改变政体的党派提供了求助于外部力量的机会"[①]。

分析至此，可以梳理科西拉内乱的基本线索：城内有寡头和平民两派的区分，这是内乱发生的前提条件，在雅典和斯巴达两大同盟对抗的背景下，两大巨头会主动诱发城邦内部的斗争，或者城邦内部各派为夺取权力会主动求援两大阵营，结局则以某一派获胜而驱逐另一派暂时告终。如果比照埃庇达姆努斯内乱模式，我们可以通过比照几个关键点得到更为清晰的认知，见表 4.2：

表 4.2 修昔底德笔下的两种内乱模式对照表

项目	埃庇达姆努斯内乱模式	科西拉内乱模式
动机	社会-经济因素	政治因素，爱荣誉
前提条件	土地肥沃，财富和人口增加	民主派和寡头派分立
诱因	城邦对外军事行动受挫，力量削弱，掌权派被驱逐	雅典和斯巴达两大阵营对峙，为干预城邦以及城邦内部派系求援提供条件
外部力量	受一方委托，协助攻击另一方	两方阵营援助，激化城邦内乱
结果	一方获胜，另一方被杀害或驱逐。	一方获胜，另一方被驱逐或杀害；城邦加入某一联盟，或维持同盟关系

通过对照可以看出，与伯罗奔尼撒战争爆发前相比，希腊世界的城邦内乱的模式发生了演变。如果说最初的内乱主要基于土地和财富的获取与分配，那么战争给内乱提供了新的要素，并使得内乱的意

[①] 修昔底德：《伯罗奔尼撒战争史》3.82。

识形态化色彩突显。如果根据修昔底德此处的评论，我们可以看到战争（polemos）与内乱（stasis）的相互塑造关系。具体来说，伯罗奔尼撒战争一方面是雅典帝国与以斯巴达为首的伯罗奔尼撒同盟之间的对抗；另一方面，这场战争也可以视为雅典与斯巴达同各自同盟城邦中民主派和寡头派的联合，而不仅仅是城邦间的联合。①战争将城邦内乱激化和普遍化，而内乱又反过来进一步推动了雅典和斯巴达两大阵营的对抗。

行文至此，我们可以尝试回到本部分一开始提出的问题，即是否存在一种内乱的"意识形态模式"，不同于之前的城邦内乱形态？如果回到修昔底德的文本，我们会发现他在书中的某些段落的确展示了一种基于战争背景下的新内乱模式。但是修昔底德并非只提供了一种模式，而是将内乱纳入到希腊历史的总体进程中，呈现出跟随战争进程的内乱动态演变。

科西拉内乱发生在战争的开始阶段，修昔底德用它作为例证来说明希腊大多数城邦在战争中的经历。但是，如果我们接受内乱的意识形态解释，仍有两个问题有待澄清，即修昔底德所说的民主派和寡头派的冲突的性质应作何理解，寡头派和民主派的性质到底是什么？

亚里士多德在划分政体类型时曾对民主派和寡头派有过一个重要的讨论，即民主派和寡头派作为变态政体，二者的区分标准表面上看是少数人统治还是多数人统治，但实质上"区分民主制和寡头制的是贫穷和财富：如果有人因其财富而施行统治，无论他们是少数还是多数群体，政体就必然是寡头制，而当穷人统治时，必然就是民主制。事实证明，前者实际上是少数人，而后者是多数人"②。亚里士多德对寡头制和民主制的区分实际上最终落脚在财富上，而

---

① Price, *Thucydides and Internal War*, p.290.
② 亚里士多德：《政治学》1279b37-1280a6。

如果照搬这一理解，修昔底德在伯罗奔尼撒战争期间所记述的新的内乱形态，即以寡头派和民主派为核心的斗争是否可以进一步还原为社会经济因素的矛盾呢？寡头派和民主派是否如修昔底德对科西拉内乱评论中所显示的那样确有稳定而自主的自我认同？我们在本部分中将通过对科西拉和萨摩斯岛内乱中术语的使用，澄清修昔底德对内乱的真实诊断。

如果仔细考察科西拉内乱，我们会发现城内政治力量主要分为三大部分，即亲雅典的民众领袖佩西亚斯及其周边群体、寡头派群体和民主派。除此之外，修昔底德还会使用"科西拉人"这样的表达。为了明确这些语词在内乱中的具体含义，有必要将这些用法做仔细的列举讨论：

> 当雅典和科林斯同时派代表来科西拉时，**科西拉人**（Kerkuraioi）召开会议，投票决定自己的同盟关系，即维持和雅典的同盟关系，同时和伯罗奔尼撒人保持友好关系。（3.70.1）
>
> 归城的俘虏是科西拉城内**很有势力和影响的人**（dunamei auton hoi pleious protoi ontes tes poleos），[①] 他们将佩西亚斯，雅典的**代理人**（proxenos），科西拉民众（tou demou proeistekei）的领袖推上被告席。被宣判无罪后，佩西亚斯又控告反对派中 5 名**最富有的人**（plousiotatous）。（3.70.3-4）
>
> 被处罚的人认为只要佩西亚斯还是议事会的一员，他还有意说服**人民**（to plethos）与雅典订立攻守同盟。便闯入议事会，杀死佩西亚斯和其他 60 人。（3.70.6）
>
> 谋反者召集**科西拉民众大会**（xugalesantes Kerkuraious），强迫公民大会通过动议，不再受雅典奴役，不接待任何一方来

---

① 修昔底德：《伯罗奔尼撒战争史》1.55。

访者。(3.71.1)

在科林斯舰船到达后,科西拉**执政党人**(*hoi echontes*)进攻**民主党人**(*toi demoi*)。(3.72.2)

战斗过程中,夕阳西下时,**寡头派**(*hoi oligoi*)全线溃退,他们害怕获胜的**民主党人**(*ho demos*)乘势出击,纵火焚烧市场周边地带的房屋和公寓,不论是他们自己的财产还是邻人的财产都在所不惜,结果,商人们的大批货物也都被付之一炬。(3.74.2)

在内乱的最后时期,**科西拉人**(*Kerkuraioi*)不断地屠杀他们公民中那些被认为是**敌人**(*tous echthrous*)的人,被他们杀害的人都被控以阴谋推翻**民主制**的罪名(*ten men aitian epipherontes tois ton demon kataluousin*)。(3.81.4)

科西拉内乱中,比较容易确定的是"寡头派",修昔底德分别用了三个概念来形容他们:城内很有势力和影响的人、最富有的人和寡头派。总体来说,寡头派指称的基本是在埃庇达姆努斯争端开始前城内的权贵,特别是富有的群体。我们可以通过科林斯俘虏数以及后来与民主派斗争的人数大致推测寡头派的规模。科林斯最初保留的俘虏为250名,最后躲在赫拉神庙中的寡头派有至少400名,在内乱告一段落后被流放的寡头派有500名,所以寡头派数目大概超过了1000人。他们的主要诉求在上一部分中已经讨论过,即最初的主要目标是控诉佩西亚斯,使科西拉脱离雅典而回到科林斯一边。也就是说,寡头派最初在城内的斗争主要是围绕外交政策进行的,在与佩西亚斯互相控诉的阶段,并没有明确迹象表明寡头派想改变政体,[①] 他们反而是不断诉诸公民大会来试图达成自己的

[①] I.A.F. Bruce, "The Corcyraean Civil War of 427 B.C.", *Phoenix* 25, 1971, p.110.

目标。甚至在杀死佩西亚斯及同伙之后，谋反者仍然召集公民大会宣布脱离雅典奴役，并声称要保持中立。

相对于"寡头派"，"民主派"在内乱中则更难以把握。修昔底德实际上提到了三个群体，一是身为民主派领袖的佩西亚斯，他周围有小群体的支持者，在议事会中，最后被寡头派杀害的至少有60人，其中既有议事会成员，也有平民。第二个群体是民主派，也是和寡头派进行战斗的主要群体。这一群体最初是以被攻击的角色出场的。第三个群体是科西拉人。修昔底德对这一语词的使用并不严格，他们既可以指参加公民大会的科西拉公民群体，也可以指与寡头派战斗的民主派人士，或者作为那些试图颠覆民主政体的党派对立面出现的群体。如果说后两个群体在很大程度上有重合，那民主派和佩西亚斯及其同伙的关系就要复杂一些。在谋反者杀害佩西亚斯之后，科西拉的民主派并没有为佩西亚斯复仇的行动，而是接受了谋反者的动议，这说明科西拉民众也并不是非常赞同佩西亚斯的政见，而是将争取城邦的自主放在了更为重要的位置上。

但正如布鲁斯提醒我们注意的，寡头派和民主派都希望恢复科西拉的独立，摆脱雅典的支配，但是双方最初的行动仅限于将雅典的代理人佩西亚斯及核心群体祛除，似乎认为这样就足以改变科西拉的对外政策。① 到此为止，我们并不能看到科西拉内乱的任何动机或迹象。也正因为如此，像布鲁斯等学者才会认为对外政策是内乱最重要的争执点，冲突的双方实际上并不是支持两种不同政体的民主派和寡头派，而是在复杂而紧张的政治形势下产生的冲动与暴力，正如修昔底德也提到的那样，被杀害的人往往被冠之以颠覆民主制，但实际上有一些是因为私人债务关系而被杀害。② 但布鲁斯

---

① I.A.F. Bruce, "The Corcyraean Civil War of 427 B.C.", *Phoenix* 25, 1971, p.116.
② Ibid., p.116-117.

的解释存在一个困难，那就是毋庸置疑的是，在说服公民大会接受谋反者杀害佩西亚斯的行动之后，掌权的寡头派在载有拉栖戴蒙使者的科林斯船到达后主动开启了内乱。按照后来战斗的状况来看，寡头派在人数和地势等各方面都处于劣势，并且没有伯罗奔尼撒的军队支援，这种情形下发动内乱着实难以理解。但是这一行动本身说明寡头派并不满足于城邦恢复对外中立地位，而是还要在城内打击民主派，进而改变政体。

修昔底德没有将内乱的全部细节，特别是此时寡头派的动机还原出来，但是在后面的评论里，他将内乱中各派行动的根本动机归为由贪婪和野心驱动的权力欲。内乱似乎开启了城邦另外一种模式，在这一模式下，原有的习俗道德和社会纽带皆不起作用，甚至成为负面价值。以党派为原则的组织纽带超越了血亲关系，派系内部成员的信任建基于共同作恶基础之上，一切行为的目标都是为了击败敌人，暴力夺取城邦权力。修昔底德的评析实际上消解了寡头派和民主派的区分，并且将内乱冲突的基本单位还原到派系团体的层面。在修昔底德看来，寡头派和民主派所声称的政治平等与德性政治只不过是幌子，实质上二者并无二致，且在内乱中秉持的行动原则完全相同。围绕政体类型的斗争只是内乱的形式，真正核心的是对执政权的争夺。

简而言之，通过对科西拉内乱的分析，修昔底德将寡头派和民主派内乱斗争背后的根本原则揭示了出来，即对城邦权力的争夺。在这一视野下，民主派和寡头派可以进一步还原为同质的派系群体。如果说科西拉内乱还基本遵循了稳定的民主-寡头的区分，那么在前412年萨摩斯岛内乱中，我们可以更加清楚地看到内乱的权力斗争实质，以及派系名称的变动不居。

修昔底德在讲述这场内乱时，如此形容对立的双方和政治形势的发展：

（1）**平民**（*demos*）在雅典的帮助下起来反抗**掌权者**（*hoi dunatoi*），萨摩斯平民共杀死了两百个**最有力量的人**（*dunatotatoi*），并放逐了另外四百人，瓜分了他们的土地和房屋。萨摩斯**平民**掌管城邦事务，土地所有者被排斥在城邦事务之外，禁止任何平民与他们通婚。①

（2）雅典民主制被推翻，皮山大率使者回到萨摩斯，煽动萨摩斯**最有权力的人**建立**寡头制**，虽然萨摩斯人刚刚经过内乱，摆脱了寡头制。②

（3）在雅典四百人阴谋叛乱的时候，发生了下面这些事情。"那些起来反抗**掌权者**的萨摩斯人（*dunatoi*），即**平民**（*demos*），在皮山大造访萨摩斯时，他们应皮山大和在萨摩斯参加密谋的雅典人的请求，转而倒向**寡头派**一边去了。他们当中有300人宣誓，将攻击转变立场后被认为是**民主派**的其他公民（*demos*）。……现在他们决定攻击**民主派**了。萨摩斯的民主派觉察到即将发生的事情，把这个情况告诉了两个将军列昂和迪奥麦顿，因为他们两人为民主派所信任，他们并非心甘情愿支持寡头制。"③

（4）当那300人进攻民众的时候……**多数人一派**（*hoi pleones*）获得了胜利，处死了那300人中的大约30名头目，将另外3人流放，赦免了其他叛乱者，以便他们将来在民主政体下生活。④

在科西拉内乱中，我们看到的是标记传统价值观的语词的内

---

① 修昔底德：《伯罗奔尼撒战争史》8.21。
② 修昔底德：《伯罗奔尼撒战争史》8.63.
③ 修昔底德：《伯罗奔尼撒战争史》8.73.
④ 可参见 Sealey, R., "The Origins of Demokratia", *California Studies in Classical Antiquity*, 1970, pp.286-287。

容或性质发生变化,民主派和寡头派所指涉的群体基本还是稳定的。但在萨摩斯内乱的过程中,修昔底德在不停地变换使用"寡头派""民主派"等词汇,同一个群体在内乱的不同阶段所背负的标签一直在变化。最初推翻原来寡头制和当权者的群体被修昔底德称为民众(demos);在驱逐了原来的寡头之后,夺取政权的民众领袖成为"最有权力的人",即与之前寡头制下的统治者同名;而这些人又在皮山大的怂恿下意欲建立寡头制,这样最初的民众领袖摇身变成他们之前斗争的对象,并进攻民众这一群体;而在最终的斗争中,修昔底德用"多数人一派"取代了"民众"来形容城邦中的"民主派",最后以民主制的恢复告终。

　　从修昔底德的萨摩斯内乱记述来看,通常用来界定内乱双方的标签"民主派"(或平民)、"寡头派"等已经失效。寡头派在第一次斗争中就被杀害或流放,城邦中严格意义上不再有作为政治派系的寡头派,但是这并不妨碍新掌权的群体成为新的寡头派系,并且原为民众领袖的群体也没有将自我认同固定在平民上面。所以,在变动的政治局势下,传统的政治符号和话语已经丧失了其表征意义。那如果民主派和寡头派这样的政治语汇不能有效形容和描述内乱,内乱的性质又是什么呢?从萨摩斯岛内乱的过程来看,唯一不变的是实力基础上的城邦统治权,掌握城邦权力的就被称作掌权者/强者(hoi dunatoi)以及最有力量的人(dunatotatoi)。这与修昔底德对科西拉内乱的评析也相符合,在这场战争期间所发生的城邦内乱,根本原因并不是社会-经济因素,而首要是围绕城邦统治权展开。民主派或寡头派并不再具备稳定的政治认同或阶级立场,民主派领袖在获得权力后,也会轻松摆脱民众的身份,甚至与民众为敌。力量或是权力(dunamis)成为内乱新模式的核心,在城邦权力核心周围,是许许多多想将之据为己有的派系团体,只不过在多数城邦中，这些团体披着民主派或寡头派的面纱出现。而一旦掌权后，他们无一例外地成为"最强大的统治者"。面对这一事实，下面的问题就是，在战争的大环境下，城邦是否有可能找到走出内乱循环的宿命呢？内乱是否真的像修昔底德对科西拉内乱评论的那样，只要人性不变，就永远无法解决这一政治疾患？在整部书的最后，修昔底德似乎并没有彻底放弃希望。

4. 雅典内乱与政体方案

前文提到，修昔底德在伯里克利死后对雅典政治的评论中指出，雅典最终的战败归根结底是因为城内野心家的内斗，以及在西西里远征失败后城邦陷入内乱，虽然之后雅典依旧坚持了 8 年，但最终还是由于自身的内乱而被迫投降。修昔底德虽然没有能够写到前 404 年的雅典三十僭政，但是在全书的第八卷却详细记述了前 411 年雅典五千人政体的变动。令人印象深刻的是，修昔底德难能可贵地表扬了这一政体：

> 现在，雅典人似乎首次拥有了一个好政体（*eu politeuantes*），至少在我的时代是这样的。因为它使少数人和多数人的（*es tous oligous kai tous pollous*）利益混合（*metria sugkrasis*），这使得城邦在历经劫难之后，能够重新恢复起来（*anenekge*）。①

修昔底德对五千人政体的评价引发了学者众多不同的解释。② 先撇开具体的细节争议，我们可以肯定的是，修昔底德确实给出了关于优良政体安排的明确答案。与稍后的柏拉图与亚里士多德相比，修昔底德虽然算不上系统讨论政体或最佳政体的政治思想家，但他在全书

---

① 修昔底德：《伯罗奔尼撒战争史》8.97。

② 对这段文本理解的争议可参见 Simon Hornblower, *Commentary on Thucydides*, vol.3, Oxford University Press, 2009, pp.1033-1036。

的结尾处留下的这一线索仍值得我们认真对待。本部分我们将通过考察雅典前411年政体变更来研究修昔底德对于政体的总体思考。

西西里远征失败后,雅典人先是不肯相信和接受这一事实,而在确认失败之后,又开始迁怒于当初鼓动远征的演说家,并感到极度恐慌。概览《伯罗奔尼撒战争史》整本书,我们知道这已经不是雅典人第一次反复无常了,从战争爆发前关于是否与科西拉结盟起,雅典公民大会的决议便带有很强的冲动色彩,最典型的例子是如何处置叛乱的米提列涅人,公民大会最初群情激愤,要将其全体成年男子统统处死,但到了第二天便后悔了,希望重新裁决。① 雅典民主制的这种实际表现与伯里克利葬礼演说上对民主及其生活方式的赞颂大相径庭。在伯里克利的民主赞歌中(2.36-46),雅典的民主制被说成是其他城邦学习的范本,并且民主使得雅典成为希腊最伟大和自足的城邦。民主制不是少数人而是大多数人统治的政体(*me es oligous all es pleionas*),在公共事务中决定性的标准是德性(*arete*)② 而非财富或出身,人们在私生活中也能够保持自由和宽容守法。公民不仅关心私事,而且对公共事务充满热忱。公民个人生活自足的同时热爱着雅典城邦,以雅典的公共善为最终依归。

伯里克利对民主和帝国的颂扬并没有得到雅典后来政治实践的证明,离开了伯里克利,雅典不但没有能够实现其制度优势,反而最终走向了自我毁灭之路。修昔底德对伯里克利时期雅典民主制的著名判定是:"雅典虽然名义上是民主制,但事实上权力掌握在

---

① 参见修昔底德:《伯罗奔尼撒战争史》1.44,2.59,3.36。
② 将民主制的特征定义为贵族政体的德性也引发学者的争论,笔者认为伯里克利这里的讲法修辞性大于事实性描述。相关的争论见 N. Loraux, *The Invention of Athens: The Funeral Oration in the Classical City*, trans. A.Sheridan, Harvard University Press, 1986, pp.172-220; Hornblower, *Commentary on Thucydides*, vol.1, pp.298-99; P.J.Rhodes, *Thucydides: History II*, Warminster, 1988, pp.219-220。

第一公民手中"①，雅典后来的政局变动很大程度上因为继任者更多的是追求自身的权力和荣誉，而不惜只顾取悦民众和牺牲城邦利益。所以在修昔底德看来，雅典民主制的良好运转需要两个因素的积极配合，即以城邦利益为最终目标并能驾驭民众的政治家，和具有公共德性、热爱城邦的民众。②对于二者来说，一个能驾驭民众的政治家要更为重要一些，因为民众的特征变化不大。另外，哪怕在伯里克利时期，在遭遇瘟疫和目睹自己土地被伯罗奔尼撒人蹂躏之后，雅典人的心态还是发生了变化，民众开始谴责伯里克利并希望与斯巴达和谈。从这一事件可以明显看出，战争中的民众之易变和短视是一贯的，对于民众情绪激烈的事情，伯里克利也无法完全掌控，而一旦家国的灾难感减弱一些，民众便又将一切事务交给他。

在失去伯里克利的节制之后，雅典民众在重大政治决策上的表现也乏善可陈，反而体现出极大的缺点。在西西里远征前的大会讨论中，尼西阿斯为了劝说雅典人不要冒险去争取那些并无把握的好处，力陈远征在战略上的危险，但是并不具备伯里克利掌控力的尼西阿斯事与愿违，雅典人反而比以前更渴望远征："所有的人都热衷于（eros）远征事业……大多数人的极其狂热（dia ten agan ton pleonon epithymian），使少数不赞成远征的人害怕举手反对而被指责为不爱国，他们只好保持沉默。"③为尼西阿斯所担忧的雅典人这种性格被阿尔喀比亚德利用，在鼓动雅典人远征的时候，他说："我相信，在本性上富有活力的城邦不应突然采取这样一种无所作为的政策，而使她

---

① 修昔底德：《伯罗奔尼撒战争史》2.65。
② 关于修昔底德对民主制两要素的考量是学者们的共识，如 Kurt A. Raaflaub, "Thucydides on Democracy and Oligarchy", in Antonios Rengakos and Antonis Tsakmakis eds., *Brill's Companion to Thucydides*, Brill, 2006, pp. 189-222。
③ 修昔底德：《伯罗奔尼撒战争史》6.24。

更快地走上毁灭自己的道路；最安全的生活原则，是接受自己原有的性格和制度，纵或这种性格和制度还不是完善的，也要尽可能地依照这种性格和制度生活。"① 个人魅力与修辞能力更胜尼西阿斯的阿尔喀比亚德成功说服雅典民众赞同远征，然而，后来的事态发展表明，他也并不具备伯里克利的品质，特别表现在他并没有以雅典的城邦利益为自己根本的行动原则。当阿尔喀比亚德被怀疑卷入出征前雅典城内破坏赫尔墨斯神像事件时，他又被政敌指控要阴谋推翻民主制。雅典民众出于对僭政的一贯疑虑，便决定召回阿尔喀比亚德受审，这也直接导致他出逃斯巴达并出卖雅典城邦利益。②

在西西里远征失败后，这场战争对雅典政体的压力进一步增强，雅典人感到前所未有的恐慌，但是雅典民众仍然依照民主制处事方式努力使一切事务在掌控之中。③ 修昔底德通过对雅典内乱过程的详细记述，展现了伯里克利后雅典政体的另一面，即虽然没有摆脱战争压力下的内部分裂，但是城邦内部斗争的进程还是以捍卫雅典城邦利益的一方获胜告终，并通过政体的调适，雅典成功地从内乱中走出。与前面战争中其他城邦的内乱相比，雅典的表现着实特殊，值得深究。

雅典在西西里的失败直接促发了爱琴海地区盟邦的叛乱，斯巴达与波斯的压力使得雅典面临着空前的帝国秩序危机。此时，雅典

---

① 修昔底德：《伯罗奔尼撒战争史》6.18。对雅典人性格的描述最早出自战争开始前科林斯人之口（1.70），在那里科林斯人描述了雅典人性格的几个特点：1）热衷于革新，敏于构想，立即付诸实施；2）雅典人的冒险之举超过了他们的实力，胆量超出了他们的判断，在危难之中仍能保持自信；3）行事果断；4）总是在海外，希望远离家乡扩大所得；5）在胜利时乘胜前进，遇到挫折毫不退缩；6）他们认为要为城邦事业慷慨捐躯，培养自己的智慧为城邦效力；7）未能实现的计划就是无可争议的失败，行动失败也会立即充满新希望；8）和平安宁的生活比攻城拔寨是更大的不幸。科林斯人的这一总结基本符合雅典人整场战争中的表现。

② 修昔底德：《伯罗奔尼撒战争史》6.27-8,6.53,6.60。

③ 修昔底德：《伯罗奔尼撒战争史》8.1。

面临的形势是：雅典海军主要驻扎在萨摩斯岛以制衡周边城邦的叛乱，并维系通往黑海的海上通道的安全；斯巴达与波斯签订盟约，以米利都为阵地不断煽动雅典盟邦叛乱；阿尔喀比亚德继续利用波斯代理人提萨佛涅斯（Tissaphernes），为自己寻求最好的出路；雅典城内的上层阶级已经蠢蠢欲动，希望由自己掌管政府。根据修昔底德的记述，政体变更最初是由阿尔喀比亚德提出的。阿尔喀比亚德在看到自己有机会回到雅典后，便向萨摩斯驻军代表提议，只要雅典放弃民主制，他便能够让提萨佛涅斯以及大流士国王与雅典成为盟友，进而摆脱内外交困的不利局面。①

在这之后，寡头派的重要人物皮山大便率使者从萨摩斯回到雅典，开始在雅典游说策划此事。皮山大在雅典公民大会的发言将政体变更的理由陈述得非常直接，即只有召回阿尔喀比亚德才能换取波斯大王的信任与支持以拯救城邦。这么做的唯一要求就是将民主政体变为更加明智的（sophronesteron）寡头政体。最初听到这一方案而恼怒的雅典人被城邦陷亡的恐惧所压倒而让步，同意皮山大以此为条件去与阿尔喀比亚德以及提萨佛涅斯谈判。在实际内乱之前的这次动员中，我们可以清楚看到雅典城内民主政体的传统力量，民众对这一方案非常排斥，但是大部分人仍然将城内政体因素放在了城邦利益之下，即为了保障雅典城的利益，民众还是宁愿进行退让的。

虽然阿尔喀比亚德并没有能力成功履行承诺，但是当皮山大一行在与提萨佛涅斯谈判失败回到雅典后，雅典的寡头派已经开始行动了。民主派领袖和阿尔喀比亚德的政敌安德罗克里斯（Androcles）被秘密杀害，同时被除掉的还有寡头派憎恨的其他人士。此时，雅典民主制在没有强大领导下的弊端显示了出来，即面对没有组织的

---

① 修昔底德：《伯罗奔尼撒战争史》8.48。

民众，寡头派可以很容易获得心理上和组织上的优势。当皮山大和使者们在此时回到雅典后，便可以真正开始变更政体了。根据修昔底德的记述，这场四百人的政变主要进程如下。首先寡头派提议选举拥有全权的十个委员，起草宪法；之后，他们就城邦最佳政体问题在指定日期向民众宣布。新的政体规定官员任职和付薪制度取消，选举5人为主席，这5人选择100人，这100人中的每一人再选择3人，组成"四百人"机构进驻议事会大厅，拥有治理城邦的全权，并可以在他们选定的任何时间召集"五千人"会议。① 对于这个披着五千人外衣的四百人政体，公民大会起初是一致赞成的，这主要的原因应该还是争取波斯支持的考量在起作用，并且民众并不认为四百人政体是与民主政体截然相对立的，甚至只是民主政体的适度调整，这一点我们可以从修昔底德的评论中看出。在四百人掌权后，修昔底德曾评论道，他们"整个改变了民主制度"②，并用强力方式控制城邦，处死一些他们认为应当除掉的人。值得注意的是，在修昔底德笔下，直到目前为止，雅典民众并没有明显质疑或反对四百人政权的行动。

四百人在控制城邦之后，对外政策的重点是与斯巴达谈和，并派使团到斯巴达将军阿吉斯（Agis）那里商谈。阿吉斯凭靠对发生内乱城邦的普遍经验，并不相信雅典能够平稳地实现政体变更，于是征召大批伯罗奔尼撒援军，试图大兵压城，引发雅典城内动乱以使其不战而降。但是此时雅典的表现与阿吉斯的设想恰恰相反，雅典非但没有出现一丝乱象，反而派出大量士兵抵御阿吉斯军队的入侵，迫使阿吉斯撤退。雅典此时的表现是令人瞩目的。从雅典的反应可以看出，四百人政权与民众此时皆以城邦利益为重，并没有因

---

① 参见修昔底德：《伯罗奔尼撒战争史》8.66-67。
② 参见修昔底德：《伯罗奔尼撒战争史》8.70。

为政体的变更而进入类似其他城邦内乱的状态，即只为争夺权力而不顾城邦安危。

在顺利度过阿吉斯威胁之后，四百人政权还必须处理好与驻扎在萨摩斯的海军的关系，因为他们是雅典主要的海上力量，并且控制着雅典补给的海上生命线。但是这一努力被萨摩斯驻军派往雅典的凯利亚斯（Chaereas）破坏了。凯利亚斯在萨摩斯恢复民主政体后被派往雅典汇报情况，但并不知道雅典已经改换政体，赴雅典的船只也被四百人政权拘捕扣押，凯利亚斯自己逃回萨摩斯，向萨摩斯驻军夸大渲染雅典所实施的恐怖统治。萨摩斯海军由此开始与雅典本土为敌。雅典由此也陷入了新的内乱局势之中，即萨摩斯军队试图以武力迫使城邦实行民主制，而四百人想强迫军队接受寡头制。

在萨摩斯的军队中，温和派领袖特拉叙布鲁斯（Thrasybulus）一直坚持召回阿尔喀比亚德，以谋求波斯支持。在阿尔喀比亚德回到萨摩斯后，四百人派遣的使者也来到萨摩斯说明雅典城的情况，着重强调士兵们的亲属并未受到凯利亚斯所声称的虐待，五千人都将在政权中分享权力等。但是萨摩斯的士兵愤怒地表示要航行回比雷埃夫斯港攻击雅典。这时，阿尔喀比亚德挺身而出，制止了士兵们的要求，并回复使者说，他并不反对五千人政体，但四百人政权必须予以取缔，五百人议事会要恢复权力。修昔底德高度赞扬了阿尔喀比亚德的这一举动，甚至称其为"首次为他的祖国做出了有益的事"[①]。当使者们带着阿尔喀比亚德信息回到雅典时，雅典城内的局势也开始发生变化。尽管阿尔喀比亚德实际上并没有能力完全说服波斯代理人提萨佛涅斯，但是在雅典人心中，他所许诺的波斯支持仍是雅典在战争中扭转局面的重要依靠。听到阿尔喀比亚德的

---

① 参见修昔底德：《伯罗奔尼撒战争史》8.86。

答复，四百人政权也发生了分裂，或者更为准确地说，本来就蕴含着分裂倾向的四百人政权裂痕开始显露出来。正如卡根正确指出的那样，当时的雅典存在着极端寡头派和温和派，二者的诉求并不一致。① 此时，雅典寡头政府也开始分裂，其中有极端寡头派，如弗利尼库斯（Phrynicus）、皮山大和安提丰（Antiphon）等，也有温和派。按照修昔底德的说法，寡头政府中的多数人都开始对寡头制不满，如哈格农之子塞拉麦涅斯和斯基利亚斯之子阿里斯托克拉提斯等，他们主张五千人名单应该被指定出来。修昔底德向我们指出，这些试图退出寡头政府的人实际上也是受自己野心驱使，某种程度上是寡头政府中的失势者，但无论如何，四百人内部的分裂在结果上造成了寡头制政府形势恶化。

四百人政权设置的初衷是为了换得阿尔喀比亚德及其背后可能的波斯力量的支持，而现在阿尔喀比亚德将四百人政权的合法性取消了，提出只有五千人政体才能使他与雅典一心。这样，极端寡头派的底色开始显露。他们首先派使者与拉栖戴蒙人和谈，并承诺任何条件都可以接受。② 这也就意味着，极端寡头派为了自己的安全宁可牺牲雅典城邦的利益，修昔底德准确把握了他们的心理谋划：

> 他们的第一个愿望是在不放弃帝国的前提下建立寡头制；如果这个愿望落空，他们就控制舰船和城墙，保持独立；假如这个愿望也化为泡影，他们与其成为民主制恢复后的第一批牺牲品，不如下决心招请敌人来签订和约，放弃城墙和舰船，只要能够保全他们的身家性命，不惜任何代价保住对政府

---

① 参见唐纳德·卡根：《雅典帝国的覆亡》，李隽旸译，华东师范大学出版社，2017年，第158、208—234页。

② 参见修昔底德：《伯罗奔尼撒战争史》8.90。

的控制权。①

极端寡头派的这一谋划最终为其招致覆灭，温和派塞拉麦涅斯等人率重装步兵拆除了寡头派在比雷埃夫斯港修筑的城墙，破除伯罗奔尼撒人从海上入侵的可能。在伯罗奔尼撒军队入侵优波亚后，陷入极度恐慌的雅典人在普尼克斯召集公民大会，废除四百人政权，将政权移交给五千人，所有能自备重装步兵装备的人都有资格成为五千人的成员，此外还规定，任何担任公职的人都不得享受薪金，违者将受到神祇的诅咒。

在四百人政权更迭过程中，修昔底德为我们提供了一个颇具活力的雅典形象。雅典在战争的压力下，并没有出现其他小城邦通常展现的慌乱和分裂，而是在大军压境之时保持镇定，除了极少数极端寡头派外，无论雅典城中如塞拉麦涅斯为代表的温和派，还是萨摩斯岛以色拉叙布鲁斯为代表的温和派，都坚守城邦利益为第一准则，力求能够赢得波斯支持而对抗伯罗奔尼撒人。在他们的一致努力下，雅典在前411年成功避免了内乱的极端状态，并能够以五千人政体暂时缓解内外压力。如果说，在战争开始时，伯里克利将雅典人的爱国精神与维系帝国联系在一起，②那么在经历漫长战争和系列挫败之后，雅典人的爱国精神仍然得以维系，并且在敌人数次威胁之下，显示出顽强的生命力。

除了爱国精神外，雅典的民主政体以及生活方式也显现出了其自身的力量，在四百人政权建立后，修昔底德曾有一短暂的评价：

---

① 参见修昔底德：《伯罗奔尼撒战争史》8.91。

② 伯里克利在阵亡将士葬礼演说的开场时说："因为他们还为我们留下了现在我们所拥有的帝国，而他们能够把这个帝国传给我们这一代，不是没有付出惨痛代价的。"（2.36）在稍后的地方，他又将牺牲精神与爱国结合在一起："可以肯定，对于一个人来说，任何意外的失败，都将导致最可怕的后果。可以肯定，对于一个人的灵魂而言，由于懦弱而引起的堕落，比在充满活力和爱国主义精神时意外地死于战场，不知要悲惨多少倍。"（2.43）

"在废黜僭主统治以后的大约100年中,雅典人民在这个时期不仅没有屈从于任何人的统治,而且在这期间的一半以上的时间里是习惯于统治其臣民的;要剥夺雅典人民的自由,那可不是一件容易的事。"① 所以,自由与爱国构成了雅典民主政体的两项优点,成为修昔底德在第八卷中撰述的主题。在战争特别是战败的大背景下,雅典显示出与其政体缺点相伴随的韧性。②

正如在本部分开篇点出的那样,修昔底德对五千人政体给予高度赞扬,而如果阅读亚里士多德《雅典政制》,我们也能看到类似的赞美:"雅典人这次似乎被统治得很好,虽在战时,但政权在重装步兵手中。"③ 在历数了西西里战败引致的一系列纷乱之后,修昔底德最后给读者留下了难得的希望。④ 但是这一丝希望对于修昔底德的读者来说意味着什么呢?回到内乱的问题上来,为何五千人政体能够成功应对并终结雅典内乱?修昔底德是否在全书收尾处给出了克服内乱的政体解决方案?抑或这一解决方案只是权宜之计?

经历了四百人政权之后,极端寡头派逃离城邦,城内以重装步兵为核心的温和派建立这一政权,并得到在萨摩斯海军的认可。修昔底德称之为混合了少数人和多数人的利益,能够将城邦从危急状态中复原。哈里斯曾对修昔底德的五千人政体描述有过一个经典分

---

① 修昔底德:《伯罗奔尼撒战争史》8.68.4。
② 有学者提出,在整部《伯罗奔尼撒战争史》中,修昔底德只在两个地方有过对民主的正面评价,一处是伯里克利阵亡葬礼演说(2.37-43),一处出自叙拉古煽动家阿特那哥拉斯(Athenagoras)(6.39-40)。但是,如果依照我的分析,修昔底德在第八卷中对雅典政体的抗压叙述是对雅典民主真正的正面评价,除了文中提到的内乱表现外,第八卷一开始对成功镇压开俄斯叛乱的叙述也展现了雅典的韧性(8.14-15,23-24)。学者观点参见 Hornblower, *Thucydides*, Duckworth, 1987, pp.68-69; Raaflaub, "Thucydides on Democracy and Oligarchy", p.221。
③ 亚里士多德:《雅典政制》XXXIII,英译文参见 Aristotle, *The Athenian Constitution*, translated with introduction and notes by P.J.Rhodes, Penguin Books, 2002, p.77。
④ 诸家解释时也都注意到这一点,如 W.R.Connor, *Thucydides*, Princeton University Press, 1984, p.229。

析，他认为五千人政体的优点在于"它以正确的方式混合，进而能够避免寡头制和民主制的缺点"①。民主制本身存在着诸多弊端，上面也已分析不再赘述，而寡头制则容易滑向暴力统治。在哈里斯看来，五千人政体通过与相对广大的公民群体分享权力，就可以防止单一民主制或寡头制的弊端，并能正常运作。甚至，修昔底德会设想五千人而不是更多人，可以保证这一群体的素质而不会轻易受到煽动家的影响。哈里斯的这一洞见可以回答五千人政体成功的道理，特别是从消极意义方面的解释很有说服力。

如果我们接受以权力欲为核心驱动的城邦内乱模式，雅典的五千人政体能否一劳永逸地解决内乱问题呢？对照之前的内乱城邦，我们会发现雅典四百人政权的内乱纷争中，寡头派领袖也表现出类似的特质，如为保住自己的权力而不择手段，甚至不惜牺牲城邦利益；受野心支配，尽可能夺取群众领袖的位置等。但是，雅典的独特之处在于这部分力量在城邦中并不强大，他们受到另外两种力量的约束，一是城邦温和派的约束，无论是温和派领袖还是重装步兵始终保持了城邦大义，奋勇卫城；二是驻扎在萨摩斯岛的海军，这是民主派的战士阶层支柱，民主派海军经由海上力量的掌控也钳制着城邦极端寡头派的政治行动。所以，在五千人政体中，最为关键的是城邦的中间阶层，重装步兵阶层的稳定才是城邦复原的基石。

基于这一分析，我们可以说，之前诸多城邦并非不愿克服内乱。实际状况是，因为城邦内部阶层构成的差异性而没有能力克服

---

① Edward M. Harris, "The Constitution of the Five Thousand", *Harvard Studies in Classical Philology*, Vol. 93 (1990), p. 273. 哈里斯认为修昔底德并非寡头派立场，而是持混合政体的政治态度，与之相对的观点参考 G.E.M. de Ste. Croix, "The Character of the Athenian Empire", *Historia*, 3 (1954/1955), pp.31-36; L. Edmunds, "Thucydides' Ethics as Reflected in the Description of Stasis (3.82-83)", *HSCP*, 79 (1975), pp.73-92.

内乱。这里仅举一例便可说明问题,在米提列涅反叛雅典时,到了战斗的最后阶段,面对伯罗奔尼撒援军迟迟未到的局面,米提列涅统治者撒拉图斯(Salaethus)将重装步兵装备分发给普通民众,以期协同抗击雅典人,但民众拿到武器后的反应并非是争取城邦独立,而是要求统治集团分发食物,否则威胁将单独和雅典媾和,将城邦献出。[①] 寡头派见此局面,不得已只能提前与雅典媾和,并引发了雅典后来一系列的反应和城邦被惩罚的灾难。在这一事例中,米提列涅由于长期缺失城邦担当者阶层,使得城邦在关键时刻无法做出正确应对,派系的自我利益很容易就压倒城邦整体利益。

  总起来看,修昔底德在第八卷中关于雅典城邦内外形势的详细记述,向我们展现了雅典城邦的自我调适与拯救的过程。如果说伯里克利时期的雅典是杰出政治家领导下的"民主政体",在经历了后伯里克利时期,特别是西西里战败之后,雅典民主政体所蕴含的力量仍然在发挥着作用,自由传统与爱国精神成为雅典成功抵抗伯罗奔尼撒人屡次侵袭的法宝。城邦的重装步兵阶层在四百人政权的最后阶段勇于担当,成为重新凝聚城邦的核心群体,并能够在城邦温和派领袖的引领下,弥合纷争,消除内乱威胁。虽然从历史上看,五千人政体也只是过渡形态,重装步兵阶层与萨摩斯岛的海军阶层仍需要进一步的政体融合,但是修昔底德停笔之处向我们揭示了走出内乱的一条可能的道路,这一方式并非每个城邦都有基础和能力采用,但是却为从政体层面为人性提供良善的环境提供了参照。诚如修昔底德所言,战争是暴戾的学校,人性在这所学校中既展露出较低的一面,也展示出其光辉的一面,我们在第八卷的雅典就看到了可以使人性展现力量的政体环境。

[①] 修昔底德:《伯罗奔尼撒战争史》3.27。

修昔底德在前411年内乱平息之后就停笔了，但是伯罗奔尼撒战争真正的结束以及雅典的战败还有8年的时间。雅典政体在战败后再次陷入残暴的内乱，但最终却达成了非常罕见的和解，和解调整之后的民主政体一直到马其顿征服前都保持了基本稳定。在自身帝国维系和外部战争的总体格局下，公元前5世纪最后30年的雅典城内部也不断有围绕政体，特别是民主制和寡头制的讨论和反思，特别是在遭受几次重大战败之后，这些隐藏的矛盾和政治思考便会外化为具体的政治斗争。为了更准确地理解雅典凝聚共同体的努力，必须将目光投向城邦自身的政治思考进程。

第五章　祖宗之法与雅典的政治和解

1. 色拉叙马霍斯视野中的雅典政局

　　雅典远征西西里的失败（前 413 年）和羊河战役（前 405 年）的失利从根本上改变了伯罗奔尼撒战争的走向。特别是羊河战役之后，雅典帝国盟邦再次发起脱离雅典的运动，同时，在斯巴达及其盟军的压力和封锁下，受困于粮食短缺的雅典于前 405 年正式投降，从而宣告了持续 27 年的伯罗奔尼撒战争的结束。[①] 雅典的这两场失败也在雅典城内分别引起了政体变更，前后建立了两个所谓的寡头政体。但是无论是前 411 年的"四百人政体"还是前 405/ 前 404 年的"三十人僭政"，都没有维系多久，雅典很快恢复了民主制度。在推翻三十人僭政之后，雅典的民主派和寡头派实行了和解（前 403 年），成功地消除了城邦内乱，并为公元前 4 世纪雅典政制的总体稳定奠定了基础。正如上一章所分析的，公元前 5 世纪最后 30 年间，外部的战争压力不断挑战和改变着雅典的民主政体，与此同时，城邦内部也在思想与权力上出现了对民主制的挑战，这两次内乱就可以视为这些挑战的直接爆发。以民主和寡头为名义的政治对抗不仅发生在雅典和斯巴达阵营中的盟邦身上，在伯罗奔尼撒战争的最后阶段，雅典也不得不认真对待这一问题。

　　在前 411 年和前 404 年雅典的两次内乱之间，根据史家哈利卡

[①] 色诺芬：《希腊史》II.2。

纳苏斯的狄奥尼修斯的记述，在《理想国》中出现的智者色拉叙马霍斯对当时雅典城邦政局有过一段评述，从政治实践与理论的角度描述了当时雅典的危机：

> 雅典人啊，我多么希望我能还生活在过去，并在那个时代参与公共事务，那个时候年轻人仍能保持沉默，城邦的事务也不会强迫他们公开发声，比他们年长的人正确地治理着城邦。但是神灵把我们置于这样一个时代之中，我们要听从（其他人统治的）城邦，而我们自己则要忍受不幸，而其中最糟糕的不幸并非诸神或命运所为，而是由统治者带来的，我不得不这么说。如果有人让自己持续地服从那些有意行恶之人，或让自己承受由别人的阴谋和邪恶所导致的责任，那么这个人要么是麻木的，要么就是极其任劳任怨的。
>
> 时光荏苒，当下我们不再处于和平之中，而是处于战争与危险之中，昨日只在怀念之中，未来则令人惊惧；我们所要面对的不是**同心一致**（ὁμονοίας），是彼此之间的仇恨与混乱。当其他人拥有丰盈的财富时，他们会变得傲慢并发生**内乱**（ὑβρίζειν τε ποιεῖ καὶ **στασιάζειν**），而我们则会在好时候保持节制。在逆境中时，我们就失去了理智，而其他人则往往会节制。如果有人别无选择而不得不承受当下的痛苦，但他认为自己有彻底摆脱这一局面的办法的话，为什么他会犹豫不决地把自己所知道的说出来呢？
>
> 首先，我将说明这些人——演说家或是其他人——之间的分歧是他们彼此用欠缺思虑的言论争胜所必然导致的结果。他们以为自己在陈述和对方不同的观点，但是他们没有注意到，他们实际上在做着同样的事情，对方说的内容也已经在他们自己的话里面了。要从头来看他们的目的是什么。首先，**祖**

宗之法 / 祖制（πάτριος πολιτεία）[①]会导致混淆，虽然它很容易理解并是所有公民都共享的观念。对于任何超出我们判断的事情，我们都必须聆听先人之言，任何年长的人所看到的事情，我们都要从那儿去学习……[②]

这段演讲辞中所体现出的色拉叙马霍斯的立场与柏拉图《理想国》中的并不完全一致。考虑到柏拉图笔下智者的言论和形象主要是服务于他所要讨论的主题，并不能完全真实地还原智者的立场，所以可以将这段演讲辞的作者视为历史上的色拉叙马霍斯。考虑到色拉叙马霍斯并非雅典公民，他的这一演讲辞应为替同伴所写，宣讲于公民大会等场合。如果接受学者们对这段演讲辞的时间定位，那么这段演讲辞的历史和政治思想信息就极为丰富了。

从演讲的内容可以看出，当时的雅典处于巨大的分歧之中，不同的演说家或政治人物关于城邦的走向有着巨大的分歧，色拉叙马霍斯则表现出极为保守的立场。演讲的一开始，演讲者就表明自己宁愿生活在过去，而非当下的雅典。这里的"过去"不能确切定位，但是过去的政治状态是明确的，即城邦掌控在明智的年长者手中，年轻人并不能在城邦中发挥实质性作用。与往昔对比，现在的雅典则完全成为统治者的城邦，他们的恶行给城邦的被统治者带来了巨

---

① "祖宗之法"是借用邓小南先生对宋代政治史核心问题的提炼表述，见邓小南：《祖宗之法：北宋前期政治述略》，生活·读书·新知三联书店，2006年。在公元前5世纪晚期直到公元前4世纪的雅典城邦政治话语体系中，反复出现 patrioi nomoi, archaioi nomoi, patrios politeia, kata ta patria 等表达，用以指代祖宗之法或先祖政制，下文会用祖宗之法或祖制来讨论，具体内容待下文进一步讨论澄清。

② DK B.1., Thrasymachus, "A Proem for a Speech in a Political Crisis", quoted by Dionysius of Halicarnassus, *Demosthenes 3*. 文本和翻译参照 *Early Greek Philosophy: Sophists Part 1* (Loeb 531), eds. and trans. by André Laks and Glenn W. Most, Harvard University Press, 2016, *D 16*, pp.492-497。关于这一演讲发表的时间，本书采用洛布编者的意见，p.493；Guthrie 认为该演讲辞的时间为伯罗奔尼撒战争晚期，见 W.K.C. Guthrie, *The Sophists*, Cambridge University Press, 1971, p.295。

大的灾难。换言之，城邦已经不再是严格意义上的政治共同体了，而是在统治者与被统治者间生成了巨大的分化，而这必将带来内部的纷争。所以，色拉叙马霍斯紧接着将公元前5世纪末到公元前4世纪希腊政治思考的两个核心概念提了出来，同心一致（homonoia）和内乱（stasis）。在外部战争遭受重创的时候，雅典城内或者说政治共同体成员内部出现了彼此间的仇恨，历史上城邦所拥有的同心一致的状态已消失。而要走出这一困境，雅典内各派力量都将目光投向了祖宗之法（patrios politeia）。色拉叙马霍斯的这一讲法告诉我们，在当时的雅典政治生活中，祖宗之法已经成为政治论辩中的高频词汇，无论各方真实立场是什么，祖宗之法都被拿来证成当下的政治主张。相较于核心意涵不明的祖宗之法，色拉叙马霍斯则表现出较为保守的立场，他认为凡是先人曾经知晓的事情，今人都该首先认真向先人学习。

现存的演讲辞只保留了这么多，我们无法确知更多的内容，但仅就这段讲辞来看，学者们仍然给出了一些重要的评价。比如哈夫洛克（Eric Havelock）就认为色拉叙马霍斯这里的讲辞非常客观，不带党派色彩，冷静地寻找着解决方案[1]；格斯里（Guthrie）也同样认为这段讲辞是想要最终使处于纷争的各方和解，并找到永久的统治原则。[2] 而尼德曼（Cary Nederman）则通过历史语境的考察，提出色拉叙马霍斯这里表达的并非完全中立的态度，而实际上代表了温和贵族派的立场。[3] 尼德曼主要给出两个理由，第一个是私人联系网络，即色拉叙马霍斯与当时雅典的温和贵族派人物有密切交

---

[1] Eric A. Havelock, *The Liberal Temper in Greek Politics*, Yale University Press, 1957, p.234.

[2] Guthrie, *The Sophists*, p.296.

[3] Cary J. Nederman, "Thrasymachus and Athenian Politics: Ideology and Political Thought in the Late Fifth Century B.C.", *Historical Reflections*, Vol.8, No.2, 1981, pp.143-167, esp.pp.145-152.

往，这方面的证据来自《理想国》卷一，柏拉图在文本中多次将色拉叙马霍斯与克利托丰放在一起，而克利托丰是前411年重要的政治人物，其立场在尼德曼看来是温和贵族派。① 如果这一链条能够建立起来，那么尼德曼的第二个理由就更有说服力了，即在前411年政体变更中，温和派会诉诸祖宗之法来作为自己立场与行动的合法性来源，这一派别的主张既反对民主制，也反对传统贵族基于出生、血缘和小团体（hetaireiai）对统治资格的独占。② 尼德曼对色拉叙马霍斯演讲辞的总体把握基本上是准确的，但有两处细节可能需要进一步矫正。第一，正如演讲辞中所提到的，城邦内的各个派系都在使用祖宗之法来为自己的政纲辩护，所以不能简单地将主张祖宗之法的人直接划为温和贵族派。第二，应该如何界定尼德曼提到的"温和贵族派"（moderate aristocracy）？按照修昔底德的讲法，塞拉麦涅斯的这一派别处于寡头派和民主派之间，但用贵族派来指称似乎仍缺乏坚实的文本依据，较为稳妥的替代名称是温和派。

总体来看，色拉叙马霍斯的演讲辞已经非常明晰地界定了当时雅典城邦中政治思考的核心范式，即城邦在外部战争压力以及失利的情况下，开始对晚近的民主政体进行反思和调整，城邦不再同心一致，从寡头到民主光谱之间的各派开始出现了内乱的征兆，城邦主要的政治精英开始纷纷征用祖宗之法来为城邦寻找出路。色拉叙马霍斯这里的表述并非个案，公元前5世纪后期不同性质的文本都针对民主制展开了论辩，其中欧里庇得斯的悲剧和伪色诺芬或老寡头的《雅典政制》就是城邦政治思考的代表性文本，这也反映了这

---

① 柏拉图：《理想国》, 328b, 340a-b。尼德曼提到《理想国》洛布版本的编者和译者Paul Shorey 将克利托丰视为与色拉叙马霍斯一派，见 Nederman, "Thrasymachus and Athenian Politics", p.150。

② Nederman, "Thrasymachus and Athenian Politics", pp.147-150。

个时期雅典政局的变化。

2. 雅典内部的意识形态斗争

寡头派/寡头制的兴起

通过上一章对修昔底德文本的分析，我们得以理解缘何学者们普遍认为公元前5世纪开始，希腊城邦内乱具有更强的意识形态色彩。[1]虽然上一章的分析中显示，各个派系本质上是基于力量逻辑而对城邦统治权的争夺，随着伯罗奔尼撒战争的进展，"民主派"和"寡头派"这些名称所指涉的群体是非常不稳定的，只是野心团体为了夺权所采用的名号而已。但的确是从公元前5世纪后半期开始，雅典以及希腊世界内更多的城邦开始进入政体阶段，并且寡头制和民主制开始慢慢成为大部分城邦的政体形式。对于雅典来说，在公元前5世纪的大部分时间内，城邦平等秩序以及后来的民主制度的首要敌人是僭政，但是到了该世纪末两次内乱时，寡头甚至是极端寡头派成为城邦内乱的主力。为了更好地理解雅典城邦的政治反思，我们有必要首先就寡头派的兴起进行简要的考察。

如果从字面意思看，"寡头制"仅仅表示"少数人的统治"，而今人对寡头制的认知主要受到柏拉图和亚里士多德对政体类型的分析，寡头制在两人的理论框架中最重要的是指少数人，实际是有钱的富人统治，政体的原则是财富。[2]对寡头制的这一论断基本也是研究希腊古典时期寡头政体学者的共识，即在寡头制中，一定的财

---

[1] 持有类似观点的学者，如 C. Joyce, "The Athenian Reconciliation Agreement of 403 bce and its Legacy for Greek City-States in the Classical and Hellenistic Ages", in Edward M. Harris and Mirko Canevaro, eds., *The Oxford Handbook of Ancient Greek Law,* Oxford University Press, 2018。

[2] 柏拉图：《理想国》551b；亚里士多德：《政治学》1278b8-11。

产标准是进入统治集团和获取官职的基础性条件。① 对寡头制内涵的认定应该是在公元前 4 世纪作家笔下基本完成的，而考察寡头制的历史，会发现它并不是与城邦政治发展相伴而生的。

现在学者们普遍认为，寡头制真正开始成为重要的政治力量和概念，很重要的原因是作为民主制的对立面出现。② 而对于寡头制这一概念的出现时段，大部分学者认为是在公元前 5 世纪后半叶，最为重要的文本线索有两个。③ 第一个文本线索是伯里克利与麦莱西亚之子修昔底德（Thucydides son of Melesias）之争。根据普鲁塔克的叙述，当伯里克利大权在握的时候，雅典的贵族派希望有人出来与之抗衡，他们便扶植了修昔底德与伯里克利对抗，在此之后，雅典出现了两个派别：民众派（demos）和少数派（oligoi）。④ 伯里克利采取了一系列取悦底层民众的做法，并最终将修昔底德成功流放，雅典城内反对伯里克利的上层群体（hetaireia）的努力最终失败。第二个是前文也提到的修昔底德关于科西拉内乱的评述，根据他的说法，到了前 420 年代，希腊世界已经开始以寡头派和民主派为名头求援于斯巴达和雅典了。⑤ 但需要强调的是，这两处文本所讨论的寡头派性质并不完全一样，正如罗兹敏锐把握到的那样，修昔底德和伯里克利的这一对抗基本还带有很强的古风时期背景，即老一代贵族群体与新兴起的并逐步激进化的民主制领袖之间的斗争。而到了公元前 5 世纪末期，寡头派群体大多已经不再出自贵族

---

① Martin Ostwald, *Oligarchia: the Development of a Constitutional Form in Ancient Greece*, Stuttgart, 2000, p.75; Matthew Simonton, *Classical Greek Oligarchy: A Political History*, Princeton University Press, 2017, p.40.

② 如 Simonton, *Classical Greek Oligarchy: A Political History*, p.5.

③ Ostwald, *Oligarchia*, p.23, p.186; Rhodes, "Oligarchs in Athens", p.127.

④ 普鲁塔克：《希腊罗马名人传》之"伯里克利传"，11；另亚里士多德在《雅典政制》中也简要提到这二人的对抗，《雅典政制》28.2。

⑤ 修昔底德：《伯罗奔尼撒战争史》3.82.8。

世家，基本和新兴的民众领袖拥有类似的背景。①

从上文可以看到，在伯罗奔尼撒战争期间，希腊世界中诸城邦内寡头派和民主派的对立逐步强化②，除此之外，在雅典政治斗争中，这二者的对立还呈现出和其他城邦不太一样的特点，那就是寡头派往往被民主派认定为有僭政倾向，这一特征与前文对四百人政体的最终判断也是符合的。我们可以从前415年雅典赫尔墨斯像被毁案清楚地看到其中的状况。根据修昔底德的记述，雅典在远征西西里的准备工作期间，一天夜里雅典城几乎所有的赫尔墨斯石像均遭毁坏，"人们非常严肃地对待这个事件，因为它被认为是远征的征兆，是发动暴动以推翻民主制阴谋的一个组成部分"③。这一说法表明，当时雅典城内可能存在有一派政治力量企图推翻民主制，而在远征之前的公民大会辩论中，尼西阿斯似乎也含糊地透露出类似的疑虑。在劝说雅典人不要支持阿尔喀比亚德发动西西里远征时，尼西阿斯说：

> 在你们与拉栖戴蒙人及其盟邦的交锋中，你们已经有过这种经历，与你们开始时的恐惧相比，你们的成功是出乎意料的，它使你们立即轻视他们，进而使你们渴望征服西西里了。但是，对手的灾祸不应当使你们趾高气扬，你们只有从精神上征服他们，才会使自己感觉到信心十足；你们应当知道，因遭受耻辱而醒悟的拉栖戴蒙人只有一个念头，如果可能，甚至现在他们就想摧毁我们，以洗雪前耻，因为军事荣誉自古以来就是拉栖戴蒙人最重要的奋斗目标。因此，如果我们头脑清醒的

---

① Rhodes, "Oligarchs in Athens", pp.131-133.
② 奥斯特瓦尔德曾对《伯罗奔尼撒战争史》中 oligarch- 词根出现频次做过统计，从卷一到卷六仅出现过9次，而卷八一卷就有32次，见 Ostwald, *Oligarchia*, p.24.
③ 修昔底德：《伯罗奔尼撒战争史》6.27.

话，我们作战的目的和西西里的土著居民爱基斯泰人毫无关系，而是怎样最有效地保卫我们自己，**防备斯巴达给我们安置寡头政体的阴谋**。(黑体为笔者所施加)

如果最后一句的翻译正确的话[1]，尼西阿斯很明显是在警告雅典人，当下最大的危险和敌人是斯巴达。斯巴达的威胁不仅仅体现在外部的斗争，而且还有对雅典政体的颠覆。在这场战争期间，特别是在卷三克里昂与狄奥多图斯关于如何处置密提林城邦的辩论后，雅典和斯巴达通过促成城邦内部分裂以及扶植其他城邦内亲近自己的派别，以实现最终控制盟邦的手段是广泛应用和颇为奏效的。虽然尼西阿斯在这里没有进一步具体解释他的疑虑，但是不久之后的赫尔墨斯神像被毁事件所引发的一系列后续行动似乎可以佐证雅典对寡头制的恐惧。埃琉西斯秘仪[2]和赫尔墨斯神像事件之后，民众煽动家安德罗克里斯等借此指控阿尔喀比亚德等阴谋推翻民主制。[3]尽管阿尔喀比亚德仍然得以率兵出征，但雅典在不久之后便召回阿尔喀比亚德回城邦接受审判，并且还逮捕了很多颇有影

---

[1] 修昔底德：《伯罗奔尼撒战争史》6.11。这段引文的最后一句话非常含糊，原文为 ἀλλ' ὅπως πόλιν δι' ὀλιγαρχίας ἐπιβουλεύουσαν ὀξέως φυλαξόμεθα。目前中译本的几个译法分别是"反击拉栖戴蒙寡头派的阴谋诡计"（徐松岩译）；"而是如何时刻提防一个图谋我们已久的寡头制城邦"（何元国译）；"以及反对斯巴达贵族寡头的诡计"（谢德风译）。其中 dia oligarchias（经由寡头制）既可修饰前面的 polis 即斯巴达，也可以修饰下文即"通过寡头制的阴谋"。目前的中译文基本遵循前面一种理解，但是结合上下文，尼西阿斯这里似乎并没有必要强调斯巴达是寡头制，并且斯巴达严格意义上并非寡头制，所以我认为以下这种理解更为合理，即尼西阿斯在警告雅典人，斯巴达在和城内的寡头派有勾结，并旨在雅典建立寡头政体，这才是雅典人需要首先应对的挑战，而非远征西西里。关于这一段话的模糊性，见 Simon Hornblower, *Commentary on Thucydides*, Vol.3, Oxford University Press, 2009, p.332；晚近牛津本基本保留了文本的模糊性 "but maintaining a defensive alert at home against the design of an oligarchic state", Martin Hammond, *Thucydides: The Peloponnesian War*. With an Introduction and Note by P.J. Rhodes, Oxford University Press, 2009, p.314。

[2] 阿尔喀比亚德被指控参加嘲弄侮辱性的秘仪，该秘仪通常是封闭群体秘密举行的宗教仪式。

[3] 修昔底德：《伯罗奔尼撒战争史》6.27-28，8.65。

响的人，并没收了他们的财产。①

我们这里无须讨论秘仪和赫尔墨斯神像事件的真正的原因和过程，以及阿尔喀比亚德是否真的是其中的参与者，因为从雅典对这些事件的激烈反应可以看出，有一件事情是真实存在的，那就是雅典人对推翻民主制阴谋的恐惧。修昔底德在描述这一事件时，添加了一长段关于雅典历史上僭政及其终结的插叙，并且在结束时评论道："雅典人对这些事记忆犹新，每当听到这方面的传闻，他们就会回想起这些事；其时雅典人民变得情绪急躁，对因神秘祭仪事件而受指控的人持怀疑态度，认为发生的一切都是企图建立**寡头制和僭主制**的阴谋的组成部分。"② 在修昔底德看来，雅典对这一阴谋的处置主要是基于对僭政历史记忆的恐惧，但是到前410年代，民主政体除了僭主制外还多了一个对立面，那就是这里与之并列的寡头制。根据铭文的记载，在这一事件中被指控、逮捕、处死和流放的人中大多非常富有，甚至有学者（Lewis）推测被没收的财产总量达到500—1000塔伦特，而前370年代雅典地产也不过6000塔伦特。③ 所以，这一事件中民众主要的斗争对象是城邦的富裕阶层，无论他们是否真的形成一股寡头力量，但是民众成功地被煽动家鼓动起来，极大消除了他们的力量。

综合尼西阿斯战前演讲中含糊提到的寡头制阴谋以及赫尔墨斯神像和秘仪事件，我们可以合理地猜测当时雅典城邦内的确存在

---

① 《伯罗奔尼撒战争史》，6.60；被指控的人员名单等参见安多基德斯：《论秘仪》13-71，载安提丰等：《阿提卡演说家合辑》，陈钹、冯金朋、徐朗译注，吉林出版集团有限责任公司，2016年；另有铭文记载了被指控的名单和没收的财产清单，见 "Confiscated property of the Hermocopidae, 414", in Robin Osborne and P.J. Rhodes., eds., *Greek Historical Inscriptions 478-404 BC*, Oxford University Press, pp.428-446。

② "ἐπὶ ξυνωμοσίᾳ ὀλιγαρχικῇ καὶ τυραννικῇ"，修昔底德：《伯罗奔尼撒战争史》6.60。

③ 转引自 Robin Osborne and P.J. Rhodes., eds., *Greek Historical Inscriptions 478-404 BC*, pp.442-443，另参见 p.441。

着关于寡头政体阴谋的传言。这一阴谋可能是斯巴达在对付其他城邦时惯用的手段，即在被征服城邦中建立十人团统治，也可能是城内寡头派也有联合斯巴达夺取城邦统治权的想法。无论哪种情况实现，雅典民众担心的将不仅仅是寡头统治，而会是比较严苛的僭政，这也构成雅典民众强烈反抗的最重要动机。但是，需要更为仔细区分的是，当时的雅典是否存在与民主制相区别的、但又不走向僭政方向的寡头制诉求呢？如果存在，那支撑寡头制思考的思想基础又是什么呢？

寡头制的理论基础

通过上文对公元前5世纪后期雅典内部政治派系的分析，我们大胆地猜测可能存在一个趋于政治自觉的寡头群体，而这一政治群体的形成很大程度上是出于对雅典民主制的批评。① 如前所述，与雅典民主兴起相伴随的就是与之的对抗，并且随着雅典民主制走向极端化，城内与之的对抗也愈加激烈。早期是传统的贵族家族的反对，后来逐步演变成了少数人的反对。这其中最早的代表可能就是反对厄菲阿尔特斯（Ephialtes）的客蒙（Cimon）②，之后与伯里克利作对的贵族派代表就是上文也讨论过的麦莱西亚之子修昔底德，但是修昔底德最后被城邦流放宣告了伯里克利政敌集团的解散。如果说客蒙和修昔底德对厄菲阿尔特斯和伯里克利的反对还处于民主从设立之初向极端化发展过程之中，那么到公元前5世纪中后

---

① 对公元前5世纪和公元前4世纪对雅典民主制的批评，参见 Josiah Ober, "How to Criticize Democracy in Late Fifth- and Fourth-Century Athens", in J.P. Euben, J. R. Wallach, and Josiah Ober, eds., *Athenian Political Thought and the Reconstruction of American Democracy*, Cornell University Press, pp.149-171。

② 普鲁塔克：《希腊罗马名人传》之"伯里克利传"9.5，第470页；"客蒙传"15.3，第399页。普鲁塔克在两处都将客蒙说成是恨人民的，希望恢复克里斯提尼时代的贵族制度，并且是爱斯巴达的。正如上文分析的那样，尼西阿斯演讲最后一句的模糊其实也可以被理解为城内寡头派与爱斯巴达的天然联结。

期,特别是伯里克利去世之后,对民主制的批评也具有新的语境和特征。

伯里克利在伯罗奔尼撒战争开始后第二年的阵亡将士葬礼演说是对雅典民主制和帝国颂歌的顶峰,伯里克利的成功也标志着雅典城内政局斗争的核心已经转变为对民众支持的争夺,同时如芬利指出的那样,民主制也需要克里斯玛型领袖或煽动家。① 修昔底德希望将伯里克利打造成以城邦利益为最高旨归的政治家,他的继任者则"每个人都想力争居于首要地位,最终他们竟准备靠牺牲整个城邦的利益来迎合民众的心血来潮"②。而对伯里克利之后一些政治家的讽刺也多见于当时的戏剧作品中,如克里昂就是阿里斯托芬喜剧中不断被嘲讽的对象。③ 然而除了政治家或煽动家外,雅典民主制另外一些缺陷也在大战中显现出来,民主制的善变、对杰出人物的依赖与猜忌等都随着战争进程的不断深入而展现出来。

而在差不多同时期或稍早一些的雅典,欧里庇得斯在其《请愿妇女》等剧中也对民主制有所反思。在前423年上演的《请愿妇女》讲述的是俄狄甫斯家族故事"七将攻忒拜",阿格斯城邦的将士们帮助波吕涅克斯去攻打忒拜的厄忒俄克勒斯,但不幸全部阵亡且被忒拜人禁止埋葬。这些将士的母亲们便来到雅典,请求雅典的王忒修斯以援助,希望他能够施以援手向忒拜的统治者克瑞翁要回

---

① "蛊惑民心的政客——我在中性意义上使用这个词——是雅典政治体制中的结构性因素。关于这一点,我首先指的是若没有这些政客,这一体制根本就不会运转;其次,这个词同样适用于所有的领导人,无论他们所属的阶级或持有的观点是什么;最后,在相当广泛的范围内,人们不是根据这些政客的行为方式或方法,而是根据他们的表演对其他个人进行评判。"见芬利:《雅典蛊惑民心的政客》,M.I.芬利:《古代民主与现代民主》,郭小凌、郭子林译,商务印书馆,2016年,第28—50页,此处引文为第46—47页。

② 修昔底德:《伯罗奔尼撒战争史》2.63。

③ 阿里斯托芬:《马蜂》《骑士》等,中译文参见阿里斯托芬:《阿里斯托芬喜剧六种》,罗念生译,上海人民出版社,2016年。

尸体并埋葬。忒修斯答应了妇女们的请求，最终出兵要回了将士们的尸体。

欧里庇得斯将关于民主的辩论放在忒修斯与从忒拜前来的传令官的对话中，因为忒拜是僭主统治，所以其传令官默认雅典也是僭主政治，所以一上来就问谁是这里的僭主。忒修斯明确言告他，雅典是个自由的城邦，不是被一个人统治着。民众（demos）每年轮流为政，富人没有什么优待，穷人也有同等的机会。但是忒拜的传令官却给出对民众统治的四项批评。第一，民主政体中，少数政治人物会通过取悦性的话语来迎合民众，以实现自己的利益和目的，并且会不断转变自己的立场；第二，民众并没有足够的能力领导城邦；第三，政治技能需要大量的时间或闲暇才能得以培养，而穷人每日忙于耕作，根本无暇进城参与城邦事务，故而也不可能拥有相关的知识；第四，在这种政体中，一个哪怕出身卑微的人也能靠如簧巧舌获得荣耀。① 正如上面对修昔底德笔下的雅典民主表现的总结，这四点批评都能够在当时的雅典，特别是伯里克利之后的雅典政治实践中找到对应人物和案例。

而忒修斯自然也对这些批评做出了回应，有趣的是，他的回应是对忒拜以及僭主政治的批评。在忒修斯看来，僭政对城邦是最大的危害，原因有三。首先，僭政城邦中没有平等，因为只有僭主一人统治，其他人并没有成文法的保护；其次，僭主会憎恨其他优秀的人，特别是年轻人，会想方设法将这一群体除掉；最后，在僭政城邦中，被统治者所有辛苦劳作所得以及教养的女儿最终都将被僭主霸占，满足其个人欲望。② 所以，这段关于政体的辩论实际上

---

① 欧里庇得斯：《请愿妇女》404-425。译文参考《古希腊悲剧喜剧全集·欧里庇得斯悲剧·中》，张竹明、王焕生译，译林出版社，2015年。

② 欧里庇得斯：《请愿妇女》429-455。

是忒拜传令官和忒修斯彼此攻击对方的政体，分别揭露民主政体和僭主政体的缺点。忒修斯虽然身为雅典的王，但是却将雅典视为一个自由的城邦对待，凡事都要和城邦公民商量，但是即便如此，忒修斯并没有针对性地回应忒拜传令官的批评，他只是说雅典政体的好处是公民在法律面前是平等的，并且年轻人不会被统治者消灭，自己的财富和家人也能得以保全。但是就忒拜传令官对民主运行的四点指责，忒修斯并没有做出有分量的针对性辩护。所以，当坐在剧场的观众听完这场辩论后，所得到的信息是僭主政体和民主政体都存在很大的弊端，雅典能避免僭政的很多问题，但未必能让所有人有时间和能力参与政治事务，进而做出良好的决策，以及避免煽动家的蛊惑。由此而来的一个问题就是，对于忒修斯或者欧里庇得斯来说，怎样的政体是更为理想的呢？在悲剧开篇的时候，作者给出了一个明确的回答。在面对阿格斯国王阿德拉斯托斯的请愿诉求时，最初忒修斯并没有应允，而是对其表达了谴责，认为他率军去攻打忒拜是受了年轻人的误导，为了自己的利益而毁掉了同邦公民。紧接着，忒修斯说：

> 须知，城邦公民有三种人：
> 其一是无益的富人，他们一味地追求财富；
> 其二是一无所有生活无着的穷人，
> 很可怕的，怀着过多的妒忌，
> 受坏头头儿言语的欺骗，
> 对富有者射出恶毒的刺；
> 第三种人是财富中等，是城邦的救星，
> 他们守护着城邦定下的秩序。[①]

---

① 欧里庇得斯：《请愿妇女》，238-245。

忒修斯明确认为富人和穷人的目标只是为了满足自己的利益，甚至为了实现目的而丝毫不顾及城邦的总体利益，或者说根本不会把城邦纳入自己的视野之中。富人一味追求财富可能会将城邦带入灾难的境地，而贫穷的民众则会受到煽动家的鼓动去褫夺富人的财产，而这恰恰是忒拜传令官对民主的批评之一。所以，从忒修斯这里的话可以看出，他并不支持穷人民众统治，而真正合理的政体秩序是要依靠财富适中的中间阶层。

如果将欧里庇得斯对僭政和民主制的批评放回到伯罗奔尼撒战争的历史语境中就能更好理解，一方面雅典仍然保留着僭政的记忆，另一方面民主制随着战争的进行开始显露出不尽人意的方面。所谓的中间阶层和修昔底德对于五千人政体的褒扬是在道理上相通的政治性反思，这一脉络也延续到亚里士多德对于政体的分析之中，后者在《政治学》中甚至用了完全一样的分析话语。①

欧里庇得斯从中道（mesotes）政治秩序着眼，对民主制实际上提出了尖锐的批评，同时代的类似批评还有很多，其中最为重要的相关文本就是老寡头的《雅典政制》，在此书中，寡头派还积极地阐述自身政治立场的理论基础。② 在这部产生于前431—前424年间③的作品中，老寡头非常明确地对民主制提出了批评，并将寡头派与民主派对立起来。④ 考虑到这部作品对于理解公元前5世纪后

---

① 亚里士多德：《政治学》，1295ff.。

② 希腊语和英文注疏参照 J. L. Marr. and P. J. Rhodes., *The 'Old Oligarch': The Constitution of the Athenians Attributed to Xenophon*, Aris and Phillips Classical Texts, 2008。现有中译见色诺芬：《希腊史》附录1，徐松岩译注，上海三联书店，第360—373页。

③ 关于具体的时间判定参见 William G. Forrest, "The date of the pseudo-Xenophontic Athenaion Politeia", *Klio* 52.52 (1970): 107-116; Marr and Rhodes., *The "Old Oligarch": The Constitution of the Athenians Attributed to Xenophon*, pp.3-6, 另在 pp.31-32, 编者列出了学者们关于该文本定期的不同观点。

④ 老寡头：《雅典政制》2.17。

期，特别是伯罗奔尼撒战争期间雅典寡头派思考的重要性，这里有必要更为细致地讨论一下该文本。

老寡头在开篇时便亮明自己的立场："我不赞赏雅典人的现行政制……我认为雅典人的政制并不是一种优良的政制。"① 老寡头所反对的是雅典当时的民主制度，那么这一制度是怎样的呢？总结起来，在老寡头眼里，当时的雅典民主制有以下这些特点。

第一，民主制的阶层基础是穷人和平民（demos），通过将这二者并称，可以看出民主制的词根的含义被老寡头归为穷人群体，而非全体公民。老寡头的这一批评也是富有针对性的，因为当时对民主制的捍卫往往会强调 demos 是全体公民，如修昔底德就曾借叙拉古民主派领袖阿特那哥拉斯（Athenagoras）之口，提到了时人对民主制和寡头制的一些认知：

> 也许有人说，民主制既不贤明也不平等，财产拥有者最适合成为统治者。我的看法恰恰相反，首先，民主制中的 demos 一词包括全体公民，而寡头制即少数人的统治，仅代表其中的一部分。其次，如果说最好的财富保护者是富人，最好的顾问是贤明人士，那么，他们都不能像大众那样善于听取意见并做出明智的决定；在民主制下，所有这些有才能的人，无论是作为个体还是集体，都享有平等的权利。但是寡头制会使人民大众分担苦难，而寡头党人自己坐拥好处且搜刮别人的利益，意欲独占全部。②

老寡头的观点与阿特那哥拉斯针锋相对，他进一步将穷人与海军联系在一起："正式配备在战舰上的平民（demos）使得城邦获取了力量；舵手、桨手长、下层桨手长、瞭望者和造船匠——这些人，相

---

① 老寡头：《雅典政制》1.1。
② 伪色诺芬：《雅典政制》6.39。

比重装步兵和显贵阶层，给城邦贡献了更大的力量。"①对于在大多数城邦中占据重要地位的重装步兵，老寡头说，雅典的重装步兵无论战斗力还是数量都不比其敌人，但是比盟邦要强。②

第二，所有公民都有权参与公共事务，除了极少数依赖才能的官职外，其他官职，特别是发放薪金的官职由所有公民抽签和举手表决的方式确定。在公民大会上，下层民众中任何一位想发言的，都可以畅所欲言，为自己和同类谋取利益。以穷人和平民为政制基础的民主制对城邦中的穷人自然更多的关照，在城邦很多公共事务中，特别是节庆和部队中，平民认为自己理应从唱歌、竞赛、跳舞和海上服役中获得报酬。就这样，穷人待遇逐渐改善，他们的力量也进一步加强。③

第三，雅典的平等不仅推到了穷人和平民，而且奴隶和客居的外邦人也有很多特许，"我们在奴隶和自由人以及麦特克和公民间建立了平等的自由言说（isegoria）的关系"④。

第四，雅典的议事会和公民大会要处理极为庞杂的事务。因为雅典每年举办远多于其他城邦的节日庆典，在节日之外，她要处理自身和盟邦的诸多事务，以及私人、公共和盟邦诉讼案件，以使得各种机构无比忙碌。⑤

第五，除了对城内富人的剥夺外，雅典民主制的重要支撑还来自于帝国盟邦。盟邦对雅典的奉养手段很多，其中包括盟邦的很多官司要放在雅典审理，进而给雅典输送诉讼费用和税收等收益；雅典通过制海权和航路控制获取希腊世界和异族人的物产；收取盟邦

---

① 老寡头：《雅典政制》1.2。
② 老寡头：《雅典政制》2.1。
③ 老寡头：《雅典政制》1.3-4,1.13。
④ 老寡头：《雅典政制》1.12。
⑤ 老寡头：《雅典政制》3.1-7。

每年缴纳的贡金等。并且,为了维系帝国的安全,雅典人扶植盟邦和发生内乱城邦中的下层民众。①

以上的这些描述基本刻画了伯罗奔尼撒战争期间雅典民主制最主要的表现,而老寡头对这一制度却有着激烈的批判。② 正是从这批判中,我们得以管窥当时寡头派的一些基本立场。首先,老寡头不仅将平民(demos)的含义限定为穷人,而且还为这一群体同时附加了具有负面意义的道德和智识评价。在开篇处,作者便将穷人视为"卑劣之人"(poneroi)③;此外"平民大众中尽是些无知之人,他们不守规矩、卑劣;贫困致使他们做一些可耻之事,缺钱致使一些人未能接受教育,处于无知状态"④;"雅典人知道,这种人(平民)的无知、卑劣……"⑤。如果说平民、穷人尚属中性概念,那么卑劣、无知就将民主制判定为由劣等人统治的不良政体。⑥ 与卑劣的民主制相对的就是寡头政体,与穷困、无知的平民相对,富人则是拥有良好出身和优秀的(chrestoi)人,他们受过良好的教育。由这些优秀的富人统治的政体则拥有良好的秩序(eunomia),在这个好政府中,"你会发现,首先最聪明的人为他们制定法律。之后,最优秀的人将惩罚那些卑劣的人;他们将为城邦制定政策,他们不会允许粗野之人进入议事会或发表意见或参加公民大会"⑦。

---

① 老寡头:《雅典政制》1.16-18, 2.7-15, 3.5, 3.10。
② 需要指出,老寡头这一文本的直接论辩对手并不是民主派,而是同样反对民主制的其他持寡头立场的人,参见 Marr and Rhodes, *The "Old Oligarch": The Constitution of the Athenians Attributed to Xenophon*, pp.13-16. 此处只关注《雅典政制》所呈现出的寡头派意识形态,而对其原先预设的读者不做附加的区分和讨论。
③ 老寡头:《雅典政制》1.1。
④ 老寡头:《雅典政制》1.5。
⑤ 老寡头:《雅典政制》1.7。
⑥ 老寡头:《雅典政制》1.8。
⑦ 老寡头:《雅典政制》1.9。

所以，深究老寡头的逻辑，我们可以发现他实质上认为民主制的基础并不在于它更优秀，而是因为城邦中最有力量的群体的穷人，特别是海上服役的海军群体。民主制和良好的政策和秩序并无关联，而雅典的民主帝国不过是穷人瓜分利益的载体。与之相对，寡头制则显得更具合法性，通过将富人和聪明的人以及优秀的人等同，寡头制则是一个能够制定良好政策，建立优良秩序的政体。并且，在处理与盟邦的关系上面，寡头制也会比民主制赤裸裸的剥削显得更具公义："实行寡头制的城邦必然要维持同盟，遵守誓言。倘若他们不遵守约定或有失公正，那么其同盟就很难维持下去了。"① 总起来说，老寡头认为民主制建立的基础是权力，而寡头制的意识形态基础是优秀，因而后者更具合法性；换言之，少数富人比广大穷困平民更有资格进行统治。②

尽管老寡头将寡头制视为比民主制更有优良的政体形式，但是仔细考察他对二者的描述，会发现富人统治的寡头制和穷人统治的民主制实际上共享一个政治观念。这就是老寡头文本所体现的政治思考的第二点：城邦并不是为全体公民所共享的，而是服务于统治集团的利益。在《雅典政制》中，无论是民主派还是寡头派，都将对方视为对手，双方的关系势不两立；换言之，缺乏一种以城邦总体利益为旨归，进而涵盖所有公民成员的政治理念。在老寡头看来，"如果只允许优秀的人成为议事会成员并发言，那么就会有利于他们自己，而对平民无益"③。平民也会惧怕寡头制，因为"在

---

① 老寡头：《雅典政制》2.17。
② 关于公元前5世纪晚期寡头派的意识形态的研究，另可参见 Kurt A. Raaflaub, "Democracy, Oligarchy, and the Concept of the 'First Citizen' in Late Fifth-Century Athens", *Political Theory* 11, 1983, pp.517-44, esp. pp.524-534, 在该文中"寡头"被界定为"真正的自由公民"，见 p.528；Ostwald, *Oligarchia*, Chapter 2, pp.21-30；Rhodes, "Oligarchs in Athens", pp.128-129。
③ 老寡头：《雅典政制》1.6。

寡头的良好治理下，平民就沦为了奴隶"，寡头一旦掌权就会惩罚平民。① 用他自己的话总结就是"统治者必然（anagke）遭到被统治者的仇恨"②。

老寡头对政体本性的这一理解并不罕见，这一版本最为经典的表达应属柏拉图《理想国》卷一中色拉叙马霍斯的立场，在智者色拉叙马霍斯那里，正义被认为是强者——也就是统治者的利益。③ 也就是说，在既定的城邦中，无论哪一派掌权，都会以自己的物质财富利益最大化为目标，并且为此不惜牺牲被统治者乃至被统治盟邦的利益。换言之，在这一思想支配下，统治和被统治是零和关系，任何一派为了获得和维系自身的统治都实质上具备了僭政色彩。

综合以上的分析，到了公元前 5 世纪末期，寡头派和寡头制开始成为与民主对立的概念。出于对民主制的批判，寡头派逐步形成了自身独立的思想基础，但是如老寡头所揭示的那样，寡头制从"少数人统治"逐渐获得"财富"意涵后，并没有将城邦总体利益纳入到自己的意识形态中来，而是带有很强的僭政色彩。基于这一分析，我们便能更好地理解雅典对于前 415 年寡头制阴谋的反应，以及四百人中的极端寡头派最后宁愿出卖城邦也要维系自己的安全和统治权的思想状态。只不过，雅典前 411 年政体变动最终以五千人政体告一段落，城邦的总体利益压过了各方的冲突，使得雅典又短暂地回到了旧轨。好景不长，雅典政局后续的发展表明，老寡头所揭示的寡头派意识形态和民主制的缺陷并没有消失，而是在几年之后伴随着总体的战败而又一次爆发，但殊为难得的是，雅典最终找到了走出内乱的道路，凭靠的是语义含混的"祖宗之法"

---

① 老寡头：《雅典政制》1.8-9。
② 老寡头：《雅典政制》1.14。
③ 柏拉图：《理想国》336b-354b。

与政治和解。

3. 祖宗之法与和解

民主制的恢复与三十人的上台

在以五千人政体暂时应对四百人政府带来的危机之后不久，雅典又恢复了民主制，[①] 并在前410/前409年颁布了由德摩潘图斯（Demophantus）起草的法律：

> 任何人若是颠覆民主制，或是在民主制被推翻后曾担任任何官职，他将被视为全体雅典人的公敌，人们可以杀死他而不受任何惩罚。他的财物应当被没收，其中的十分之一要献给女神。杀死或合谋杀死这类人的人是清白无罪的。所有的雅典人应当以部落或德谟为单位献上一头无瑕的牺牲，并宣誓除掉任何胆敢颠覆民主制的人。誓言内容如下："若我具备这份力量，我将用我的言语和行动、我的选票和我自己的手杀死任何在雅典颠覆民主制的人，在民主制被推翻后在城邦担任官职的人，我认为他在众神眼中是清白无罪的，因为他杀死的是雅典的公敌。我会把死者的财产全部变卖，并将一半赠予杀死他的人，不会保留任何财物。如果任何人在杀害或试图杀害这类人时不幸身亡，我将照顾他本人和他的子女，如同对待哈尔莫迪乌斯、阿里斯托基冬和他们的后代一样。任何人在雅典、在军营或在其他地方所宣告的反对雅典人民的誓言，我皆视为无效。"所有的雅典人应按惯例在狄奥尼索斯酒神节之前献上一头无瑕

[①] 关于五千人政体的结束，目前并没有确凿的记载，修昔底德的记述只到前411年，色诺芬等也没有记载此事，亚里士多德在《雅典政制》（34）只是简单提了一句"但是人民在很短的期间内就剥夺了这些人掌握的政府大权"，安多基德斯《论秘仪》（96）提到五百人议事会是由抽签选出，表明原来的民主制度重新恢复。

的牺牲并这样发誓。我们应为之祈祷，愿神保佑遵守誓言的人；违反誓言者将招致毁灭，他本人和他的家庭都要遭殃。①

德摩潘图斯法律重新确认了对于雅典来说，民主制是唯一可能的政体形式，而任何企图颠覆民主制的人则是城邦公敌。②值得注意的是，在这个法律中所提及的案例是雅典历史上希匹阿斯的僭政往事，所以可以合理地推断，在当时的雅典人心目中，四百人政权的性质是僭政而非寡头制。而一些温和寡头派代表，像塞拉麦涅斯（Theramenes）、阿里斯托克拉特斯（Aristocrates）等也并没有被杀害或控诉，而是继续担任统帅，甚至还在颁布德摩潘图斯法律这一年当选将军。③

民主制恢复之后，雅典的内外表现也并不尽如人意。对外在有优势的情况下拒绝了和斯巴达的和谈，并在阿吉努塞（Arginusae）海战之后，判决8位将军有罪并处死了其中6位。④但是，按照色诺芬的记述，雅典人在不久之后又一次感到后悔，并通过法律要检举审判当时煽动人民判决十将军的人。从这些事情上可以看出，恢复后的雅典民主制并没有摆脱西西里战败前的惯习和品性。六年后，在羊河战役失败后，雅典再一次进入内乱的危机状态之中。

德摩潘图斯的法律虽然对民主制施以保障，但是对伯罗奔尼撒联盟的战败使得雅典民主政体又一次遭遇重大压力，并在城内建立了三十人统治，这也促发了雅典政治史上最为黑暗的一个阶段。关于战后雅典政局的变动，特别是三十人的统治，我们目前拥有相对丰富的文献及考古材料，包括色诺芬的《希腊史》、亚里士多德的

---

① 安多基德斯：《论秘仪》96-98，《阿提卡演说家合辑》，第160—161页。
② 关于该法令及公共展示的研究，参见 Shear, *Polis and Revolution*, pp.96-106。
③ Robert Develin, *Athenian Officials 684-321BC*, Cambridge University Press, 1989, p.165.
④ 这一过程见色诺芬：《希腊史》，1.6.29-1.7.35。

《雅典政制》、狄奥多罗斯《历史丛书》(第 14 卷)、吕西阿斯演讲辞(12)以及普鲁塔克的《吕山德传》等。① 这些文献对这段历史细节的记述并不完全一致,但是总体来说,我们可以梳理出粗线条的演进线索,在进入更为具体的讨论之前,有必要对进程有大致的把握。在羊河战役失败之后,雅典受迫于海陆的封锁被迫投降,这也宣告了雅典帝国的终结。同时,防卫城墙的拆除也使雅典处于防备虚弱的境地,在吕山德的支持下,雅典的民主制也被寡头集团统治取代,并最终建立了三十人统治。三十人起初统治比较温和,还进行了一些制度和法律上的改革,但是很快便僭政化和暴力化,战后雅典重要的政治人物塞拉麦涅斯被处死。被放逐的民主派将领特拉叙布鲁斯(Thrasybulus)率军攻占斐列(Phyle),并在之后集结军队于比雷埃夫斯,"港民党"与城内"市民党"进行战斗,港民党取得最后胜利。之后,雅典宣布大赦,实行和解,寡头派可以选择搬去埃琉西斯居住,自此民主制得以恢复。

与西西里战败相比,赫勒斯滂海域的失利给雅典带来了重大的损失。在这场最后的战役中,雅典损失 171 艘战船,兵员超过 3 万人,另有 3000—4000 人被俘,雅典的海军遭到毁灭性打击。② 失去海上力量的雅典自然无法捍卫海路的运输通道,致使城内供给恶化,粮食短缺情况严重。如果说西西里战败后,雅典还没有彻底绝望,仍然积极备战和维持帝国,那么羊河战役的失利则引发了极为严重的恐慌。色诺芬记载了雅典人得知惨败消息后的反应:"雅典人的哀号之声通过长城,从比雷埃夫斯港传到雅典城里去;这天夜里谁也未能入眠,他们不单为那些死难者悲哀,更多的是为他们自

---

① 大部分学者认为色诺芬和亚里士多德的记述最为重要,而作为同时代人的色诺芬在大部分事情上似乎更具权威性。
② 色诺芬:《希腊史》2.2.20-32。

己担心,他们认为自己将遭受同样的苦难。"① 但是,即便如此,雅典人仍然坚持着和谈的底线,即不拆除长城和保留比雷埃夫斯港,甚至立法禁止任何人提出与此相违背的和谈建议。在这之后,塞拉麦涅斯成为与斯巴达和谈的关键人物。根据色诺芬的记述,在雅典坚决不愿退让的僵局下,塞拉麦涅斯主动提出愿意去吕山德那里,打探拉栖戴蒙人要求雅典拆除长城的真实意图。但是,在去往吕山德处之后,塞拉麦涅斯却待了三个多月,直到雅典粮食供给彻底陷入危机,而不得不答应任何条件。这期间实际发生了什么我们并不清楚,但是在第四个月塞拉麦涅斯回到雅典之后,他率十人使团前往斯巴达去做最终的谈判。斯巴达拒绝毁掉雅典,但是提出了比之前和谈条件更为苛刻的投降条件:②

　　拆除长城和比雷埃夫斯港的城墙;

　　只保留 12 艘舰船,其他舰船均需交出;

　　原来被雅典流放的人召回雅典;

　　与斯巴达结盟;

　　放弃除利姆诺斯(Lemnos)、伊姆布罗斯(Imbros)和斯库罗斯(Scyros)外的所有盟邦。③

雅典在内外交困的情况下,被迫接受了塞拉麦涅斯带回的这些条件,之后吕山德便率舰队驶入比雷埃夫斯港,在长笛女音乐伴奏下拆毁了长城。④ 除了履行上述投降条款外,雅典自身的政体形式也成为吕山德和雅典人自身关注的对象,最终出现了一个"三十人委员会"接管投降后的雅典城。

---

① 色诺芬:《希腊史》2.2.3。
② 关于投降的条款的综合整理,见 Wolpert, *Remembering Defeat*, pp.13-14。
③ 最后一条见安多基德斯:《论和平》12,《阿提卡演说家合辑》,第 195 页。
④ 参见色诺芬:《希腊史》2.2.23;普鲁塔克:《希腊罗马名人传之吕山德传》15。

在三十人统治的建立这一事件上，不同的古代作家给出的版本有分歧。大致来看，分歧主要有两个方面，一是三十人统治建立的初衷，二是三十人统治建立的时间。亚里士多德认为三十人统治的建立主要是吕山德支持寡头派强加给雅典的；狄奥多罗斯的看法与亚里士多德基本一致，认为吕山德在雅典召集公民大会，指定三十人执政；持同样看法的还有普鲁塔克，他认为雅典在接受投降条件后，便同时着手改变雅典的政体，指定三十人执政，这与斯巴达对待其他被征服城邦的做法并无二致。与这一版本相比，色诺芬的记述则将吕山德的影响基本去除，他只是提到"人民投票通过一项决议，选出三十人委员会"。

除了设置三十人统治的初衷，关于这一政府的设立时间，几位作家也有分歧。普鲁塔克说三十人统治的建立是前404年4月，也就是雅典投降的时间；亚里士多德说，在皮索多鲁斯担任执政官的时候，雅典设立了三十人统治，而执政官的任职通常在夏至后第一个满月，那么这一时间就在前404年夏末；狄奥多罗斯则提到吕山德来到雅典指定三十人是从攻占萨摩斯岛后回斯巴达路上完成的，结合色诺芬的记载，吕山德是在夏季结束的时候回到斯巴达，所以狄奥多罗斯的版本应该是也在夏末之前。稍微麻烦一些的是色诺芬，他先是提到在皮索多鲁斯当执政官那一年，雅典人民投票通过了三十人委员会，这之后吕山德起航去萨摩斯，在这个时候发生的日食可以帮助我们确定三十人设立的时间为前404年9月之前，即夏末时节。但在稍后的一个段落，他又说"两条长城和环绕比雷埃夫斯港的城墙被拆除，三十人委员会就被推选出来"，而城墙的拆除很明确是开始于前一年。为了解释的圆融，我们可以推测城墙拆除需要花费一段时间，到前404年夏末时分，三十人委员会建立。根据以上版本很明显可以看出，从雅典决定投降开始拆除城墙到正式建立三十人统治,不同作家给出了不尽相同的细节和时间描述,即便除去普鲁塔克的描述,从前404年的4月雅典投降到9月三十人统治建立仍有五个月的空档期需要解释。① 要想解释这些时间上的差别以及关于三十人设立初衷的分歧,我们就需要将目光投向这期间雅典关于祖制的讨论,以及三十人上台初期的一系列改革举措。

三十人:祖宗之法/祖制(patrios politeia)与改革

相比其他几位作家,在亚里士多德和狄奥多罗斯记述的投降条件中还添加了一个关于雅典政体变更的要求,并且二者都提到投降的条件是雅典要恢复祖制(patrios politeia)。此外,色诺芬虽没有将恢复祖制作为和约订立的条件,但是也明确提到了三十人有权将祖制纳入现有宪法。② 正如在四百人政权期间,雅典有关于祖制的讨论,前404年的战败又一次将政体问题摆上了桌面。不同的是,这一次关于祖制的讨论可能有着多重背景。首先是吕山德和斯巴达对和谈的要求,想通过强迫雅典恢复祖制来消除威胁,尽管祖制的含义并不明确,但肯定不是一个多次拒绝与斯巴达和谈的民主政体;另外一层背景应该是雅典自己也需要重新思考这个上次政体动荡并未能解决的问题,面对更为彻底的失败,雅典不得不在政体层面重新思考未来优良政体的选择。

据学者研究,从尼西阿斯和平时期开始就已经有诉诸祖宗之法/祖制的表达出现了。③ 但是祖制的实质性内涵并不明晰,正如

---

① 关于这四个月空档的解释,参见 Rex Stem, "The Thirty at Athens in the Summer of 404", *Phoenix*, 57.1-2, 2003, pp.18-34.

② 亚里士多德:《雅典政制》,34;Diodorus, 14.3, 版本采用 Diodorus Siculus, *The Persian wars to the fall of Athens : books 11–14.34 (480 – 401 bce)*, University of Texas Press, 2010;色诺芬:《希腊史》,3.2。

③ 参考 A. Fuks, *The Ancestral Constitution. Four Studies in Athenian Party Politics at the End of the Fifth Century BC*, Greenwood Press, 1971。

上文引用智者色拉叙马库斯所言，在雅典公元前5世纪末公共讨论和修辞辩论中，大家出于不同的立场却都在诉诸祖制。关于祖制最为明确的界定，除了亚里士多德在四百人政府建立时提及的内容外①，比较翔实的版本应属伊索克拉底，在其著名的《战神山议事会辞》中，他对祖制进行了具体的说明：

> 然而我们对我们的制度已经腐化的事实却相当冷漠，甚至都不会考虑如何补救它。我们只会坐在市政广场周边的商店里谩骂，抱怨着说再也不想生活在这种使我们受到糟糕统治的民主政体之下，可相较于先祖们传承给我们的政体，我们却在实际行动和思想意识中表现出对现行政体更加满意的态度。
>
> 先祖们的民主政体正是我所关注的，也是我打算在这里要说的主题。我找到了一种方法，仅有的一种可行方案，能让我们避开未来的危险，并且从现在的困境中解救出来，那就是我们应当重建更早时候梭伦和克里斯提尼创建的民主制度，梭伦本人已证明自己是所有阶层人们的朋友，克里斯提尼赶走了僭主，使人民重新获得权力。我们再也找不到比这更民主、更有利于全体城邦的制度了。关于这一政体最有强力的说明，就是那些支持这一体制的人所做的种种赢得了整个人类世界认可的高尚行为，雅典也由此在希腊人的普遍同意下成了希腊世界的领导力量。但那些倾心于现行政体的人则令他们自己为所有希腊人憎恶、遭受非议且很少能逃脱限于最糟糕危险的下场。②

伊索克拉底的这段话将祖制讨论的几个特点非常鲜明地呈现了出来。首先，之所以诉诸祖制，出发点肯定是对现状的不满，无论

---

① 亚里士多德：《雅典政制》29。
② 伊索克拉底：《战神山议事会辞》15-17，伊索克拉底：《伊索克拉底卷》，李永斌译注，吉林出版集团有限责任公司，2015年，第181—182页。

是批评现有政体的腐化还是前411年和前404年战败的反思，都是促使这一话语出现的重要语境。其次，伊索克拉底这里将祖制等同为梭伦和克里斯提尼创立民主时的制度，也就是雅典民主走向激进化之前的状态。最后，祖制的一个重要标准是能够使城邦得以良好管理，公民因而也会变得更好，这背后是对雅典光荣历史的怀念，特别是他这里强调的希波战争后的雅典所达到的高度。作为公元前4世纪重要的作家，伊索克拉底自有其时代的思想特色，我们也不能直接将其对祖制的讨论直接搬到公元前5世纪末的论辩语境中。但是上述三点的基本精神要旨应该是可以拿来参照的。

无独有偶，喜剧作家阿里斯托芬在其于前391年前后上演的《公民大会妇女》中也表达过类似的观点，怀念更早的时代：

> 要是还像从前那样，大会津贴每个人只能拿到一个奥博尔①的话，他们就会坐在花冠市场上去闲聊，而不来参加公民大会的。遥想当年，米罗尼德斯当政的年代，没有人为参加大会能将城邦的钱装进自己口袋。大家还是踊跃前来普尼克斯，各自在背囊里带着面包、葱头和酒罐，外加一把油橄榄。现在呢，虽然每人发了三个奥博尔，一讨论起城邦大事来，就只知道在会上喧嚷叫喊，又像雇来的泥瓦杂工那样要工钱。②

阿里斯托芬借城邦女性之口，点出了雅典已经今非昔比，公民们由原来自带干粮积极参与城邦事务讨论，已经堕落到现在为赚取几个薪金来参与公民大会，并且在大会上也不是真正为讨论，而是异化为表演和索薪。阿里斯托芬的此类描述不只在这部剧中有体

---

① obol，古希腊货币单位，1 obol 约 0.72 克。
② 阿里斯托芬：《公民大会妇女》301-310，译文参照《古希腊悲剧喜剧全集·阿里斯托芬喜剧·下》，张竹明、王焕生译，译林出版社，2015年。

现，而是贯穿其大部分著作之中。① 在这一整体的城邦历史与思想语境下，下面就以亚里士多德、狄奥多罗斯和色诺芬的文本为基础，对当时关于祖制的论争进行讨论。

亚里士多德在《雅典政制》的记述明确提到雅典恢复祖制和获得和平的条件，但是紧接着他提到的城邦派系论争以及吕山德最终的立场却使这一条件变得复杂。在亚里士多德的版本中，雅典城内有三个派别：其中平民派企图保持民主政治；而贵族中的政治集团以及和平之后流放归来的人力图建立寡头制，其代表人物有德拉孔提德斯（Dracontides of Aphidna）；第三个派别是温和派，他们不属于任何贵族政治集团，但是在声望等各方面并不输给任何人，他们主张恢复祖制，这一群体包括阿奇努斯（Archinus）、克利托丰（Clitophon）、阿纽图斯（Anytus）、弗米修斯（Phormisius），领袖则是塞拉麦涅斯。② 按照之前的叙述，吕山德理应支持塞拉麦涅斯领衔的温和派，因为他们主张恢复祖制，这也符合和约签订的条件要求。但奇怪的是，吕山德最后站在寡头派方面，并强迫人民通过了寡头政治。如果将塞拉麦涅斯在雅典战败后所发挥的作用纳入考虑的话，我们会发现吕山德的选择就更为奇怪了。如色诺芬所记载，雅典之所以能从拒绝投降到最后接受斯巴达的和约条件，中间起到关键作用的就是塞拉麦涅斯，无论他出于何种考虑（个人在雅典的政治野心抑或雅典城的利益），他确实是战后与吕山德和斯巴达方接触时间和次数最多、最为重要的使者和谈判者。以常理推测，吕山德无论是出于对祖制的支持还是对可能的雅典代理人的支持，都应该选择支持塞拉麦涅斯而非其他人。除此之外，亚里士多德的版本后面还存在一个难解之处，即在建立三十人统治之后，亚里士多

---

① 如《马蜂》中，他对为赚取津贴而狂热地参加陪审法庭的老父亲的讽刺。

② 亚里士多德：《雅典政制》34.3。

德提到最初他们"假装目标是恢复祖制"①,也就是说,三十人集团公开宣称的统治目标仍然是恢复祖制。

这两个疑难初看起来前后并不符合逻辑,难以解释,但是如果将这两个表面的疑难放在一起,我们或许可以大胆推测还原事情的本来进程。那就是吕山德的确以雅典恢复祖制来作为和约签订的重要条件,在三十人统治建立之前,吕山德很有可能尝试过支持塞拉麦涅斯恢复雅典祖制的努力,但是不知什么原因,塞拉麦涅斯为首的温和派并没有成功,故而后来吕山德转而支持寡头派来实现这一目的。②如果再结合狄奥多罗斯的版本,我的这一解释也可以得到强化。

狄奥多罗斯同样将恢复祖制作为和约签订的条件之一,面对这一问题,雅典人同样陷入了论争,只不过与亚里士多德不同的是,他将雅典的政治力量划分为两派而非三派。这两派分别是寡头派和民主派,其中寡头派希望建立祖制(palaian katastasin);而大多数人,即民主派则主张建立他们父辈的政制(pateron politeian),而大家公认那政体就是真正的民主制。③和亚里士多德版本对比,狄奥多罗斯指出两派实际上都打着祖制的名义,但是谋划的却是截然相反的政体。需要强调的是,我们并不清楚两个派别内心真正设想的政体形式。后来,寡头派遣使请来吕山德,在雅典建立三十人政府,而此时狄奥多罗斯记载了塞拉麦涅斯和吕山德的直接对峙:

> 塞拉麦涅斯发言反对这一方案(即三十人统治,笔者添加),读出和约中许可的雅典采纳祖制的条款,并说道如果他们

---

① 亚里士多德:《雅典政制》35.2。

② 有学者基于时间序列出现的差异而生发出类似的解释,如 J.A.R. Munro, "Theramenes Against Lysander", *The Classical Quarterly*, Vol. 32, Issue 01, 1938, pp.18-26; Munro, "The Constitution of Dracontides", *The Classical Quarterly*, Vol. 32, Issue 3-4, 1938, pp.152-166; Stem, "The Thirty at Athens in the Summer of 404"。

③ Diodorus, 14.3.3.

通过违背发过誓的和约而褫夺他们的自由的话，这将会使人出奇愤怒。吕山德说是雅典人自己违背了和约，因为雅典人没有在预定日期前将城墙拆毁。吕山德还警告塞拉麦涅斯说，如果他不停止对拉栖戴蒙人的敌对立场，就会将他处死。这样一来，塞拉麦涅斯和支持他的人便出于恐惧不得不同意废除民主制。①

在狄奥多罗斯划分的两大派别中，塞拉麦涅斯自然不会是寡头派，而是支持恢复父辈政制的民主派代表，但这一立场并不必然与亚里士多德为其赋予的标签相矛盾，甚至很有可能是同样的立场，即恢复伊索克拉底意义上的祖制。此外，狄奥多罗斯的版本也在三十人建立之前留了相当一段时间，而在这段时间内（吕山德离开雅典处理萨摩斯的事务），雅典并没有成功地托古改制。如果将上文基于亚里士多德版本重构的塞拉麦涅斯并入狄奥多罗斯版本，会发现基本逻辑仍然成立，即吕山德最初信任塞拉麦涅斯在雅典恢复祖制（民主派名义），但是并没有成功，反而让寡头派有机可乘，对塞拉麦涅斯失望的吕山德再次回到雅典，便放弃塞拉麦涅斯，转而支持寡头派的尝试。这也使得塞拉麦涅斯做出强烈反抗，但被吕山德更为强硬地压制下去。虽然狄奥多罗斯字里行间表达出对塞拉麦涅斯的钟爱，比如提到人民对他非常信任而将他选入三十人中，但狄奥多罗斯明确提出三十人统治的首要任务是要为雅典拟制未来的统治形式②，而这一未来的政体自然也必会戴上"祖制"的帽子。

狄奥多罗斯在三十人统治建立后，做过一句著名的评价："三十人被选出来掌管城邦的公共事务：公开身份是统治者，但实际上是一群僭主。"③这一评价基本也主宰着后人对三十人统治的主流看

---

① Diodorus, 14.3.6-7.

② Diodorus, 14.4.1.

③ Diodorus, 14.3.7.

法，但是三十人是否真的就是这么简单呢？近年来，也逐渐兴起对三十人统治的修正解释，强调三十人统治的前后期差别，这种解释方向将三十人统治的复杂性进一步揭示了出来。① 考虑到关于这段历史最为重要的史料来源，即色诺芬、亚里士多德和狄奥多罗斯都提到三十人统治后的重要任务是设计符合祖制的统治方式，我们就没有理由无视三十人统治早期的一系列改革措施。下面就集中讨论亚里士多德和色诺芬等人提供的材料，来试图进一步澄清三十人早期统治的性质。

关于三十人统治早期的统治，亚里士多德提供了最为详细的描述，虽然亚里士多德的记述是孤证，但其总体的叙述符合古代作家对三十人早期统治的判定，故而需要认真对待。三十人除了指定了委员会和官员，最初"对公民很温和，假装旨在恢复祖制"，并做了一系列改革：

> 他们从战神山（Areopagus）上将厄菲阿尔特斯（Ephialtes）和阿凯斯特拉图斯（Archestratus）关于战神山议事会的法律除去；并且删削梭伦法令中目的不明确的部分，取消陪审员所具有的自由裁量权，旨在修订宪法并删除宪法中不明确的地方：例如，关于一个人要将其财产赠予任何其所欲赠之人一事，他们就使这种赠予行为发生绝对效力，而将那惹人厌烦的所谓"除了因为疯狂或年老，或受女人影响之外"的限制废除，目的是使公然的勒索者不再有机可乘；对于其他事情，他们也做了与此相仿佛的事。因此，在最初，他们是忙着这些事情的，铲除勒

---

① 如 Osborne, "Changing the Discourse"; D.D. Phillips, *Avengers of Blood: Homicide in Athenian Law and Custom from Draco to Demosthenes*, Historia Einzelschriften 202, 2008, Stuttgart, pp.138-141; Shear, *Polis and Revolution*, pp.166-187. 另有一些学者看到三十人统治以政体修正开始，但认为三十人中的大部分人对此并不当真，见 Ostwald, *From Popular Sovereignty to the Sovereignty of Law*, pp.471-481。

索者和存心不良的谄媚人民的人，以及恶人和无赖之徒……①

这几项改革需要分别探究。先看第一个法律改革，即将之前厄菲阿尔特斯和阿凯斯特拉图斯关于战神山议事会的法律除去。在《雅典政制》中，亚里士多德曾记述了厄菲阿尔特斯对雅典政制的改造，即在波斯战争后相当一段时间内，战神山议事会实际上控制着雅典政体，但是随着平民力量的增强，民众领袖厄菲阿尔特斯便试图攻击这个传统议会以及所代表的贵族群体。厄菲阿尔特斯除去议事会中的许多成员，并在前462/前461年剥夺了这个议事会保卫宪法的权力，而将部分权力交给五百人议事会，另外一些交给民众和陪审法庭。厄菲阿尔特斯对议事会的削弱与人民权力的增加是同时进行的，无论是五百人议事会还是由民众构成的陪审法庭，都是平民力量的体现。而三十人集团去除厄菲阿尔特斯的法律则意味着削弱民众力量，并将权力重新交回给战神山议事会这一带有很强传统贵族色彩的机构。从这一措施来看，三十人集团所要恢复的祖制乃是厄菲阿尔特斯以及伯里克利激进民主改革前的政体形式，希望将护卫政体的权力从民众手中收回到精英群体。

三十人集团的第二项改革也是秉持着同样的精神和策略，只不过这一项改革进一步回到了梭伦创设的法律，并将民众权力的根基抽除。梭伦当初所有的立法中，被认为是最具民主特色以及支撑民众权力的措施就是赋予陪审法庭以最终裁量的权力。在介绍这一改革时，亚里士多德说："向陪审法庭申诉的权利，这一点被人们视为有助于强化群众力量的重要措施，因为人民一旦成为票决的主宰，就成为政府的主宰了。"② 不仅如此，梭伦不知出于什么原因，并没有将很多法律条文明晰化，特别是继承相关的法律，导致城邦

---

① 亚里士多德：《雅典政制》35.2-3。

② 亚里士多德：《雅典政制》9.1。

必须依靠陪审法庭来裁决公私事情。亚里士多德虽然不认同梭伦如此安排是有意强化民众力量，但他也不否认这一将法律模糊化的做法实际上造成了陪审法庭拥有最终权力的客观事实。而回到三十人集团的第二条改革，针对的对象就是陪审法庭的自由裁量权，以及有关继承的模糊法律，通过将法律明晰化和简明化，使得交付陪审法庭裁决的案件实质性地减少，从而实现削除民众通过法庭对城邦的实质性掌控。

如果上述分析成立的话，那么三十人集团上台后工作的核心是调整民主制度，借恢复祖制之名为既有的民主制增添一些制约。对三十人统治早期性质的这一解释也能得到柏拉图的证实，曾经在青年时期目睹并参与这一时期政治的柏拉图，在回忆这段往事的时候说："我的确看到这些人在短时期内表现出他们相信过去的政体是优良的。"[1] 所以，将三十人早期统治放在自前411年以后的历史中，我们可以更加深入地理解本章开篇处色拉叙马霍斯的演说辞。正如拉夫劳伯敏锐观察到的那样，当雅典面对战败以及随之而来的政体压力，自世纪后半期开始逐渐萌生壮大的寡头派力量与理论思考开始对民主政体进行全方位的挑战，而通过诉诸祖宗之法／祖制，雅典一方面在回应晚近民主制度自身的危机，另一方面也是在回应寡头与民主内乱的城邦分裂危机。[2]

雅典的政治和解

三十人虽然一开始做了很多恢复祖制的工作，但正如整个公元前5世纪后半期的城邦实践和老寡头话语揭示的那样，统治集团

---

[1] 柏拉图：《第七封信》324d-e。

[2] Kurt A. Raaflaub, "Political Thought, Civic Responsibility, and the Greek Polis", in Johann P. Arnason, Peter Murphy eds., *Agon, Logos, Polis: The Greek Achievement and its Aftermath*, Franz Steiner Verlag, 2001, pp.72-117, 尤其是 p.112。

并没有始终将城邦整体利益作为自己的首要考量。三十人统治很快蜕变为僭政,根据《雅典政制》的记载,"当他们在城邦内的地位比较稳固的时候,他们就对所有公民下手了,把富于资财或门第显贵或有名望的人都处以死刑,目的是在扫除这些危险的源泉,同时还夺取他们的地产;在一个很短的时间内,他们处死了不下1500人"①。不仅如此,三十人还设法处死了塞拉麦涅斯,解除民众武装,最终激起流亡的民主派与城内三十人的军事冲突,最终民主派在战争中获胜,结束了三十僭政,恢复了民主制。在内乱平息之后,雅典城实行了和解,借用乔伊斯对相关文本的梳理和总结,和解的内容如下:②

1. 和解协议是在优克雷德斯作执政官时达成的(前403/前402年)。(*Ath. Pol.* 39.1)

2. 之前的寡头派成员只要愿意,可以前往厄琉西斯。(*Ath. Pol.* 39.1; Xen. *Hell.* 2.4.38)

他们保有完全的公民权,有自主权利和自己的政府。(*Ath. Pol.* 39.1)

他们有权享有自己的岁收。(*Ath. Pol.* 39.1)

厄琉西斯的德米特女神圣所是双方共有的。(*Ath. Pol.* 39.2)

根据传统习俗,由刻律科斯(Kerykes)和优莫培代(Eumolpidae)管理圣所。(*Ath. Pol.* 39.2)

迁往厄琉西斯的人不得进入雅典城。(*Ath. Pol.* 39.2)

雅典城的居民除了参加秘仪外,也不许前往厄琉西斯。(*Ath. Pol.* 39.2)

---

① 亚里士多德:《雅典政制》XXXV。
② C. Joyce, "The Athenian Reconciliation Agreement of 403 bce and its Legacy for Greek City-States in the Classical and Hellenistic Ages".

厄琉西斯的居民需和其他雅典人一样负担斯巴达盟军的费用。(*Ath. Pol.* 39.2)

如果有人想在厄琉西斯获得房屋，他应说服房屋的所有者，如果双方无法达成协议，需选择第三方进行估价。(*Ath. Pol.* 39.3)

厄琉西斯的原住民，如为移居者同意，和他们一起居住。(*Ath. Pol.* 39.3)

在阿提卡和之外地区居住的登记规则。(*Ath. Pol.* 39.4)

在重新登记之前，任何在厄琉西斯的人都不得在雅典担任公职。(*Ath. Pol.* 39.5)

自此之后，命案的审判都要在雅典依据祖宗之法进行。(*Ath. Pol.* 39.5)

除了三十人、十人和十一人（还有比雷埃夫斯的十人）外，其他人都不得记起别人之前施加的伤害（*me mnesikakein*）。(*Ath. Pol.* 39.6; Xen. *Hell.* 2.4.38; Andoc. *Myst.* 90)

如果任何之前列出的人被质询，他们也受大赦保护。(*Ath. Pol.* 39.6)

比雷埃夫斯的长官需在比雷埃夫斯的法庭接受质询；在城里的则应在符合财产标准的人的法庭接受质询；如果他们不愿意接受质询，也可以移居他处。(*Ath. Pol.* 39.6)

双方都要各自偿还为准备战争而借的款项。(*Ath. Pol.* 39.6)

三十人统治时期没收的财物，尚未出售的要物归原主，已经出售给第三方的则维持现状不变。(Lysias, *Against Hippotherses* fragment 6, lines 34-48)

在三十人统治时期，曾诋毁过别人的人免于被起诉。(Isoc. 18.20)

通过这些和解安排,除了有命案在身的核心统治集团成员外,失败一方的人可自愿迁往厄琉西斯,其他人则实行大赦,并要求 me mnesikakein,即"不回忆起过去的伤害",大家都以同胞公民的身份生活在一起。① 就这样,虽然很多人并没有能够完全做到这一点②,但经过一番努力,雅典最终还是总体上维系了城邦的统一。和解之后,雅典又进行了一系列的立法以及制度调整,限制了民众的直接立法权力,之后民主制度一直坚持到希腊化时期再也没有发生过内乱。③

古今作家与学者均对前403年的和解表达了肯定和赞美,并

---

① 色诺芬:《希腊史》2.4.43;亚里士多德:《雅典政制》XXXIX-XL。

② 亚里士多德记述了一个人鼓动归来的民主派公民抱怨,结果被政治家阿尔克努斯控告,之后被处死,《雅典政制》,XL。另外根据沃尔伯特的研究,和解的实际过程是很艰难而痛苦的,很多人以别的名义提起诉讼,比如苏格拉底被起诉和审判就与此有关,相关的过程及案例归纳,参见 Andrew Wolpert, *Remembering defeat: civil war and civic memory in ancient Athens*, The John Hopkins University Press, 2001, pp.48-71。

③ 国内学者晏绍祥认为经过和解之后,雅典提升了法律权威,整顿思想,成功重塑了对民主政治的信仰,进而确保了民主政治的稳定,见晏绍祥:《雅典民主政治的危机与民主信仰的重塑》,载《史学集刊》2012年1月第1期,第3—7页。国际上几位希腊史学者分别从不同角度强调和解以后的雅典政治,如奥斯特瓦尔德认为经由法的主权节制人民主权后,雅典的民主制得以实现稳定、一贯和连续,Martin Ostwald, *From Popular Sovereignty to the Sovereignty of Law*, University of California Press, 1986, esp.p.524;西利更是把公元前4世纪所实现的法治视为比民主更为根本和更有价值的要素,Rapheal Sealey, *The Athenian Republic: Democracy or the Rule of Law?* Penn State Press, 1990;汉森也主张和解后的一系列改革使得公民大会的主权转移到法庭的主权,从而使得公元前4世纪的雅典民主相比之前的世纪要温和许多,Mogens Herman Hansen, *The Athenian democracy in the age of Demosthenes: structure, principles, and ideology*, University of Oklahoma Press, 1999;而罗兹认为公元前4世纪的稳定根源于雅典人不再想颠覆民主制,P.J. Rhodes, "Stability in the Athenian Democracy after 403 B.C.", in *Zwischen Monarchie und Republik*, Steiner, 2010, pp.67-75。尽管学者们对雅典民主制恢复后改革措施的解释存在细微差异,但基本都认可雅典从政体上以及政治文化上对三十人僭政的反应奠定了民主制的新基础,使得雅典在马其顿征服之前都成功地免于寡头派的动乱威胁。关于和解后的法治和政体的调整研究,除了前面引用的几位学者外,还可参见 Wolpert, *Remembering defeat: civil war and civic memory in ancient Athens*, pp.41-42; J L. Shear, *Polis and Revolution: Responding to Oligarchy in Classical Athens*, Cambridge University Press, 2011, pp.306-312。

且将雅典视为希腊城邦中成功解决内乱问题的稀有典范。比如柏拉图总结这场内乱时说:"比雷埃夫斯港来的公民和雅典本城的公民以十分亲切友好的态度彼此和解了,并且——出乎一般人的期望之外——也同其他的希腊人和解了;在他们解决厄琉西斯人的战争时,也采取了这样的温和态度。这一切举动的根源不在别的地方,乃是在于纯正的血统关系。这血统关系不仅在言语方面,而且也在行动方面产生了一种建立于种族的共同生活上的坚强友谊。对于那些牺牲在这场战争中的人,我们也应当提到他们,并且用目前条件下有可能采取的办法——那就是祈祷和献祭的办法——使他们言归于好,为他们向他们的主宰者祈祷,因为我们自己已经言归于好了。当时他们相互攻杀,并不是出于邪恶,也不是出于仇恨,而是出于不幸。这一点,我们现在活着的人是可以证明的;因为我们这些和他们同属一个世系的人,在此刻不管过去你损害了我还是我损害了你,相互之间都能够彼此原谅了。"[1] 同样,亚里士多德在《雅典政制》中也说:"与历史上其他人相比,无论是个体还是整体意义上的雅典人,对他们先前不幸的应对都要更好,展示出更多的公共精神。"[2]

柏拉图和亚里士多德对和解的高度评价不只是出于对雅典的热爱,特别是与修昔底德对其他城邦内乱叙述相比较,我们就更能注意到雅典的独特性,因为在大战期间,更多的案例是与科西拉一样深陷内乱疾患而无法脱身的城邦。[3] 伊索克拉底在一篇辩护辞中就说:"尽管我们的先祖在战争中曾经取得无上的荣耀,我们的城邦也通过和约赢得过很多荣耀,这些非常值得我们铭记。你们会发现,很多城邦曾经在战争中高贵地战斗过,但是在处理城邦内乱的时

---

[1] 柏拉图:《美涅克塞努斯》243e-244b。
[2] 亚里士多德:《雅典政制》XL。
[3] 修昔底德:《伯罗奔尼撒战争史》3.70-85。

候，没有任何人表现得比我们更加明智。并且，通过战争取得的大多数成就都是因为幸运，但是我们对他们的宽容，其原因除了我们的明智以外，没有人能够找到其他原因。"① 事实也的确如伊索克拉底所言，概览已有的史料，我们能够看到的成功和解更多出现在公元前4世纪和希腊化时期，并且很多城邦的和解与雅典的模式非常类似。②

和解之后雅典真正实现了《复仇女神》最后雅典娜和复仇女神们的希望与祝福，而且将公元前5世纪中期到公元前4世纪希腊世界最为普遍寡头-民主斗争成功规避。由此而来的问题便是，雅典何以能够实现和解和统一，政治共同体的意识以及纽带究竟是什么？在过去几十年中，这一问题吸引了众多学者的关注和精深的研究。③ 纵观已有的研究，学者们的聚焦点基本是阐释和解（me mnesikakein）的性质以及成功达成和解的原因，大致可分为两类解释范式，即政治史解释路径和政治文化解释路径。④ 为了讨论方便，

---

① 伊索克拉底：《演说辞》18.31-32，中译文参考《伊索克拉底》，李永斌译，吉林出版集团有限责任公司，2015年，第450页。

② 参见 P. Scheibelreiterm, "Atheniensium vetus exemplum: Zum Paradigma einer antiken Amnestie", in K. Harter-Uibopuu and F. Mitthof eds., *Vergeben und Vergessen? Amnestie in der Antike*, Wiener Kolloquien zur Antiken Rechtsgeschichte, 2013, pp.95-126; B. Gray, *Stasis and Stability: Exile, the Polis, and Political Thought, c. 404-146 BC*, Oxford Classical Monographs, 2015, p.48。Gray 在书中特别研究了公元前4世纪 Nakone 和 Dikaia 两个城邦的大赦和解铭文。

③ 对于雅典大赦的研究概览，参见2002年美国语文学会会刊的一组专刊文章，分别收录了 William Tieman, Josiah Ober, James M. Quillin 和 Andrew Wolpert 关于该主题的概述和研究，见 Transactions of the American Philological Associations 132: 1-2, 2002, pp. 63-137。

④ 借用奥伯等学者所归纳的解释范式分类，一种是社会科学解释范式，一种是文化史解释范式，参见 Josiah Ober, "Social Science History, Cultural History, and the Amnesty of 403", in Transactions of the American Philological Associations 132: 1-2, 2002, pp.127-137。并参考了洛候在其《分裂的城邦》(*The Divided City*)一书中对历史进路和人类学进路解释范式的区分。综合之后，我们可以将这两种区分更为细化和标准化，建议将第一种范式修订为"政治史的解释范式"，包含关于雅典外部因素，雅典城自身的政治、经济和人口阶层变化以及政体等的分析；而第二种范式修订为"政治文化解释范式"，强调城邦观念以及民主等政治文化构建在和解中所发挥的作用。

这里仅简述第一种解释范式，而将更多的精力放在第二种范式上。

第一种模式主要从雅典自身的政治、经济力量变化、人口阶层变迁和外部势力格局等角度来分析。在第一种政治史的解释范式中又有不同的解释倾向。比如有学者认为斯巴达是促成雅典和解的最重要因素，托德就提出和解的达成并非因为民主派的大度或是雅典当时有一个庞大的温和派集团，而是因为斯巴达的威胁存在。[1] 其他学者也注意到斯巴达作为重要的外部军事和政治干预力量在和解中所发挥的作用，如洛宁认为寡头派、民主派和斯巴达这三个力量的博弈最终促成了和解。[2] 巴里·施特劳斯强调寡头派和斯巴达的军队使得民主派不得不采取节制温和的立场。[3] 施特劳斯的这一结论出于他对战后雅典城内人口变化的研究。这也是这一范式中比较有代表性的解释方向，即讨论雅典的经济和社会变化，基于新的社会阶层分析来判定和解的性质和达成和解的原因。第三种解释倾向则将视野放在未来面向上，即和解是为了防止的内乱未来再次发生，甚至重新恢复雅典帝国的建设大业。如奎林通过设计和解模型，提出民主派之所以愿意和解并且在法庭上拒绝对寡头派的指控，最为重要的原因就是作为理性行为者的民主派害怕拥有起诉权的人滥用权力，最后可能伤害到自己的利益，并且避免激化矛盾而导致再次的内乱。[4] 施林普顿则认为和解的驱动力是雅典人为了新

---

[1] Stephen Todd, "*Athenian Internal Politics, 403- 295 B.C., with Particular Reference to the Speeches of Lysias*", Unpublished Dissertation, Cambridge University, 1985, p.201.

[2] Thomas Loening, *The Reconciliation Agreement of 403/402 B.C. in Athens*, Hermes, Einzelschriften 53. Stuttgart, 1987, p.149.

[3] Barry Strauss, *Athens after the Peloponnesian War: Class, Faction, and Policy, 403-386 B.C.*, Croom Helm, 1986.

[4] James M. Quillin, "Achieving Amnesty: The Role of Event, Institutions, and Ideas", Transactions of the American Philological Associations 132: 1-2, 2002, pp.71-107.

帝国梦而必需的政治合作。① 综合来看,"政治史的解释范式"试图理解在当时的雅典内外局势下,出于对未来城邦统治格局和对外独立发展的设想,民主派获胜后为何愿意并且能够进行和解。在这一套解释范式中,最为重要的决定因素还是权力以及基于权力的理性算计。上述的解释无疑是提供了达成政治和解的重要条件,但正如洛候在其《分裂的城邦》一书中指出的那样,历史的解释路径太过关注冲突和权力斗争本身,研究希腊城邦政治,需要同样关注那些将城邦凝聚在一起的要素,她将这些要素视为人类学研究的对象,比如政治的合作、共同的社会、经济和宗教生活等使得城邦保持稳定和一致的认同,并能够在残酷的内乱之后达至和谐②,而这也是本研究最为关切的主题。此即政治文化的解释范式,下面就具体分析雅典城邦和解的文化因素。

梳理雅典自形成政治共同体以后的历史,城邦在不同的阶段有不同缔造集体认同的方式。不断在雅典城邦中重复展示的土生神话以及相关的城邦宗教仪式,无疑会不断强化统一的身份;到了伯里克利时期,在塑造城邦认同的另一重要场合阵亡将士葬礼上,伯里克利号召民众要爱帝国:"要日复一日地把眼光集中到我们城邦的伟大能力上,并成为她的爱者(erastai)。当你们认识到她的伟大时,然后反思一下,使她伟大的是勇敢的人们,他们知道自己责任的人们,并以之为荣……他们贡献了他们的生命给城邦和我们全体。"③ 通过对雅典帝国的爱,伯里克利将所有享受帝国待遇的雅典公民凝结为一个整体。但是这一纽带随着伯罗奔尼撒战争的战败而

---

① Gordon Shrimpton, "Oh, Those Rational Athenians! Civil War, Reconciliation, and Public Memory in Ancient Athens (CA. 630-403)", *Mouseion*, Vol. 6, no. 3, 2006, p.308.

② Loraux, *The Divided City*, p.30.

③ 修昔底德:《伯罗奔尼撒战争史》2.43。

不再起作用。更为严重的是，战争所带来的政体意义上的分裂也成了雅典城不得不面对的议题。如果说伴随着政治诞生的内乱威胁源于公共事务或议题的分歧，到了公元前5世纪后半期，内乱就直接演变为寡头派和民主派的零和冲突，雅典民主派究竟是如何在政治观念中实现与寡头派的和解呢？

演说家安多基德斯在其著名的《论秘仪》中提到一则重要的誓言，这也是《雅典政制》中提到的一项安排：

> 这份誓言面对整个城邦，而你们所有人在和解之后都曾就此发誓："我不再控告除了三十人、十人和十一人之外的任何公民，哪怕是他们之中的人，我也不会同意让他们接受职司审查。"①

从这一誓言可以看得很清楚，城邦将内乱的罪魁祸首集中在三十人统治集团核心人群身上，将他们与其他参加他们阵营的人严格区分开来，而后者的人数是三千人。不仅如此，这个核心统治集团还被视为是由敌人所操纵的，且完全听命于斯巴达。像伊索克拉底在《泛希腊集会辞》中所说："他们信任那些肆意嚣张的人，像对待亲人一般奉承那些叛徒，他们宁愿为一个希洛人当奴隶，以此侮辱自己的祖国。"② 通过将三十人统治集团和斯巴达关联在一起，这场内乱的性质就发生了实质性变化，转变为对外战争。在1970年出土的一则著名的法律碑文中，也可以看到这一变化的表征。这则颁布于前403年的法律由泰奥佐提德斯（Theozotides）提议通过，主要内容是给予那些父母被寡头派杀害的孤儿以资助。法律铭文中提到"很多雅典人因为支持民主制而在寡头制期间死于非命。对于

---

① Andocides, *On the Mysteries* 90.

② 伊索克拉底：《泛希腊集会辞》111；关于统治集团甘愿做斯巴达人的奴隶，类似的表述也可见 *Lysias* 2.64。

这些人的孩子,因为他们父亲对雅典民众(demos)的善举(euergesia)以及他们的男子气概,城邦给这些孤儿每天发放一奥博尔",就如同"战争导致的孤儿一样"①。根据雅典的惯例,所有战争孤儿都将在大酒神节时走入剧场,接受城邦的照管仪式。学者谢尔据此得出大胆的结论,认为将这些孤儿与战争孤儿并列,实际上是"集体记忆塑造行为,让聚集在剧场中的雅典人不仅形成对三十人统治被颠覆、民众重新掌权的记忆。作为城邦记忆,它也将公民们整合在一起,而不管他们在前404/前403年间做了什么"。不仅于此,这则法律铭文以及相关的仪式还创立了雅典之前冲突的单一认知,即"它是对抗外敌拉栖戴蒙人的战斗,而不是雅典同胞公民的内乱"②。将城邦内乱转变成战争的叙事,实际上是抹掉内乱的公共记忆,通过新的叙事重新书写历史,这也为和解提供了重要的基础。

通过将三十人统治集团塑造为真正的敌人,民主派和当初留在城内的人共享了一个最为基本的政治认同,但下一步要完成的是,流放归来的民主派和参加寡头派的三千人以及城内的人在新的民主制度中达成真正的和解。从内乱后的多篇演讲辞中,可以看到三千人以及城内留守的人实际上也有分化,或者至少在有些人的辩护辞中开始运用这一逻辑来帮助自己辩护。比如在吕西阿斯在《对颠覆民主制指控的辩护辞》中就提到这种观点:

> 你们(指当时流亡的民主派人士)听到城里的人都是同心一致的,所以你们回来的希望微乎其微,因为你们是将我们的和谐视为你们归来的障碍。但是很快你们就知道三千人内部也是分裂的(stasis),其他的公民都被逐出了城市,三十人根本不是一条心,那些害怕你们的人远超过想和你们战斗的人,

---

① SEG XXVIII 46.

② Shear, *Polis and Revolution: Responding to Oligarchy in Classical Athens*, p.291, 299.

你们很快就开始想要回城并惩罚你们的敌人。①

这一讲法从侧面说明，在总体的城邦内乱中，城里的寡头派内部也处于分裂状态，只有少数的顽固的寡头派，而大部分人其实将自己与统治集团区分开来。在对埃拉托斯塞内斯（Eratosthenes）的审判中，吕西阿斯说后来十人取代三十人就是因为城里越来越多的公民想和民主派和解。②而所有参加与民主派战斗的城里人基本上是被三十人逼迫的，并且丝毫未享有任何寡头制的好处。用沃尔伯特的话说，内乱中"在城里的人通过将自己与三十人及其罪行区隔来证成自己的忠诚。因为他们并没有帮助民主制的恢复，他们就将自己描述为内乱的无辜旁观者，以此方式证明自己对民主的忠诚"③。尽管当时内乱时在城里的人可能出于各种动机来将自己与统治集团区分开来，但总体上仍为和解提供了共识基础。当然，和解的前提仍是流亡回来的民主派愿意采取温和的措施，通过和解来实现城邦的团结。吕西阿斯曾为尼西阿斯外甥们写过一篇演说辞，以索要被民主派充公的家庭财产，其中说道：

> 你必须要知道，同心一致（*homonoia*）是城邦最大的善，而内乱（*stasis*）是万恶之源；相互的争吵不和主要源自有些人对不属于自己的东西的非分欲求，以及拒绝归还本属他人之物。这是你刚刚回城时的结论，你的想法是很有道理的；你仍然记得曾经发生的灾难，你祈求诸神，恢复城邦的同心一致，而不是允许对过去的事情抓着不放进行报复，进而在城邦引起纷争（*ten polin stasiasai*），使演说者迅速发财致富。④

---

① *Lysias*, 25.21-22.
② *Lysias*, 12.54,58.
③ Wolpert, *Remembering defeat: civil war and civic memory in ancient Athens*, p.111.
④ *Lysias*, 18.17-19.

演说者通过这段话在规劝人们不要再使城邦坠入内乱的深渊之中，而是要珍惜和维系城邦的同心一致。对比这段话与本章开篇讨论的色拉叙马霍斯的话，就会发现二者的高度类似，唯一的不同是这里没有提到祖宗之法或祖制，但是在雅典公元前4世纪的政治话语中，祖宗之法并没有消失。如果说色拉叙马霍斯那里提到的祖宗之法是处于纷争的寡头派和民主派权力斗争的观念角斗场，到了前403年之后，祖宗之法更多地成为一个抽象的理想图景，用以调整和改善民主制度，而雅典后续的法律改革等措施实际上是将原来的民主制改造为更为节制公正的民众统治。

在结束对雅典和解的讨论之前，仍然有一个问题需要回答，那就是从流放中回城的民主派为何愿意宽容和解呢？除了上述提到的各派解释以及政治共识外，可能还需要将和解放在更长的时段来考量。如前文提到的那样，雅典的内乱与和解是伯罗奔尼撒战争的真正结束，雅典也从盛极一时的帝国统领慢慢恢复为自主城邦。与伯罗奔尼撒战争期间很多城邦发生的内乱相比，雅典在前411年和前404年的内乱有着一些相同的机制，如战败与外部力量的干预，特别是来自惯于安置寡头政体的斯巴达的干涉。但之所以雅典能够实现和解，而其他城邦很难做到这一点，一个非常重要的原因可能就是，雅典曾经在希波战争中拥有过辉煌的历史。梳理公元前5世纪末到公元前4世纪关于祖制的讨论，会发现对祖制的追忆是和希波战争后的雅典盛世结合在一起的。

虽然在公元前5世纪末这两次所谓的寡头革命中，都存在极端寡头派（群体僭政派），以及老寡头的《雅典政制》也说明在当时雅典城内逐渐形成寡头派自身独立的意识形态，但是不得不承认的是，雅典能够最终克服内乱，最根本的原因是维系雅典统一和城邦观念的力量远远大于极少数的僭政派。民主制相比寡头制而言具有更广泛的包容性，借由祖制和和解所完成的实际上是自伯罗奔尼撒战争后期开启的政体调适工作。之前四百人政权、五千人政体乃至三十人统治虽都以恢复祖制为名，但无法在拥有近一个世纪的政治共同体历史以及半个多世纪的民主政体历史的雅典完成这一任务，最后城邦还是必须回到民主制框架下进行调整，这是雅典政制和礼法习惯所决定的。如果说公元前5世纪晚期和公元前4世纪雅典公共论域中的祖宗之法和祖制指向的是梭伦与克里斯提尼改革时期的雅典，那么和解实际上是回到了民主制之前的政治共同体阶段，用伊索克拉底在《战神山议事会辞》中的话说，他所推崇的是一种有序的公民统治（*kosmias epithumounta* **politeias**），而不是寡头制或一般意义上的民主制。① 所以，从雅典的内乱与和解来说，政体的思维和现实给城邦带来了分裂危机，而弥合这一危机需要重新回到政治共同体的层面，将政治共同体重新恢复为全体公民的共同体。

---

① *Lysias*, 7.70.

第六章　友爱危机与"自然－礼法"关系

1. 政体内乱中的友爱危机

公元前5世纪后半期，城邦进入到政体时代，以民主派和寡头派为表象和特征的内乱也成了希腊世界中城邦难以解决的疾患。面对同样威胁的雅典在几经周折之后，终于摆脱内乱的梦魇。但正如古代作家广泛称赞的，在处理内乱问题上，雅典是非常独特的个案，无论是雅典的历史还是其民主制度，乃至战败的契机都帮助雅典进行主动的政体调适。而大多数其他陷入政体时代的内乱城邦远没有雅典的这种愈合能力。内乱不仅仅是政治上的挑战，而且其背后还有更根本的理论困境，这就是公元前5世纪末和公元前4世纪作家们普遍关心的"自然－礼法"（physis-nomos）议题。在这一新的理论与实践语境之中，政体时代的分裂城邦出现了更为严重的友爱危机。

吕西阿斯在《对颠覆民主制指控的辩护》讲辞中，将民主派和寡头派的性质做了非常明确的说明：

> 没有人天生是寡头派或是民主派；人们看到哪个政体对自己有利，就希望看到那个政体被创建出来；所以，它很大程度上依赖于你能否找到现有政体的广大支持者。这就是事情的真相，所以你可以毫不费力地从过去发生的事情中推导出这结论。陪审员们，你们可以想想两边的政体的领导者们曾经改变

过多少次自己的立场……很容易得出结论,不要根据政治立场来区分,要根据他们的个人利益。①

吕西阿斯的这段话也可以得到本书前文研究的证实。在修昔底德关于萨摩斯岛内乱的记述中,我们已经看到寡头派或民主派只是语词标签,实际指代的群体是在不断发生变化的,而不变的只有掌握统治权这一点。吕西阿斯和修昔底德的观察不仅是在描述事实层面的政体之争,而且指出了人们在政体内乱之下拥有了新的价值观,这个对传统的共同体习俗的影响是毁灭性的。在修昔底德描述的科西拉内乱中,可以清楚地看到这一后果。

在第四章中,我已经讨论了科西拉内乱的缘由以及过程,此不赘述。这里想要讨论的是修昔底德对科西拉内乱的一些特殊现象的评述,因为从这些现象中,可以看到新的内乱形态彻底摧毁了传统城邦的纽带。修昔底德提到在内乱中人们骇人的行为,比如父亲杀死儿子,把人从神庙中拖出来杀死,以及将人围困在狄奥尼索斯神庙中杀死等。无论是父子关系,还是神庙所象征的城邦习俗,在内乱中都不复存在。不仅如此,原有的社会价值观也颠倒为对立面,对此修昔底德花了很长的篇幅进行讨论:

> 他们按照自己的想法改变了评价人们行为的习惯用语。于是,不计后果的胆大妄为被当作朋友义气,深谋远虑的犹豫不决被当作色厉内荏,审慎被当作怯懦的托词,对事情的通盘考虑被当作一事无成,狂暴成了勇敢的表现之一,深思熟虑以避免犯错被认为是背叛帮派的冠冕堂皇的借口。言语过激者总是受信任,反对他们的人则被怀疑。阴谋得逞叫精明,识破阴谋叫技高一筹。谁要是出来建议两派不要尔虞我诈,就会被认

---

① *Lysias*, 25.7-10.

为颠覆本派，惧怕反对派。一句话，别人只是心怀叵测，他已经付诸实施的人受到赞扬，别人没有坏心思，他却鼓励对方作恶的人也受到赞扬。**血缘亲情**不敌**帮派义气**，因为帮派可以为所欲为、毫无顾忌。因为这样的帮派的建立既不依据任何已制定的法律，也不是为了公共利益，而是违背法律，为了私利。帮派成员之间的信任不是出于神法的约束，而是由于一起违法犯罪。①

修昔底德这里所说的评价用语的改变并不只是语词的变化，更重要的是价值观的变化。也就是说在内乱的情况下，人们不再相信和坚持和平时期所秉持的价值观。内乱的残酷性开始生成新的价值。需要注意的是，修昔底德并不必然认为人性是恶的，而是在很大程度上受到环境的限制："在和平时期，万事顺遂，无论城邦还是个人都还没有遭遇恶劣环境，因此都心存善念。但是，战争却让人们连日需都难弄到，战争是暴戾的老师，让人们的脾气性情与周围环境变得一致了。"②也就是说，在修昔底德看来，人性并没有太固定的特征，当衣食充足时，建基于日常状态的价值观是可以起作用的，也能够将人恶劣的一面隐藏起来，并展现善良的一面。但是一旦基本生存都出现危机，那在和平时期起作用的价值观便没有了约束力，人性开始显露最自私暴戾的一面。甚至在某种程度上，人也是恶劣环境的受害者，因为在记述科西拉内乱前不久，修昔底德同样非常详细地描述了雅典城发生的瘟疫。③在那场瘟疫中，造成死亡最多的情形就是人们因为互相照料而染病去世，"那些自以为

---

① 修昔底德：《伯罗奔尼撒战争史》3.82。
② 修昔底德：《伯罗奔尼撒战争史》3.82。
③ 有学者正确指出，瘟疫和内乱造成了城邦的解体，见参 Clifford Orwin, "Stasis and Plague: Thucydides on the Dissolution of Society", *The Journal of Politics*, Vol. 50, No. 4, 1988, pp. 831-847。

有勇气和责任感的人，他们以抛弃朋友为耻辱，所以不顾惜自己的生命前去拜访"，但是"谁去拜访患者家，他就死掉了"①。在瘟疫的极端状态中，人们越是按照传统价值行事就越会损害自己，这会迫使人重新思考应该如何行动以及遵循何种价值观。

在战争和内乱的环境下，修昔底德同样发现科西拉城邦的传统伦理价值观受到类似的冲击。在内乱中，人们的生活条件极度恶化，在生存的斗争和竞争中，原来用以维系和平时期良善秩序的礼法不再具有效力，人们开始寻求新的有效措施。如果说瘟疫通过疫病摧毁了家亲和朋友关系，那么内乱作为城邦的疫病具有同样的破坏力。修昔底德观察到，人们不再将家亲血缘或共同体中既有的关系视为自然的或自己必须维护的伦理关系。新的关系都以党派为基础进行重新划分，这种新的纽带甚至压倒了家亲友爱。这一点倒是印证了《安提戈涅》中克瑞翁一出场的话，即朋友是后天交到的，而非家亲血缘关系既定的。只不过这里民主和寡头各派所交的朋友不是为了城邦的安危，而是为了自己派系的利益。修昔底德进一步说，党派内部成员的关系维系不是靠别的什么纽带，而是靠共同违法犯罪。与和平时期形成鲜明对照的是，在内乱的极端状况下，共同作恶反而成了信任的基础。

这里仍有一个问题需要进一步追问，那就是何以党派关系能够超越家亲血缘的约束，甚至出现父子相残这种毁灭家亲的事情呢？很显然的是，内乱中的家城冲突不是《安提戈涅》中的家城冲突，而是具有新的性质。如本书第三章分析的那样，在《安提戈涅》中，虽然安提戈涅并不能完善地体现家亲友爱，但她对死者仍然保有义务之爱，也仍然是在维系部分的家亲血缘关系。但是科西拉内乱

---

① 修昔底德：《伯罗奔尼撒战争史》2.51。

中，人们不再信任家亲关系是因为家庭不再是生活的基本单位，或者说人们不相信家庭能够为自己提供生存保障。这种类似霍布斯自然状态的局面将人孤零零地从家庭中抽离出来，让他们在城邦中按照新的纽带重新联结。① 在修昔底德看来，这种局面的根本原因在于人们对于良善生活的基本信念发生了变化。所有罪恶的根源在于"由贪欲和野心而驱使的权力欲"②。修昔底德的这一判断并不是说，在和平时期人们就不会追名逐利或是不爱权力，而是说，当生存压力最为赤裸的一面暴露在众人面前时，生活就会简单化约为物质贪欲和实现这些欲望的权力。凡是能够帮助个人（而非家庭）获得这些的人都是同党，任何阻碍自己的都是异己。内乱，特别是战争大环境下的城邦内乱，将原来生活在各种亲缘或合作式共同体中的人全部解放抽离，完全摆脱既有友爱关系的约束，实际上按照统一的原则，自己选择站在"民主派"或"寡头派"的旗帜之下，彼此进行冲突和权力争夺。

之所以内乱中出现传统友爱的危机，并不是血亲和习俗友爱关系出了问题，而是极端状况下，人们看到了城邦共同体所依循和营造的人伦秩序的虚伪性，也就是说习俗并不能安顿在内乱中的人的生存和生活。正如在瘟疫中人们的表现一样，及时行乐成了唯一合理的生活方式，同样，在城邦内乱中夺取权力满足私利也是大部人所能看到的唯一可取的行事方式。所以，内乱中友爱危机的实质是，家亲以及更广大城邦共同体在历史中或是经过立法者所确立的礼法所遭遇的合法性挑战，这一挑战并非修昔底德的独特洞见，在游历四方的希罗多德那里对该问题有非常详细的呈现。

---

① 可以对照霍布斯在《利维坦》中关于自然状态以及自然状态下人的生活方式的描述，见《利维坦》第13章。

② 修昔底德：《伯罗奔尼撒战争史》3.82.8。

2. "自然－礼法"关系中的人性与秩序

希罗多德在《历史》第三卷中曾经明确表示自己认同诗人品达的一句话，即"礼法是万事万物之王"①。这句话的意思是说，礼法是某个具体的共同体秩序和生活方式的最终主宰，除了自身的传统之外，并不存在别的合法性叙事。希罗多德也的确如他所言，将这一观点贯彻在他的历史写作中。这里仅举一例说明。在整部书的开篇，希罗多德讲了著名的巨吉斯的故事。吕底亚当时的国王坎道列斯非常宠爱自己的妻子，并且认为妻子是世界上最美丽的女人，不仅如此，他向自己的侍卫巨吉斯说眼见为实，并要求巨吉斯去偷看王后的裸体。巨吉斯先是推辞，但无法违背国王的要求便按照国王要求偷看了王后，结果被王后发现，又受到王后的逼迫。王后给了巨吉斯两个选项，要么他自己丧命，要么把国王杀掉。巨吉斯选择了后者，最终杀死了坎道列斯，自己当了国王。这个初读起来诡异的宫廷狗血剧情实际上有其深意，希罗多德就是要通过这个故事来为整部书奠定一个基调。整个故事之所以能发生和进行，其中最为关键的就是"礼法"的问题。当最初接到国王的要求时，巨吉斯极力推脱，并给出了基于传统礼法的理由："当女人把自己的衣服脱掉，就是将自己的羞耻感一并脱掉。每个人都需要尊重那些固定的古老原则，这其中就包括人应该管好自己的事。"②巨吉斯被王后发现后，希罗多德进一步评论道："在吕底亚人以及大部分其他的异族人那里，自己裸体时被看到，哪怕是个男人，也会被认为是极大的羞辱。"③所以，无论在巨吉斯还是王后看来，偷看别人裸体是

---

① 希罗多德：《历史》3.38。
② 希罗多德：《历史》1.8。
③ 希罗多德：《历史》1.10。

与传统礼法完全相悖的行为,任何违反这一礼法的人都必须受到惩罚。而坎道列斯要做的恰恰是挑战古老的礼法原则,即用自己的当王的权力来挑战吕底亚的传统,但是故事的结局表明坎道列斯的挑战失败了。坎道列斯并不知晓自己作为国王仍然要受到吕底亚礼法的支持才能成功,否则自己即便是家庭和吕底亚的主人,仍会遭受礼法的惩罚。所以,希罗多德从一开始就确立了礼法作为万物主宰的原则。

礼法和传统对于具体共同体的重要性在全书的一开始就奠定下来,但是希罗多德远没有止于此。吕底亚后来被波斯攻占,之后巴比伦、埃及等地也被收入波斯之下,这就给礼法传统带来了新的挑战。希罗多德在记述波斯大王冈比西斯事迹时,发现了新的问题。他认为冈比西斯最后阶段神智已经癫狂,最重要的根据就是冈比西斯反复嘲弄被征服地区的宗教和传统,做出了烧毁神像、开墓查看尸体等等行为。因为如果礼法是万事万物的大王的话,嘲弄特定民族或地区的礼法则会被认为是大逆不道的。紧接着,希罗多德给出了一个重要的观察结论:"如果让世界上的人来选择最好的礼法,那么每个人在仔细思考之后都会选择自己民族的那一种,并认为那是所有礼法中最好的一个。"① 之后,希罗多德给出了一个著名的例子,那就是冈比西斯的继任者大流士统治时期,曾经召来一些希腊人,问给他们多少钱才能吃掉他们父亲的尸体,希腊人回答说无论多少钱都不能让他们做这件事。后来大流士又召来一些吃父母遗体的印度人,当着希腊人的面问这些印度人,给他们多少钱能让他们将父亲尸体火化,而印度人惊恐地哭诉并让大流士不要再说这么可怕的事情。这个故事说明,礼法本身繁多,每个地区的民族都有自

---

① 希罗多德:《历史》3.38。

己的礼法传统,在不同的礼法背后并没有统一的道理。从这一点来看,希罗多德实际上是解释了冈比西斯的行为逻辑,即冈比西斯去嘲弄埃及其他被征服地区的风俗传统,不是因为疯狂,而恰恰是他看清了礼法的真相和相对性。所以,礼法作为大王只是对具体的共同体来说的,一旦遇到帝国以及共同体之外的多样性,礼法自身的合法性就受到根本性的冲击。

与希罗多德同时代,同样周游诸邦并教授修辞和政治技艺的智者普罗塔哥拉也被认为是持有类似的立场。在《泰阿泰德》中,柏拉图对普罗塔哥拉的"人是万物的尺度"进行了单独的讨论和质询,并且将这一命题推到了政治事务上面:

> 在政治事务方面,也就是在崇高和耻辱,正义和不正义,以及虔敬和不虔敬这些事情方面,这个学说主张各个城邦所认为的并且设立为法律的东西对于各个城邦而言就是真理,在这些事情上没有哪个人比别人更有智慧,也没有哪个城邦比别的城邦更有智慧。但是,对于把什么设定为对城邦有利或不利,在这个方面,普罗塔哥拉还是会同意有的议事人比别的议事人更优秀,有的城邦的信念比别的城邦的信念更接近真理;他怎么也不敢说,一个城邦按照对自己有利的想法无论设立了什么样的法律,总是能够完全达到这种效果。但是对于我刚才所说的东西,正义和不正义,虔敬和不虔敬,他们会固执地认为,这些东西中没有任何一个本然地拥有它的所是,相反,只要公共的信念得以确立而且在一个时间段还被认信,那么它就成为真的。①

---

① 柏拉图:《泰阿泰德》172a-b,译文引自柏拉图:《泰阿泰德》,詹文杰译,商务印书馆,2015年。

《泰阿泰德》中提到的上述观点很难说就是历史上的普罗塔哥拉本人的观点,更有可能是柏拉图改造过的普罗塔哥拉的理论。但是这一主张本身是值得认真对待的,并且与希罗多德的观点有诸多相近之处。在政治事务中,普罗塔哥拉也认为每个城邦的礼法就是其真理,并且也很难比较不同城邦在政治事务上哪一个更有智慧。不同的是,希罗多德很大程度上是出于观察,而普罗塔哥拉却是从哲学方面进行论证。在这个关于政治事务的论证之前,柏拉图具体讨论了"人是一切事物的尺度,既是'是的东西'之'是'的尺度,也是'不是的东西'之'不是'的尺度"①。柏拉图很快就将这一原则改变为"每个东西对我显得(phainetai)怎样,那么它对我而言就是(estin)怎样,对你显得怎样,那么对你而言就是怎样"②,而"显得"也就是"被感觉到"(aisthanesthai),所以各人感觉到怎样,对于各人而言也就是怎样。举例来说,如果一阵风刮过来,有的人会觉得冷,而有的人觉得凉快,那么这阵风对两个人各自显得那样。所以,普罗塔哥拉认为,人通过和世界互动联系而认知世界,这并非全然主观,而是出自人与外界的关系。正如柏拉图敏锐地注意到的那样,普罗塔哥拉的这一主张实际上消解了巴门尼德的观点,"根本没有任何东西以自在的方式'是'一个东西……我们把从运动、变动和彼此结合中变成的一切东西都表述为'是',其实这种表达并不正确,因为任何时候都没有任何东西是,他们永远变易"③。这里不用将讨论进一步推进到巴门尼德与后来相反哲学阵营的哲学论争,只是点出礼法论争背后的哲学基础即可。

---

① 柏拉图:《泰阿泰德》152a。
② 柏拉图:《泰阿泰德》152a。
③ 柏拉图:《泰阿泰德》152d。

当然，关于人是万物尺度这一命题，学者们也对"人"是个体意义的人还是集体的人有争论①，但至少在柏拉图的笔下，普罗塔哥拉即将这一原则用于个体人的自然感知，也用于作为集体的人的人伦秩序选择。②在这一派看来，就城邦来说，"凡是对各个城邦'显得'正当和可贵的东西，只要城邦还认可这些东西，它们对城邦就'是'正当的和可贵的"③。但需要指出的是，普罗塔哥拉这看似相对主义的表述也并没有走向绝对的虚无主义，即如同上面引文所示，柏拉图认为普鲁塔格拉也会承认，具体到城邦的利益问题时，有一些人的建议更有用，有的城邦会比别的城邦的信念更接近真理。在某种程度上，希罗多德也支持这一讲法，因为虽然他看到礼法的繁多与相对性，但是在比较雅典的平等秩序与波斯的统治时，他还是更倾向于平等秩序。④

普罗塔哥拉为礼法上的相对主义留下的这一个缝隙恰恰反映出当时人们对人与城邦的价值观察，即要找到更好的方式实现城邦和个人的利益。这一思路在安提丰和修昔底德笔下的雅典将军那里表现得最为突出。简言之，如果世界上存在着很多不同的共同体，而不同共同体都有自己的礼法传统，那就不存在绝对正确的礼法和政体形式，每个人都会去追寻能够实现其利益的政制和礼法（*nomos*），这才是符合自然的（*physis*），而能够帮助自己实现自身和城邦利益的最有效手段就是权力或力量。

---

① 相关的讨论参见 George Kerferd, *The Sophistic Movement*, Cambridge University Press, 1981, pp.83-110。

② 类似的观点见 Cynthia Farrar, *The Origins of Democratic Thinking: The Invention of Politics in Classical Athens*, Cambridge University Press, 1988, p.76。

③ 柏拉图：《泰阿泰德》167c。

④ 雅典在克里斯提尼改革后，希罗多德对雅典的自由与强大有一段充满溢美之情的评价，见希罗多德：《历史》5.78。

安提丰是公元前5世纪雅典著名的演说家和智者,并且是前411年雅典四百人寡头制政变的主要参与人员,在民主制恢复后,他因叛国罪被起诉、审判并处死。他留下了几篇辩护辞以及智者风格的《论真理》和《同心一致》。在《论真理》中,礼法与自然(nomos-physis)关系被进一步激化。在现有残篇的一开始(DK87A44),安提丰提到一个观点:"正义(dikaiosune)就是不违背他作为公民所在的那个城邦的礼法(nomima)。"但正如学者注意到的,这并非是安提丰自己的观点,而是被他提出来要讨论的问题。① 因为紧接着他就说:

> 因此,人利用正义来实现自己利益的方式应该是这样的:当有证人在场时,他就认为礼法(nomoi)很重要;而当他一个人,没有证人在场时,自然(physis)的结果就更重要了。因为礼法的要求是辅助性的,而自然的要求却是必需的;礼法的要求是由约定产生的,并非自然的,而自然的要求却是自然的,并非约定的。②

安提丰首先明确地将依据自然的与依据礼法的区分开来,第二步就要建立二者的背反关系:"我之所以探究这些事情是出于以下的原因,即依据礼法而为正义的大部分事情是违背自然的。"在安提丰看来,"凡是礼法规定的利益恰恰是对自然的束缚,而自然规定的利益则是自由的"。安提丰认为,并不是所有自然的都是好的,他特别指出生和死对于人来说都是自然的,死很明显就是不利的,而生则是有利于人的。所以,他这里的自然实际上是对人而言

---

① Kerferd, *The Sophistic Movement*, pp.115-116.
② 文本和翻译参考 "Antiphon", *Early Greek Philosophy, Volume IX: Sophists, Part 2*, by Laks André and Glenn W. Most, Harvard University Press, 2016, pp.50-53。

的利而非害，用他的话说"根据正确的理性，带来痛苦的东西并不会比带来快乐的东西更有益于自然"。前者也不会比后者更有利。"真正有利的东西应该不会有伤害而是有助益"①。总结起来，安提丰实际上认为，真正符合自然的是对人有利的和快乐的事情，而源于约定的礼法的正义远不能帮助持有此种观点并做这类事情的人。而那些礼法和法庭的规定与判决完全与人无益，是违背自然的。

在安提丰的这些论点基础上，修昔底德笔下雅典帝国的将领道出了更为完整的政治现实主义观点。在撰写前416年雅典围攻米洛斯岛的局势时，修昔底德编纂了雅典使者与米洛斯统治集团的一场对话。米洛斯人秉持传统的正义观，向雅典人说："我们是敬神之人，站在正义的立场上反对不正义之人。"② 但是这一观点遭到雅典使者的反击：

> 出于自然的必然性（*physis anankaia*），（我们相信）神和（我们确知）人会统治他们所强于（*krate*）的其他人。我们没有制定这一法则；它早就被制定出来，我们也不是第一个遵此法则的；我们沿用它，将其作为事实，并且将传承这一法则，因为这一事实是永远正确的；因为我们知道你们如果有同样的权力的话，也会做同样的事情。③

在这一回复中，雅典人并没有纠缠于米洛斯人所说的源自神的正义，而是基于自然提出了以权力和力量为基础的现实主义法则。在力量的基础之上，雅典人认为理性的决策是要对自己有益，所以米洛斯人投降是对双方有益的选择：

---

① 文本和翻译参考 "Antiphon", *Early Greek Philosophy, Volume IX: Sophists, Part 2*, by Laks André and Glenn W. Most, Harvard University Press, 2016, pp.50-53。
② 修昔底德：《伯罗奔尼撒战争史》5.104。
③ 修昔底德：《伯罗奔尼撒战争史》5.105。

>　　米洛斯人：你们统治我们对你们有益，怎么说我们受奴役反而对我们有益呢？
>
>　　雅典人：因为服从我们以免遭受最可怕的命运，对你们是有益的，而不毁灭你们，我们也可从中获益。①

在雅典使者看来，米洛斯人的现状已经是被雅典及其盟军围困了，除了投降之外没有更好的选择，利益应该是米洛斯的首要考量。②所谓的尊神以及传统的正义，在雅典人看来都是虚妄的，因为真正的"正义是权力/力量相当的双方为基础的：实际上，强者主宰他们所能做的一切，而弱者则忍受他们所必须承受的"③。雅典人实际上将权力/力量作了价值中立的处理，即用事实而非规范来表达这一源于自然的法则。

综合以上的讨论，在公元前5世纪后半期的希腊世界中，无论是出于战争残酷性的显现，还是出于对传统礼法哲学上的质疑，政治行动的人与城邦以及相应的政治反思都将力量为基础的利益追逐与贪婪视为真正符合自然的选择。在战争、内乱以及其他极端状况下，传统礼法规定的正义和良俗已经无法规训人们的行为和思考方式，在此语境之下，一些思想家也开始寻找可能的解决方案。

3. 德谟克利特与苏格拉底的方案

处于公元前5世纪后半期的历史与智识语境中，年纪相仿的德谟克利特和苏格拉底开始寻求新的政治和伦理思考方向。在他们二人看来，非道德的立场并不足取，建基于力量之上的利益追逐也并

---

①　修昔底德：《伯罗奔尼撒战争史》5.92-93。
②　有学者基于这一点，认为米洛斯对话是具有人文主义色彩的，恰恰是米洛斯城邦的统治集团将城邦整体利益牺牲了，见 A. B. Bosworth, "The Humanitarian Aspect of the Melian Dialogue", *The Journal of Hellenic Studies*, Vol. 113, 1993, pp. 30-44。
③　修昔底德：《伯罗奔尼撒战争史》5.89。

非优良的生活方式。在柏拉图和亚里士多德为代表的集大成的古典政治思想出现之前,这二人努力的方向无疑是弥足珍贵的。

我们今天只能从众多残篇中去尽力还原和拼凑德谟克利特的政治伦理思想①,但是即便从不多的几条残篇中,仍能看出德谟克利特与上面讨论的安提丰等的不同立场。首先,德谟克利特赋予了城邦极其重要的位置,在 DK68B252 中他说:

> 人必须最为重视城邦的良好管理。不要陷入不合宜的争执,也不要获取有悖于公共善的权力。一个得到良好管理的城邦是最繁盛的,所有其他的事情都依赖于此。城邦安全了,一切都安全了,如果城邦被摧毁了,一切也都被摧毁了。

在德谟克利特看来,城邦是人生活的首要场域,人的安危都仰仗城邦的良善管理。所以,任何个人都不能为了自己私人的利益而牺牲城邦,或者在城邦中争夺权夺利,将个人幸福的根基摧毁。并且,只有城邦得到善治,方能更好地维护安全。在另一则残篇(DK68B250)中,他说:"同心一致(homonoia)的城邦能在战争中取得最大的功绩,而非相反。"与之相对,内乱则是他明确谴责的政治现象:"内乱(stasis)对双方都是有害的:对胜利者和失败者都是摧毁性的。"(DK68B249)德谟克利特秉持的这些观点不只是宣示自己的立场,他需要在理论上,特别是自然 – 礼法关系上做出新的改变。

与安提丰将礼法视为是对自然的束缚不同,德谟克利特对礼法有相当正面的看法。在 DK68B264 中,德谟克利特说了一段和安提

---

① 参见泰勒:"德谟克利特",《剑桥希腊罗马政治思想史》,第五章。德谟克利特文本参照 C.C.W. Taylor, The Atomists: *Leucippus and Democritus. A text and translation with a commentary*, Toronto University Press, 1999; *Early Greek Political Thought from Homer to the Sophists*, pp.156-163。

丰《论真理》中截然相对的话：

> 当有别人在场时，你也不应该比独处时更感羞耻／敬畏，也不应在无人观瞧时就更易作恶，而在有别人在场时则收敛几分。你应该让自己保持高度的羞耻－敬畏感，并为你的灵魂立下这条法律：不要做任何不合宜的事情。

当安提丰说人前遵守礼法而人后依循自然时，德谟克利特对人的要求是自尊自律，即礼法并不是简单的外在约束，礼法的规定恰恰就是应该写在人的灵魂中，从他其他的残篇中也可以看到类似的主张。在 DK68B248 中，他说："礼法（nomos）是要让人过上好生活。当他们自己想好好做的时候，它就能实现这一点。对于那些遵守礼法的人，礼法就会向他们显示出其自身的德性。"这句话最后这里的"自身的德性"（ten idien areten）的含义比较模糊，既可能指代遵守礼法的人们，也可以指礼法自身。① 如果是前者，那意思就是通过遵守礼法，礼法能够向他们显示什么是好人；而如果是后者，意思就是对于那些遵守礼法的人，他们能够知晓为何礼法是好的。但正如泰勒所说，无论哪种读法，其表达的意涵都是"礼法的作用都是促使人过上美好生活"②。

所以，在德谟克利特看来，礼法并不是人们生活得好的阻碍，而恰恰是成就人的重要保障，人只要接受礼法的整个规定，愿意按照礼法体系来做，他们就能生活得更好。在另一则残篇 DK68B245 中，德谟克利特也表达了类似的观点："只要人不互相伤害，礼法（nomoi）就不会禁止人们按照自己的意愿生活。恶意是内乱（stasis）

---

① 参见"Atomists（Leucippus, Democritus）", *Early Greek Philosophy, Volume VII: Later Ionian and Athenian Thinkers, Part 4*, by Laks André and Glenn W. Most, Harvard University Press, 2016, p.331; C.C.W. Taylor, "*NOMOS* and *PHUSIS* in Democritus and Plato", *Social Philosophy and Policy*, 24 (2), 2007, p.6。

② Taylor, "*NOMOS* and *PHUSIS* in Democritus and Plato", p.6.

的肇始。"礼法一方面是保护人们不遭受伤害和敌意的机制，从而及早遏制内乱的发生，另一方面还是人们按照自己意愿生活的保障。通过赋予礼法积极的价值，德谟克利特部分消解了安提丰等智者对礼法的攻击。

关于自然，德谟克利特的自然哲学与政治伦理学说则有不同的理解，在其著名的残篇 DK68B9 中，他说：

> 在礼法/习俗上是甜的，在习俗上是苦的，在习俗上是热的，在习俗上是冷的，在习俗上是颜色，但在实际上是原子和虚空。

德谟克利特这里认为所有的感觉都是依据习俗和信念。与普罗塔哥拉认为所有这些感觉都是真实的不同，在德谟克利特看来，这些所有的感觉都不真实，真实的实际上是原子和虚空。[1] 此外，德谟克利特这里与习俗/礼法相对的是"实际的"而非"自然"[2]。而在有关政治伦理的残篇中，德谟克利特使用的"自然"更多落在真实的意涵上。比如 DK68B267 中，他说："依据自然，统治属于更强的人。"但是自然并不会让人自动成为好人，在 DK68B242 中，他说："大部分人是通过实践而非经由自然成为好人。"后天的实践与教化对于人来说是至关重要的，在 DK68B33 中，德谟克利特提出"自然和教化是紧密相关的，因为教化改造人，通过改造进而重塑了他的自然"。所以，通过以上几条残篇，可以看出德谟克利特认为人的自然并非是人良善的旨归，自然只是自然的那个样子，人要变得卓越必须依靠实践和教育。所有后天的经历会改造人最初的自然，只有重塑之后的自然才能够被认为是好人的基础。这样一来，礼法与自然并不冲突，而是有可能很好地衔接在一起，共同使

---

[1] G.S. 基尔克、J.E. 拉文、M. 斯科菲尔德：《前苏格拉底哲学家》，聂敏里译，华东师范大学出版社，2014年，第647—650页。

[2] Taylor, "*NOMOS* and *PHUSIS* in Democritus and Plato", p.8.

人过上美好生活。

德谟克利特通过规避礼法-自然对立以及现实主义的主张，使得礼法与自然得以共同服务人和城邦的良善生活。换言之，在德谟克利特看来，安提丰意义上的自然并非真的善好，大部分人建基于权力基础之上的追求并不真的明智。类似地，苏格拉底也从人的生活方式入手，试图重新勾画合宜的人和城邦观念，他所开启的思考路径革命性地影响了政治思想的演进。然而，在这一路径的开端，苏格拉底却是以反政治的方式登场的。

在《申辩》[1]中，苏格拉底向雅典的陪审官们说："这从我很小的时候就开始了，就出现了某种声音，每当它出现时，它总是阻止我要做的事，却从不鼓励我做什么。就是它反对我参与政事，而且我认为反对得漂亮。而你们要清楚地知道，雅典的人们，如果我很早以前就试图参与政事，我早就死了，那么我对你们和我自己都会毫无益处。"（《申辩》31d-e）同样，在《高尔吉亚》中，苏格拉底对波鲁斯（Polus）说："我并不是个政治家"，且并不知道政事如何具体操作（473e）。

对于希腊城邦中的公民来说，苏格拉底的这一自我定位和声张颇不合时宜，因为对于希腊人而言，能够积极参与城邦公共事务是荣誉和公民身份之所在。比如，伯里克利曾在著名的雅典阵亡将士葬礼上说，我们相信"一个人应像关心个人事务一样关心公共事务，因为我们认为一个不关心政治的人不但是无趣的，也是没用的"[2]。在这一背景下审视苏格拉底自我申辩的话，其政治严重性便凸显了出来，苏格拉底并非伯里克利意义上的好公民，甚至不能

---

[1] 译文参见柏拉图：《苏格拉底的申辩》，吴飞译疏，华夏出版社，2007年。
[2] 修昔底德：《伯罗奔尼撒战争史》2.40。

被称为公民。苏格拉底对自己不热心政事给出的直接理由是希望活得更久，这样似乎才对自己和城邦更好。

紧接着，苏格拉底便澄清自己并没有在政事临到自己头上时因为怕死而违背正义。羊河战役后，雅典要集体审判十将军时，唯独苏格拉底挺身而出投出反对票，认为该审判是不义的。此外，在伯罗奔尼撒战争结束后，雅典三十僭主让苏格拉底参与处死正直的赖翁时，苏格拉底又以行动表示自己宁愿死也不愿做这等不义和不虔敬之事。通过这两个例子，我们可以看到，苏格拉底在几次少有的直接参政过程中并没有贪生怕死，而是将自己心中的正义标准作为自己行动的唯一准则，不为强权所逼迫。苏格拉底所要躲避的是掺和不义的政治事务，因为他自己清楚地知道："如果我以公事为业，做一个好人应该做的事，扶助正义，公事公办地把这当作最重要的事来做，你们认为我还能活这么大岁数吗？根本不能，雅典的人们。别的任何人也不能。而在我的整个一生中，我若是从事公共事务，就总会这样，在私下的活动中，也是如此：我不屈服于任何违背正义的人，不论是诬蔑我的人，成为我的学生的那些人，还是别的人。"（32e-33a）

苏格拉底上述的两次政治实践分别发生在民主制下和寡头制下的雅典，每一次他都认为城邦掌权者做出了不义的决定。从这个角度来看，他之所以不热心政事并非出于对某种既有的政体偏好，而是因为在他看来，现实政事不义的可能性是很大的。所以，一旦苏格拉底自己坚持正义的主张，很有可能会因为自己的立场而遭受陷害，如同自己最终被雅典人指控并判死刑一样。而现实中的雅典城邦之所以会做出很多不义的决定，在苏格拉底看来，一个重要原因是雅典人所热心的公共事务本身出了问题：

> 最好的人,你是雅典人,这个最伟大、最以智慧和力量著称的城邦的人,你只想着聚敛尽可能多的钱财,追求名声和荣誉,却不关心,也不追求智慧与真理,以及怎样使灵魂变成最好的,你不为这些事而羞愧吗?如果你们中有人反驳,说他关心,我不会很快放他走,自己也不走,而是询问他,省察他,羞辱他——如果我发现他并没有德性,反而说自己有——责备他把最大的价值当成最不重要的,把更微小的当成更大的。(29d-30a)

苏格拉底在这里将雅典城邦的特性以及追求的目标清晰地表达了出来,只不过雅典所闻名于希腊世界的智慧和力量在他看来是踏入迷途。按照雅典对于智慧的理解,钱财、名声和荣誉是更好生活的标准,而获得这幸福生活则必须依靠城邦强大的力量。苏格拉底认为,雅典和雅典公民们完全没有意识到真正应该追求的是智慧与真理,对好的生活而言,灵魂是首要照看的对象。苏格拉底对此看法颇为自信,因为首先德尔菲神谕告诉他,他是全雅典最聪明的人,同时为了理解这一神谕和证明这一点,苏格拉底花费大量时间来与城邦中所谓有"智慧"的人交谈。根据苏格拉底的自述,他找到政治家、诗人、匠人等人,去进行省察和审视,结果他发现所有这些被城邦认为拥有智慧的人实际上并不智慧。苏格拉底和这些人最大的区别便在于"他知道自己并不知道美好和善好,但其他人认为自己知道他实际上并不知道的事"(21d)。在这个意义上,无知之知使得苏格拉底成为雅典最聪明的人,而大多数人自以为是的智慧则实际上驱使着城邦追寻错误的目标。

面对城邦的困境,苏格拉底并没有试图采取通常政治性的方式来将雅典这艘航船调头,他不做公众演说,不做当权者,也不参加任何城邦党派,而是私下里与每个人交谈,试图劝说每个人"不要先关心'自己的',而要先关心自己,让自己尽可能地变得最好和最智慧，不要关心'城邦的'，而要关心城邦自身"（36c），还有"不要这么关心身体或金钱……德性不来自金钱，而是，金钱和人类所有别的好处，无论个体的还是城邦的，之所以好，都是因为德性"（30b）。至此，我们可以看到，苏格拉底并非一个传统意义上热心政事的人，但也不是伯里克利口中只关心自己事务的无用之人。苏格拉底将其政治改革方案落在了个体灵魂的自我完善上面，他力图通过自己的对话和行动让每个人认识到，"未经省察的生活是不值得过的"，以及与之相应的爱真理和智慧的生活是最好的生活。在这个意义上，我们也可以说，苏格拉底开启了一种新的政治做事方式。

然而，苏格拉底面对城邦陪审团的申辩并没有拯救他的生命，最后还是被城邦判有罪并处死刑。柏拉图在《克力同》这部对话中，描写了苏格拉底对城邦礼法的服从，从而将苏格拉底这个哲人与城邦的关系更为完整地表现出来。

苏格拉底被判死刑后，在监狱中等待最终行刑前一两天，他的童年伙伴克力同来到监狱劝他逃跑。苏格拉底对此的回答是："[他自己]只听从道理，凡是经过研究见到无可非议的道理就拳拳服膺。"（《克力同》46b）苏格拉底论证的开端是，他在任何情况下都不能容许故意做不正当的事，即便别人施不义于自己，那也不能以坏报坏。在这个大前提下，苏格拉底借城邦法律之名，实际上劝服克力同，他是没有正当的理由逃离监狱和城邦法律的决断的。

紧接着，苏格拉底在对话中为法律努力找寻根据以及他自己不能违法的劝服理由。一个大前提是城邦与在其内的成员有着协议，这一协议决定了城邦与成员的特殊关系。首先，城邦使人得以出生；其次，城邦法律规定了对儿童的抚养和教育；再次，城邦为每一个雅典人提供自由,如果他对城邦不满意,可以携带自己的财物离开,而如果无意离开,便是与城邦取得协议,服从法律规定。所以,在取得与城邦协议后,雅典公民不服从城邦法律便是在三重意义上犯了法:不服从那让他出生的法律;不服从那使他成长的法律;在同意服从法律后既不服从又不对城邦法律进行说服,指出法律有什么地方不好。在这三重法律之下,苏格拉底作为在城邦里生活了70年的老公民,无疑是取得和城邦之间的协议的,并且在最后的审判时拒绝了流放的惩罚可能。在这种情形下,苏格拉底逃离监狱便不仅仅是违背城邦的法律,而且更重要的是动摇了公民与城邦间默许的协议,撼动了法律及其服从的根基。最后,城邦法律劝说苏格拉底:

> 苏格拉底啊,听从我这教养你的法律吧,不要老想着儿子、生命等等事情,把它看得高于道义,这样你到了阴间才可以有道理为自己申辩。因为很明显,像你现在这样做,对你自己来说是既没有好处,也不正当,也不神圣的,对你的任何亲友也是这样,而且对你生前死后都不好。你现在死去,是遭到不公正的待遇而死,但这并非法律的不公正,而是人不公正。如果你越狱潜逃,无耻地以不义报不义,以恶报恶,撕毁你跟我订立法律的协议,损害一群不该损害的人,即你自己、你的朋友、我们的祖国和法律,那我这个法律在你在世的时候就不会对你不生气,而且我的兄弟阴间的法律也决不会善待你,因为它知道你在竭尽全力毁灭我们。(54b-c)

从这段话可以看出,苏格拉底为自己服从城邦不义的判决找到了足够的理由。值得注意的是,这难得的政治理论式表述并非以哲学式探究表达出来的,而是借雅典法律之口道出的。故而,我们很难认定这番道理就是苏格拉底自己的真实主张,将之看成是为劝说克力同这样的雅典公民或许更为合适。① 在苏格拉底看来，对于非哲人来说，信守与城邦的协议，服从城邦的法律，而非用自己的判断来随意地毁坏法律是更为重要的。苏格拉底的服从，实际上是在用行动来防范普通人对于城邦基石的挑战。正如引文中所言，他所遭受的不公正并非法律不公正，而是人不公正。作为陪审官的公民们的灵魂因为没有真正被苏格拉底激发，走上真正的爱智之路，进而无法真正理解苏格拉底，也无法做出公正的判决。苏格拉底认为政治性的礼法力量并不应被追究，他再一次将原因投向了人灵魂的不公正。

综合《申辩》和《克力同》来看，面对必然不义的城邦，苏格拉底选择秉持和坚守正义，并且最大限度地屏蔽公共事务。苏格拉底审慎地选择和创造了一种完全不同的生活方式。他不是通过参与政治来改变政治，也不是如某些哲学家那样只关心天上的事而忽视城中的事，而是选择教育来改造雅典公民的灵魂，尽自己最大的努力把雅典人的灵魂关切引向真正的德性。正是在这个意义上，苏格拉底与智者有着本质的区别，后者靠教授修辞和演说来培养年轻人的政治技艺，并且确信自己掌握着关于政治的锦囊妙计，在苏格拉底看来，他们拥有的不过是信念或意见，并非真正的知识。苏格拉底拒绝成为"老师"，因为他并没有确定的教条可以教授，他不过是推动人们灵魂转向的原生力，在转向之后，人们还需依靠自己的理性去追寻智慧。

虽然苏格拉底最终并没有成功，但是他的审判和赴死却成为一个政治事件和思想史事件，苏格拉底也成为完美的公民形象。作为

---

① 学界关于这一问题的讨论很丰富，可参见 R.Kraut, *Socrates and the States,* Princeton University Press,1984; R.Weiss, *Socrates Dissatisfied: an Analysis of Plato's Crito*, Oxford University Press, 1998; V.Harte, "Conflicting Values in Plato's Crito", *Archiv Fur Geschichte der Philosophie*, 81,1999: 117-147。

一个哲学家和真正的爱智者，他对城邦的不义毫不妥协，化身牛虻不停叮咬着雅典这匹误入歧途的高头大马，用自己的言谈来劝说雅典人关心自己的灵魂与德性；另一方面，他并没有因为哲学而离开城邦，也没有在被判死刑后逃避城邦的处罚，他选择了服从法律，以自己的行动示范了哲学家如何与城邦保持充满矛盾的关系。在苏格拉底之后，任何严肃思考政治事务的人都离不开他所开启的视野：政治对灵魂的关照以及哲学在政治中的作用，而这也正是柏拉图政治思想的核心关切。

第三部分
柏拉图与统一城邦

第七章　柏拉图政治思想的问题意识

柏拉图出生的时候（前428年），伯罗奔尼撒战争刚刚进行了三年，伯里克利去世，雅典开始从夺去四分之一人口的大瘟疫中走出。在柏拉图二十出头的时候，雅典最终战败，陷入了二十僭政的内乱之中，再之后不久，他一生中最重要的朋友和老师苏格拉底被判死刑。日后，柏拉图在其《第七封信》①中曾非常清楚地表达过自己的政治经历和思考困境：

> 我越是反思发生的所有这一切，反思积极参与政治的人以及我们的法律和习俗；当我年纪越来越大的时候，我越意识到要正确安排城邦事务是件多么困难的事。我看到，没有可靠的朋友和支持者，什么事情也办不成，而这样的人很难找到，因为我们的城邦已经不依照传统的习俗和实践行事了，而要建立一种新的又极为困难。此外，我们的成文法和习俗正在以惊人的速度败坏着，结果是，我虽然曾经满腔热忱地希望参加政治生活，但当我看到这些变化和万物之不稳定后，这些混乱的状况却使我晕头转向。尽管我并没有停止思考如何改进我们的礼法与政制，但我的行动推迟了，以等候有利的时机。最后我终于得出结论：所有现存的城邦无一例外都治理得不好，它们

---

① 本文中对柏拉图著作的引用，除标注文本外，英文本皆参照 J.M.Cooper ed., *Plato: Complete Works*, Hackett, 1997。

的法律制度除非有巨大的变革并伴随好运气，否则是难以好转的。因此我不得不说，只有真正的哲学才能看清在公共和私人生活中正义究竟为何物。除非真正的哲学家获得政治权力，或者出于某种神意，政治家成了真正的哲学家，否则人类就不会有好日子过。（325c-326b）

柏拉图描绘了一个礼崩乐坏的时代，战后三十僭政与民主的复归是对柏拉图一代影响最为深远的政治事件，前405/前404年的这场内乱对柏拉图的政治活动和政治思考都产生了重要的影响。对于柏拉图来说，内乱绝非仅仅意味着政治语境，而是构成了其政治思考要处理的主要理论问题。在他的《理想国》和《法律篇》[①]这两部政治思想著作中，内乱都构成其政治思考的重要对象，更为重要的是，柏拉图还将城邦内乱与公元前5世纪后期兴起的"礼法－自然"关系讨论，特别是现实主义和反道德主义的政治理论作为他著作要解决的核心问题，并最终提出新的替代性理论方案。

在《理想国》中，内乱被视为是城邦最大的恶（462a-b），而只有哲人王统治的城邦才能最大限度地避免内乱（520d）。而《法律篇》的开篇就开始于对城邦立法应该着眼于对外战争还是防止内乱的讨论，并在此问题基础上展开整个《法律篇》关于政体和立法的讨论。在这个意义上，柏拉图作为西方政治哲学开端处的重要奠基人，其政治思考一开始就与内乱问题交织在一起，并构成其基本的问题意识。下面，就《理想国》和《法律篇》的开篇所展示的政治语境与理论议题进行简要讨论，以此来确定柏拉图政治思想的核心主线。

---

① 本文对《理想国》原文的引用皆出自柏拉图：《理想国》，顾寿观译、吴天岳校，岳麓书社，2010年，部分有改动。本文所引用《法律篇》皆为笔者翻译，参照英译本 Plato, *The Laws of Plato*, trans. By Thomas L. Pangle, The University of Chicago Press, 1988。

1.《理想国》与《法律篇》的语境与论题

《理想国》从开篇一直到第二卷格劳孔和阿德曼托斯挑战，展示了整部对话开展的历史与智识语境，以及该部对话所要处理的核心问题。关于《理想国》的开篇，已经有很多学者进行了富有深意的分析与解读[①]，本文在此不想重复，而是试图从政治史和内乱的角度来进行简要诠释。

首先来看对话的时间和地点。按照对话开篇的叙述，《理想国》这一对话有三重时间值得注意。第一个时间是文本中对话的实际发生时间，即在本迪斯女神节日的傍晚。第二个时间是按照历史记述，该节日应该是在前431—前411年之间，也就是伯罗奔尼撒战争的前二十年中。[②] 在此期间，克法洛斯一家因为制造盾牌而成为非常富裕的家族。第三个时间就是柏拉图写作这篇对话的时间，即肯定是在三十僭政之后。这一点向我们揭示了对话中人物和场景的意义，因为在第一卷参与对话的克法洛斯家族在雅典内乱中遭受了巨大的冲击，柏拉图在撰写该对话的时候，当时的读者对这一事实是了然于心的。就场景来说，从《理想国》的第一句话我们就得知对话发生在雅典之外的比雷埃夫斯港。在雅典战败后的内乱中，该港是城外民主派反击三十僭政的重要阵地，也是很多从事制造业和商业的外邦人聚居的地方。

对话发生在克法洛斯家中，这一地点的选择也是很值得注意

---

① 比较有代表性的是沃格林，参见《〈王制〉要义》，华夏出版社，2006年，第164页以下；施特劳斯（The City and Man），布鲁姆等，此外对卷一的戏剧场景设置分析较为充分的是 Mark Gifford, "Dramatic Dialectic in *Republic* Book I", *Oxford Studies in Ancient Philosophy* 20, 2001, pp.35-106。

② 参见 R.Garland, *Introducing New Gods,* Cornell University Press, 1992, pp.111-114; Parker, *Athenian Religion: A History*, pp.170-175; Gifford, p.53。

的。如吉福德（Gifford）所言①，在《理想国》卷一最初的对话者并不是什么著名的人物，他们甚至不是雅典公民，而是从事工匠和贸易的人，唯一为后世所熟知的大演说家和修辞家吕西阿斯（克法洛斯之子）只是站在旁边听着整个对话，而没有发表自己任何的观点。我们对克法洛斯的了解也主要来自吕西阿斯：

> 我父亲克法洛斯是受伯里克利说服来到这片土地的（阿提卡），他在这里住了三十年；他和我们（吕西阿斯和波勒马霍斯）从未指控过任何人，也没有被任何人起诉过。实际上，当城邦在民主派治下时，我们过着一种避免对别人行不义和受不义之行为的生活。②

克法洛斯大约是在前450年代后期被伯里克利劝说来雅典定居的，在雅典居住了三十余年，期间从事盾牌制造业，并因此而变得富有，到前404年时已经拥有一百多名奴隶。③ 但是这一家人在三十僭政时期的雅典内乱中，遭受了统治集团的迫害和掠夺：

> 我前往船主阿凯纽斯（Archeneus）家里，请他去城里寻找我的兄弟。他回来告诉我，埃拉托斯塞涅斯（Eratosthenes）在大街上抓了他，并把他投入了监狱。听到这个消息后，我连夜驶往麦加拉。三十人用惯常的命令将波勒马霍斯处死，让他服下毒芹，并没有说明处死他的原因：波勒马霍斯也没有被审判，也没有机会进行自我辩护。当他死后，被从监狱中抬出来时，虽然我们有三所房子，但他们不允许在其中任何一处举行葬礼，而是将他放置在一个租来的小屋里。我们有很多斗篷，

---

① Mark Gifford, "Dramatic Dialectic in *Republic* Book I", *Oxford Studies in Ancient Philosophy* 20, 2001, pp.35-106.

② *Lysias*, 12.4.

③ 参考 Debra Nails, *The People of Plato, A Prosopography of Plato and other Socratics,* Hackett, 2002, p.84.

但是他们却不允许我们在葬礼上用哪怕一块儿。我们的朋友们这个给个斗篷，那一个给个枕头，再就是把自己多余的什么东西拿出来，这才完成了葬礼。他们拿走了我们几百块盾牌，以及超出他们预想的所有的金银、铜、珠宝、家具和女性衣装。同时还有120名奴隶，他们把其中精明能干的挑走，剩下的则交到城邦。这就是他们无耻和贪婪的程度，下面这件事更能显出他们的秉性：当麦洛比乌斯（Melobius）踏进门时，他看见波勒马霍斯妻子戴着黄金耳环，便一把从其耳朵上拽了下来。他们没有对我们表示丝毫歉意，反而因为我们的钱财，他们对待我们的方式就好似曾受到严重的侵犯一样。①

了解了这一背景，对于《理想国》的读者来说，看到对话发生的地点克法洛斯家时，必然会记起这一家人在城邦内乱时的遭遇。柏拉图安排勤勉的军火商克法洛斯以及其子波勒马霍斯作为苏格拉底最初的两个对话者，实际上是将克法洛斯家族的财富以及波勒马霍斯与吕西阿斯在内乱中的表现与遭遇重新激活。正是在这一语境设置之下，克法洛斯所主张的正义观，即欠债还钱，以及波勒马霍斯认为的正义就是扶友损敌才能得到更加完善的理解。总起来说，克法洛斯一家与雅典城的命运有着紧密的关联，雅典帝国的兴盛使得克法洛斯从军械生产中获益良多，而巨额的财富在雅典战败后也成为三十寡头垂涎的对象，波勒马霍斯和吕西阿斯也以不同的方式被卷进与雅典内乱相关的事件之中。所以整部《理想国》的起点就是内乱中民主派的大本营比雷埃夫斯港，以及在与内乱中被三十寡头迫害的克法洛斯一家人的交谈。并且在苏格拉底与波勒马霍斯讨论完扶友损敌的正义观之后，对话很快就转向了内乱的理论层面的

---

① *Lysias*, 12.16-20.

质询。这部分暂留在稍后再具体分析。我们先简要考察《法律篇》的开篇。

如果不熟悉历史语境，《理想国》开篇的场景和人物设计目的并不太容易直接获得，但是对于当时的读者来说，内乱的议题基本是可以很自然就能联系起来的。与之相对，《法律篇》一开始就把讨论的主题限定在内乱与战争上面，将这一问题意识直截了当地摆在读者眼前。《法律篇》的对话者分别为雅典陌生人、克里特人克里尼阿斯和斯巴达人麦基鲁斯，这三个人的城邦分别代表了当时希腊城邦世界两种典范政制：雅典式与多里安式政制。而多里安式政制恰恰是《理想国》第八卷中政体衰变序列中最好的政体形式。在《法律篇》中，斯巴达和克里特政制也与其他政制区分开来，雅典陌生人称两者的政体为真正的政制（politeion）。① 虽然多里安式政制在当时希腊世界享有盛誉②，但是《法律篇》开始就是要从现实中的优良政制入手，揭示出其政制设计的潜在弊端，从而引出对真正优良政制的讨论。

对话从对克里特和斯巴达的立法目标的讨论开始，进而将讨论的主题落在了立法应该是着眼于战争还是和平上面，确切地说是对外战争和内部和平。在《法律篇》开篇处，我们发现柏拉图将内乱视为城邦最大的困扰和敌人，并将立法着眼点放在对内乱的克服上面，在此基础上展开城邦立法的后续讨论。可以说，克服内乱是整个立法的首要考量和基石。下面，我们来看柏拉图是如何具体展开

---

① "那是因为你们两个的城邦都是政制。你们提到的其他（僭政、民主制、寡头制等）那些都不是政制，而是在专制统治之下的城邦管理机构，城邦的某一部分奴役其他的部分。每个名字都从专制者的权威那里而来。"（Laws，712e-713a）

② 参加亚里士多德：《政治学》1269a30ff.。虽然亚里士多德对斯巴达和克里特政制有诸多批评，但是这两种政制是在《政治学》中是作为当时希腊可能的最佳政体而被批判、分析的。

讨论思路的。

当雅典人开始问城邦立法的目标时，克里尼阿斯和麦格里斯都回答说自身城邦的立法着眼点是在战争中取胜。克里尼阿斯明确提出："大部分人所说的和平只是一个空名而已，而依据自然，在所有城邦之间通常处于未宣之战的状态。"（626a）所以，从这一事实着眼的话，无论克里特还是斯巴达的所有礼法都是为了战争之故设立的。克里尼阿斯并不讳言，只有在战争中获胜才是真正有益的事情，因为获胜者会虏获失败一方的所有财富（626b）。所以，按照克里尼阿斯的逻辑，城邦所处的现实状况就是和所有其他城邦处于潜在的战争之中。基于对现实的认知，城邦安排其政制和习俗都必须培养骁勇善战的公民，并将城邦打造为英勇的战争城邦，其目的就是为了获胜后取得被征服者的财物。

对于克里尼阿斯和麦格里斯的回答，雅典人不能完全接受，并且很快便将问题转换为如何应对城邦内部的分裂问题。雅典人在这里做出了一个极为重要的区分：对外战争（polemos）和城邦内乱（stasis）。对外战争是克里尼阿斯和麦格鲁斯所强调的，但是雅典人则提出城邦内乱的重要性。城邦内乱总是不停地出现，并且每个人都不希望自己的城邦出现内乱，一旦发生，则希望内乱尽快过去（628b）。且与对外战争相比，城邦内乱是所有战争中最残酷的，是最大的战争（630a）。

柏拉图进一步提出严格意义上的政治家应该先关注内乱而非对外战争，原因包括以下几点。首先，对外战争中起主导作用的是力量原则，即大的城邦能在战争中战胜小城邦（638b），一个城邦哪怕是治理得再好，在遇到强大的敌人的时候，也难以维系自身的安全。也就是说，在城邦的对外关系中，强权是与高贵无干的通行原则。第二，如果说城邦间的战争状态是现实存在的话，那城邦更是要提防自身内部的纷争与动乱。因为如果城邦自身不能保持统一，陷入内乱，根本就没有能力抵御外敌。所以，雅典人会说："城邦战胜自身不是最好的，而是必需的。"（628d）第三，如果一个城邦将自己打造为一个战争机器的话，其公民则必具备很强的战斗能力，而该城邦一旦发生内乱，则必会给城邦自身带来最严重的伤害（636b）。综合以上几点来看，雅典人将城邦内部的生存放在对外战争中的幸存之前，而多里安式政制立法所隐含的问题，在这一基础上，对于政制和立法的讨论就必须从城邦的生存层面上升到城邦的生活方式是否高贵上来，对外战争和内乱背后实质上是对德性的不同理解。

对外战争和内乱中对人德性的要求是不同的。在对外战争中，勇敢是首要的，而要预防内乱，则需要更多的德性。具体来说，需要与勇敢同等程度的正义、节制与明智（630b）。因为只有同时具备这四项德性，人才可能成为忠信之人。柏拉图为我们给出了德性的等级序列。首先他将德性划分为两类：属人的德性与神圣德性。前者从高到低依次为健康、美、力量与财富；后者的序列为明智、节制、正义与勇敢。而且，属人德性从属于神圣德性。德性序列的安排不再是简单的德性分类，而是规定了明智的统合能力。以勇敢为例，在神圣德性的序列中，勇敢排第四位，这意味着勇敢必须服从于其他三种德性的要求，否则便很难称之为勇敢。换言之，单独的勇敢德性并不能独立存在，否则，勇敢就无法区别于鲁莽和傲慢。除明智以外的其他德性之所以被当作德性，且能够发挥作用，最根本上就是因为明智的统领力量在起作用。

通过将讨论的层面推进到德性上，多里安式城邦政制的特点可以看得更为明晰。旨在对外战争中胜利的战争机器最为看重的公民德性自然是勇敢，而真正的勇敢是对抗恐惧与痛苦，以及能与我们意气薄弱的欲望和快乐以及奉承做斗争。在麦格里斯对城邦关于勇敢立法的列举中，共餐制、体育训练、狩猎、忍受痛苦等成为首要的内容。这些都是针对身体的训练，而勇敢的实质内容，即与快乐做斗争。也就是说克里特和斯巴达的着眼于对外战争的城邦立法仅仅达成了勇敢的一部分，即对抗恐惧和痛苦。在这个意义上，勇敢作为一种德性与其他德性是分离的，即雇佣军式的勇敢可以与正义、节制、明智等无涉（630b）。这种意义的勇敢是有着其内在危险的。这一危险在讨论节制的时候明确道明："这些体育训练和共餐制在很多情况下是有益于城邦的，但是在内乱的时候，它们是有害的。"（636b）

到此为止，勇敢德性的性质，确切地说是克里特和斯巴达式的勇敢性质得到了较为充分的解释，这种勇敢是身体性的勇敢，它与其他德性并无太多关系，不会按照神圣善好的序列向更高的德性看齐。它更像没有方向的意气（*thumos*），是把双刃剑，既可以在对外战争中杀敌，也可能在内乱中给自己带来最严重的灾难。关于勇敢德性的讨论揭示出克里特和斯巴达这种将城邦构造成战争机器的内在危险。如果只着眼于对外战争而形塑城邦德性的话，城邦所体现出来的勇敢实际上并不属于神圣的善好，而只是在幸存意义上的力量准备，与真正的德性无关。而真正的优良城邦应该将立法着眼于整全德性，即除了勇敢之外，还要培养人的正义、节制和明智。所以《法律篇》通过区分内乱与对外战争这两种性质不同的战争，将政制和立法（*politeia kai nomoi*）的目标从城邦的生存层面提升到德性层面，换言之，从城邦的幸存（活着）提升到良善生活（活得好）。①

---

① 亚里士多德在《政治学》第一卷中（1252b27ff）详细阐述了"活着与活得好"的关系，即城邦的生成是为了活着，而城邦的继续持存是为了活得好。

通过以上对《法律篇》开篇的简要梳理，我们可以清楚看到城邦内乱成为整部对话讨论的核心议题，并且由内乱引出了德性和教育话题的讨论，而这些恰恰是柏拉图政治思想的代表性议题。所以，无论是《理想国》还是《法律篇》，柏拉图都将城邦内乱问题设定为根本性的政治议题，从这里起步逐步构建起政治思想的体系。选择城邦内乱作为讨论的起手式并非偶然，因为柏拉图实际上将其政治理论的主要对手设定为支撑城邦内乱的理论主张，而这恰恰也是这两部对话中设定的最重要的论敌。

2. 城邦内乱的理论根基

在《法律篇》第十卷中，柏拉图对城邦内乱背后的理论渊源有一个明确的讲法，他说：

> 朋友们，所有这些说法都是由年轻人所认为的智慧之人——作家和诗人们——提出来的，他们解释说**最正义的是使得人能用强力取胜的东西**。这是影响年轻人不虔敬的根源，年轻人则认为诸神并非法律所规定他们所应该认为的那样。经由这些事情，**内乱**就出现了，因为有人导引人们过"**依据自然的正确生活**"，即**实际上过依据法律主宰别人而不成为别人奴隶的生活**。（《法律篇》X. 890a，黑体为笔者所施加）

柏拉图认为城邦内乱并非是简单的政治现象，其背后有着更深的理论支撑和诉求，即要过"依据自然的正确生活"。当时城邦中所谓"大部分智慧的人"所认为的自然实际上是建立在权力逻辑之上的，即用强力支配别人，并用法律对这种支配关系加以合法性修饰。柏拉图所指称的这些"智慧的人"就是上一章中讨论过的智者以及持类似主张的人，所以柏拉图的这一诊断直接将公元前5世纪希腊世界关于"礼法－自然"（*nomos-physis*）的关系与城邦内乱关联在一起。在柏拉图自己的著作中，对这一问题的处理主要就集中在对《高尔吉亚》中的卡里克勒斯，《理想国》中色拉叙马霍斯与格劳孔的挑战，以及《法律篇》第十卷中自然观的讨论中。下面首先来看一下柏拉图重新界定的理论对手。

首先来看《高尔吉亚》中的卡里克勒斯。《高尔吉亚》是苏格拉底与当时希腊最为著名的修辞家高尔吉亚等人的对话。对话的主题是讨论修辞术的性质和能力，以及政治生活与哲学生活的关系等。该对话的核心主题在《理想国》中也得到更为详尽的处理。在对话的前半段，苏格拉底和伯鲁斯（Polus）就修辞家的能力进行了讨论。伯鲁斯认为修辞家拥有僭主式的能力（466c），而苏格拉底则提出僭主和修辞家的能力很小。苏格拉底通过将能力与善好联系在一起，指明僭主是很悲惨的（473e）。接下来，苏格拉底进一步提出作恶不受惩罚比接受审判更可耻和更坏。在这时，卡里克勒斯插话进来，表示自己的不满，他指责苏格拉底在讨论中错误地混用了自然和礼法：

> 自然和礼法基本上是彼此相对立的……但是我认为自然本身告诉我们更好的和更有能力的人获得比更坏和更弱小的人较多的份额是正义的。自然在很多地方都是这么彰显的，既在其他动物中也在人类所有的城邦和种族中，自然揭示出这就是正义所在：较强的统治较弱的，并拥有比后者更多的份额……我认为这些人是依据正义的自然来做这些事情的——是的，以宙斯之名，符合自然之法则（*kata nomon ge ton tes phuseos*），而不是按照人所立的法律。①

卡里克勒斯将自然和礼法非常极端地对立起来。他认为存在着

---

① 柏拉图：《高尔吉亚》482e-483e。

依照自然的正义和依照礼法的正义。两种正义观的对立在于制定礼法的人都是弱小的人，是因为害怕更有力量的人多得而制定法律，将夺取超出自己份额的人称为"不义的"，而这恰恰与依自然的正义相反。自然揭示的正义是强者统治弱者，并拥有比后者更多的份额，而人就应该依据符合自然之法则而非按照人所立的法律做事。在《理想国》中，卡里克勒斯的这一观点通过色拉叙马霍斯和格劳孔的挑战得以更充分地展示，从而也构成了整个《理想国》政治谋划所针对的基本问题。

在《理想国》第一卷，克法洛斯和波勒马霍斯退出正义的讨论之后，智者色拉叙马霍斯登场。色拉叙马霍斯所持有的立场与卡里克勒斯并不完全相同，他没有使用自然概念来讨论正义，也非持一种反向的正义理解。但是，二人对正义的内涵的理解是一脉相承的，即强者为自身利益而进行统治。

色拉叙马霍斯具体提出了对正义的两种看法：正义是强者的利益和正义是他人的好处。学者们对色拉叙马霍斯正义观的实质以及前后两种观点是否一贯有着诸多争论，但如果仔细辨析，我们会发现两个定义的一致逻辑。[1]

我们先来看色拉叙马霍斯对正义的第一次界定：

> 我说，正义不是别的什么，而是更强者/更好者的好处（*to dikaion ouk allo ti e to tou kreittonos sumpheron*）。(338c)

---

[1] 关于色拉叙马霍斯正义观的理解一直是学界争论的问题，参见 T.D.J. Chappell, "The virtues of Thrasymachus", *Phronesis*, 1993, 38(1): 1-17。认为色拉叙马霍斯正义观是不连贯的重要讨论参见：J.Annas, *An Introduction to Plato's* Republic, Oxford University Press, 1981; S. Everson, "The Incoherence of Thrasymachus", Oxford Studies in Ancient Philosophy, 16 (1998), 99-131。 持一致论的学者参见：Kerferd G. B., "The doctrine of Thrasymachus in Plato's *Republic*", *Durham University Journal*, 1947, 9: 19-27; C.D.C. Reeve, "Glaucon's Challenge and Thrasymacheanism", *Oxford Studies in Ancient Philosophy*, 2008: 69-103。

需要特别指出的是 kretton 一词的双重含义，该词既是 kratos（力量）一词，也是 agathos（善好）一词的比较级。可能随后色拉叙马霍斯便将该词的含义定位在前者而使得学者们直接将其等同为"强者"。但是在目前这一表达中，"力量"与"善"的含义并不明确。而这种含混性对于理解色拉叙马霍斯的立场是非常有帮助的，它一方面提出了不同于传统习俗的正义观，另一方面，它显示出色拉叙马霍斯的话语体系又是深深植根于习俗正义观的。这一双重面相在色拉叙马霍斯接下来的解释中得到更加明确的澄清。更为重要的是，苏格拉底在《理想国》后面对色拉叙马霍斯逻辑的反驳恰恰是紧紧围绕这两个词的关系展开的。

色拉叙马霍斯对强者的解释是通过城邦来言说的，在每个城邦中都有统治团体，而统治者（to archon）是强者（kratei），无论在民主制、寡头制还是僭主制中，统治者都是为了自己的利益制定法律（nomoi）。"他们宣称他们所制定的——符合他们自己的好处——对被统治者是正义的……这就是我说的正义，在所有的城邦中都一样，即现政体的好处。"（338e-339a）色拉叙马霍斯的解释由两部分构成，一方面是似乎非常习俗式的表达，即正义是遵从法律的规定。①但是另一方面，色拉叙马霍斯的这一界定的核心是围绕强者－统治者的利益展开的，也就是说他为习俗法律赋予一个外在的目的指向，即礼法只是统治者满足自己利益的工具。这是与传统正义观不同的。②在这一主张中，统治者和被统治者在正义问题上有着明确区分，即通常的正义和不义都体现在被统治者是否遵守城邦法律

---

① 有学者们就此认为色拉叙马霍斯秉持一种习俗主义（conventionalism）的正义观。
② Everson 正是在这一点上详加阐述，试图证明色拉叙马霍斯的不连贯性，但是色拉叙马霍斯的这两个面相决定了其观点并非简单的习俗主义观点。对 Everson 的批评见 Reeve 文，参见 274 页注释 ① 所引文章。

上面，而统治者本身是正义还是不义这一问题被悬置起来。

苏格拉底针对这一界定，特别是统治者的性质进行质疑，他提出如果一个统治者犯错的话，就会制定出违背自己利益的法律。针对这一质疑，色拉叙马霍斯对统治者进行了非常严格的规定，即"统治者，就他是在统治着而言，是不出差错的，而只要他不出差错，他就把对他自己最有利的事物定为法律，而后者是被统治者所必须去实行的"(341a1-2)。这样，色拉叙马霍斯意义的统治者就变成了一个哲人王式的统治者，唯一的差别是二者所持有的目的不同，色拉叙马霍斯的僭主统治是为了满足私利，哲人王如《理想国》后面所呈现的那样是为了城邦整体的统一和善好。僭主和哲人王的区分的要害则在于正确理解统治技艺本身与通过技艺获取利益二者是相分离的，这也是苏格拉底进一步反驳的要害。

苏格拉底接下来引入了技艺类比，将色拉叙马霍斯的正义主张推进到第二步。苏格拉底规定了技艺的性质，即医术作为一门技艺，它考虑的是技艺对象身体的利益，而非医术本身的利益。按照这一分析，医生通过医术治愈病人这一过程就变成了医生考虑和安排的不是自己的利益而是属于病人的利益。由此得到的结论就是"不论什么一种知识，它都既不是去考虑，也不是去安排那属于强者的利益，而是去考虑和安排那弱于它的、在它自身的力量影响之下的被统治者的利益的"(342c-d)。将医术与统治术类比的话，那统治术作为技艺自身就是为了被统治者，也就是弱者的利益，基于统治者对正义的规定也就变成了色拉叙马霍斯最初定义的反面。色拉叙马霍斯看出苏格拉底的反驳逻辑，指出牧羊人所操心的并不是羊群的好处，他将羊群育肥最后是为了满足自己的好处。而城邦统治者也是秉持着同样的逻辑来实施统治的。色拉叙马霍斯的反驳，一方面认同了苏格拉底对技艺和通过技艺获取利益之间所做的区分，另一方面更加直接地将统治技艺附加在统治者的利益上面。由此，色拉叙马霍斯提出了新的正义定义：

> （你不知道）那所谓正义和正义的事实际上乃是他人的好处，他是属于那强者和统治者的利益，而对于为臣民的人和服劳役者，则是他的固有的、应得的不幸和损失；而不正义，则恰恰相反——它统治着那些真正的是名副其实的"好样的傻子"，亦即那些正义的人；而他们，作为被统治者，就去为着那旁人的利益而服务，因为后者是强者，他们侍候他，为他服役，使他快乐幸福，而自己则一无所有。（343c2-d1）

色拉叙马霍斯将正义定义为他人的好处。这"他人"并不是随意的指代，而是特指强者和统治者。不仅如此，色拉叙马霍斯还进一步说明强者是幸福的和不义的，而正义的人则是弱者，过着服侍强者的悲惨生活。表面上看，色拉叙马霍斯改变了自己关于正义的定义，用习俗认定的正义与不义来形容统治者和被统治者，这也是学者们争论不休的直接文本根据。但是，如果从强者这一角度来理解的话，我们就会发现，色拉叙马霍斯的立场是非常融贯一致的。而表面的不一致可以通过下面这一区分来看清楚："正义是强者的利益"这一界定更多的是从强者-统治者这一角度来考虑的，而"正义是他人的利益"则是从被统治者-弱者的角度来言说的。色拉叙马霍斯后来再次阐明这一界定时说："正义是强者的利益，而不义是其自己的利益和好处。"（344c7 9）更加证明了这一解读的合理性。这样我们就会发现，虽然色拉叙马霍斯在改变着对"正义"与"不义"两个词的使用方式，但不变的是对强者利益的关注。色拉叙马霍斯的立场实质上并没有改变，但第二个定义并不是对第一个定义的简单重复，而是增加了新的内容。首先，在"正义是强者的利益"中没有处理的统治者是否是正义的问题得到了回答。色拉叙马霍斯认为统治者为了自身利益统治是不义的，但是不义比正义更有利。其次，色拉叙马霍斯的新定义也将正义扩充到日常层面，即"正义的人和不正义的人相处，在任何场合下总是正义的人居于劣势"（343d）。需要特别指出的是，这一内涵的扩充并不能视为色拉叙马霍斯观点不连贯的证据，因为此处的"他人之好处"要理解为"比自己更强的他人之好处"。在色拉叙马霍斯的第二个定义中，极端的例子就是僭主。他行不义之事而成为最幸福的人，而不肯为不义之事的人则成为最可悲的人（344a3）。通过这一阐述，色拉叙马霍斯将不义与强者（力量）和利益联系为一个整体，而正义与弱者和不幸关联起来。

色拉叙马霍斯通过两次诠释正义将基于力量之上的统治逻辑揭示了出来：

（1）力量上的强者是城邦的统治者。

（2）统治者统治是为了获取自己的利益和好处。

（3）统治本身是通过立法等活动实现的，正义源自立法的规定。

（4）这种统治逻辑本身是不义的。

针对色拉叙马霍斯的挑战，苏格拉底紧接着在卷一中进行了五步反驳，其中最为核心的是围绕力量与善的关系展开的。这一关系也构成了苏格拉底批驳与重建正义观念的要害。限于篇幅，这里不再详述苏格拉底的反驳过程，但需强调一点，那就是苏格拉底通过最后的反驳将不义与内乱联系在了一起：

苏格拉底：要是说到那不正义，亲爱的色拉叙马霍斯，它总是争执与不和、仇恨与内部斗争的源泉，而那正义则带来同心一致（*homonoian*）与友爱（*philian*）。是这样么？

色拉叙马霍斯：让它，他说，就算是这样吧，以免和你争执。

苏格拉底：……如果这就是不正义的作用（*ergon*）——凡是它所到之处就产生仇恨，如果它存在于自由人和奴隶之中，那么是不是，它将引起相互间的仇恨与争执（*stasiazein*），并使人无力进行任何协和一致的行动？

色拉叙马霍斯：正是这样。

苏格拉底：那么怎样，如果出现于两个人之间呢？是不是这两个人将相互不和，彼此仇恨，互相为敌，并且一起成为正义的人的敌人？

色拉叙马霍斯：是这样的，他说。

苏格拉底：而如果，尊敬的先生，不正义存在于一个个人之中，难道它就将失落它那固有的能力么，还是它将毫不逊色地具有它？

色拉叙马霍斯：让我们说，它毫不逊色地具有它。他说。

苏格拉底：那么，很明显，他所具有的是这样一种能力，这就是：不论它在什么地方，不论这是一个城邦，一个家族，一支军队，或一个任何什么社团，凡是它所到之处，它就，首先，由于引起不和与争执，使该团体不能在自身中达成一致而能有合作行为，并且使它成为既是它自身的，也是一切与它为敌的事物的，而且是正义事物的敌人。是不是这样呢？

色拉叙马霍斯：正是这样。

苏格拉底：而如果是在一个个人之中，我想，同样，它的出现也要引起所有这些按它的性质它所要引起的作用的。首先，一个人既然自己与自己不和（*stasiazonta*），自己和自己不能一心一德（*homonoounta*），他也就无力去从事任何事情；其次，这将使他自己与自己为敌，并与一切正义的事物为敌。是这样吗？

　　色拉叙马霍斯：是。（351d3-a10）

色拉叙马霍斯最终同意苏格拉底关于内乱原因的诊断，并且接受了苏格拉底对自己所秉持正义观的批评。总结来看，色拉叙马霍斯坚持强者的力量逻辑，在这一点上与修昔底德的现实主义是一致的。与之不同的是，色拉叙马霍斯认为正义是存在的，不过正义主要是礼法的规定，这一规定并不正确。按照他的理解，正义应该是以强者为核心来建构。但另一方面，他又没有走向安提丰和卡里克勒斯那样的极端，即将自然的正义与礼法正义颠倒对立过来。反观苏格拉底的策略，他驳斥了色拉叙马霍斯将不义与强者和善的勾连，提出正义是好的并且是有能力的，只有正义才能保证自我认同的稳定性以及建立在这一基础上的共同体的可能性。这样，正义就与内乱、友爱和共同体的主题内在地关联在一起。

如果说色拉叙马霍斯揭示了力量基础上的利益获取逻辑，在《理想国》第二卷一开始格劳孔的挑战中所展示出来的立场就更接近于《高尔吉亚》中的卡里克勒斯。格劳孔用三步将正义的讨论推向了极致。

格劳孔首先用社会契约①的方式描绘了正义的起源，即行不义天生是好事，而受不义则为坏事，但是被施加不义的坏处超过了对别人施以不义的好处，两相权衡，人们相互订立契约，既不加人以不义，也不承受别人施加的不义。由这一契约规定的法律和正义并不是好的，而是不得不采取的措施，它是介于施加不义而不被惩罚与受人不义而无力报复之间的一种状况（359a-b）。对正义这种社会契约论的解释背后存在着一个分裂，即现有的正义观是城邦的习

---

① 关于希腊当时社会契约论的主张，参见 Charles H. Kahn, "The Origins of Social Contract Theory", in G. B. Kerferd, ed., *The Sophists and Their Legacy*, Franz Steiner Verlag, 1981, pp.92-108。

俗约定,这一约定按照自然并不是好的,真正自然的善好应该是行不义。这一界定比色拉叙马霍斯的定义更强地将自然和礼法对立起来。按照这一说法,每个人依其自然都有追求胜过别人的欲望。这是自然之好,而"只是因为法律与公约的强制才迫使他带着尊敬地去对待公平"(359c)。如果说色拉叙马霍斯认为获得幸福就要剔除习俗正义的约束,将不义定义为善和德性的话,那格劳孔这一阐述则是说人要受习俗的束缚。这一束缚是人理性计算后不得不接受的结果,但这一结果并不会去除或消解人的本性/自然所赋予人的总是追求胜过别人欲望。

接着,格劳孔用巨吉斯指环的例子形象地点明,只要人能够避免惩罚,逃脱礼法的约束,那他就会去追求自然之好,追逐自己的欲望和胜过别人。不仅如此,格劳孔比色拉叙马霍斯更进一步,将礼法所赋予正义的好名声也安放在不义之上。即最为不义的人不仅有能力行最大的不义之事,而且还能享有正义之名声。用格劳孔的话说就是"顶峰的、极致的不正义实际上不是,但是看起来却是正义"(361a)。而似乎没有不正义行为的正义之人则要背负起不义的恶名,终生被人视为不义,受尽苦难。这样极端的不义和正义之人的生活就形成了鲜明的对比:不义之人在城邦中占尽一切好处,服侍诸神,丰厚献祭,而正义之人则饱受责难,至死方休。

在巨吉斯用自己的魔戒杀死国王夺取王位之后,格劳孔讲述的巨吉斯和色拉叙马霍斯所说的僭主已经并无差异了。两者的逻辑对人性的认识是一致的,即按照自然,人是要不断地满足贪婪的欲望,胜过其他的人。他们的区别只是说,色拉叙马霍斯口中的僭主可以行足够大范围的恶,将不义和正义颠倒过来,说不义为好,正义为坏;而巨吉斯是可以行礼法规定的恶之不义,同时免除惩罚,并进一步以正义之名来行不义之实。经过从色拉叙马霍斯到格劳孔的推进，柏拉图通过正义的主题"自然－礼法"关系进行了系统性重构，并将权力/力量与善的核心困难加以充分澄清。在这个基础之上，苏格拉底才决定在新的基础上重构权力与善的关系，通过构建正义的城邦和美丽城的方式，为城邦走出内乱困境找到了出路。

正如前面引用的《法律篇》第十卷的文本所显示的那样，柏拉图在他最后的这部对话作品中，首先保留了在《理想国》中的诊断，即认为色拉叙马霍斯以及格劳孔叙述的大部分智者所持有的正义观是城邦内乱的重要理论根源。在《法律篇》中，柏拉图借由城邦中谁应该统治的问题接续了这一讨论。柏拉图说，对这一问题有着诸多不同的回答：父长统治、出身高贵之人统治、老人统治、主人统治、强者统治、智慧之人统治。在这些不同的观点中，最强有力的主张是强者统治："他们主张法律不应该着眼于战争或整全德性，而是应该着眼于既有政体的利益，和那些能使政体长久统治，永不消亡的东西。他们宣称符合自然的关于正义的最佳定义是强者的利益。"（714b-c）这里的强者可能是大众，也可能是僭主、贵族等任何占据城邦权力的群体或个人。他们一旦掌握了城邦权力，便会如色拉叙马霍斯所说的，按照自身利益来颁布法律，让法律成为"统治集团的工具"。雅典人在《法律篇》这里没有采取《理想国》中的长篇论证，只是阐明了强者正义这一原则的致命缺陷：

> 统治团体将会不断争斗，胜利的一方会接管城邦事务，而不让失败一方有任何参与的机会。这样，两派之间彼此盯着对方，一旦有机会掌握城邦大权便会记起之前的恩怨，开启动乱。这些根本不能称为是政体，我们也不会说那些不寻求旨在城邦整体利益的法律是正确的。如果法律是为了寻求某一部分人的利益，那我们将其居民称为是"派系"而非公民，并说他们尊之为正义的法律是虚幻的。

> 我们说这些话是因为下面的这些原因：我们不会将城邦的统治集团设立在某些人的财物，或力量上面。（715a-d）

在"正义是强者利益"这一原则中，柏拉图看到城邦内乱的深层原因，在对城邦政体的界定中我们已经看到分裂城邦的特征。在对政治权力的角逐中，力量成为唯一的标准，这是将自然界的原则纳入城邦政治的直接后果。而在这一境况之下，城邦总是会陷入不断的内乱之中。要彻底改变此种情形，柏拉图给出的方案是让法律不再是某一派别的工具，法律必须服务于诸神，而成为超越各个派别的最高权威。必须让掌握真理的立法者，借着机运与城邦权力结合，并且能颁布城邦法律，让一切派别都遵循法律生活，成为"法律的仆人"（715d1）。

除了接续《理想国》开始的诊断外，柏拉图在《法律篇》中并没有停下思考的脚步，而是将之前的诊断进一步深化，认为强者正义背后还有更根本的自然秩序的原因。在柏拉图看来，之所以会有人持这样一种立场，是因为他们对自然秩序和神的理解是错误的；智者及诗人等做的很大的一个努力是将自然与人的事务分离，从而自然与人伦的贯通秩序被智者及诗人等打断，从而成为两个截然独立的部分。这一过程被进一步阐释如下：

> 首先设定万物生成有三种途径：出于自然，出于运气和出于技艺（709b 处是神、运气和技艺）。而最大的和最好的是从自然和运气而来，较小的则是从技艺而来，技艺是从最大的和最先的东西中派生的，并塑造了我们称之为人工的所有小东西。智者及诗人等认为的宇宙秩序为：最初是火、水、土、气，它们是由自然和运气产生；继之以各种星体，如大地、日、月、星辰等，这些事物都没有灵魂，它们的产生也都是出于各自能力的运气；接下来产生的是天宇和宇内万物以及动植

物，它们的产生过程是其之前的事物之间出于必然，根据运气而来的相反性质的事物的结合，如热的事物与冷的事物，干的事物与湿的事物的结合等。由此，四季也出现了。所有这些事物的产生"不是经由努斯，他们宣称，也不是通过某个神，也非通过技艺，而是出自自然和运气"。（889c）

在这之后，技艺才出现。技艺是属于可朽事物的，技艺自身也是可朽的。从技艺这里出现了两种事物。第一种是玩物，这些事物并没有分有多少真理，而只是一些影像，如绘画、音乐等；第二种则要严肃得多，这类事物拥有与自然一致的力量/能力，如医术和农艺等。而政治技艺"只在很少的程度上与自然一致，其大部分都是出自技艺的，因此，整个立法事务都不真切，并非出于自然，而是出于技艺"（889d-e）。而诸神就是由这样的技艺产生出来的，智者及诗人等将神安放在自己规定的宇宙秩序之内，并将这一秩序与人的政治伦理秩序联系了起来。

这样一种宇宙秩序有几点值得特别指出。第一，无论是水、火、土、气四元素还是日、月、星辰等宇内万物，按照这一说法都是没有灵魂的，完全是出于自然和运气。也就是说，并没有一个外在的神或者某物来规定及安排这一切的生成，自然事物的出现完全是自然而然的。第二，技艺的出现是在自然物之后，其属性是可朽的，也就是伴随着可朽之物——人产生的。技艺与自然物的产生并无关系，并且由技艺产生的事物甚至是较微小的。第三，技艺与自然并不必然地有内在关联，既存在与自然相符合的技艺，如医术等，也存在与自然关系不大的技艺，如玩物和政治技艺。第四，在以上几点的基础上，立法事务便属于与自然无关的政治技艺部分，完全是人为的创造和约定，毫无根据或规律可循。

在这些人看来，失去自然基础的人伦秩序除了强力原则是没有别的通行法则的,这也是《高尔吉亚》中卡里克勒斯和《理想国》中的格劳孔挑战背后的最深层的理论困难。这一困难在《法律篇》卷十得到最充分的揭示。由此,我们就得到了关于城邦内乱的完整因果链条:城邦内乱的原因直接体现为人们都想成为城邦中的强者,从而可以主宰城邦并满足自己的各种欲求,因为人总是想要更多,并将错误的"善好"(荣华富贵等欲望)当作真正的善(明智哲学的生活),这就是内乱的城邦和灵魂的最直接原因,即灵魂中欲望部分的无限膨胀,和在城邦中总想胜过别人,夺取最高权力。这一城邦和灵魂现象背后是强力正义的逻辑,在人类事务中除了这一规则外似乎并没有别的令人信服的原则。此外,由于人们看到不同的城邦有不同的礼法秩序,好像并没有一个普世的规则或者道理存在,甚至可以说人伦秩序根本就没有外在基础,人们就更加坚信强力的胜利是真正的自然。这一主张的前提是人类秩序与自然宇宙秩序的分离,自然的生成秩序在先,是凭靠自然和运气而产生的,而人类秩序则完全是属人的技艺的产物,故没有标准,立法事务则更是不涉及自然因素。这条因果链是对城邦和灵魂两个层面内乱的最本质性和最完备的分析。

经由上述对《理想国》和《法律篇》的分析,我们已经有足够的理由认为柏拉图政治思想存在着一个最主要的议题,从政治现象上说是城邦内乱,从政治理论的角度说则是"自然-礼法"对立所导致的权力与善的关系疑难。在确定了柏拉图所要处理的政治困境和理论论敌之后,其政治思想的主线也就自然明朗起来,这就是要重新在自然、灵魂与政体的层面重新将权力与善关联起来,构建统一的友爱共同体,从而彻底将内乱这一疾患消除。

第八章 《理想国》：美丽城与统一城邦

1. 力量与善：柏拉图的方案

无论是《理想国》第一卷中色拉叙马霍斯的正义理解，还是第二卷开始处格劳孔和阿德曼托斯兄弟提出的挑战，背后的理论逻辑是很清晰的。这就是对人来说，利益追逐是其最大的善，而建基于权力／力量之上的统治权是保障自己获得这些利益的最有效途径，习俗认为的正义不过是人没有能力实现这一目标的被迫选项，真正有能力的人有可能做到行习俗认为的不义，即实际上享尽一切世间荣华富贵，却又能伪装以正义之面具。当格劳孔兄弟把问题推进到如此深度时，他们对苏格拉底提出了请求，希望他阐明"正义与不义自身，各自在那具有它的人的灵魂中，当它既不为诸神也不为众人所知的时候，它的力量（*dunamei*）是什么，……要就其自身来说，即一个坏，一个好，而把两者的名声与外表（*doxas*）都一起剔除掉"（366e-367b）。对于这个请求，苏格拉底并没有像在早期对话中那样，通过直接的辩驳来推进对正义的讨论，因为仅靠简单的辩驳诘难已经无法完成这一任务。延续苏格拉底在《申辩》中的讲法，他必须要让人开始思考什么才是真的优良生活，要从对权力和利益的获取转向对灵魂的看顾。只不过，在《申辩》中，苏格拉底只是在告诉雅典公民他具体是如何像牛虻一样催促人们转变生活方式，而在《理想国》中的苏格拉底就需要从道理上对此做出更为整全的回应。柏拉图在《理想国》中给出的总体解决方案是，要想人们摆脱用权力获取自己利益的想法，必须将权力与真正的善结合在一起，真正的善必须是高于政治的生活方式方能赋予的，这也就是哲学。只有哲人－王统摄的美丽城才能够安顿人的良善生活，进而彻底消除内乱的隐忧。

在第二卷，格劳孔和阿德曼图斯重新将其主张推进的时候说这是大部分人的想法（358a4-d2），从本书在前面章节的讨论可以知道，这其实反映了公元前5世纪中后期到公元前4世纪早期智者的普遍思路。苏格拉底非常明确地知道自己这些最大的理论论敌，当在谈及智者对哲学家天性的败坏时，他说智者们教授的并不是真正的智慧，而是大众在一起时所具有的意见，"他并不真正知道，在所有这些意见与欲望中，什么是美的或是丑的，善的或是恶的，正义的或是不正义的"（493c）。这些智者蛊惑年轻人，给城邦带来巨大伤害。而与智者这种"怪诞的"教育家相对的就是哲学家，苏格拉底指出，只有真正的哲学家才知道什么是真正的善。

在苏格拉底看来，智者和哲学家的根本区别在于知识和意见两种不同性质的能力上。知识和意见之所以是两种不同的东西，是因为二者所拥有的能力是不同的（477b）。那什么是能力呢？能力（*dumameis*）被界定为"事物中的一个类（*genos*），凭借它们，我们既有能力做我们所能做的事，而其他一切也有能力做它们所能做的一切"（477c）。能力在这里首先被理解为效力，如同视觉和听觉一样。但如何区分不同的能力呢，苏格拉底紧接着给出了关于能力的进一步阐述：

> 关于能力，我们既看不到它的色泽，也看不到它的体态，也看不到任何类似这样的东西，就像，例如，很多其他东西，我只要一眼看到其中的一些，心里就能分辨得出这些是什

么，那些又是什么；可是关于能力，我就只能去注意它是和什么有关（*eph hoi te esti*）以及它所产生的效果是什么（或它的指向是什么）（*ho apergazetai*），并且正是以这样的方式，我把它们之中的每一种称之为一个能力，并且凡是针对（*epi*）同一的东西并且产生同一的效果的，我们称它是同一的能力，相反，凡是针对（*epi*）另一个东西并且产生（*apergazomai*）另一效果的，我们称它是另一个能力。（477c-d）

苏格拉底对能力（*dunamis*）的界定包括三个方面：效能、对象和结果。其中，能力作为效能是最容易理解的，即作为中立性的能力，能力的后面两个内涵使得能力具有了方向和规定性。不同性质的能力不仅仅在于效能大小的程度差异，更在于其对象和最终实现的结果有着质的差异。但实际上问题要更复杂，并且集中体现在对能力所涉及对象的理解上面。苏格拉底在这里试图指出区分不同能力的困难，即它本身是不可见的，只能通过它表现出来的与什么相关（*eph hoi*）与最终的结果来判断。也就是说，当我们区分不同能力的时候，首先要关注的是它呈现出来的样子。接着，苏格拉底说只要是关于（*epi*）同一东西并产生同一效果的就是同一能力。苏格拉底用 *epi* 替代了 *eph hoi*[①]，这一替代的实质是界定不同性质的能力要看能力的对象，也就是能力与其对象的本质相关性，而非仅仅是人可以观察到的能力所呈现出来的与某物的相关性。

在能力界定的基础上，知识和意见的能力得以认识。苏格拉底

[①] 这部分的讨论笔者受益于史密斯（Smith）的讨论，参见 N.D.Smith, "Plato on Knowledge as a Power", *Journal of the History of Philosophy*, 38, 2000, pp.147-151。另参见 G.Fine, *Knowledge and belief in Republic V-VII*; F.J.Gonzalez, "Propositions or Objects? A Critique of Gail Fine on Knowledge and Belief in *Republic* V", *Phronesis* 41, 1996: 245-275。

提出，知识是针对"存在"，认识存在如其所是（478a），并且知识也是所有能力中最为强大的（477d）。在确定完知识的能力之后，比较困难的是确定意见的能力。意见的对象既不可能是"存在"，也不会是"非存在"，因为与二者相配的是知识和无知。意见最终被确定为介于知识和无知之间的能力，其对象是处于绝对的存在和完全的非存在之间的东西。这样的意见比知识更黯淡，比无知更明亮（478c-d）。与上述区分相伴的是知识和意见所能实现的不同效果。拥有知识的人，也就是哲学家有能力接近美本身并且能够直接通达美自身来观看美（476b）。而与哲学家相对是那些爱听唱和爱看戏的人，他们喜爱美丽的声音、色泽和形体，但是他们的心灵没有能力看到并且喜爱美的自然本身（476b），他们不承认有美本身，也不承认有永远同一而不变化的美的理念（idean）（479a）。后者就像在睡梦中，而拥有知识的哲学家则是清醒的人。

由此，苏格拉底对知识和意见，以及拥有知识的哲学家与爱意见的智者的区分就更为明晰了。知识的能力（dunamis）使得哲学家通过认识活动（gnonai）针对"存在"（to on）制作出／得到真正的知识。意见的能力使得智者等通过相信（doxazein）针对"存在与非存在之间的东西"制作出／得到信念。基于存在的优越性，知识的能力也较之于意见的能力更大，而这知识的能力又是源自何处的呢？这就要转向《理想国》的顶峰：善的理念（he tou agathoui idea）。① 在苏格拉底看来，正是这"善的理念"构成了能力的源泉："那给予被认知的东西以真理而给予认识者以认识能力

---

① "我们又说有一个美本身，有一个善本身，以及同样，关于一切我们在此前把它们当作是众多的东西来看的。现在，反过来，我们都把它们置于和它们每一个相应的单一的理念（kat' idean mian）之下，因为这理念是单一的，我们说它们每一个是其所是（ho estin）。"（507b）

的，就是善的理念；你可以，把它理解为知识和真理的起因，是被认识所认知的东西。"（508e）"对于那些被认识的事物来说，不但它们之所以被认识是从善那里得来的，并且它们的存在（to einai te kai ten ousian）①也是由于善而为它们所具有的，而善并非存在，而是在尊严上和能力上都更加超越于存在之上"（509b）。这段对善的理念与存在和能力关系的话非常难以理解和解释②，但是至少可以明确的是，超越存在的善的理念是存在同时也是存在得以被认识的源泉，也就是知识的能力的根源。苏格拉底通过将知识的能力奠基于善的理念之上，从根本上反驳了色拉叙马霍斯将强者和更好的人等同的主张，从而奠定了知识的能力是更强的，并且是善的。在这一视野之下，色拉叙马霍斯和格劳孔等提出的主张，其实只是基于不够真的意见对什么是良善的错误理解，而用权力去追求的那些利益本质上也是虚妄的。

2. "哲人王"及其困境

哲人王

在确立了善的理念作为存在以及存在能被认识的哲学基础之后，哲学家的性质就可以看得更加清楚了。（哲学家）

> 真正扑在存在上……他注视的是那井然有序的、永恒不变的事物，并且当他看到，如何它们既不互相为不义也不互相受不义之害，它们是和谐美好、秩序井然，合乎理性的，他就会努力去模拟、效仿它们，并且，尽量地，使自己和它们相像

---

① 关于这里 einai 与 ousia 的理解，可参见吴天岳校注，《理想国》第314页校注[1]。此处将之一并翻译为"存在"，并不区别处理。

② 在《理想国》这段话中，苏格拉底并没有对善的理念超越存在进行过多解释，而似乎是将之作为很自然的结论，其具体含义应该如何理解有待进一步探究，但是这并不影响我们将善的理念作为最终的哲学基础，并在此基础上构建良好的政治秩序。

并融为一体。

……………

当他们进行工作的时候，他们就将要频繁地向两边张望，一边是向着那凭它的本性就是正义，就是高尚美好，就是明智适度以及诸如此类的事物，另一边是向着那个他们努力要在人间是它出现的事物，他们从人们的各种行为和追求中进行挑选和综合，调配出那种真正的人的肤色和模态来，用那样的一个标准来判断它，尔后，当它在人间出现的时候，正巧是荷马也曾称之为是与神同格，与神同调的。（500b，501b）

拥有这种能力的哲学家自然最为适合来统治城邦，这也是《理想国》最为著名的政治表达：除非哲学家在城邦中当王，或者我们现在称之为王或掌权者的人真正而充分地从事哲学思考，也就是说，除非政治力量和哲学完全协和一致，否则城邦的弊端是不会有尽头的，人类的命运也不会好转。[①] 在澄清了哲学和知识能力之后，我们可以理解，一方面，哲学家得以洞察真正的正义和美，从而有可能按照最好的范型来塑造现实。另一方面，哲学或者知识能力本身的性质赋予哲学家以哲学的生活方式，这一生活通过确立真正的善好而超越了政治生活。与之相对：

许许多多城邦都是被那些为了一些影子而互相斗争不已，为了权力和统治而拉帮结派、纷争不已的人所统治的那样，似乎统治就是那了不起的善了。而真理，我想毋宁是如下这样：城邦中本来要统治的人们最不热衷于进行统治，这个城邦，必然将是一个被治理得最好、最安定的城邦，而凡是具有与此相反的统治者的城邦，就将正好是一种相反的情况。（520d）

---

① 参见柏拉图：《理想国》473d，501e。

爱智慧是哲学家拥有的生活方式，对真理的爱和对真正善的理解使他从根本上区别于色拉叙马霍斯脑中的僭主：

> 如果你能找到一种生活方式，它对于那些要去统治的人来说，是一种比那进行统治更好的生活，那样，你那个城邦就有可能成为一个治理得很好的城邦了；因为，唯有在这一个城邦里，才将是由那些真正的富人们进行统治的，不是在金钱上富有，而是在凡是一个幸福的人所应该富有的事物上富有，即善好明智的生活。而相反，如果是一些丐儿，一些在自身的善和美好上饥渴万状的人，如果将是他们去料理公共事务，一心以为从那里他们就该可以去尽情地巧取豪夺了，那就没有可能；因为，去进行统治既成了一件你争我夺、为人人垂涎的事，这样的在自身之间进行的，内部进行残杀的战争就必将把这些人本身毁了，并且也毁掉整个城邦。（520e-521a）

从这段话可以更加清楚地看到，哲学的特质规定了一种新的生活方式，并且重新确立了什么是真正美好的生活。对于哲学家来说，真正的幸福是善好和明智的生活，而非普通城邦所追求的财富和声名，所以哲学家不仅最有资格统治城邦，而且也最应该来进行统治。因为只有哲学的生活方式才对政治官职持有最为鄙薄的态度，政治生活对哲学家来说并非最好的生活方式，由此保证了哲学家不会通过统治而谋求功名利禄，这就从消极层面避免了城邦的分裂与内乱。

哲人王的困境

哲人王统治是美好城邦得以可能实现的关键条件，但是哲人-王这一组合在解决了城邦内部秩序问题的同时，自身也具有巨大的困难和悖论。首先，政治的力量和哲学的力量是两种性质不同的力量，二者的结合需要极大的运气才能完成。第二，哲人王要求城邦的统治者是最不想要统治的,这一方面保证了统治者不会为通常人所秉持的私利而进行统治,克服了色拉叙马霍斯的难题,但另一方面为统治者的统治动机提出了新的挑战,即哲学家在看到了永恒不变的存在之后,是否还愿意将正义的样式实现出来呢?换言之,走出洞穴的哲学家为何还愿意回到洞穴中来呢?第三,如果按照正义城邦的要求,城邦中是一人一事的,特别是做好自己的事情,那哲人王为何要费力统治城邦,来关心别人的事而不是在洞穴外的世界静观沉思呢?以上这些问题实质上是柏拉图《理想国》整个努力所最终指向的困难,美好城邦得以成立必须要通过哲人王,而从《理想国》第五卷到第七卷的离题实际上说明了良好政治秩序很难在政治的视野内解决,而必须上升到哲学层面,但是哲学生活与政治生活二者是有着巨大张力的,具体地表现为在哲学的视野下,政治生活有可能完全沦为洞穴生活,而从根本上失去了合理性。

在《理想国》中,苏格拉底对哲人王这一难题给出的合理解释是,哲人因为某种必然性被迫进行统治。① 将哲人统治的实现落在被迫(anagke)上面实际上是苏格拉底从第一卷到第七卷一直持有的主张。② 具体来看,柏拉图有三次重要的阐释来说明这一观点。第一次是在卷一对色拉叙马霍斯的反驳中,苏格拉底首次提出好人是不愿意统治的:

---

① 关于哲人被迫统治的学术争论以及更为完整的讨论,参见张新刚:"重思哲人王难题",收入《古典学评论》(第三辑),上海三联书店,2017 年,第 91—109 页。这里仅就哲人被迫为王这一结论做简要的介绍。

② 持这一主张的学者参见 Eric Brown, "Justice and compulsion for Plato's philosopher-rulers"; Eric Brown, "Minding the Gap in Plato's Republic", *Philosophical Studies* (2004)117: 272–302; David Sedley, "Philosophy, the Form and the Art of Ruling", in *Cambridge Companion to Plato's Republic*, Cambridge University Press, 2007, pp.256-271。

> 那些优秀的人既不是因为金钱的缘故而决定去进行统治,也不是因为名誉的缘故……因此,对于这样的人来说,如果要他们去进行统治,没有强制和惩罚是不行的。而这样看来,也就是为什么一个人,如果不几经强迫,便自愿地径直去进行统治,总要被认为是一件不光彩的事。而说到惩罚,最大的惩罚却是:除非自己去进行统治,就要被比自己更差的人统治。很明显,我认为,那些干练明达的人,每当他们进行统治时,正是由于惧怕这样的惩罚才统治的。而那时候,他们走向统治,并不像是走向一件好事,也不是为了在统治职务中去谋求生活享受;而是,只是由于不得已,由于没有别的比他们自己更好的人,甚至没有与他们自己相像的人可以信托。因此,很有可能,假如有那么一个城邦,在那里全部都是好人,那就人人将争着不去参与统治,就像今天人人争相去进行统治那样;而在那里,也就可以看清楚:真正说来,一个真正的统治者,按他的天性,是不会去谋求他自己的利益的,而是谋求他的被统治者的利益;从而,每一个稍具明智意识的人都将宁可选择接受他人的利益,而不愿挑起担子来自己去施利于他人。

(1.347b-e)

苏格拉底这里借用技艺类比的结构,即技艺的好处是由技艺施加的对象获得的,统治的结构也决定了是被统治者获益,所以统治本身是要付出辛劳的。按照这一逻辑,统治者的好处并不能从统治中获得,这也是在后面第七卷中所揭示的要点。所以,柏拉图在《理想国》一开篇就给出了统治必须基于强迫的观点,并且直接将这强迫的性质归结为"被比自己更差的人统治"。按照这一观点,我们可以在消极的意义上认为,统治还是能给统治者带来一些作为后果的好处的。统治者通过自己辛劳地承担统治任务,至少保证了自己不会因为更差的人统治而直接将自己正义生活的环境倾覆。

在开始哲学的讨论之前，我们在第一卷末尾处看到的是好人不愿为统治者，随着讨论的推进，在对高贵的谎言的讲述中，苏格拉底再一次向我们确证了统治者是不会自愿进行统治的。① 在卷三的结尾处，苏格拉底谈完护卫者的教育之后，将城邦的统治者问题提了出来，并在将护卫者树立为城邦统治者之后，突然插入了有关"高贵的谎言"。苏格拉底说："前面我们说到过那种应有的、必需的欺骗，现在我们要问，我们应该怎样来运用它们呢——怎样用它们之中的一个正当的、高尚的欺骗来说服主要是统治者自己，或者，如果不能，就来说服其他的城邦居民们？"（414b-c）这个首先要说服统治者的谎言目的是，让统治者能够"更多地关心城邦和关心他人"，将城邦中的其他人当成是自己的兄弟一样关心。从这一视角来看，这个高贵的谎言的两部分的侧重点就更为明晰了。谎言的第一部分，即所有人被从同一个大地母亲中送出，所有人都是兄弟般的关系；第二部分关于灵魂金银铜铁的等级描述是在强调应该由金银一类的人来统治，具备金银灵魂的人不能推托统治职责，而应该担负起自己应该承担的统治职能。

高贵的谎言首先所要说服的就是灵魂中被混入金银的统治者，那为什么苏格拉底还说"有可能说服不了他们"呢？这是因为，经过卷二、三的城邦净化，格劳孔在卷二中提出的发烧的城邦或奢靡的城邦已经基本退烧了，所有超过生活必需的部分也逐步被剔除出城邦，同时，通过对诗歌的审查和对教育的立法，护卫者已经成为热爱智慧并意气高昂的人，到卷三结尾处，苏格拉底已经可以确保

---

① Schofield 在晚近的一篇文章中也提出将高贵的谎言与哲人回到洞穴对比讨论，参见 M.Schofield, "The Noble Lie", in G. Ferrari, eds., *The Cambridge Companion to Plato's Republic*, pp. 138-164。

护卫者不会成为色拉叙马霍斯口中的，利用自己的强力来从统治中获利的统治者了。但是这也带来了另一方面的问题，即护卫者们一旦将真理和智慧作为自己生活的目标，自然便成为卷一中所说的"好人"，不会把统治作为自己的利益，也就不会愿意统治。正是出于这一考虑，才需要对统治者们讲述这一谎言，劝说他们不要只考虑自己的利益，还要为城邦整体与其他人的利益考虑。基于同样的理由，苏格拉底才会接着说，如果说服不了统治者，就要说服其他城邦居民。苏格拉底这里的意思首先不是让其他城邦居民接受金银铜铁的划分，而是在承认这一前提基础上让其他人来请求护卫者成为统治者，如苏格拉底在卷六中所言："真理应该是：如果一个人病了，不论他是有钱人还是穷人，都必须是他走到医生的门上去。同样，一切需要被管辖的人，走到那能够进行管辖的人的门上去；而不是那进行管辖的人，如果他真正是一个有点用处的人的话，要求请求那些受管辖的人接受他的管辖。"（489b-c）

如果上述对"高贵的谎言"的性质理解不错的话，那么这一谎言实际上从反面说明了护卫者不会自愿统治的，他们需要被说服或者被城邦其他居民请求来统治。《理想国》的这一线索在提出哲人王后得以最终展开，强迫几乎成为哲人进行统治的唯一表述：①

1. 除非是要等到那少数的，并不是变坏了的，但是，现在，却被人们称为是无用的哲学家们，出于某种机遇，不论他们愿意不愿意，**都被迫地必须**来负担起照管城邦的职责，而那城邦必须来服从他们……（499b）

2. 如果与哲学最有亲缘的人或者在漫漫的过去的岁月中曾经，或者在目前某个不能为我们目睹的远方四夷中正在，或

---

① 参考 Brown（2000）对相关文本有梳理，此处在其列举的基础上另外补充了三处新的文本。

者甚至，在以后的年代中将要，**被迫地**不得不担负其照管城邦的职责……（499c）

3. 那么如果有必要**迫使**这个哲学家要去注意把他在那里所看到的模式，不独是依照它来塑造他自己，并且用它来模印到人们的，不单是个人的，而且是社会和公众的习性上去……（500d）

4. 而我们作为城邦的奠基人的职责，就在于迫使那些具有最好天性的人，去接触那最大的学问，去观看那善和去攀登那时所说的上升之路，在既已攀登上去了，而且也有了足够的观察之后，我们就**不再允许**他们做我们现在所允许的事了……在原地逗留不前，站着不动，不愿再下去走向那些被捆绑的人了……（519c-d）

5. 亲爱的朋友，你又忘记了，我们的立法的本意本来不在于，使城邦之中某一个单一的阶层生活得与众不同地好，而是相反，要在整个城邦里都做到这一点，它既用**劝说**也用**强迫**使全体城邦和谐地集合为一个整体，使凡是每一个人所能贡献给集体的东西都作为益处提供给大家分享，并且，法律，它在一个城邦里造就这样一些人，它并不是为了好放任他们每个人都随心所欲地去各行其是，相反，它是为了它自己能够利用他们来把整个城邦联系、结合起来。（519e-520a）

6. 在我们对他们提出要求，**迫使**他们去照管和护卫他人的时候，我们将是能够对他们说出正义的、公平的理由的。（520a）

7. 我们将是对着正义的人下达正义的命令。可是，毫无疑问，他们中的每一个人都将是像向着一件**被迫的、不得已**的事情那样去进行统治，这和目前每一个城邦里进行着统治的人

相比，情形正好相反。（520e）

8. 因此，除了那些对于如何最好地治理城邦具有最明智的理解，并且拥有政治之外的荣誉和超越于政治之上的生活的人，此外，还有什么其他人是你应该**强迫**他去进行保卫城邦的工作的人呢？（521b）

9. 在这之后，他们还必须将要再一次回到我们前面所说的洞穴里去，并且**被迫使**去管理有关战争的事，以及充任各种适宜于年轻人担当的职务……(539e)

10. 每一个人都要去处理繁杂的政治事务，并且担当统治者的职务，这是为了城邦的缘故，而并不是把它当作什么美好的事情，相反，这只是**必需的不得已而为之**的事。（540b）

正如布朗（Eric Brown）准确指出的那样，上述这些文本中，强迫哲学家进行统治的是城邦的建立者或法律。也就是说，哲学家之所以会进行统治完全是基于政治的理由，而非出于某种内在的动机。之所以非常彻底地秉持这一观点，是因为柏拉图明确提到，在某些情况下，哲学家是能够逃离这种强迫，过着独善其身的哲学生活的。在卷六中，当苏格拉底描述哲学的天性有着各种腐蚀的危险，而只有少数人有可能幸免。这很少数的人"偶然地，是那些由于被逐出城邦、遭到流放而得以幸免于难的、生性高尚而又教养很好的人，他们由于不受种种腐蚀因素的影响，得以不违背他们的天性，长期和哲学相亲相伴；或者，这是在一个小城邦里，当那里有一个天生的精神开阔恢宏的人，他鄙薄乡曲的城邦事务，并且卑视它；而更有一小部分则可能从其他技艺中脱离出来的，他们由于天性的优秀，理所当然地鄙薄这些行业，从而走向哲学"（496a-b）。这些少数能够有幸走上哲学道路的人都是远离政治事务的人。他们或者不在城邦中生活，或者在思想上已经看清楚城邦事务，从而能够在不义中独善其身。从这段话可以看出，柏拉图通过给出几种走上哲学道路的方式，实际上提供了某些能够脱离城邦政治生活的纯粹哲人的例子。这些人是无须也不愿涉足政治的。存在着少数哲学家的例子，恰恰从反面向我们证明了哲学家不会出于个体动机主动愿意承担统治职责的。这也进一步证实了，只有通过强迫，哲人才会为王。

至此我们可以清楚看到哲人王与美丽城的复杂关系：哲人王的最初引入是为了解决美丽城的可能性问题，只有哲学家成为统治者才能够使得美丽城得以最终建立；但是另一方面，哲人为王自身又构成一个无法解决的难题，哲人是不愿统治的，只有美丽城的奠基者和立法者的强迫才能使他们从事烦劳的城邦事务。除了美丽城之外，也没有哪种政体是能够使得哲人成为统治者的。所以综合来看，《理想国》中的哲学家生产机制是在城邦主导下进行的。这样一来，美丽城中的哲学家在数量上是相对较多的，在培养上也更为稳定。更为重要的是，通过城邦培养出的哲学家能够持续地维持城邦的正义，为城邦源源不断地提供明智的统治者，哲学家们"总是把别人教育成为这样的人，并且把后者作为护卫者遗留给城邦"（540b）。

哲人王与正义疑难

在明晰了这一相互需求的关系之后，仍有一个关键问题需要回答，那就是城邦的创造者和立法者强迫哲人回到洞穴中来，这是不是对他们行不义呢？如格劳孔所问："那就变成我们是要去对他们行不义了，要去使他们过一种较低等的生活了，而本来他们是能够过更好的生活的？"（519d）要回答这一问题，需要将城邦的正义与哲人的正义分开来讨论。从城邦的角度看，让哲学家统治是正义的，这正义又可分为两种意涵：首先，哲人统治符合城邦正义的要求；其次，哲人统治符合归还所欠的正义观。我们先看第一点，在《理想国》卷四中，苏格拉底对于城邦正义的理解是"每一个单个的个人应该只照管**有关城邦事务中**的单一的一件事，对于这一件事，这个个人的天性是最为适宜的"（433a，433d）。哲学家因为能看到善本身，并能用来整饬城邦，自然是城邦范围内最适合和最应该担任统治职责的人。此外，虽然对于哲学家来说，最好的生活是静观的沉思生活，但是城邦正义的要求是就有关城邦事务而言的，哲学家的天性是最适宜做统治者的。所以我们可以进一步理解，从城邦内部来看，立法的本意不是使城邦的某一个阶层生活得与众不同的好，而是要让整个城邦做到这一点，进而哲人统治是合乎正义安排的。

此外，从哲人对城邦的亏欠来看，哲人被强迫来统治也是正义的。苏格拉底在卷七中说，强迫哲学家统治并不是不义，而是对正义的人提出的正义命令。因为在这个城邦里，哲学家并不是基于偶然的原因或纯粹凭靠自己的努力而成就的，他们是按照立法者全面而详细地培养计划被城邦培养出来的。"那些在别的城邦里成长为哲学家的人们，也许可以说，这是很自然的事，是可以不必去过问在这些城邦里的患难与纷扰的，因为他们是在得不到所在城邦政权的任何支持的情况下，自发地产生出来的。"（520b）而在美丽城中，哲学家们享受了更加优越和更加完备的教育，并且立法者使得他们能够更有能力把哲学和政治结合起来，因此，他们就有义务回到城邦进行统治。[①] 苏格拉底在这里给出的是"归还所欠"式的正义观。在第一卷中这一西蒙尼德式正义观受到严重的挑战，那么苏格拉底在卷七给出的理由是否站得住脚呢？如果仔细考察的话，答案应该是肯定的。在卷一处对西蒙尼德正义观的批评中，苏格拉底援用的例子是一个人在朋友清醒的时候从其手中取了武器，当朋友疯了，

---

① 柏拉图：《理想国》7.519e-520c。

向他索还时，不应该按照"归还所欠"的原则将武器还给朋友。这个例子中的一个重要条件是朋友疯了，从而将归还所欠的特殊性强调出来，由此所指向的是为了朋友的善好来决定是否归还。如果置换到哲人和城邦的例子中来的话，苏格拉底是不会否认哲人为了城邦的好来归还对城邦的亏欠的。基于以上的考虑，我们可以得出结论说，从城邦及城邦正义的角度，无论这正义是卷四中的城邦正义观还是基于对方的善好的归还所欠的正义观，要求哲人来统治城邦是正义的命令和要求。

但是从哲学家的角度来看，进行统治是否有损其自身的正义呢？如果哲学家在洞穴外是正义的话，那么回到洞穴之后是不是肯定就是不义呢？对于这一问题，我们要说，无论哲学家在洞穴外还是回到洞穴，他都是正义的。按照卷四中对于灵魂正义的描述，正义首要的是灵魂的内部状态，灵魂之中的每一部分各安其分，彼此和谐一致。按照这一正义观，哲学家之为哲学家不可能是不义的，之所以这么说，是因为正义在德性序列中的位置。我们可以说，正义作为《理想国》整部对话的主题是贯穿城邦与个人关系的主线，但正义绝非最重大的，真正最为重大的学问是关于德性本身的善的理念："至于说到那个关于善的理念，它是那最重大的学问，而正义以及其他一切事物，当它们和这个形式相结合时，它们就成为有用的、使人受益的东西。"（505a）灵魂真正追求的是关于善的智慧，只有在明白和知晓这一点之后，人们才能足够认识正义和美是什么。所以，当我们将哲学家界定为能够观看那善本身的人时，实际上就已经超越了正义的层面，而来到了灵魂中最高的理性思维部分。这也是在卷十中柏拉图不再提灵魂三分的原因：

> 让我们不要如此设想，因为这在道理上是说不通的；并且也让我们不要认为，就灵魂的最真实的天性来说，它会是一

个充满着许多杂驳纷陈的内容、自身之间不一致、互相参差龃龉的东西……可是说到它(灵魂)的真实的性质,我们就不能,就像我们现在所做的那样,从它已经受到和肉体的结合以及其他种种缺陷的损害之后的形相来观察它;相反,纯粹的它是一种怎样的性质,这是需要充分地用理性的眼光来加以仔细审视的,而凡是这样去做的人必将能看到它是无限地更加美好的,并且也将更加清楚地看到正义和不正义的种种形相以及我们在前面所谈到过的一切……我们应该向另一边看一眼……向它爱智慧的一边;我们应该想到这是和什么接触和联系在一起的,它所向往和它所与之结交来往的是什么。因为,它是和那神性的、不朽的、永"是"的事物共生在一起的。(611a-e)

当观察灵魂的真正性质时,柏拉图提醒我们要把现在灵魂的状况进行过滤和净化,因为通常所讨论的灵魂因为肉体和其他原因,已经"四周长满了一层厚厚的、粗粝的泥土和岩石的外壳",而如果把这些羁绊灵魂本性的外壳去除掉,灵魂的生活方式就远远超越了卷四中对于个体正义的规定,而全面朝向了对智慧的爱。根据这一思路,纯粹的哲学生活无疑是最高的生活样式,这种高于正义的生活自然不会是不义的,那么哲学家的生活无论是在其静观沉思中,还是在统治城邦的过程中,都是正义的。① 统治并不会使得哲学家不义,而只是会让其不能全部时间都过上最高的生活。

如果这里的解释成立,我们可以得出结论说,在《理想国》中,哲人更高的生活方式决定了他不会有内在动机主动统治,哲学家回到洞穴的理由只有一个,即某种必然性或强迫,这一强迫最主要的

---

① 如果我们可以引入《法律篇》对善的讨论,那我们会发现同样的结论,在这部最后的对话中,柏拉图明确提出了善的序列,其中神圣善好包括智慧、节制、正义和勇敢,智慧在这个序列中居于统领性地位。柏拉图:《法律篇》631b-e。

来自于城邦的奠基人和立法者。所以，只有这样一种政治哲学的解决方案才能使得哲人王得以可能，但无论从城邦还是哲人的角度，哲人统治并不违背城邦或个人的正义原则，特别是统治并不会使得哲人灵魂失序，而只是无法最大限度地过最高的生活。

需要特别强调的是，哲学或知识的力量再强大，也不能摆脱政治力量的帮助或者取代政治力量。政治力量的作用最为重要地体现在两个方面。第一，在哲学家看到存在之后，需要将范本实现在现实世界中，将知识转化为人们的习性①，这必须要依赖政治力量。②第二，哲学家的培养或者哲学生活方式的养成反过来需要特定的政体安排和教育步骤③。这两点恰恰是最佳政体及其生活方式塑造的两个方面，下面必须要把目光转向柏拉图在《理想国》中构建的美好城邦。

3. 美好城邦与统一共同体

城邦生成的逻辑：自足与"活得好"

亚里士多德在《政治学》第二卷中批评《理想国》时敏锐地指出，苏格拉底预设了最好的城邦是尽可能统一的城邦（1261a13ff）。虽然亚里士多德并不同意这一预设，但是他对《理想国》构建统一

---

① 参见柏拉图：《理想国》500d。
② 这里有两个问题需要区分。首先是哲学家是否有能力处理感官事物。因为上文中笔者明确区分了知识的对象和意见的对象是不同的，那哲学家的知识能否用到感官事物上就是一个问题。对此的解释是哲学家能观看存在，知道理念，并且知道具体的感官事物是某理念的影像，而对同一事物有真意见的人只是碰巧知道，他们实际上是"走在正路上的瞎子"（506c）。知识力量的对象使得哲学家能够知道理念以及现实事物和理念的关系，但是知识可以和感官事物相关，并且是更好地理解了感官事物，而非将感官事物作为对象。第二个问题是在承认哲学家有能力这么做的前提下，要想在城邦内将其实践出来，必须依靠政治的力量。
③ 特别是在人还没有理性能力直接把握或观看存在之前，需要借助意见的力量来培养人良好的德性，这基本上是通过早年的习惯和训练完成的。

城邦努力的把握可谓抓住了要害①,而要实现城邦的统一,我们必须首先考察城邦生成的过程以及动力。

《理想国》对城邦的讨论始于苏格拉底要回答格劳孔和阿德曼托斯的挑战,寻找正义是什么。而为了找寻灵魂中的正义,苏格拉底提出要先在较大的城邦中寻找,因为在城邦中正义容易看得更清楚,在看清城邦正义后,个人正义也就显明了。②在这一原则主导下,苏格拉底开始构建言语中的城邦(369c)。从城邦生成的角度,苏格拉底依次讨论了健康的城邦和发烧的城邦。

城邦的起源在于每个人都不是自足的,反而有很多的缺乏和需要,这是城邦生成和扩大的动力与原则(369b)。满足人的欲求确立了城邦生成的动力,这在第一个城邦中体现得尤为明显。为了食物、住所等生活必需条件,每个人按照其各自的自然本性(kata physin)来从事不同的行业,并且通过相互分享各自工作的产品,人们确立了共同生活的原则并构成了一个城邦(371b)。这样一个城邦,只是满足最低限度的生存需要,人与人的关系也是在此基础之上的产品交换关系。人们过着悠然自得的生活,保持着城邦人数和财力上的限度和规模,也不会陷入贫穷和战争。这一城邦被苏格拉底称为是健康的城邦,因为人们会满足于最低限度的生活,没有欲求更多和胜过别人的想法,是一个极简形式的真正城邦(alethine polis)。

---

① 晚近也有学者注意到统一城邦在柏拉图政治思想中的核心位置,如普拉多(Jean-François Pradeau):《柏拉图与城邦》,陈宁馨译,梁中和校,华东师范大学出版社,2016年。

② 关于城邦与灵魂的关系,学界有大量的讨论,特别是针对所谓的"城邦与灵魂的类比"。需要指出的是,二者的关系并不是现代意义的类比关系,而更多的是比照关系,即二者根本上是等同的。这方面的文献参见伯纳德·威廉姆斯《城邦与灵魂的类比》(1973),吴天岳"重思《理想国》中的城邦-灵魂类比",对威廉姆斯的反驳见Lear的《理想国的内与外》及Ferrari《柏拉图〈理想国〉中的城邦与灵魂》(2005)等。

格劳孔嘲笑这一城邦为"猪的城邦",因为它太过朴素了而不能满足人奢侈的需要,而实际情况是,除了生活必需品,人们总是要追求更多的东西。换言之,人的欲望,特别是无休止的欲望自然地会使得城邦扩张,超越朴素城邦层面,而必须推进到发烧的奢侈城邦。从需求到欲望的转换使得扩张一方面为城邦生长提供了内在动力,另一方面也为城邦带来了威胁。因为欲求的增长使得原来足够的土地变得小了,城邦就必然会寻求扩张,侵占邻邦的土地,同时,邻邦同样受制于物欲的驱使,也会来侵略自己的城邦,从而战争就出现了。战争起源于"同样的欲望,这些欲望要为城邦和个人中出现的邪恶事情负责"(373e)。

从对城邦起源及其生长的描述中,需求和欲望构成最核心的逻辑,城邦起源于实现人物质层面的自足,即满足人的各种需求。但是在格劳孔看来,人并不就想安于自足的生活,而是要过得更"好"一些,这里的"好"直接体现为维持生计之外的其他需求。而活得好的动力促使城邦膨胀却给城邦的生存带来了威胁。威胁表现在内外两个方面,即外敌侵入和内部纷争,这恰恰给城邦带来了严格意义上的政治事件。在原初的简单城邦里,人与人的关系最主要体现为需求关系,很难发现正义。① 而在发炎肿胀的城邦(372e-373a)里则不同,脱离物质需求关系的城邦内外关系出现了,而要非常明智地处理城邦事务,就必须为城邦构想出一套稳定的政治秩序。进而言之,发炎肿胀的城邦通过护卫者的教育净化与特殊安排而转化为了正义城邦。

---

① 在简单城邦中,正义并不容易找到。苏格拉底在简单城邦长成后问阿德曼图斯:"那么试问,正义与不正义将可能是处于这个城邦的哪一个部分呢?在我们上面所考察的各种成分中,它是和哪一个成分一起产生的呢?亲爱的苏格拉底,他说,我不知道,除非,也许,它是在我们上面说的这些成分之间某种相互需求的关系中?"(371e-372a)

城邦结构

在《理想国》中，通过城邦与灵魂的比照关系，苏格拉底为我们构建了美好城邦的框架。美好城邦中共有三部分公民群体：哲人王担任城邦统治者，战士阶层辅助统治者进行统治，从事农、工、商等领域的生产阶层为城邦提供物质供给。

苏格拉底提出，他们在言语中建立的城邦是至美至好的城邦（teleos agathen），那这个城邦就必然具备四主德（智慧、节制、勇敢、正义）。城邦的三个阶层，即统治者、辅助者和农工阶层分别要有不同的德性。统治者也就是最完善的护卫者们拥有知识，这知识并不是通常意义上的知识，即不是关于城邦中某项具体事务，而是关于城邦本身，能够知道如何处理与自身以及与外邦的关系（428d）。城邦因为这一小部分人而被称为是智慧的城邦。而一个城邦之所以被称为是勇敢的，是因为这个城邦中辅助统治者的护卫者们是勇敢的，他们能在任何情形下都保持并维护着对何谓可怖事物的信念（doxan）。护卫者这种勇敢德性的获得主要通过前述的挑选与特殊的教育来实现。勇敢与智慧各存于城邦某一部分人之中，但是节制这种德性却要贯穿整个城邦，它是统治者与被统治者之间关于谁应该统治所达成的一致意见（doxa），是"在较次者和较优者之间的一种依据自然的和谐一致，以决定不论是在一个城邦里，或是在个人中应该是哪一个部分统治另一个部分"（432a）。在节制的德性这里，被统治者首次参与进来。他们一方面要接受自己就自然来讲是稍逊一等的，另一方面还知道应该由最好的护卫者统治自己。只有这样，才能说城邦"比自己更强"（kreitto de hautou）。最后，正义与节制一样，也是涉及城邦中每一部分的，它在于"每个单个的个人应该只照管有关城邦事务中（peri ten polin）的单一的一件事，对于这一件事，这一个个人的自然是最为适宜的"

(433a)。每人做自己的事，在这里特指和城邦相关的事务，即和统治与被统治相关的。苏格拉底进一步说明，不同手艺人之间相互混淆不会给城邦带来什么巨大伤害，但是在统治和被统治方面越俎代庖对城邦来说就是有毁灭性伤害的了。

在柏拉图看来，如此精心设计的城邦以及在其中找到的正义能够避免色拉叙马霍斯和格劳孔挑战为城邦所带来的威胁，即城邦内乱。这一威胁在构建城邦的过程中就被屡次提到，在苏格拉底看来，现实中存在的大多数城邦严格意义上并不能称之为一个城邦，因为：

> 应该用更大的名称来说那些其他的城邦，因为它们之中的每一个，其实都是很多聚合在一起的城邦，而并不是什么一个城邦，就像人们在博弈中所说的那样。至少，不论怎么说，是有两个城邦，互相敌对的，一个是穷人的，一个是富人的；而且，在每一个城邦之中又有很多这样的城邦……只要你能够明智地把城邦建设成我们前面所规定的那样，那它就将是一个伟大的城邦，不论在希腊人或是在野蛮人之中，你都很难找到了，尽管表面上看来，有很多的并且有很多数倍于它这样大的城邦。(422e-423a)

我们前面已经分析了内乱的原因，即每个人都想过得更好，而他们理解的好首先是物质财富等，而统治和政治权力是他们获得更好生活的途径。这一逻辑是僭主能够成为色拉叙马霍斯眼中的典范的原因。而据格劳孔说，色拉叙马霍斯其实是说出了大部分人的心声。但是很不幸的是，驱使城邦扩张的欲望不但会给城邦带来外在的敌人，还必将城邦撕裂为多个城邦。而这样一来，城邦就遭遇到内外两方面的威胁。一方面城邦内部会陷入无休止的纷争和内乱；另一方面，城邦很难抵抗外敌的侵犯，因为没有统一的城邦，便不会有城邦共同的认同感,城邦彻底成为利益获取的工具,一旦有外敌侵犯,则会很容易将本来分裂的城邦彻底摧毁。① 这在苏格拉底看来是城邦最大的恶:"我们能看到有什么对于城邦来说更大的恶,大于那能够使它分裂,并从而把它从一个纯一的城邦变成一个杂多的城邦的事?" 而最大的善就是"使城邦紧密结合,并进而使它成为一体"(462b)。而要实现城邦的统一,除了哲人王作为统治者外,护卫者阶层就是最为重要的,他们生活的安排和团结方式将直接影响城邦的安危。

护卫者阶层的统一

在柏拉图看来,除了城邦的贫富分化容易导致城邦分裂外,城邦统治集团的分歧和内乱是导致政体变化的最主要原因,因为"如果统治集团内部意见一致,那无论它怎样只是一个很小的集团,它也是不可动摇的"(545d)。贫富分化和统治集团的和谐一致构成了城邦内乱最直接的导火索,所以要在政体安排上防止内乱发生,首先要防范的就是城邦统治阶层,即广义上护卫者阶层的动乱。苏格拉底对护卫者阶层的讨论构成《理想国》篇幅最长②,而且也是该书最富争议的部分③。

首先我们需要了解护卫者对于城邦的职责和作用。护卫者要保

---

① 这也是这段引文讨论问题的初衷,即苏格拉底所建立的不贪图金钱城邦如何能战胜巨大而富有的城邦,苏格拉底说那些城邦其实并不是一个城邦,因而很容易就分裂而失去战斗能力。

② 通览《理想国》文本,与护卫者有关的讨论占据了相当大的篇幅,卷二—三讨论护卫者的习俗乐教和体教,卷四—五中很大篇幅讨论护卫者生活状况,卷六—七讨论护卫者如何进行更高的教育,以及如何在护卫者中遴选哲人统治群体。

③ 《理想国》卷五中对护卫者共妻共子生活的表述受到了从亚里士多德一直到20世纪诸多学者(如卡尔·波普尔)的批判。而柏拉图因为主张女性可以和男性一样接受护卫者教育,也被20世纪一些学者视为女性主义的朋友。我并不想讨论当代学者在一些当代热门议题上与柏拉图的关联,而是希望首先澄清柏拉图撰写《理想国》的一些原发性思考倾向。

证城邦的安全，捍卫城邦财富。具体来说，要能够分辨敌友，对敌人凶狠，而善待城邦亲友。用苏格拉底的话说"法律和城邦的护卫者，如果他们是有名无实的，他们将会从根本上彻底地毁坏一个城邦；而同时，一个城邦的治理和昌盛（eudaimonein），它的关键正是掌握在他们手里。"（421a）护卫者由于担任城邦最重要的职责，同时也是城邦中力量最强大的一个团体，由此必须保证护卫者阶层的稳定，尽一切努力来使得护卫者阶层成为城邦稳定的中坚力量，最充分意义的护卫者必须能"使外敌不能够，使内部亲友不愿意为非作歹"（414b）。反过来说，一定不能使护卫者阶层成为内乱的发源地，必须防止他们"由于纪律不严，或由于饥饿，或者由于其他不良状况，来粗暴对待城邦居民，防止他们因力量的强大而成为暴君"（416a-b），护卫者作为城邦中的强者，为了城邦整体的安全和幸福，必须远离欲望－利益的诉求。而要实现这一点，必须要对护卫者进行良好的教育和培养。①

第二个问题是护卫者是由什么人组成。在苏格拉底看来，对于护卫者的天性／自然要有所选择，即要挑选那些具备"明哲、热爱智慧、意气轩昂、疾速敏捷、强劲有力"天性的人。在此天性基础上，要从体教和乐教两个方面来对护卫者进行培养。体教针对的是身体训练，乐教针对的是灵魂训练。但是体教的最终目的也是旨在灵魂。具体来说，乐教是要是通过诗歌和音乐来培养人的灵魂，主要分为两个环节，第一是在人还没有能力把握理性的时候通过良好的风俗习惯，即节奏和和谐音调来触动灵魂，为灵魂养成良好的品性；第二则是在这基础之上，在能力充足的时候第一个去把握和

---

① 正是这一意义上我们才能理解柏拉图为何花了整整两卷（卷二和卷三）的篇幅来讨论护卫者的教育问题。

迎接理性。① 乐教的终极就在于对美好事物的喜爱。而对于体教来说，其表面是培养人的体魄，但是其最终目的是为了培养人灵魂中的意气（thumos）。② 这样经过乐教和体教的训练，灵魂就可以同时具备克制和刚毅，并且最终灵魂爱智慧和意气部分都得到了培养，并能在二者之间达成和谐一致。

对于当时的希腊人来说，所有的这些安排都默认只涉及男性，而苏格拉底在卷五中提出女性也可以成为护卫者。③ 苏格拉底认为妇女和男人应该接受同样的教育，并且也具有护卫城邦的本性，只是在程度上与男护卫者有差别而已，但这并不妨碍妇女也从事护卫城邦的工作。苏格拉底在第五卷中遇到的第一个浪潮将护卫者阶层的组成确立下来，即拥有同样护卫者自然／天性的男人或女人。

第三，护卫者的生活方式必须受到城邦的严格规制。在美好城邦中，护卫者们没有私人财产，过着公共的集体生活，在娶妻、婚礼、生育等事情上面尽量地是"朋友们所共有"（424a）。护卫者阶层的安排也是柏拉图将美好城邦打造为统一共同体的关键环节，护卫者与统一共同体的关系最重要地表现在两个层面：护卫者阶层私有制的摒除保证了城邦最为强大的团体的稳固性，保证了城邦不会发生内乱纷争和陷落；并且，护卫者阶层的安排还实现了城邦整体感情上的统一，使城邦获得较高的善。下面，我们具体来分析护卫者阶层与统一共同体的关联。

在《理想国》第五卷的第二个浪潮中，苏格拉底详细阐述了

---

① 柏拉图：《理想国》401d 以下。
② 柏拉图：《理想国》410b。
③ 参见阿里斯托芬喜剧《公民大会妇女》，有学者认为柏拉图在《理想国》中的主张与阿里斯托芬有关联，如 M F.Burnyeat, "Utopia and fantasy: The practicability of Plato's ideally just city", *Psychoanalysis, Mind, and Art*, 1992。

护卫者阶层共妻共子的细节安排。所有男女护卫者都要一起居住和训练，实行共餐制。当护卫者到了生育年龄，城邦安排最优秀的男女护卫者同房，生产后代。由这些很优秀的父母所生产出的婴儿则要交给城邦负责保育的官员，由他来负责孩子的抚育。官员们尽一切办法不让任何母亲认出自己的孩子，同样，父亲也是一样。对于同一时间段出生的孩子，将是相应众多父母的孩子。在这样一个城邦中，"任何人，凡是他碰上的，他都将认为是碰上了或者是他的兄弟，或者他的姐妹，或者他的父亲，或者他的母亲，或者他的儿子，或者他的女儿，或者，是他碰上了所有这些人的子孙或是他们的祖辈"（463c）。护卫者妻儿的共有制从根本上避免了将某些护卫者看作是自家，属于自己，而把某些护卫者看成是别家的人，不属于他自己。这样也就消除了护卫者阶层内部分裂的所有可能。苏格拉底通过护卫者阶层的安排消灭了内乱两个最重要的诱因——贫富分化和统治集团内部斗争，而"如果在他们之间没有龃龉、斗争，那就不用惧怕城邦的其他部分会或者对他们，或者在相互之间有什么对立和冲突"（465b）。

护卫者阶层保证了这一阶层力量上的优胜，从而确保了城邦的稳定。但护卫者的统一共同体除了防御威胁外，还实现了更高意义的统一之善。护卫者阶层彼此之间的关系，用苏格拉底的话说就是"朋友之间一切共有"（424a，449c）①。在《理想国》中，"朋友"应当作何理解呢？苏格拉底希望能把家庭中紧密的父子、兄弟关系扩充到整个护卫者阶层，从而在这一阶层共享最大限度的亲密关系。亚里士多德对苏格拉底这种安排有一个著名的批评，即妇孺为

---

① 这一原则在后来的《法律篇》和亚里士多德《政治学》中也都得到认可，但是对这句话的具体理解和实现措施却有不同主张。

公的安排不但不会增强人们的友爱，反而会使友爱像水一样淡泊，就如同一勺甜酒混入一缸清水（1262b）。因为每个公民会有一千个儿子，这样父子之间的爱就只是真正父子之爱的千分之一，结果只能是父亲不得爱护儿子，儿子也不得孝顺父亲，兄弟之间也没有了相敬相爱。我们这里无法详细展开对亚里士多德批评的讨论，但是只需强调一点，即亚里士多德非常正确地点出，苏格拉底所构建的高度统一性是建基于家庭关系上的。但这是苏格拉底逻辑中非常悖谬的地方，即一方面护卫者阶层要消解家庭，但是其高度统一性依赖的却是家庭关系的城邦化。亚里士多德质疑的是家庭关系城邦化后会稀释而非加强原本家庭中的父子、兄弟间的友爱，但是苏格拉底这一逻辑更为根本的困难在于，如果家庭不在了，基于私人家庭构建的亲密关系也就消解了，美好城邦里的父母、儿女以及兄弟是无法体验到家庭所能带来的亲密关系的，这样一来，当护卫者们彼此相遇的时候，除了"父母""儿女""兄弟"的口头称谓之外，他们还能共享什么性质的关系呢？在《理想国》中，苏格拉底给出的解答是，这种准家亲关系是通过礼法规定获得的（463d），在很大程度上要依靠教育实现。总体来看，苏格拉底并不认为这是一个问题，而是将其直接作为统一共同体构建的典范形式。

统一城邦

柏拉图看来，护卫者阶层的独特安排不仅能够保证这一阶层的统一，还能将统一推广到整个城邦。但由此而来的问题是，护卫者阶层能够建立类似家庭中的兄弟、父子情谊，但这种友爱如何能够推广至生产者阶层呢？在回答这一问题之前，我们先来看柏拉图对于统一城邦的设想是怎样的。

柏拉图认为，护卫者阶层的独特安排不仅保证了这一城邦的中流砥柱不会分裂，而且还实现了最大限度上感情的统一，而这是城邦最大的善（464b）。在此基础上，整个城邦也成了有机的统一体：

> 任何城邦，凡是在一切方面最接近于一个单一的个人的。这就像是，在我们之中，如果有一个人，他的一个手指受伤了，就整个共同体，那通过肉体一直延伸到灵魂，并且在那里**被那起统治作用的原则组成为一个单一的有机组织的共同体**，就有所感觉了，然后在局部受损的同时，整个儿一起感到疼痛了，并且正是这样，我们说，这个人手指痛；以及关于一个人的其他部位，也都是同一个道理，不论这是说的一个部分在忍受痛苦中，或是说的一个部分在缓解中得着的快感。
>
> 是同一的，他说，并且这就回到你原来所问的问题：一个治理得最好的城邦，它的生活就是和那样的一个合成组织最相近似的。（462b-d，黑体为笔者所施加）

好城邦就像有机体一样拥有统一感情，该城邦的公民们"最能在同一事物上共同一致，这个事物他们将称之为'我的'；而既在这一点上共同一致，从而，他们也就将是最能在喜怒哀乐上保持共同一致的"（464a）。苏格拉底将城邦的这种统一性归功于护卫者阶层的妇孺为公。护卫者们没有任何私人的东西，这保证了护卫者阶层能够在"什么是自己的"这一问题上达成共识，并全体一起为这一目标而努力。作为城邦统治的中坚力量，他们能够将这一目标传递到整个城邦，让其他全体公民也遵循护卫者的判断，持有与护卫者阶层同样的快乐与痛苦的感情。

由此，苏格拉底所构建的言语中的城邦就不仅仅是基于正确统治关系的功能共同体，而且还是有机的整体。除了统治和被统治关系，城邦所有公民间还有通过共同感情联结的纽带，这一纽带使得言语中的城邦区别于其他城邦：

> 正像在其他城邦里存在统治者和人民群众，在这个城邦也一样？
>
> 是，也是如此。
>
> 那么，所有这些人都将互相称呼为城邦居民？
>
> 不能不是这样。
>
> 可是，除了城邦居民这个称呼以外，那在别的城邦里的人民群众是怎样称呼他们的统治者们的呢？
>
> 在大多数城邦中，称为"主人"，在民主政体下，还是这个同一的称呼，"统治者"。
>
> 而在我们这个城邦里的人民群众呢？除了城邦居民这个称呼以外，他们是怎样称呼他们的统治者的呢？
>
> 救助者和卫士。他说。
>
> 而这些人称人民群众为——
>
> 雇主和养育者。
>
> 而那些在其他城邦中的统治者又如何称呼他们的人民群众呢？
>
> 奴隶。他说。
>
> 而那些统治者们怎样互相自称呢？
>
> 同僚统治者。他说。
>
> 而我们的统治者呢？
>
> 同僚护卫者（*sunphulakas*）。（463a-b）

从这段引文可以明确看出，美好城邦与其他城邦有着本质的区别。在其他城邦中，公民间的关系体现为统治与被统治的关系，甚至，统治者被视为主人，而被统治者则被视为奴隶。而在美好城邦中，公民间的关系首要的不是统治与被统治的关系，更像是协和一致的朋友关系。城邦中不同阶层的公民们非常清楚地知道自己在城邦中的位置和功能，而且并不首先以统治和被统治自居，彼此以护卫和供给关系相待。在这一共同体中，"凡是每一个人所能供献给集体的东西都作为益处提供给大家分享"（519e）。

在统一共同体中，任何一个阶层都离不了其他阶层，通过功能划分与协助，城邦凝和为一。这样一种城邦图景，在一些学者看来，与城邦－灵魂类比逻辑并不完全一致。如波波尼奇（Bobonich）就认为基于城邦与灵魂的类比关系，因为人的灵魂有三部分组成。城邦也是同样，所以按照灵魂的三个部分可以推出城邦中哲人、战士和生产者的不同生活方式，即他们分别被爱智慧、爱胜利和爱利益控制。[①] 由此他得出，在《理想国》中，由后两个阶层构成的非哲人群体与哲人的生活有着本质的区别，他们分别是受意气和欲望的主导，永远无法获得哲人的幸福生活。如果按照这一解释，《理想国》所构建的城邦图景则是统治者要求战士与自己一并统治，甚至压制第三阶层的膨胀。而很明显，这一图景与引文中所阐述的城邦大相径庭。这其中最重要的原因是，基于城邦－灵魂类比而得出的结论在一个关键点上出了问题，即在柏拉图的美好城邦和德性序列中，不同阶层和不同德性之间的关系是统领性的而非并列关系。也就是说，在美好城邦中，战士和生产者阶层的生活也并不是受错误意见和信念的支配，而是至少秉持着与统治者的智慧相一致的真意见和信念。否则，城邦三个阶层之间就是相互冲突的关系，根本无法实现和平和统一。

柏拉图在介绍城邦德性的时候将这一观点表达得最为明晰。在《理想国》卷四对正义城邦四种德性的讨论中，勇敢被界定为保持和维护何为可怖事物的信念，这一信念是在礼法的影响下由教育获

---

① Bobonich 认为《理想国》卷九 580d3-581c4 的文本就是这一推论的直接文本证据，Christopher Bobonich, *Plato's Utopia Recast*, Oxford University Press, 2002。

得的（429c）。勇敢德性的基础在于其上的智慧德性对于可怖事物性质的规定，也就是说，离开了智慧，勇敢自身并不能成为独立的德性。战士作为承担这一德性的群体，他们能够接受外在的统治者所确立的礼法和教育的规定，这些规定是符合智慧的真意见，而战士能够接受这些真意见，还是因为他们能够遵守自己灵魂中理性的规定。按照这一理解，美好城邦中的战士阶层并非就只是追逐胜利和荣誉的战争机器，而罔顾理性部分的命令，反而是能够接受最优秀的哲人王的指引，并协助哲人王捍卫城邦良好的秩序。同样，节制德性和生产者阶层的情况也是类似。生产者也具有节制德性，这就意味着他们知道城邦应该由理性来统治，并且知道自己应该安于被统治。很难想象，如果生产者的灵魂是受欲望主宰和支配的话，他们是如何拥有节制德性的。由此，我们可以推论：虽然战士和生产者阶层并不具备完善意义上的智慧，但是他们能够经由礼法、习惯和教育等正确的意见获得自身的理性，进而理解和接受城邦的统治结构和自己在城邦中的位置。而如果离开了美好城邦，没有了最高的哲人王和智慧的统领，城邦和灵魂将是完全不同的一番景象。

在了解了统一城邦的性质之后，我们可以回到本节开始时提出的问题，即护卫者阶层的友爱关系如何能够推延至包括生产者在内的城邦整体呢？从上文的分析中我们得知，护卫者阶层之间基本上由带有很强家庭关系色彩的朋友关系构成，而城邦作为一个整体的内部纽带则是由政治性的功能协助关系构成。很显然，这两种关系并不完全相同，甚至可以说，二者关系有着根本的区别。从护卫者到城邦全体公民的联系纽带是如何建立起来的呢？柏拉图在《理想国》中对此着墨不多，除了讨论节制德性时提到城邦整体的同心一致（*homonoia*，432a）外，我认为一个可能的解答是由腓尼基神话给出的，这一神话也被称之为"高贵的谎言"。在这一神话中，所有公民间的关系被描述为从大地母亲而来的兄弟关系（*adelphon kai gegenon*）：

> 我是想要，首先，说服统治者本人和战士们，其次，是其他城邦居民，就像情形是这样：我们给予他们的培养和教育，所有这一切，他们是在想象中，就像是在梦里一样，以为他们接收到了并且真有其事，而实际上，那个时候他们是在地底下，在大地的里面被塑造和培养着，他们自己是这样，以及还有他们的武器和其他装备也在那里制造和配备着；而等到他们已经充分地完成了以后，大地，作为母亲，就把他们送出来。而现在，所以，他们应当关心他们所居住和所在的大地，就像是关心他们的母亲和保姆一样，并且保卫她不受来自任何人的攻击，并且关心其他的城邦居民——因为他们都是出自大地母亲的孩子——就像关心自己的兄弟一样。（414d-e）

以上引文是腓尼基神话的前半部分，学者洛候曾富有洞见地指出，卷三中高贵的谎言是一个意识形态时刻，为卷五中城邦作为一个大家庭铺垫，使所有公民确信他们有着共同的起源，彼此都是兄弟。① 洛候在表述这一观点的时候，所主要讨论的就是这前半部分的神话。但是，高贵的谎言还有另外一半内容，那就是对于城邦不同阶层以金银铜铁来划分。正是后半部分神话为统一城邦带来了困难，城邦正义安排所要求的各安其事基础都是人从大地中出生时的"自然"差别，而核心的问题在于，不同阶层间的功能和生活方式差别在多大程度上影响或阻碍了城邦统一的纽带。换言之，腓尼基神话的第二部分关于城邦阶层区分的叙述在多大程度上影响了第一

---

① Loraux, *The divided city: on memory and forgetting in Ancient Athens*, p.198.

部分关于所有公民都是兄弟关系的界定？柏拉图在《理想国》中并没有给出非常明确的答案。但是从一些表述中，我们可以推定他会认为城邦中所有的公民都有自然的亲缘性，虽然后来不同的人被混入了不同的金属，产生了不同的阶层，但是并没有冲击或影响城邦这一大家庭。苏格拉底曾表示这个神话即使暂时不能被相信，"它也已经有利于他们（公民们）更多地关心城邦和他人"（415d）。这样，美好城邦之为统一共同体的性质就基本明确了：不同公民按照自己的自然做好自己的事务，并以此来参与到城邦中来，这主要是正义的功能；正义并不能够必然保证城邦的协和一致，柏拉图通过将城邦变成一个大家庭来将不同阶层的公民凝聚为统一的情感共同体。

统一的生活方式？

在城邦构建过程中，有一个问题始终困扰着阿德曼图斯，那就是这样一个城邦能够实现怎样的幸福生活呢？对他来说，统一城邦中的安排很难称得上是幸福生活的保障。对此，柏拉图在《理想国》中多次[①]表示："立法的本意不在于使城邦某一个单一阶层生活得与众不同地好，而是要通过劝说或强迫公民们，以及让他们分享每一阶层能够贡献给城邦的好处，来让公民们彼此和谐，从而将幸福扩展到整个城邦。"按照这一思路，城邦的不同阶层的公民只是城邦统一体的功能配件。也就是为了城邦的统一，各个公民首先要完成自己所担负的政治或生产性职能。对于柏拉图来说，所有现实的城邦都不可避免地处于分裂之中，称不上严格意义上的一个城邦，而只有塑造了统一城邦，才有条件讨论城邦的幸福问题。在这统一城邦中，不同阶层的生活方式又是怎样的呢？他们是否共享同一种幸

---

① 参见 420b-c，465e-466a，519e-520a，此处引文出自最后一段。

福生活呢？

美好城邦的公民由统治者、辅助者①和生产阶层三大部分组成，虽然三部分公民能够整合为统一城邦，但是仔细考察便会发现，三个阶层的公民们却并不共享同一种生活方式。其中最核心的问题在于哲人的生活方式与非哲人生活方式的区别上面，为此有学者②基于城邦与灵魂的类比而主张，在《理想国》中，只有统治者才是完全正义的人，战士和生产阶层则不幸得多，他们根本不能分享哲人的生活方式。我将通过阐述三个阶层的生活方式来论证美好城邦的生活方式在广义的护卫者阶层（统治者和辅助者）是有可能共享的。在统治者和辅助者之间不能做彻底的划分，而生产阶层则基本上从事适度的生产活动，而无法分享真正良善的生活。

首先需要考察的是统治者的生活。城邦的统治者是从广义的护卫者阶层遴选出来，由护卫者中最为优秀的人担任，美好城邦最为理想的统治者就是哲人王。苏格拉底认为，要想让护卫者过上真正良善的生活，首先需要其灵魂转向，然后在此基础上进行更为高级的教育，哲人王的首要工作也就成了教化城邦。在苏格拉底看来，每个人的灵魂中都内在地存在着某种能力，以及用来进行认识活动的思维。思维必须和灵魂一道从变动不居的事物转向存在。但是，从洞穴中观看影子到走出洞穴观看存在并非易事，护卫者要想实现这一点，就必须接受不同于《理想国》卷二和卷三所详述的音乐和

---

① 《理想国》中，柏拉图对辅助者阶层有多个名称。如辅助者（epikouros）、武士（polemikos）和战士（stratiotes）等。柏拉图同时用护卫者（phulakes）称呼护卫城邦的群体，其中包括一小部分哲人王／统治者和战士群体。

② 如 Bobonich，他在 *Plato's Utopia Recast* 一书中以哲人和非哲人的区分为主线来重新诠释柏拉图的政治思想，他认为战士阶层只能接受乐教和体教，而只有极少数哲人王才能接受数学和哲学教育。我认为，他对于战士阶层的理解是有问题的，战士阶层并没有被完全排除在哲学路径之外。

体育教育。这些教育是"用习惯来熏陶和教育护卫者，通过和声灌输一种精神上的和谐，但并不是知识；并且，它通过节奏灌输一种平衡和优美，通过故事提供种种和这种习性相关的其他习性，这些故事或者是近乎神话的，或者是更加切近于真实情况的。但是至于说到你现在所追求的那种善，能够起促进作用的学问，这，在它之中却是不存在的"（522a-b）。苏格拉底提醒我们注意，要培养未来的哲人王，就必须进行新的哲学教育，这是最重大的学习（*megista mathemata*）。新的学习项目包括计算推理、几何学、天文学、和声和辩证法等①，随着学习科目的进阶，能够最终经受各种遴选和训练的人在五十岁左右的时候：

> 凡是经过考验而洁身自好的，并且不论在什么事情和什么情形下，不论是在功业、事务还是在知识、学问上表现最为卓著的人，这些人，现在，就必须把他们引导到那最终的目标上去。他们必须把他们的灵魂之光向上投射出去，去睇视和关照那个给予一切以光亮的东西，并且，当他们既已见到了那善本身，就把它用作为模式和典范，在他们的余生中，每一个人，轮流地，用它来整饬和治理城邦、公民们以及他们自己。他们把大部分时间用在对哲学的探究上，而当轮到他们的时候，他们每一个人都要去处理繁杂的政治事务，并且担当统治者的职务，这是为了城邦的缘故，而并不是把它当作什么美好的事情，相反，这只是必需的不得已而为之的事；并且，就这样，他们也总是把别人教育成为这样的人，并且把后者作为护卫者遗留给城邦，而在这之后，他们就去到那些福祉之岛上，

---

① 这里对具体的教育内容以及四种学问和把握存在之间的关系不做详述，参见《理想国》522b-534e，关于数学等学问与教育的关系，参见 M F.Burnyeat, "Plato on why mathematics is good for the soul", *Proceedings British Academy*, Oxford University Press Inc., 2000, 103: 1-82。

在那里定居下来。（540a-b）

对于城邦的哲人王们来说，政治生活和哲学生活都是要过的。在政治生活方面，他们在城邦中至少要过15年的战士生活和年长之后的统治生活，但是，哲学生活对他们来说是更为本质的。城邦的统治者们以沉思和静观的生活为最终的追求，对于善本身的观看远远胜过荣华富贵所能给人带来的幸福，政治生活只是他们不得不做的事情。经过这一过程，不断接续的护卫者得以过上真正幸福的生活。

总体上看，《理想国》中哲人王的生活还是比较明确的，但相对而言，战士阶层的生活方式就不是那么容易确定了。其中的困难很大程度上来自对统治者和辅助者的区分，因为哲人王是从广义的护卫者阶层逐步遴选出来的，也接受了独特的教育，少数的优秀战士将转变为哲人王，而更多的战士阶层的生活方式则不那么容易确定。但可以肯定的是，美好城邦中的护卫者阶层过着简朴而稳定的生活。他们没有私产，过着妇孺为公的生活。在柏拉图看来，这些真正的卫士们实际上过着幸福的生活：

> 他们的胜利更加美好，而他们所得到的人民的供养更加充实。因为，作为他们所取得的胜利的奖励品的，是他们的整个城邦的得救，作为他们和他们的孩子们的额上的桂冠的，是公众对他们的供养和所提供的一切生活所需；在他们生前，他们将得到来自他们自己城邦的荣耀和尊奉，死后，他们将取得和他们的身份相称的殡葬和哀荣。（465d-e）

这种幸福生活基本上是政治性的，与哲人的沉思生活有着根本的差异。那是不是如大多学者认为的那样，在美好城邦中，战士阶层是无缘真正的幸福生活呢？毋庸否认的是，最终能够接受辩证法教育，观看善本身，成为哲学家的人是非常稀少的。如果仔细考察的话，我们会发现，战士阶层和最优秀的护卫者之间最为重要的并非本质的差别，而是程度上的差别。因为，第一，广义的护卫者阶层最初都要经过严格的天性遴选和教育培养，在这一阶段是无法区分战士与最优秀的护卫者的。并且，统治者本身就是从护卫者群体中挑选出来的。第二，通常区分战士阶层与哲人王的一个重要标准是他们接受的教育并不完全一样，即哲人王除了乐教和体教外，还要接受算术、几何、天文、辩证法等科目的训练，以最终有能力把握"存在"。但是，战士阶层是不是就完全从后面这种高等教育中被排除出去了呢？答案是否定的。所有的护卫者（包括一般的战士）在儿童的时候都会接受算术、几何，以及一切辩证法之前所应该进行的早期教育（536d）。同时，算术、几何等科目对于战士的作战也都是有帮助的（522e，525b）。第三，对于战士来说，辩证法之前的这些教育科目的作用最重要的表现可能为行军作战、护卫城邦等事宜，但是这一从生成变化之物到存在的把握之路并未对战士阶层封闭，并实际上培养了他们上路的能力。第四，从前面引文（540a-b）中可以看到，哲人王在城邦中的一个重要工作就是把别人也教育成为与自己一样的人，并将其作为护卫者留给城邦，从而保证城邦的幸福永续。这里的"别人"可以理解为极少数经历了辩证训练的人，也可以理解为更广泛意义上有志于哲学生活的潜在的某些战士。如果后者的理解能够成立的话，那美好城邦中哲人王和战士阶层就是优中选优的关系，并且二者之间存在着贯通的渠道和可能。简言之，如果说战士阶层德性的培养在很大程度上基于正确的意见和信念的话，那么他们从正确意见到知识的上升之路并没有被完全堵塞。

如果说战士阶层的生活方式较难确定的话，那美好城邦中的生产者阶层的生活就更加难以把握了，这之中主要的原因是《理想国》

中并没有详细地讨论这一阶层的教育和生活方式。但是可以肯定的是，生产者阶层在美好城邦中也是具有公民身份的，他们通过对城邦的物质供给参与到城邦中来，并且知道和承认由最优秀的护卫者来进行统治。虽然在生产者阶层中存在着数量繁多的欲望（431c），但是他们的欲望是受较为优秀的人的欲望和明智统领的。生产者阶层不会无限制地追求钱财，因为城邦的疆域界限是为统一整体，不大也不小。同时，生产者们也不会过分贫穷或富有（421d-422a）。作为城邦的供给者，生产者阶层并不将护卫者视为统治者，而是自己城邦的保护者和守卫者。从这一意义上说，美好城邦中的生产者阶层的生活方式与第一个简朴的城邦（也即猪的城邦）中人的生活方式是非常接近的，他们过着自足而有限度的生活，虽然工作的主体是从事各种生产活动，但并不因此而将欲望的膨胀作为自己生活追逐的目标。唯一的不同可能是，在美好城邦中，生产者阶层要负担整个城邦的物质需求而非仅仅自己的自足生活。当然，过这样生活的生产者阶层是很难分享较高的德性生活的，如果说卫士们还有可能通过自己的努力走上哲学的上升之路的话，那么生产者阶层是绝无可能的。

至此，柏拉图美好城邦的生活方式的全貌基本得以呈现。哲人王拥有真正的智慧，他们过着哲学和政治的生活。辅助者或卫士们则主要过政治的生活，他们接受的教育和训练也赋予他们走上哲学之路的可能性。生产者的情况不太明晰，但通过有限度的物质生产参与到整个城邦之中，他们则基本无缘真正的德性生活。在这一理想城邦中，政治性的幸福，即城邦统一得到捍卫和维护，这为城邦公民过德性的幸福生活提供了基本条件。同时，通过城邦的政制设计，哲人王提供的良善生活的范本以及其对城邦的塑造能力赋予了城邦公民向上的德性之路。

4. 小结

　　柏拉图通过阐明《理想国》中政制构建逻辑，详细解释了他在《第七封信》开头所针对其面临的政治困境所给出的解答。面对大多数城邦都因为争权夺利和贫富分化而实际上分裂为多个城邦的现实，柏拉图认为这些分裂城邦原因的背后是人对更好生活的向往，但是关键问题出在了大多数人并不知道什么是真正的好，并且容易受到智者和蛊惑家的影响，从而将统治、强权和名利结合在一起。柏拉图在《理想国》中提出必须从全新的基础上为政治秩序奠基，这一基础就是真正的存在本身，只有有能力观看不变的存在本身，才能洞晓真正的正义、善和秩序。由此，也只有哲学家能够对照天上的型来整顿和治理城邦，并且，哲学家的真正幸福生活并不是靠政治生活来获得，从而也进一步保证了他们不会将政治权力作为谋求名利的手段，也就从统治者的层面消除了城邦分裂和内乱的可能，捍卫了城邦的统一。在新的基础上奠定的政制是由哲人王、辅助者和生产者三个部分组成的。广义护卫者阶层的生活方式使得他们也不可能谋取私利，而将城邦的好视为最大的好。生产者阶层则通过物质供给来参与到城邦生活中来，并且与护卫者们都是广义的兄弟关系。柏拉图在《理想国》勾画的统一共同体不仅消除了内乱的威胁，还建立了城邦各部分间情感的联系纽带。由此，我们看到，《理想国》的方案是通过给出一种全新的好生活方式来重置整个城邦秩序，也就是说，在美好城邦中，哲人王为城邦提供了一种生活范式，并且在其领导下将整个城邦维系为一整体，这种生活方式是可能被尽可能多的城邦护卫者所共享的。用柏拉图自己的话说就是，哲学家在看到那井然有序、永恒不变的事物后，"不独是依照它来塑造他自己，并且，用他来模印到人们的，不单是个人的,而且是社会和公众的习性上去"(500d),并依次塑造大众的节制、正义等美德。

柏拉图认为,这一美好城邦的达成,也即政治权力和哲学的结合,需要极为特殊的条件。哲学家以神圣的模式为底本来绘制城邦蓝图的前提条件是城邦必须是洁净的:

> 他们(哲学家)把一个城邦和人们的习性当作是一张绘画的底板,首先是要把它擦拭干净,这不是一件容易的事;但是,就是这样,你可以知道,他们在这一点上就和其他人不同了——他们不愿意去接触无论是一个个人或是一个城邦,也不愿意去制定礼法,除非他们先接受了一个洁净的城邦,或是,他们先自己把它造成这样。(501a)

按照这一规定,实现美好城邦最为快捷的方式就是将城邦中超过十岁的人都送到城外,由哲学家把孩子接收过来,按照自己的方式来对其进行教育(541a)。这样一个孩童的城邦再次将视野带回到腓尼基神话对人的描述中来。只不过,这一次,哲学家真正的通过剥离儿童与亲生父母的血缘关系而将其置于更宽泛的兄弟关系之中,并以此为基础来塑造符合美丽城邦政制的公民,这样的公民反过来能最大程度地支持并捍卫城邦秩序,并按照政制的规定逐步走上追寻美好生活之路。

在了解了美好城邦的性质和实现的方式之后,还剩下一个问题,那就是这个城邦能否在大地上实现呢?[①]柏拉图在《理想国》中多次表示,这一城邦要实现是非常困难的,但并非绝无可能。在

---

① 关于《理想国》所描绘的美好城邦是否能够实现,20世纪学界有着诸多的争论,其中比较有代表性的当属施特劳斯与伯恩耶特的观点,参见 L.Strauss, *The City and Man*, University of Chicago Press, 1964。MF. Burnyeat, "Sphinx without a secret", *The New York Review of Books*, 1985,32(9):30—36; Burnyeat, "Utopia and fantasy: the practicability of Plato's ideally just city", In *Plato 2: Ethics, Politics, Religion, and the Soul*, ed. G Fine, Oxford University Press, 1999, pp. 297-308。

第九卷的结尾处，柏拉图非常明确地告诉我们，这样一个城邦是在"天上的，对于凡是愿意去观看并且在观看中愿意在自身之中建立一个城邦的人来说，也许是存在着这样一个模型的。但无须乎去问它在地上是存在的呢还是尚有待于存在，因为他只皈依于这样一个城邦，任何其他的都是与他无关的"（592b）。也就是说，美丽城邦只是提供了范型，它能否实现并不重要，更为重要的是它的最终指向是在人的灵魂中建立起这样一个美丽城，在这个意义上，美丽城在言语或道理中已经完成。

柏拉图并未在《理想国》中为我们切实构建一个大地上的城邦，甚至他表示出并不关心大地上是否真有可能出现这样的城邦，这一任务留在了《法律篇》中。在柏拉图最后这部对话中，他向我们展示了如何尽可能地建立良善的统一城邦。我们会发现，在后期的对话中，《理想国》所确立的一些根本的政治原则，如城邦统一的目标、智慧统治、德性生活和教育城邦等等并没有发生改变，一些细节的调整只不过是出于在大地上的人之中尽可能实现统一城邦所不得不做出的修订。下面，我们就将目光投向柏拉图晚年的这一最大的政治远航《法律篇》。

第九章 《法律篇》:"次佳政体"

《法律篇》是柏拉图最后一部对话,也是其政治思想色彩最为浓厚的一部著作。相对于《理想国》来说,《法律篇》受到的重视要小得多。因为其对话名而带来的误解却丝毫不亚于《理想国》。实际上,根据本书第七章的讨论,《理想国》和《法律篇》处理的政治议题以及该议题背后的政治理论是高度一致的,而两部对话对该议题的处理方式从根本上说是一致的,甚至在政体设计的原则上也是高度契合的。从《理想国》的美丽城和《法律篇》所谓"次佳政体"的讨论中可以看出,柏拉图政治思想的核心关切始终没有变化,那就是寻求城邦的统一。只不过,在《法律篇》中,他采取了略微不同的角度,以及将更大的精力花在了细密的政制和礼法上面。①

根据前面第七章中对《法律篇》开篇关注的内乱议题的讨论,柏拉图在最后的这部对话中将其核心关切放在城邦内部的和平以及共同体成员之间的善意和友爱上面。要摒除城邦内乱的疾患,就需要着眼于总体的德性,这实际也是《理想国》关注的核心问题,即在人的灵魂中建造美丽城。在《法律篇》第一卷的结尾处,柏拉图

---

① 关于《理想国》与《法律篇》两部对话的关系,学界一直存在很大争议,对此问题的总览,可参见安德烈·拉克:《法律篇》,收入《剑桥希腊罗马政治思想史》第十二章,特别是第 260—267 页。

明确地说真正的教育是要把人培养为最好的人，而"政治技艺最大的用处就是看顾人的灵魂"（650b）。所以为城邦设立政制和礼法的立法者必须要具有关于灵魂和习性的知识，从一开始就明确自己立法的目标所在。

在《法律篇》的第三卷中，柏拉图通过考察政制的历史，特别是斯巴达、雅典和波斯的政体，他确立了立法的目标为：自由、明智与友爱。[①] 比如在分析居鲁士统治下的波斯时，雅典人说：

> 居鲁士统治的波斯拥有合适的奴役和**自由**，最开始获得**自由**，之后又称为别人的主人。因为统治者与被统治者分享他们的**自由**，并趋向**平等**；结果就是，战士们对其将军感受到更多的**友爱**，并不畏艰险。此外，如果他们中有人很**明智**，并能给出建议的话，那国王不但不会嫉妒，反而会允许**自由**言论，并给予那人以荣耀；因此，人们就愿意在他们中间分享其才能，就如同**共同**的东西一样。他们那时候的繁荣是因为**自由**和**友爱**，以及对**努斯**的共享。（694a-b，黑体为笔者所施加）

从这段话可以看出，后来被亚里士多德定格为专制大王统治的波斯最初也是拥有良好的政体。城邦因为自由、友爱而成为统一的整体。但是后来随着专制的加重和自由的丧失，波斯渐渐失去了自己的尺度，所有人共享的友爱与共同体就不复存在了（697d）。类似地，雅典政体最初的时候也保持着良好的尺度，特别是希波战争时期，当时雅典人生活在法律统治之下：

> 那基于遵守当时的法律以及更古老法律的畏惧，我们经常称之为**羞耻感**，并且认为，如果我们要成为好人的话，必须得要受其统治。而懦弱是不受其约束，也不会对其感到畏惧。

---

① 拍拉图：《法律篇》693b-c。

但是如果我们的人当时没有被这种惧怕所抓住的话，他们不会像现实中发生的那样团结在一起抵御外敌的，他们也不会保卫庙宇、坟墓、祖国和自己的亲属、朋友的。(699c-d)

对雅典政体历史的叙述从友爱开始，而立法的这一目标是由两种"怕"型塑的。第一种是对外敌的惧怕，构成了城邦内部的团结和友爱。另一种是城邦本来就拥有的羞耻感，即朋友之间对羞耻的惧怕。这种惧怕是人想要成为好人所必需的，同时这种惧怕也能将人团结在一起。也就是说，让人变好与人与人之间的友爱是一体的，只有好人才可能团结在一起为城邦战斗。城邦共同体成员间的友爱内在地要求人必须具有对法律的神圣惧怕（aidos）。它是节制德性的根基，也是人之为好人的根本。只有有了后面这种惧怕，人们在面临强敌时才不会分崩离析。总而言之，这两种惧怕将城邦紧紧地编织在一起，成为对外抗战的英勇城邦。但是后来，雅典政体慢慢滑向政治上的极端自由，公民们不愿意服从任何权威，最终失去了明智的安排。所以，在经过对历史上存在的几个代表性政体的考察之后，柏拉图非常确定地将立法的目标放在自由、明智和友爱这三点上面。仔细考察这一结论就会发现，自由和明智更像是城邦立法所必须考虑的因素，而友爱则是自由与明智所能实现的目标，也就是说，友爱才真正是城邦立法的目标所在，而要达到这目标，必须要在城邦中维持一定尺度的权威／明智和自由。

立法目标的明确为整部《法律篇》奠定了讨论的基础，但这还远远不够，如果要从根本上回应友爱的对立面，即城邦内乱问题，柏拉图需要在新的自然观基础上给予新的奠基，而这恰恰是这部对话的重要着力点所在。

1. 理想政制的自然基础

自然观层面的战场

《理想国》第二卷开篇处，在格劳孔用智者的话语体系讲述完对正义的质疑和挑战之后，阿德曼托斯用传统习俗的话语体系，特别是建基于神的伦理话语提出了类似的挑战（《理想国》365d-e）。在《理想国》中，苏格拉底主要围绕格劳孔的挑战予以回应，而没有正面回答阿德曼托斯的问题，这一任务留在了《法律篇》的第十卷予以最终解决。雅典人重复了阿德曼托斯在《理想国》中提出的关于神的质疑，说存在着三种对神的迷狂（hybris），即不虔敬，分别是：

1. 不相信神的存在。
2. 相信神存在，但神并不关心人的事情。
3. 神能被人的献祭和祈祷左右。（885b）

针对这三种不虔敬，雅典人必须要给出神存在的道理。雅典人接着阐述了两种关于神的观点：古人的和现代智慧之人的。按照古人的说法，自然最初是天和其他事物，然后在开端之后很久，诸神才产生。这一说法由于太古老了，而不易对其判断。更重要的也是真正的威胁来自现代智者的观点，这些观点需要为当时发生的坏事情负责。智者及诗人等在听到刚刚克里尼阿斯对神存在的证明，即因为日月星辰而推出的诸神存在时，会说："土和石头这些东西不能思考人的事务。"（886d-e）在这里，我们看到智者及诗人等做的很大的一个努力是将**自然与人的事务分离**，在自然哲人那里自然与人伦的贯通秩序被智者及诗人等打断了，从而使得自然和人的伦理政治秩序成为两个各自独立的部分。这一部分在前文第七章已有论述，此处不做过多重复讨论。为了讨论之便，这里主要引用一段最为关键的讨论：

> 这些人宣称，诸神是首先由技艺创造出来的——并非出于自然，而是由特定的法律习俗所规定，并且这些（诸神或法律习俗）在不同的地方各异，依赖于各个群体在制定自身的法律时是如何约定的。他们宣称依自然而为高贵的事情与依习俗而为高贵的事情是不一样的，而正义的事情则绝不是根据自然而说的，但是人们不断地争论，并经常改变观点（关于什么是正义），无论他们做出什么改变，在一定时间内都是当时具有权威性的，这些都是出于技艺和法律习俗，而肯定不是出于自然的。
>
> 朋友们，所有这些说法都是由年轻人所认为的智慧之人——散文作家和诗人们——提出来的，他们解释说最正义的是使得人能用强力取胜的东西。这是影响年轻人不虔敬的根源，年轻人则认为诸神并非法律规定他们所应该认为的那样。经由这些事情，内乱就出现了，因为有人导引人们过"依据自然正确的生活"，即实际上过依据法律主宰别人而不成为别人奴隶的生活。（889e-890a）

在阐明立法事务的人为性之后，神出现了，并被视为是由技艺产生的最早的事物，进而言之，神是可朽之人的造物。按照这种观点，神作为城邦政制和法律最高的根据，在根本上是人为设定的，神和法律习俗的原初已经混杂在一起了。这样无论对神做如何理解和解读，神作为城邦最高和最后权威的合法性已经消解了。由此带来的必然结果就是不同的城邦有着不同的法律，进而有着对诸神的不同规定，根本就没有一个统一的、普遍适用的标准。形成了相对主义的诸神之争还不够，"依自然和依习俗的高贵是不同的"进一步将习俗和自然的界限明晰化，从而宣告任何试图为习俗寻找某些可能合自然的努力失效。习俗不仅没有自然基础，并且习俗的道理和自然的道理是不同的,而正义更是没有丝毫自然基础,完全是人为设定的。①

智者和品达式诗人对自然秩序的理解,以及对伦理政治秩序的看法将柏拉图最大敌人的最根本逻辑揭示了出来。重新回到"土石没有能力思考人的事务"这句话,智者及诗人等的这个主张实际上有多重含义。首先,自然和人伦秩序是分开的,自然并不必然为技艺提供确定的基础。正是这一区分,使得正义等政治观念没有确定的基础,而成为力量斗争的结果。其次,自然与人伦社会是不同的。具体说,自然的生成过程并没有一个最终目的的引导,也就是说自然没有善恶或完满/幸福的范畴,而人的政治伦理生活则是要讲究善恶的,二者的这一点差异进一步将自然为人伦秩序奠基的可能消解。再次,神在这些人理解的自然-伦理秩序中处于很尴尬的位置,成为人工技艺的产物,从而失去了规定人类社会善好的能力。最后,继之的问题便是,人的政治伦理秩序在失去了外在基础(自然或神)的情况下,是否还有可能言说善恶等范畴?换言之,人的伦理政治是否能为自身找到一个内部根基?还是只服从于强力正义的逻辑即可?

我们明确可以确定的是城邦政治不能在强力正义的逻辑下生存,因为那将会陷入无尽的内乱之中,对城邦自身带来最大的伤害。要克服内乱背后的逻辑,就必须重构整个自然秩序,重新对神进行理解和规定。这就是柏拉图在《法律篇》卷十所要核心解决的问题。我们会看到,在卷十中,雅典人通过对三种不虔敬的反驳,重置了对自然的理解,进而将神进行重新规定,贯通了自然-人伦秩序,并为自然和人伦秩序规定了最终的目的和方向。

---

① 参见柏拉图:《泰阿泰德》172a1-b6。

灵魂与新自然观

雅典人对智者等人的诊断是他们对自然秩序的理解上面犯了错误。自然是指"与最初的事物相关的生成"（892c）。在关于这最初产生的事物，智者等人认为现有火、水、土、气这些无灵魂的事物，之后从中产生出灵魂。正是这种对灵魂的看法导致了智者及诗人等的错误："他们对灵魂完全误解了：关于灵魂是什么，它有什么力量，它是如何生成的——它如何是处于最初的事物之中，它如何在所有物体出现之前就生成了，并且它如何成为其他事物变化和转型的主导原因的。"（892a）

雅典人陈述的关于灵魂的内容就是他具体用来反驳智者及诗人等观点的整体框架。在提出灵魂是最早产生的事物之后，灵魂相对于身体的优先性就顺理成章了，而后者是从属于灵魂的事物，如意见、理智等也优先于物体。同时，对自然的理解也发生了倒转。最大的和最初产生的事物——灵魂将不是自然生成的，而是由技艺来的，被智者及诗人等视为的"自然"实际上是后生的，其原因应为技艺和努斯（892c）。通过简单的论断，雅典人已经重置了自然与技艺的关系，技艺不再是自然产生之后人的创造，而是在宇宙万物之前就有了。此外，在雅典人的表述中，灵魂与技艺和努斯也发生了关联。下面来详细考察雅典人是如何用灵魂来重构整个自然秩序的。

雅典人首先问了一个关于运动和静止的问题："陌生人啊，是万物都处于静止，无物运动？还是完全相反？抑或是有些事物在运动，而有些静止？（893b-c）"这三种观点分别代表了埃利亚、赫拉克利特[①]和雅典人自己的观点。这里雅典人采用了第三种观点，

---

① Robert Mayhew, *Plato: Laws 10*, Clarendon Press, 2008, pp.106-107.

并且引入了母体（chora）的概念来表述："在母体中，静止的事物静止，运动的事物运动。"（893c2-3）之后，雅典人将讨论的重点集中到运动上来，并区分了 10 种运动：在一个地点运动（圆周运动）（893c5-d6）、多个地点的运动（滑动和滚动）（893d6-e1）、分离与合并（893e1-5）、生长与衰退（893e6-7）、生成与毁灭（894a1-8）、能使别的事物运动而不能使自身运动与能使自身和别的事物运动（894a8-e3）。

此处不具体阐述十种运动的具体性质，与本书论题最为相关的是最后两种运动，也是所有运动中最重要的。其中，最后一种自我运动是最为积极也最为强大的运动，实际上应该是第一运动。雅典人给出了一个连续运动序列的假设，如果有一系列的运动，雅典人预设了肯定存在第一原因，虽然对这一预设可以有不同的观点，但雅典人这里关注的焦点是这第一原因是什么。被别的事物引发的运动肯定不是第一原因，因为在那之前总有另一个运动，所以，自我运动就成了所有运动的第一推动者，也就是所有转化和生成过程的第一原因。此外，自我运动还有另外一个性质，即它最初是静止的，因为所有生成的事物都应静止，因为自我运动没有被别的事物所影响，在自我运动之前根本就没有运动，所以自我运动是最初静止的事物，是最早的和最强的转化，任何被别的事物引发的运动都是第二位的（895b）。由此，我们得到了最初的自然图景，即在母体中，最初是自我运动的静止，随着自我运动的运动，万物开始了运动，也就开始了转化与生成的过程。

在用运动讲述了生成过程之后，雅典人的下一步将自我运动与灵魂联结起来。其具体的逻辑是当事物移动自身的时候，我们会说该事物是有生命的；而同时我们在看到事物中存在灵魂的时候，也会说该事物是有生命的。故拥有灵魂和拥有自我运动的能力是一样的，进而灵魂与自我运动等同一致。这一等同中间涉及两个事物等同的条件，即每一事物都有三部分，其存在、名称和定义。① 关于灵魂的定义是"有能力移动自身的运动"，故灵魂与自身运动是同一的。

在此之后，雅典人开始用灵魂取代自我运动来构造整个生成秩序。灵魂现在成为最早的运动，是所有运动之源，而其他由他物引发的运动都是第二位的。灵魂也成为早于身体的存在，② 故灵魂统治身体。在奠定了灵魂的本原地位之后，它便成为万物之源，并管理着所有运动的事物，同时也管理着天宇。灵魂统摄的自然秩序使得自然与人伦秩序重新统一起来，只不过这种统一不再是从自然派生出人伦秩序，而是二者都归属于更为本原的灵魂运动序列。

虽然完成了自然秩序与人伦秩序的重新联合，但是此时的灵魂还是生成自身，具有自身运动与开启其他运动的能力，并没有一个目的规定性。换言之，灵魂对宇宙万物的主宰并没有一个方向，它可能是有秩序的，也可能是无序的。在这个关键点上，雅典人指出，至少存在两种灵魂，一种是好的灵魂，行好事，另一种是坏灵魂，做相反的事情。通过区分灵魂的好坏，雅典人就赋予了自然秩序价值判断。也就是说，自然秩序并非纯然是自生自发，盲目偶然的，而是有着特定的安排。下面我们会看到，雅典人将努斯引入好的灵魂，从而改变了智者式自然秩序的自发性。

雅典人指出："在灵魂驱动宇宙万物的时候，每一次都是在努斯的帮助下进行的，而努斯则被称为是真正意义的神。灵魂－努斯

---

① 对照柏拉图：《第七封信》342a7-e2。

② 参考柏拉图：《蒂迈欧篇》48e2-51b6, 52d4-53b5，译文见柏拉图：《蒂迈欧篇》，谢文郁译，上海人民出版社，2003年。

这一配合引导万物朝向正确和幸福,而如果没有努斯的帮助,灵魂则会导向相反的事情。"(897b)

这一段将"灵魂－努斯－神"三因素都交代了出来,但是也留下了足够多的疑惑。灵魂与努斯的关系是什么?灵魂作为运动之源与努斯哪一个更为先?努斯被称为神之为神究竟是什么意思?这一切并没有清楚的答案,但是莫罗(Morrow)关于三者关系的表述可以借来参考:

> 努斯,或理性是构造世界秩序的首要因素——所以柏拉图在《蒂迈欧篇》和《法律篇》中都如此宣称——并是最高意义的神圣性。另一方面,努斯只有与灵魂相结合才能在世界中作为原因来起作用。柏拉图的神究竟是非人格的理性,还是灵魂?——理性在其中绝无可能作用于任何被造的灵魂,我们并不能非常确定地回答。①

虽然努斯、灵魂与神之间的关系不甚明了,但是可以确定的是有了努斯的帮助,灵魂方成之为好灵魂,才能够引导万物朝向正确和幸福的道路。所以,对努斯的性质的考察是十分必要的。雅典人提出对努斯的考察要像对太阳的考察一样,不能直接观看太阳,而必须从研究其影像入手。在《理想国》卷七中,我们已经知道太阳喻的情形。在《斐多》中,我们也知道哲学之路的太阳比喻:如"我放弃了考察存在本身,就认定必须小心谨慎,不要犯人们常犯的那种错误,即在日食的时候瞪着眼望太阳。因为,他们要想不毁掉眼睛,就只有从水里看太阳的影子,或者从别的东西看反光。我意识到那种危险,很怕用眼盯着事物或者用其他身体掌握事物会使灵魂

---

① Morrow, *Plato's Cretan City: A Historical Interpretation of the Laws*, Princeton University Press, 1960, pp.483-484.

变瞎"(99d)。① 在《法律篇》这里，雅典人对努斯进行了类似的表述："我们能通过看其影像能更安全地观看。"(897e) 而努斯的影像就是圆周运动，二者的相像表现在以下几点上：

1. 根据同一事物（kata tauta）
2. 以同样的方式（hosautos）
3. 在同一地点（en toi autoi）
4. 围绕同样的事物（peri ta auta）
5. 朝向相同的事物（pros ta auta）
6. 根据一个原则（logon）和秩序（taxin）

从以上六点来理解圆周运动比较容易，但是对于努斯的活动，这六点具体的含义并不能直接把握。《蒂迈欧篇》中类似表述可以帮助理解："造物主主要用火来造诸神的形式，使之辉煌可观，并根据宇宙的样子而给他们以圆形。他赋予他们以优越的理性，并安置在天空各处，点缀整个宇宙。他赋予他们每一个以两种运动，一种是圆周运动，是指总是在同一地点的运动（en tautoi），关于同样的事情（kata tauta），通过这样他们能始终就同样的事情（peri ton auton）思考同样的事情（ta tauta，40a-b）。"如梅休（Mayhew）正确指出的那样，努斯运动必须包含着对同样事物的同样的思考。② 此外，更重要的是，努斯运动是根据同一原则和秩序，即建立最为完美的宇宙秩序。

将努斯作为宇宙秩序的原因并非柏拉图的发明，在柏拉图之前就已经有将努斯作为宇宙主导原因的理论出现，其中最为著名的应该算阿那克萨哥拉及其学生阿波罗尼亚的第欧根尼（Diogenes

---

① 王太庆译文，《柏拉图对话集》，王太庆译，商务印书馆，2004年。
② Mayhew, *Plato: Laws 10*, p143.

of Apollonia）。在后者的残篇中，曾提到世界及其各部分，以及主要的自然现象，如季节、昼夜等都是由神圣努斯以可能的最好方式管理的（DK64B3）。但正如纳达夫（Naddaf）指出的那样，第欧根尼这里并没有提出使人（特别是哲学家）认识到善的理念的目的因[①]，进而言之，他并不认为人伦秩序一定是依赖于神圣努斯的。柏拉图在著作中也不乏对努斯的叙述，最为引人注目的当属《斐多》中苏格拉底对自己哲学之路的回顾，其中提到了自己是如何被阿那克萨哥拉的努斯学说吸引以及后来是如何不满于该学说的：

> 后来有一天听见一个人说从一本据说是阿那克萨哥拉所写的书中看到，是努斯安排并且造成万物的。我很喜欢这种关于原因的说法，觉得说心灵是万物的原因多半是对的，心里想如果是这样，心灵在安排事物的时候就会把每件事物都安排得恰到好处。如果有人要想发现某个特殊事物产生、消灭或存在的原因，就必须找出哪类存在、哪种被动状态、哪种主动状态对它最好。因此，在那件事务方面，以及在其他事务方面，一个人需要考察的无过于什么是最好的、优良的；这样，他也就必然会知道什么是比较差的，因为认识好和坏的是同一个知识。考虑到这些事情，我就很高兴地认为，我在阿那克萨哥拉身上找到了一位老师，他使我在事物的原因方面大大开窍……
>
> 可是，朋友，我这个辉煌的希望很快就在我心里破灭了。我进行阅读的时候，看到这个人并不用"努斯"，并不用任何真正的原因来安排事物，只是提出气、清气、水以及其他莫名其妙的东西当作原因……所以在我看来，很多人在把原因

[①] Gerard Naddaf, *Plato: The Creator of Natural Theology*, Lecture for Brazil, 2009, p17.

的名字给予条件的时候，是在暗中摸索，把不属于它的名字给予了它。因此有人认为地处在天底下，天绕着地旋转，也有人说地是一个扁平的槽，由空气在底下托着；**他们却不去寻找一种力量使事物现在处在自己最好的位置上，也不认为这是有神圣力量的，却以为自己能找出一个阿德拉来，比它更有力、更不朽、更包罗一切，实际上他们并不想到"好"这一包罗万象、团结一切的理论。**（《斐多》97b-99c，黑体由笔者所施加）

这段引文可以帮助我们更好地理解努斯在《法律篇》宇宙生成中的位置。苏格拉底在《斐多》中的这段独白揭示了他所一直寻找的理论，即不仅仅是一个宇宙生成的秩序，还要是一个好的秩序。正是在这一点上，阿那克萨哥拉的努斯理论不能满足他，而苏格拉底也就是在这个基础上才开始了哲学"次航"。在《法律篇》这里，雅典人通过规定努斯的自然，没有像阿那克萨哥拉及其学生第欧根尼那样，将努斯归到气等外物那里，而是赋予努斯以德性和良序的能力，也就是苏格拉底孜孜以求的"好"。

在确立了努斯－灵魂所主导的宇宙是秩序井然的之后，与之相反的则是混沌无序的宇宙。克里尼阿斯选择了前者，相信宇宙是由德性来驱动的。其中原因则是凭靠观察而来，因为只有当整个宇宙万物的运动与努斯运动相似，我们才能得出宇宙是在努斯－灵魂支配之下的。上面我们已经看到努斯的自然是怎样的，剩下还需要做的是说明宇宙的运行是有规律的。这一工作更多的是在《法律篇》第七卷中进行，具体的阐释工作也并非想象的那么简单。因为正如纳达夫正确指出的那样，现实中对宇宙的观察会告诉我们天体运动并非是那么规律的，只有数学式的天文学能显示出天体理性地按照圆周运动。柏拉图也注意到这个问题，并在《法律篇》821e 处采用搁置的方式对其进行处理，并提出天文学是一门"高贵的，真实的，对社会有利的，并完全被神接受的"科学（821a8-b1）①。由此，努斯与天文学规定的宇宙秩序可以联结到一起，从而证明了宇宙确实是由灵魂－努斯来主导的。

接下来的任务则是要将有秩序的宇宙推延到宇内万物上面。既然日月星辰都是由灵魂驱动的，每一种星体也都是由灵魂驱使的。以太阳为例，雅典人提出了灵魂作用于具体事物的三种可能：从内部作用、从外部作用、以某种神奇的方式作用。② 三种方案具体哪一种是真实的并不重要，这里所关注的是灵魂肯定是以某种方式作用于以太阳为代表的宇内万物，这样雅典人关于神存在的证明就可以收尾了：

> 关于所有的星体，月亮，年月，和所有的季节，除了这一同样的说法之外，我们还能给出别的什么呢？即既然灵魂或诸灵魂很明显是所有这些事物的原因，诸灵魂就每项德性而言都是好的，我们可以宣布他们是诸神……难道会有人同意这些事情而坚持万物都不是充满了神吗？——绝不会的。（899b）

最后一句话按照亚里士多德的记录③是泰勒斯所言，而雅典人以泰勒斯的话作为最终的收尾并不是偶然的。正如前文对阿那克萨

---

① Naddaf, *Plato: The Creator of Natural Theology*, p24, 以至于 G.E.R. Lloyd 如此评说："The success of the astronomers in making sense of the apparent irregularities in the movements of the heavenly bodies both stimulated and appeared to vindicate those who believed—as most ancient philosophers and scientists alike believed—that the world as a whole is the product of rational design." G.E.R. Lloyd, *Early Greek Science*, London, 1970, 98, 转引自 Naddaf 文。

② 柏拉图可能是更倾向于第一种可能，在《蒂迈欧篇》，灵魂和宇宙的关系是这样表述的："这便是永恒之神为有限之神所做的设计。根据这一设计，神把它造得平滑一致，从中心到边缘处处相等，完全，完善，诸完善的完善体。他把灵魂安置在中心，并使它扩展到整个身体，把整个身体包围起来。这样，造物主就建立了一个唯一的世界，圆形，作圆周旋转，独自一个但能与理性做伴，无须他者而自我满足。就这些性质来看，他所创造的世界是尊贵的神。"（柏拉图：《蒂迈欧篇》34a-b）

③ 亚里士多德：《论灵魂》411a7-8。

哥拉的努斯论分析一样，雅典人在这里使用泰勒斯的话绝不仅仅是引证，而是以同样的话表述了更为深层的不一致，即泰勒斯并不会如雅典人这样认为宇宙万物所附有之神是有努斯主导的，旨在构建一个最好的宇宙秩序。至此，雅典人完成了对无神论的反驳，成功证明了神的存在。回顾智者及其他诗人的挑战，第一，雅典人对神存在的证明成功地将对自然的理解置换了，作为与最初的诸事务相关的生成，自然已经不再是由水、火、土、气衍生的宇宙秩序，而是由灵魂生成的；第二，在新的自然观下，自然与人的政治伦理秩序重新贯通（方式是将二者统一到灵魂的生成过程中）；第三，宇宙秩序不再是完全出于自发和运气的产物，而是有了努斯的目的规定性，这样人的政治伦理秩序和整个宇宙秩序都有了善或幸福的指向；第四，神重新回到讨论的视野中来，并且被视为是有完备德性的灵魂，也就否定了神作为人的礼法创造物的看法，恢复了神自身的神圣性；第五，雅典人曾在反驳的开始指出，诗人们的观点错误地颠倒了技艺与自然的关系，最早的和最大的事情是技艺的产物，而自然物意义上的自然是由技艺和努斯导出的（892b）。按照这个逻辑，灵魂实际上是技艺的产物，但是技艺的主体我们并不知道，在《法律篇》中，柏拉图并没有引入造物主德慕格，但是保留了这一位置。然而这一点并不妨碍对智者和诗人们自然观的重造。经过这一过程，雅典社会腐败最为深层的根源也已经被诊断和医治了。剩下的工作则是看经过如此规定的神和人的关系是怎样的，这也是后面两个反驳所要做的工作：神是否关心人的事务以及神是否易被人左右。

第二个反驳：神不关心人事

在证明了神存在之后，讨论的主体也便转移到神上面。由此，第二种不虔敬也就出现了，即神并不关心人的事情。雅典人则通过道理（logos）和神话（muthos）两种途径来说明，神有足够的智慧、有能力、十分愿意管理人的事务，并且是按照德福一致的方式来管理的。

在反驳的最开始，雅典人提出了两种通常的看法来证明神不关心人事：第一种现象是很多坏人或不正义的人过着按照错误观点认为的幸福生活，而非真正的幸福生活。第二种现象是有些人通过非常不虔敬的手段，从卑微之地位跃升至僭主的最高位置。如果雅典人关于神的证明是正确的话，怎么会出现这些不符合努斯规定的事情发生呢？这岂不是证明了神根本不关心人的事务吗？这两种观点实际上提出了双重挑战：首先是类似于"神义论"的挑战，既然世界是由灵魂-努斯主导的良序世界，那不义的事情是如何发生的呢？其次，德福不一致的现象是否表明，可能存在一个良善的神，但是这神根本不关心人的事务？或是说神虽然看到这些事情，却没有能力管？针对这些挑战，雅典人简单回应说，这两种现象所声张的逻辑是错误的。关于第一种现象，在对其的陈述中，雅典人就已经反驳了，即行不义的人所获得的幸福并不是真正的幸福，而是错误观念主导下的幸福。第二种现象实际上是强力正义的现实表现。要反对这一逻辑，就必须证明德性将最终胜利，而这就需要更为充分的证明。雅典人主要采取两步来回应这些挑战：神管世人和如何管理。

雅典人的第一步陈述是通过道理阐述进行的，主旨是证明神有足够的智慧、能力和意愿管理人事（902e）。这部分讨论又分成两步，第一步是证明神没有理由不看顾人；第二步是证明神不会只顾大事，不顾小事。

第一步是从神的自然入手讨论。因为神掌管万物，而神又拥有努斯，是德性之神，故神自然是高贵的，从而不可能是骄奢懒惰的。这样一来，神不会不关心人类事务。那神是不是只关心一些大事,而忽略小事呢?雅典人列出了如果神忽略小事的种种可能,它们或是因为神认为小事无关紧要,或是因为神的意气的软弱和汰侈,或是因为神没有能力,或是因为神无知。在反驳了以上这几种可能之后(分别在 902b、901e、901d 和 902a,此处不详述),雅典人又从正面论述小事的重要性。因为所有的大的事物都是由小事物构成的,即便是人都知道这一关系,人所敬畏的神自然更深知其中道理,故神是会掌管大小事务,并有足够的能力、意愿和智慧来做这件事。

在证明了神管世人之后,雅典人说仍需要加上一段神话的说明,这一神话式的说明并非比道理更低,借用多兹的话说,神话是"服务于理性的目的"①。具体来说,第一步的证明实际上为智者及诗人的主张提供了更为充足的道理,即既然如此一个有能力的神存在,并且也掌管人的事务,那如何解释现实中存在的与神圣努斯安排不符合的现象呢?这第二步的神话陈述是要解决德福不一致以及不义僭主的现实问题,通过神话的语言来揭示对这两个现象的正确理解,由此来看,这神话的第二步阐释比第一步的道理阐述更为关键和重要。

神话部分的陈述重点是将考虑问题的视野扩大到整全的意义上,只有在这新的基础上,我们才能够看清楚事物运行真正的法则。雅典人首先强调指出:

> 那掌管万物者着眼于整全的安全与德性来将万物聚到一起,每一部分尽其可能地承受、承担相应的事情。统治者随时审视每一部分的活动,包括最小的细节,他们对各项事物都已达到完备之安排。(903b-c)

---

① E.R. Dodds, *The Greeks and the Irrational*, University of California Press, 1957, p.212.

"整全"的引入使得对人类事务的判断视角发生了改变。之前遇到的挑战更多的是从人的视角来看问题，用人的知识和经验来判断什么是幸福，而正确的标准应该是神，因为神的着眼点是整全的德性和安定，故神视野中的人类事务与常人的判断并不一致。但是，可以肯定的是，人类事务的每项活动都会获得其相应的后果。提出整全视角后，就需要对这一视角的基本观点进行说明。既然王看到所有的活动都是与灵魂有关的，这些活动之中有善行，也有恶习。善恶的结果则是"从整全的视角来看，德性会完胜，邪恶将会以最容易和最好的方式遭受挫败"（903b）。战场转换成了善恶之间的斗争，而规避了力量逻辑。智者和诗人的观点是靠强力来获得胜利，此处，雅典人用德性替代而非排除了强力。也就是说，力量在斗争之中是至关重要的，但是只有德性指引下的力量才能赢得真正的胜利。但是如果是这样的话，如何解释从卑微之位篡取僭主权位的现象呢？柏拉图可能会说要把视野放大，正如我们在对前三卷的讨论中看到的那样，柏拉图清晰地认识到力量是一个重要的考虑范畴，但是仅有力量和身体性勇敢的城邦，哪怕在胜利之后，也会陷入内乱和灭亡，而必须藉靠德性才能维持长治久安。

剩下的最后一个问题就是如何来解释德福不一致了。人有可能变好，也有可能走上恶习的道路，而一旦走上后者这一道路，就被视为是最大的不义，任何人都不能逃脱。而这一正义的惩罚周期则可能是今世，也可能是在地狱中，或是被送到更低的什么地方。这样一来，那些仅从生活经验而归纳出的人生规律以及推延出的神不关心人事的结论就不成立了，因为神始终掌管着人类事务，并且是以整全的视野，即常人所不能理解的视角在安排着整个世界的事务，而人必须为自己的行为和命运负责，因为神会按照人的行动为人赋予特定的位置，无从逃遁①。

第三次反驳：神易被人所左右

如果说第二个反驳是处理神对人的关系，那第三个反驳集中要解决的就是人对神的关系。延续上文的思路，这第三个反驳表面上是在批驳神不会受不义的献祭或祈祷影响，更为深层的关切其实是在确定了神圣的宇宙秩序之后，人应该在这个秩序中如何行动。在上一次反驳中，我们已经知道，在神的安排下，人类需要为自己负责，而神会依照人自己的选择而给予相应的奖罚。在这一新的讨论中，人类灵魂层面的问题被提出来加以讨论。

雅典人首先问，如果神能被人所影响，并且那样的话，神将会怎样？（905e）回答是统治者，并且是善－恶斗争阵营的统治者。因为在宇宙中存在着很多好的事物，同时也存在很多坏的事物，在二者之间存在着"永恒的战争"（906a）。在这一斗争中，神和精灵是我们的护卫者和同盟者。人在这斗争中的位置是什么呢？波波尼奇提出了一种可能的建议："柏拉图不是说我们寻求提升德性的最终理性是符合神的计划。而应该是说，神旨在最好的东西这一目标实际上是我们的理性所追求的。卷十的神学是让公民看到德性的培养是分参神关于宇宙整体的谋划。"②具体来说，人自身必须站在智慧、正义和节制一边，与会摧毁我们的不义、迷狂和无知斗争，因为人并不必然具备属神的那些德性。

回到神容易被人的献祭影响的主题，恶人会通过某些不好的方式得到多于自己所应得的东西，并宣称不会受到惩罚。而雅典人说 "得到多于自己的份额（*ten pleonexian*）③，在肉体上说是'疾

---

① 对照《理想国》最后的厄尔神话。
② Bobonich, *Plato's Utopia Recast: His Later Ethics and Politics*, p.433.
③ 柏拉图：《理想国》344a，349b。

病'，在季节和年份上说是'瘟疫'，在城邦和政制中就是'不义'"（906c）。如果恶人想通过将自己的不义所得献给神而得豁免的话，神是绝不会从敌对阵营中，即不义和恶那里收取礼物，而背叛自己的。第三个反驳的逻辑较为简单，但是问题的核心在于"多占"（pleonexian）上面，这个词揭示了灵魂最大的疾患和战争以及城邦内乱的原因。

自然秩序的政治意涵

经过以上分析，我们可以看出《法律篇》卷十中关于虔敬法律以及宇宙秩序的讨论并非离题，也并非柏拉图遵从希腊传统宗教的虔敬之作。卷十的讨论是整个《法律篇》的基石，为整个政制和立法的讨论确立了稳靠的哲学基础。柏拉图认为只有回到自然层面，才有可能把现实城邦和个人存在的诸多问题阐述清楚。此外，柏拉图要树立自己的政制和立法安排，也必须以此为基础。柏拉图在卷十中的整个努力归结为一句话是恢复了"论自然"（peri physeos）传统，这一传统在苏格拉底之前的立法者那里是很常见的，但是这一传统随着诗人对神的攻击①，和智者派主张的"礼法与自然"（nomos-physis）分离和对立而受到严重的冲击。柏拉图这里的工作是重新弥合了人、社会和自然，当然，这里的自然已经做出了改变，成为灵魂和技艺的产物。②

这一传统的视野在政治问题上的集中体现便是对内乱的诊治。卷十关于自然秩序的讨论将城邦内乱的最根本原因找了出来：城邦内乱的原因直接体现为人们都想成为城邦中的强者，从而可以主宰

---

① 如 Xenophanes D.K.21 B11,12; Pindar, *Olympian Ode* 1.28ff. 和 1.52，以及后来的悲剧诗人们，此处不一一列举。

② 这一传统到了亚里士多德那里则得到甚为重要的改变，对自然秩序的理解与对人伦秩序的理解从此分离，但这一传统在后来的柏拉图主义以及现代早期哲学家那里又有多次反复与改造，对这一传统的叙述不是本文能力所及，此处不作累述。

城邦并满足自己的各种欲求，因为人总是想要更多，这样就形成了内乱的城邦和灵魂的最直接原因，即灵魂中欲望部分的无限膨胀，和在城邦中总想胜过别人，夺取最高权力。这一城邦和灵魂现象背后是强力正义的逻辑，在人类事务中除了这一规则外似乎并没有别的令人信服的原则。此外，由于人们看到不同的城邦有不同的礼法秩序，好像并没有一个普世的规则或者道理存在，甚至可以说人伦秩序根本就没有外在基础，人们就更加坚守强力的胜利是真正的自然。这一主张的前提是人类秩序与自然宇宙秩序的分离，自然的生成秩序在先，是借靠自然和运气而产生的。而人类秩序则完全是属人的技艺的产物，故没有标准，立法事务则更是不涉及自然因素。这条因果链是对城邦和灵魂两个层面内乱的最本质性和最完备的分析。

  如果要戒除内乱，就必须从最本原的地方进行重新奠基。柏拉图也正是这么做的。通过用灵魂来置换智者及诗人的"自然"，宇宙秩序的起初便成了技艺而非自然和运气的产物，作为拥有生成宇宙能力的灵魂来说，还必须对其进行外在目的规定，这就是努斯的力量。努斯为宇宙秩序提供了善恶的标准，并辅助灵魂——也就是神——贯通了自然和人伦秩序，使得人的政治伦理秩序不再是按照人的尺度运作，而是被置入更为宏大和系统的背景下进行讨论。神对人类事务的安排遵循努斯的性质，保证了德性最终的胜利和德福一致，保证了城邦及个人灵魂层面的向善生活。在这样的自然－人伦秩序下，内乱问题在理论上得以彻底地解决和超越。在此基础上，《法律篇》主体部分所论述的为殖民地麦格尼西亚城邦（Megnesia）确立政制和礼法才能够成功完成。

2. "次佳政体"

  柏拉图在《法律篇》中构建了新的殖民地麦格尼西亚，在建立麦格尼西亚城邦过程中，曾经有三次尝试描述理想政体及其统治方式。其中第一次（或者城邦的起手式）是近似于《理想国》的"立法者－僭主"王政，第二次（正确设立的政制类型）是克洛诺斯政制，第三次是所谓的"次佳政体"。其中，柏拉图放弃了王政的努力，而转为法律统治。这也被有些学者看作是柏拉图抛弃哲人王而转向法治的重要表现，而对次佳政体的描述也被当作柏拉图后期政治思想发生重大转变的主要证据。但是如果仔细审视柏拉图的论证，我们会发现，在所谓的"哲人王"和"法治"背后有更深的统一性；《法律篇》中构建的次佳政体是就统一而言的，而这"次佳政体"对于人来说仍是最好的城邦，在这个意义上，柏拉图并没有后退或者退而求其次。

立法者与王——第一政体

在《法律篇》卷三的结尾处，雅典人和克里尼阿斯开始在言语中构建新的殖民地麦格尼西亚。新殖民地的成员来自诸多不同地方，城邦在建立起初便遇到最为紧迫而重大的问题，即当众多持有不同习俗和法律的群体走到一起时所要面临的归一问题。在新殖民地中，各种不同的人因为种种原因走到一起，各自秉持着自身固有的习俗和法律。对于每个群体来说，共同的语言和法律等会塑造他们特定的友爱关系，但是每个群体都不会轻易接受别人的法律和政体。要解决这一难题，让城邦整合为一个城邦，就必须由立法者来进行这一工作。

雅典人提出，对于立法和所有的事情来说，有三种事物在发挥着作用：神、运气和技艺。在做了这种规定之后，有很多人会认为立法完全是运气的事情，人根本没有立任何法，是战争或者是灾变塑造了人的事务。换言之是运气而非人规定了人的法律。但是，雅典人并不同意这一说法，他以领航员为例，说明在狂风之中航行，技艺还是非常重要的。这一例子也可推广到别的事务，包括立法上面来。雅典人从而得出结论说，对于立法来说，立法者的技艺，即拥有真理也是至关重要的。① 因此，对于立法来说，拥有真理的立法者能够以正确的方式祈祷，然后拥有运气来进行立法工作。在立法者出现之后，下面的问题是需要一个怎样的城邦来让立法者施展其才智从而进行城邦政制的具体安排？雅典人给出的答案是，最好为立法者提供一个僭政的城邦。按照雅典人的叙述，城邦的王必须天性上具备如下条件：年轻、记性好、敏于学、勇敢和高贵。同时，王还必须拥有节制的德性。需要特别强调的是，王所拥有的节制不是后天训练的结果，而是自然生成，天性中就具备的。

如果有好运气的话，该城邦会同时出现一位可贵的立法者。当然，最佳的情况是王与立法者合二为一，次等的情况是王和立法者是两个人。对城邦来说，最好的情况是从僭政转化而来的，次等的情况是从君主政体转变来的，第三种是由民主制转变而来，第四等是寡头制，在寡头制下，很难出现这种情况，因为它拥有相当大数量的拥权自重的统治者。在此处的政体排序上，僭政排在了君主制和民主制的前面，成为最佳的选择。这是因为僭主力量是最强大的，在（统治者的）数量上是最少的，僭主如果和真正的立法者结合的话，那将会在最短的时间内，以最平稳的方式让城邦实现德性和幸福。

雅典人接下来继续讨论了《理想国》中理想城邦成为现实的两种可能，即王成为哲学家，或哲学家为王。如果哲学家成为王，那改造城邦是非常简单的事情，只需自身言行端正，并按照自己的模式，用奖罚的方式推行到整个城邦即可。但是，这种情况恰恰是很

---

① 参见柏拉图：《法律篇》，709c。

难发生的，因为如我们上面所分析的那样，王与哲学家是两种性质的力量，理想城邦实现的困难恰恰在于这两种人是很难结合在一起的。哲学家为王的困难更多的是因为机运，而王成为哲学家，或受哲学家/立法者规劝则是现实城邦政制所要面临的更为普遍，更为内在的困难。那就是：

> 掌握巨大权力的统治者应该具有对节制和正义活动的神圣爱欲——不管他们是从何处得到这权力，或是从君主制，或是从财富或出身……（711d-e）

真正的困难在于如何让现有的权力能接受明智和节制的规训。只有现有的权力——无论是何种权力——能与立法者所拥有的真理的力量协和，才能出现最佳的政体，并继之以相应的法律。雅典人不无遗憾地说："这种人生活在特洛伊时代，从未在我们中间出现过。"（711e）但是一旦这个人出现，那就为建立理想城邦设立了一个绝佳的起点，在这一基础之上，能够最容易地也是最快地建成良好政体（712a）。

克洛诺斯政制

交到立法者手中的僭政城邦经过立者与王的协和，就为城邦提供了具体政制和法律安排的基础，那下一步的工作就是安排城邦的政体。但构建政体的前提是要知道什么是政体。雅典人首先询问克里尼阿斯和麦吉利斯，二人反思自己城邦的政体，发现很难用僭政、民主制、贵族制或君主制的某一种来给予界定。雅典人在回答二人的疑惑时道出了政体的内涵：

> 那是因为你们两个的城邦都是政体。你们提到的其他那些都不是政体，而是在专制统治之下的城邦管理机构，城邦的某一部分奴役其他的部分。每个名字都从专制者的权威那里而来。（712e-713a）

雅典人这里区分了单一政体和斯巴达式的混合政体，在单一政体中，城邦是分裂的，总是有专制者掌握城邦权力来压制城邦其他部分。按照雅典人的说法，这样的城邦政体严格意义上不是政体，而只是统治机构。与单一政体相对的是斯巴达式的混合政体，因为混合政体中可以找到君主、民主和贵族等诸元素，使得城邦没有陷入分裂，免于专制的危险。但是斯巴达式的混合城邦并非最完美的理想范型，最好的政体是克洛诺斯统治时代的政体，斯巴达的政体只不过是对克洛诺斯时代政体的摹仿而已。故我们能从克洛诺斯时代的政体看到真正的政体原型：

克洛诺斯知道，人的自然根本没有能力来管理人的事务，如果人对万物拥有专断权威的话，那肯定会自我膨胀，充满迷狂和不义。所以，考虑到这些事情，克洛诺斯安排精灵，这一属于更神圣和更好种类的，来作为我们城邦中的王和统治者。这些精灵不遗余力地为我们提供了和平、敬畏、良法和正义。因此，那时的人们没有内乱，过着幸福的生活。（713c-e）

柏拉图通过克洛诺斯神话为我们思考政体提供了一些限度：

首先，神话给出了人的自然（人性）的限度。具体来说，人并不对万物拥有裁断权力，与此相应的是普罗塔哥拉的"人是万物的尺度"[①]。按照柏拉图笔下的普罗塔哥拉形象，人不仅是自然世界的尺度，还是城邦事务的尺度。人成为尺度的一个必然后果是相对主义。而在相对主义的世界中，如果要寻求一个规律或准则的话，如我们前文所写到的那样，力量就会成为唯一的衡量标准，这必然将人带向迷狂和不义。

---

① 参见柏拉图：《泰阿泰德》178b 以下。

其次，克洛诺斯时代人的统治者是精灵，即比人要高贵和神圣。也就是说，现世的统治者都是次于克洛诺斯时代的，在精灵那里，我们看到了统治者向上的限度。

最后，人类要免除内乱，获得幸福需要和平、敬畏、良法和正义。这四项内容中，和平更倾向于结果，与幸福和内乱的消除更近，而敬畏和正义是处理人与人关系的基本原则①，良法则是将这些原则固定下来的手段。所谓的法就是"按照努斯的规定来安排"（714a）。由此，我们看到，敬畏／羞耻感和正义是城邦最为基础的原则，二者需要良法的协助，从而最终实现和平与幸福的目标。既然克洛诺斯时代的最佳政体已经出现，但是克洛诺斯时代已经过去，按照《政治家篇》对黄金时代神话的描述来说，现在的世界已经发生了倒转，人们已经不可能回到黄金时代，所能做的是"尽量模仿克洛诺斯时代的生活方式"（714a），去遵守自己灵魂中高贵的部分，根据努斯来安排政体和礼法。②

总结来看，哲人王或这里的"立法者－王"为理想政体提供

---

① 在《普罗塔哥拉》的神话中，宙斯给人的政治技艺就是敬畏、羞耻感和正义，在这之后人们才能够共同生活在一起，参见柏拉图：《普罗塔哥拉》，322c。

② 在接下来论述"次佳政体"之前，有必要讨论柏拉图在这里提到的一个重要观点，即要让城邦中统治者成为"法律的仆人"。柏拉图说："哪里法本身被统治而失去了最高权威，我在这个地方就看到大祸临头。但是如果在哪儿法统治着统治者，统治者是法的奴隶，我在这儿就能预见到诸神赐给这城邦的安全和所有善良。"（715d）这段表述通常视为柏拉图所谓放弃哲人王转向法治，或"从人治转向法治"的重要证据。但是，这一理解是错误的。因为首先，正如上文分析的那样，柏拉图在《法律篇》中如同在《理想国》中一样，非常了解哲学与政治权力结合的困难，并非他在《理想国》中鼓吹哲人王，而在《法律篇》中就发现了对人治的不信任。其次，这里的统治者指的究竟是谁？按照柏拉图这里的表述，法律不应是统治者颁布，言下之意是这统治者不可能是哲人王。因为这段话的语境是讨论现实希腊世界的城邦状况，这里的统治者更像是色拉叙马霍斯所主张的为自己利益而进行统治的。最后，这里的法也并非反映城邦统治者利益，而是努斯在政制安排中的具体再现。这种安排不仅将城邦从某一集团的私心和私有中拯救出来，也同时可能最大限度地模仿克洛诺斯政制。所以，我们并不能轻易地下定结论说柏拉图放弃了哲人王而选择了法治。

了最佳的起点，克洛诺斯时代的诸神统治为该政体提供了范本，在人为自己命运负责的时代，就需要尽量来模仿这一政制，这就是著名的"次佳政体"。

就统一而言的"次佳政体"

在《法律篇》卷五，柏拉图提出了著名的"次佳政体"：

> （雅典陌生人：）在立法的道路上，我下一步要走的，将类似于把棋子从神圣的界线上撤回，由于这是出乎意料的，很可能使听众首先感到惊讶。但谁若运用了理智和经验，他必会认识到，将要构建的城邦是次佳的政体。有人可能会拒绝接受这样的一个城邦，因为人们不习惯于求助于一位没有僭主权力的立法者。但最正确的做法是首先描绘什么是最好的政体，然后是次好的政体，再后是第三好的政体，随后将选择权赋予那位负责因地制宜建立共同生活（*sunoikesis*）的人。因此让我们遵循这样的一种程序，从现在开始着手描述哪一种政体是**就德性而言**最好的，次好的政体是哪种，然后是第三好的政体。这时候让我们把选择权交给克里尼阿斯，甚至扩大到那些希望担任筛选的所有的人，让他们依据自己的见解，按照他们当地的好恶来选择。

> 在第一位的政制和拥有最好法律的城邦，那句古老的谚语所说的"朋友的一切都是公共的"就最大程度地在整个城邦之中实现了。如果这一理想在今天能够在某处实现，或者实现于将来的某一天——妇女是公共的，儿童是公共的，每种财产也是公共的；如果，人们通过各种措施来将可以称之为"这是我的"的东西从生活的所有方面都去除掉；如果通过这样或那样的方法，尽其可能地将依自然是私人的事物变成公共的，像眼睛、耳朵和手，以使得它们好似是一起公共地看、听和行

动；再有，如果人们一致地赞扬与不耻一些事物，并最大程度上对同样的事情感到高兴，对同样的事情感到痛苦；如果他们对旨在使城邦变成**尽可能统一**的法律而感到无比高兴——那么没有人会设置一个比这样的政制更为正确或更好的界定，因为这一政制就**德性**而言已经达到极致。这一城邦居住的应该是那些神或神的子孙们（不止一个），他们过的这种生活非常愉快。因此，我们不应去别处去寻找一种政制的模式，相反，我们应该紧握这一模式，并竭尽全力来寻找那与之最接近的政制。如果我们现在所谈及的政制能实现，那么它将是最近于不朽，并就统一而言是第二位的（ kai he mia deuteros ）。至于那第三种，如果它是神愿意的话，我们将稍候再谈。但目前来说，我们应该如何描述这一政制？它要通过怎样的方式来实现？（739c1-e7，黑体由笔者所施加）

我们首先需要对最佳政体的性质进行分析，具体来说，有三层含义需要注意。第一，最佳政体是朋友的共同体，它要求尽可能去除私人的性质；第二，最佳政体要求成员有相同的苦乐感，以及对事物优劣的统一看法；第三，最佳政体是统一的德性共同体。这三层含义的内在逻辑是说通过一切共有的朋友共同体来实现城邦内部的"荣辱与共"和"同甘共苦"，并且在此基础上追求城邦整体的德性。

先来考察第一层含义。最佳政体是一个朋友的共同体，这一朋友还不是普通朋友，而是能够分享一切的朋友，在城邦中根本就没有私人的任何成分。这是对《理想国》言语中城邦的护卫者阶层的描述，这里则成为对公民全体的叙述。在这一意义上，《法律篇》描述的最佳政体与《理想国》的美好城邦并不完全一致。但是需要指出的是，由于《理想国》和《法律篇》对于公民范围界定的差异（下文会进一步分析），实施共产共妻共子的主体范围其实是一样的，即城邦的战士阶层。

对苦乐的相同情感与德性城邦这两点实际上揭示出了城邦的两个面相，分别象征对城邦较低和较高的要求。"荣辱与共"与"同甘共苦"是对城邦基础的描述，要获得对城邦基础的一致见解，城邦必然不是分裂的。而共同体成员对于城邦基础的统一认识表现为习俗的养成，具体体现在荣辱与共与同甘共苦上面。在城邦较低要求的基础上，德性则为城邦提供了更高的追求与目的。城邦不能仅仅停留在维系秩序的层面上，还必须向着更高的目标迈进。

这样统一的城邦就推进到了德性城邦上来。仔细分析会发现，统一城邦内在规定了它必然是一个德性城邦，这也是引文中所明确表明的："如果他们对旨在使城邦变成尽可能统一的法律而感到无比高兴——那么没有人会设置一个比这样一个政体更为正确或更好的界定，因为这一政体就德性而言已经达到极致。"这句话将城邦的统一与德性直接联系起来，也就是说城邦的统一必然导向城邦的德性，而德性政体必然要求统一的城邦。我们已经证明城邦自身的原则要求城邦必须不能陷入分裂，因为分裂的城邦甚至无法保证生存意义上的存在，而要避免陷入持续的内乱和纷争，城邦必须将自身建立在同一并且正确的基础之上。同一与正确是分不开的，因为如上面的分析所看到的，即便共同体成员对政体基础有一致的理解，但并不是所有的原则都能维系城邦的统一，只有正确的原则才能实现这一点，那就是按照努斯的规定，培养德性的城邦。除了这一标准之外，其他关于城邦基础的意见都是不能保持自我一致的。正是在这个意义上，我们说城邦的统一与德性是同义词。

由此可知，从具体安排设置上来讲，《法律篇》所说的最佳政体并非《理想国》所勾画的美好城邦，而是将"朋友之间一切公有"

尽可能推广至整个城邦。但是需要注意的是，这一城邦是神及神的子孙们居住的城邦，换言之，这并不适用于人。人应该尽量模仿或实现最大限度的统一共同体，实际上，就统一而言次佳的城邦是对人而言最佳的政体。① 对于最佳政体和次佳政体的表述显示，柏拉图一贯认为，充分意义上的统一是很难在城邦中实现的。正如普拉多提醒我们注意的那样，与《法律篇》介绍的最佳政体相比，无论是《理想国》的美好城邦还是《政治家》最后将城邦化为"友爱的织体"，皆不是完美意义上的统一体。② 尽管如此，对于柏拉图来说，统一共同体始终是其政治哲学的不变追求。他在最后这部对话中不但没有放弃这一理解，而且强调要尽量实现这一神圣范本。

如果说《法律篇》构建的次佳政体并非《理想国》美好城邦的倒退，那次佳政体和美好城邦的关系应该如何理解呢？《法律篇》次佳政体并没有坚持护卫者阶层的共妻共子，同时还有私人田产。从这一角度看，次佳政体岂不也是某种倒退吗？在这个问题上，柏拉图的确有很大的调整，但是本文认为这一调整不能简单解释为柏拉图晚年的倒退。解决这一问题的核心是要理解护卫者财产等制度设计背后的意图，在《理想国》中，取消私有使得护卫者不会以私产作为追逐对象，从而从根基处消灭城邦可能的贫富差距。在《法律篇》中，虽然每个公民都有城邦分配的田产，但是城邦对财富施加了严格限制，公民最多可获得四倍于初始财产的财富，超出这个限额的部分将被献给城邦所有。这样，城邦不会出现严格的贫富分化。不仅如此，城邦严格禁止公民们交易每人均得的土地，最低份额的土地保证了最起码的公民身份。对于公民来说，其家庭通过获得城邦分配的份儿地而成为城邦的一部分，每一份土地所有者都必

---

① 参见 Laks, *The Laws*, pp.275-278。
② Pradeau, *Plato and The City*, p.146.

须将自己所有的田产视为是城邦的共同财产,将其作为是祖国的一部分,并要比孩子珍视母亲还要珍视这份田产。对土地的分割毋宁说是分-联,即通过区分来达成联结和统一。《法律篇》要求,土地在最初划分之后,持有人必须将其保持住,既不能使得家室规模过多膨胀,也不能明显减损。所以,《法律篇》私人田产和家庭的安排有这双重意义:一是通过田产划分确定城邦公民资格,并将公民们分联为共同体;二是严格限制私产的规模,拥有私有财产并非鼓励城邦公民以私财为生活目标。从这个意义上讲,《法律篇》并非《理想国》的简单倒退,出发点恰好是完全一致的。

与这一问题相关,同时对于理解次佳的统一共同体也是至关重要的一个问题是,《法律篇》的公民范围与《理想国》有重要的变动。①在《理想国》中,城邦的统治者、护卫者和供养者皆为城邦公民,这样就带来一个很大的困难,即统一共同体到最后并不能使得全体公民过上至福的生活,只有护卫者阶层才能够有机会不断向着最好的生活上升,而城邦的经济阶层在负责城邦供给之外服从统治就是最主要的幸福生活了。而在《法律篇》中,工匠等直接被排除在公民范围之外:

---

① Bobonich 在其书和文章中多次强调《法律篇》发生的这一变化,在他看来,《理想国》中只有哲人王才能接受高等的数学、天文学和辩证法的教育,普通的护卫者都是无法接触这些教育的,而在《法律篇》中,所有公民都能获得类似的教育,诸如灵魂不朽、数学、天文学等等。用他的话说,在《法律篇》中,非哲学的公民也都能受到良好教育,以知晓城邦基本的伦理和政治真理。但是 Bobonich 这一发现有重大偏差。在《理想国》第七卷结尾处,苏格拉底非常明确地指出哲人王要在城邦中把别人也培养成同样的人,并把他们留在城邦担任护卫者。所以在《理想国》中,最终获得明智生活的人群包括哲人王和尽可能多的护卫者。但是按照《理想国》美好城邦的设置,作为城邦供给阶层的公民不能实现这一生活。而在《法律篇》中,由于公民身份的界定有了新的范围,所以,实际上享受城邦高级教育的人群与《理想国》中并无决定性差异。见 Bobonich, *Plato's Utopia Recast: His Later Ethics and Politics*; Bobonich, "Plato's Politics", in Gail Fine, eds. *The Oxford Handbook of Plato*, Oxford University Press, 2008, p.331; C. Bobonich, Chris and K. Meadows, "Plato on utopia"。

> 任何本邦居民或本邦居民的仆人都不能从事工匠的技艺。因为身为公民（polites）已经拥有足够的技艺，需要很多训练和学习很多内容：保持和维护城邦的公共秩序，这绝不能是兼职的追求。几乎那个人的自然（人性）能够让他同时精于两种追求或技艺，或自己全力实践一种技艺而监管别人实践另一种技艺……城邦中每一个人都有一门技艺，并以此谋生，城邦管理者必须努力坚持这项法律，**如果有本邦居民想要从事某项技艺而非培养自己的德性的话**，他们就要以对其谴责而进行惩罚，直到将其拉回正道为之。（846d-847a，黑体为笔者所施加）

在《法律篇》中，公民身份与德性生活更加紧密地联系在一起①，这样一来，《理想国》最后遗留的困难就不存在了。《法律篇》明确了城邦立法和政制的目标要培养公民的德性，并且在限定公民资格之后，统一共同体之为德性共同体的含义也就更加明晰了。

友爱的纽带

柏拉图通过最佳政体给出了统一共同体的最高标准，即朋友之间一切公有，在这样一个朋友共同体中，统一和德性的目标才能最终实现。在次佳政体中，虽然实现不了完美意义上的统一，但是仍需要友爱来将城邦聚为一体。友爱的位置和作用最为重要地体现为以下两个方面：首先，将城邦粘合为一个整体；之后通过朋友共同体的方式将城邦和公民带向善德。友爱的这两个作用全部系于对于友爱的理解上面。《法律篇》第八卷在为爱欲，特别是同性男子之间的爱欲立法的时候，提出为了辨明这一关系内在的不同类别，"有必要对朋友的自然进行考察"（837a1）：

---

① 参见《法律篇》705d-706a, 807c-d，亚里士多德在《政治学》第七卷中描绘最佳政体时也持同样的观点。

雅典人：我们用"朋友"一词来形容德性相似的人之间的关系，同时也用它来形容平等的人之间的关系；还有，"朋友"一词也用来形容穷人和富人之间的关系，虽然他们是相反的两极。当任何一种变得激烈之后，我们将之称为是"情欲之爱"。

克里尼阿斯： 说得没错。

雅典人：相反之人的友爱是很可怕和糟糕的，并很少能让我们互惠。而相似的人之间的友爱是温和的，并在生活中一直都是互惠的。至于混合了这两者的友爱，暂时还不容易知道拥有这第三种情欲之爱的人想要获得什么。此外，因为他被两种爱拽向相反的方向，他发现自己陷入困惑之中，一种爱让他去爱恋年轻人的青春，而另一种则告诉他不要这么做。对于爱身体的那人，疯狂地渴求如成熟果实般的青春，而不顾及被爱之人的灵魂和性格。另一种有情人则将对身体的欲求视为是第二位的，看着身体但并不爱身体，而是灵魂对灵魂成熟而真正的爱。他对节制、勇敢、大度和明智的事物非常敬畏和尊重，并意愿经常以道德之爱对待道德之人。刚刚描述的这种从两种爱中混合的爱我们称之为"第三种"。（837a-d）

对友爱性质的讨论首先要澄清友爱的主体，因为讨论的是城邦中的友爱关系，因此其典范意义上是男性公民之间的朋友关系。在这一基础之上，柏拉图首先拒绝了处于两极状态下的人之间的友爱，如穷人和富人之间的友爱，认为这种相反之人的友爱很难持久，也很难互惠。他所倡导的是平等的相似成员间的友爱关系，这中间也有两种情况，一种是只爱慕对方的身体，而根本不在乎朋友的心智和性格；第二种是基本不看重身体，而将灵魂作为爱慕的首要对象，希望与朋友有纯洁的关系，并且将德性视作友爱的首要关注点，通过德性的交往来产生友爱，并使得年轻人在这友爱关系中变得卓越。

柏拉图之前曾在《会饮》中对这两种友爱关系有过具体的分析，具体表现在苏格拉底和阿尔喀比亚德对于友爱的不同理解上面。在《会饮》中，阿尔喀比亚德讲述了自己和苏格拉底的一段故事，他想用自己的美貌来换取苏格拉底的智慧，但是苏格拉底并没有动心。苏格拉底看到阿尔喀比亚德美丽的身体但并不爱这身体，甚至蔑视和取笑他的年轻美貌，他对阿尔喀比亚德说：

> 你一定看到我身上有一种神奇得很的美，你那让人迷恋的标致模样简直望尘莫及的美。若是因看见了这美，便起心要同我做个交易，以美换美，你的算盘就打得不错，很占了我点便宜：你不就是想用仅仅看起来美的东西换取实实在在美的东西？你打的主意真可谓"以铜换金"。不过，我的好乖乖哟，再好好考虑一下吧，没准你搞错了，兴许我本来就不值！肉眼已经昏花，灵的眼睛才开始敏锐起来，你离那地步还远着哪。

（218d-219a）

在苏格拉底眼中，灵魂而非身体才是他爱的对象，并且必须要从具体的美丽身体通过攀爬爱的阶梯逐步上升到美本身。① 在排除了基于身体情欲的爱和基于财产用益基础上的爱，友爱被定型为年长的人与青年之间基于德性的交往关系。②

现在我们可以更明确地把握柏拉图的思路，即通过建基于智

---

① 关于《法律篇》这里讨论的年长者如何通过与年轻人的友爱而使后者变得卓越、富有德性，限于篇幅本文此处无法展开。柏拉图曾在《斐德若》中对这一过程有详细的描述，即爱人通过见到情人而回想起自己先前见过的美的自然，并在与情人的爱中，由灵魂中更为优秀的力量引导至有秩序的生活，走向哲学（爱智慧）（见《斐德若》249d-257a）。需要指出，在《斐德若》中柏拉图并不排斥同性之间的身体爱恋，而《法律篇》中更为强调灵魂，而禁止身体的爱恋。但是总体来说，《会饮》《斐德若》和《法律篇》中对于友爱/爱欲的描述都指向了对智慧之爱。

② 相关的讨论可参见 Bobonich, *Plato's Utopia Recast*, pp.428-429。

慧的德性 – 友爱关系将整个城邦联系为整体，并且通过城邦共同生活来进一步培养公民个体以及整个共同体的德性。后面这一过程具体来说是通过四点来完成的。首先，人是通过朋友来培养自己的德性。在《法律篇》卷一和卷二中，柏拉图提出与克里特式战士共同体的城邦相对的宴饮共同体，后面这一共同体是"朋友之间和平与善意的共处"（*philon d' en eirene pros philos koinonesonton philophrosunes*），朋友之间通过共在来培养节制的德性，鉴于《法律篇》对德性的讨论是整全性的，也就是说节制德性的内涵要求了节制是在努斯指导之下进行的，所以对节制德性的培养也是指向了对整全德性的培养。而朋友之间节制的养成具体是靠羞耻/敬畏感。第二，如果说人需要凭借朋友来培养节制德性的话，那对于最高德性努斯的获得来说，更是离不开朋友。这是指就哲学本性和哲学道路而言，朋友以及朋友之间的交谈是做哲学（友爱 – 智慧）所必需的。因为人并非神，从而不能直观最终的存在本身，而只能沿着逻各斯的道路向上攀升[①]，柏拉图的对话形式本身就呈现了哲学探寻的过程和方式。第三，共同体作为友爱的机制，能反过来维系并促进成员之间固有的友爱关系。[②]这是共同体对友爱关系的反作用，也就是说，通过共同追求德性的生活，公民变得更有德性，在基于德性相似基础上，友爱关系能得到进一步的巩固和发展。[③]第四，通过朋友共同体，不仅公民德性可以获得提升，整个共同体也处于朝向善德的路上，这是戒绝内乱的最重要保障。因为只有将人们的生活方式从腐化堕落中拯救出来，才有可能保证内乱的永

---

① 见《斐多》哲学之路。

② Magnesia 城邦官制设置的原则为"所有的这些官职的产生都应该是部分是通过选举产生，部分是通过抽签产生，为了最广友爱之故（*meignuntas pros philian*），我们在城邦还是郊区都必须混合民主的和非民主的办法，以达到最大限度的同心（*malista homonoon*）。"（759b）

③ 参考柏拉图：《法律篇》732b, 837a-d。

远消失。① 因为内乱最大的威胁不是一次性的权力斗争，而是内乱的理论逻辑已经内化为人们的生活方式，只有对生活方式做出根本性的改变和替换，才能从根基上解决这一困扰希腊城邦的难题。最终，柏拉图完成了他对生存意义上的活着与存在基础上活得好的区分："我们并不像很多人认为的那样，幸存和仅仅生存是人最荣耀的事情；对人来说，最荣耀的应该是在尽量变得卓越并在生存的整个过程中将这一卓越保持住。"（707d）只有在这统一的共同体内，个人和城邦的卓越（或德性）才能最终得到最大限度的实现与巩固。

3. 法律与政制

法律的序言

《法律篇》所要构建的麦格尼西亚则是对最佳政体最大限度的模仿，这一城邦由受理性支配的法律来安排与统治。用法律来塑造及改造共同体成员的生活方式则需要几个方面的努力。首先需要在全体成员中间达成对城邦基础的共识（对此基础的讨论是卷十的任务），即要确立城邦基础是什么，然后通过法律绪论来让成员对此基础有统一的认识（立法绪论与教育，即 *nomoi* 作为音乐的含义），在此基础上通过法律对城邦政制进行规定，此外还要更进一步完成具体的法条意义上的城邦立法。

具体来说，《法律篇》中的立法工作需要有两大部分构成，即法律的绪论和法律本身。法律绪论又由两部分构成，第一部分处理的是共同体成员对城邦基础的共识，具体表现为用音乐（*nomoi*）来塑造和培养公民正确的习惯与德性，让公民对关于城邦基础的道

---

① 参考柏拉图：《法律篇》708c。

理有着良好的教养意义上的认知,并为公民进一步上升到理性和明智的生活奠定基础。绪论的第二部分是针对具体的立法活动的,即对具体的关于城邦事务的各项法律的理解和劝服。而法律本身则体现为对城邦政制的塑造、对选官的规定以及具体施行的法律条文三个部分。这里着重讨论法律和法律绪论。

法律的绝对权威需要通过共同体成员的合作才能建立起来,而不能仅靠单方向的命令。立法者的立法活动有两种方式,一种是劝说,另一种则是强迫。好的立法应该运用法律的序言,不仅发布命令,还要使得公民愿意接受这命令。这就揭示出法律权威建立的基础和方式,法律作为努斯的体现,要使得共同体成员理解其内在的道理,并且还要在情感上愿意接受这道理及其在法律上体现,而一旦有人违反了法律,则必须通过法律的强制一面来进行惩戒,从而纠正错误的言行。

下面我们便具体分析法律序言的性质以及内在的原理,雅典人分两次对这个问题进行了阐明。对说服的第一次解释是借用赫西俄德的诗歌进行的,赫西俄德曾说过:

> 不朽的诸神在德性面前放置了甜美,
> 但通向它的路却漫长陡峭,
> 最初尤为艰险。在登临峰顶之时,
> 险路将变坦途。只是攀登之路充满磨难。(718e-719a)

赫西俄德这一说法对劝说的内在道理进行了形象的说明,雅典人从这段话得出的结论是:"没有多少人会急切地想在最短的时间内成为尽可能好的人。"其中的道理就是所引诗中山顶和登山之路的关系所揭示出来的。具体来说,只有达到了山顶,才能享受坦途和德性的甜美,而按照德性的生活则需要经受相当多的磨难和考验。对于普通人来说,最直接的经验往往是行善而不得好报,在还没有坚持到山顶的时候，就已经放弃了登山之路。柏拉图向我们指出，普通人的生活经验与德性的道理之间在漫漫的登山途中一直是不一致的，而想要人走上这条路就必须让尝过德性甜美滋味的人来进行劝说，让大众撇开自己的生活经验，去相信一个愿景。在这段话中，德性生活的内在困难被充分揭示出来，即德性生活的道理在于其目的之中，也就是说在达到终点那一刻之前，是找不到德性生活内在的充分道理的。在这个情况下，还要有走上攀登之路的决心，只能靠说服来进行。这样说服就能让大众更容易接受法律的建议，因为法律的道理也是在知晓人事的神和神一般的立法者那里，立法的目标是高贵而美好的，但是路径却崎岖坎坷。

赫西俄德的诗阐明了立法的基本结构，雅典人继之以医生的类比来解释法律序言的性质。[①] 有两种医生，一种是自由人的医生，一种是医生的仆人，奴隶的医生。自由人的医生是通过遵循自然获得医术的，而医生的仆人则是通过接受主人的命令，从经验中习得医术。这两种医生有不同的治病方法。医生的仆人，即奴隶的医生在给奴隶看病时，是基于经验中获得的意见，自己宣称知道所有的事情，像僭主一样给病人下命令，给出药方，之后便赶去为下一个病人奴隶开方抓药。而自由人的医生则完全不是这样，他会依据自然，从头开始询问，与病人及其朋友谈话，力求全面了解病情，尽量地劝说病人，在病人被说服之后，才给出自己的药方，并尽力将病人带回健康状态。[②]

通过两种医生不同的治病方式，我们可以分析出其具体的道

---

① 用医术来表达政治问题在希腊有一个很长的传统，参见 W. Jaeger, "Paideia: Greek Medicine as *Paideia*", in *The Ideals of Greek Gulture*, Vol III, pp.3-45.

② 参见柏拉图：《法律篇》720a-e。

理所在。对于疾病来说，与其相关的有五个因素：病因、病症、药方、治愈和健康。医生的仆人在面对奴隶的疾病时，只处理病症和药方两项因素，开药方时，依据是之前的经验积累和主人的命令，药方的构成唯只有药。也就是说，奴隶的医生在面对疾病时，是只治病症，直接下药，目的是治愈疾患。与此形成鲜明对照的是自由人的医生，他会处理全部五项因素，先从寻找病因开始，诊断病症，然后用说服和药合成的药方治愈病患，此外，自由人医生的目标还超出了病患的消除，要让病者重获健康。重获健康的含义是不再生此病，这也就对应了最初对病因的考察和寻找，要使病人保持健康，只是下药让病症消除是远远不够的，必须说服他改变能致病的那些生活方式和做法，只有这样，才能实现药方的最大功效。甚至，说服比药方对于健康的长久保持来说要更为重要。

如果用奴隶的医生代表法令，而自由人医生代表劝说与法令的结合的话，我们会发现法律说服的性质，也就是法律序言的性质。首先，法律序言要探究法律设置的根据和道理。其次，说服能让接受法律的人更容易遵守法律，从而保证法律实施的效果。最后，法律序言的目的是要维持政制的健康，其最高目的就是无须法令规定，如同雅典人在《法律篇》开篇处所说的两种人的差异："一个患病的人，通过治愈而重获健康与一个根本不需要这样的治疗，从而永远无须考虑身体的人"（628d）。

这里为了更好地理解法律绪论的性质，有必要对学者们对此问题的不同看法进行简单的介绍和评析。研究《法律篇》的学者都会注意到在这篇对话中，法律取代了哲人王成为城邦建制的本原，并且法律是由法律及其序言构成。但是对于法律序言的原理和机制，不同学者则有不同的见解，依据安纳斯（Julia Annas）的总结，大致有以下四种看法①：第一种是认为绪论为法律提供了理性的解释，即将法律的"合法性"阐述出来。②用医生的例子解释就是说，医生不仅下药方，还为病人解释病因原理。第二种观点是认为，法律绪论是为法律的遵守提供了非理性的说服基础，即通过神话等方式来劝说人遵守法律。③比如对死后审判以及德福一致的神话叙述等就证明了这一点。第三种观点是说被法律绪论说服的人根本不需要法律，即不需要法律惩罚的一面，而通过德性教育就能使得公民按照法律的规定生活。④第四种是安纳斯自己的观点，她借用犹太哲学家斐洛的视角来理解柏拉图，认为法律绪论为共同体成员提供了一种道德典范，即通过显示按照法律生活能够过上德性的幸福生活。安纳斯的解释可以涵盖前面三种的解释倾向，包括理性的、非理性的以及德性生活，最重要的是将法律落脚在正确生活方式的目的上面。

相比前三种观点，本文更倾向于安纳斯的理解。但是需要指出的是，安纳斯之所以不满足于其他三种解释，最重要的原因是它们没有将法律序言放到其所要解决和处理的问题——对法律权威的确立以及维系城邦及其成员的健康生活——的脉络中进行理解。用医生的例子能更好地帮我们澄清这一点，医生要做的是让病人自己知道病理以及原因，并且能够愿意通过改变生活方式等来确保不再

---

① Annas 在文中总结了前三种，我将 Annas 自己的观点视为是第四种，见 Annas, "Virtue and Law in Plato," in Bobonich, Chris. Eds. *Plato's Laws: A Critical Guide*, Cambridge University Press, 2010, pp.71-91。

② 这种观点的代表人物是 Bobonich (2002); Irwin, "Morality as Law and Morality in the Laws", in Bobonich, Chris. Eds. *Plato's Laws: A Critical Guide,* Cambridge University Press, 2010, pp.92-107。

③ 如 Stalley 就持有这种观点，见 R.F.Stalley, *An Introduction to Plato's Laws,* Basil Blackwell, 1983, pp.42-44。

④ Laks 的观点，见其 "Legislation and Demiurgy"。

生病。否则哪怕病人知道了病理，但不愿意听从医生命令或吃完药后不愿改变之前的不良习惯，便不算是真正治好了病。医生治病既是对身体的医治，更是针对灵魂的。这也是柏拉图后来重提医生－病人比喻时所说的用"近似哲学的道理"来教育病人的真正意涵（857c-e）。法律绪论则是必须一方面提供法律道理，即理性的言说，另一方面还要使得公民愿意遵循这符合理性的法律。这必须通过对公民习惯的培养，通过对苦乐感的正确塑造，使得灵魂习性与理性相一致，从而能确保身心永远处于健康状态。

夜间议事会

在阐明立法绪论之后，柏拉图用《法律篇》的大部分篇幅（卷5-12，734e 以后）来详细描述麦格尼西亚城邦的机构设置与各项具体法律。本文此处无法详细讨论城邦各项官制、法律等安排，[①] 而将主要精力放在考察《法律篇》最后提出的一个机构——夜间议事会上面。因为夜间议事会在城邦中占据了非常特殊的位置，也是学者们争论《法律篇》中政治哲学性质的重要分歧点。

在麦格尼西亚城邦的身体构建完成之后，雅典人提出这一城邦还需要灵魂的良序，它能护卫城邦法律，并是城邦自身所应具有的维持其不可改变的力量。在全书的结尾，柏拉图提出在麦格尼西亚城邦其实还缺少最重要和稳固的基础，那就是城邦的灵魂。城邦的灵魂的职责是要护卫刚刚完成的政体和立法工作，将政治秩序维系住并使其成为有生命的共同体，这个任务就交给了夜

[①] 关于 Magnesia 城邦的具体立法安排，可参见巴克：《希腊政治理论》，卢华萍译，吉林人民出版社，2003 年；G. Morrow, *Plato's Cretan City*, Princeton University, Press. 1960。

间议事会。①

夜间议事会是由以下几部分人构成：十名最老的护法官、教育部长、检察官、在外游历的人和具备卓越品性的年轻人等。夜间议事会在每天黎明时分举行。雅典人将夜间议事会比作是城邦的锚，能保证我们对城邦所有欲求的东西。

下面的问题就是夜间议事会的性质是什么呢？雅典人使用动物的比喻来说，是灵魂和脑袋保证了动物正常的活动，而灵魂具备的是理智，脑袋具备的是感官，也就是说通过理智和感官的结合，动物维系了自己的生存。与此相应，城邦运行就如同船员航海能将对大海的感知和航海的理智结合在一起那样，将最高贵的理智和最好的感知结合在一起，这就是夜间议事会的工作。如果说在航海事务上面，理智与感官的结合是航海术，那对于夜间议事会来说，他们所拥有的就是政治的技艺。换句话说，夜间议事会能同时把握普遍性的原则和现实中流变的政治现象两者，并能将二者很好地结合在城邦安排之中。夜间议事会是城邦真正的立法者，这里所说的立法者不是法条意义上的，而是指掌握政治技艺对城邦政制和整全生活方式进行安排的立法者。

除了对政治技艺的阐述之外，作为技艺本身还必须有一个目的

---

① 关于夜间议事会的性质，学界一直争论不休。许多学者对柏拉图最后设置的这一机构很是不解，认为这一机构是与前面的整个讨论相矛盾的。他们认为最后将不受限制的权力授予这样一个议事会和前面将城邦权力分布在不同官制中是冲突的，也和《法律篇》前面对权力腐化的担心相矛盾，如 Klosko, "The Nocturnal Council in Plato's Laws", *Political Studies*, 1988, 36: 74-88. 还有一些学者则试图在面对这不一致给出调和的解决方案，如 Morrow 就认为夜间议事会的职能是非正式的，参见 Morrow, *Plato's Cretan City*. 但是笔者认为这些学者在很大意义上都过多偏爱一个法治的柏拉图，而非人治的柏拉图，在这一大的关怀下面，他们对柏拉图设置一个权力不受限制的机构颇为不解。本文更加赞同巴克的观点，既认为夜间议事会的职能是非常实质性的和重大的，如果按照《法律篇》自身的逻辑进路，夜间议事会是非常内在于柏拉图政治理论的，在这个意义上，夜间议事会和哲人王所负责的工作是相似的，参见巴克：《希腊政治理论》。

规定性，这是政治家所必须掌握的，对城邦目标的理解和把握则成为城邦真正的灵魂：

> 雅典人：讨论到现在，如果我们的城邦设置要完满结束的话，那在其中就要能知道：1.首先我们刚才所讨论的目标（不管这政治目标可能是什么），2.以何种方式能达到这一目标，3.谁以及哪些法律能提供好或不好的建议。如果城邦完全没有这些，那就没有人会惊奇这些城邦因缺乏理智和情感而在每次行动时都杂乱无章了。
>
> 克里尼阿斯：你说得没错。
>
> 雅典人：那我们城邦的哪部分或组成能充分胜任这一护卫工作呢？我们能将其说出吗？
>
> 克里尼阿斯：陌生人啊，这一点并不是很确定。但是如果要猜的话，我想是你指向的是刚才说的在夜晚召开的议事会。
>
> 雅典人：克里尼阿斯，你深知我意啊！我们刚才所说的告诉我们，这个议事会必须具备每项德性，其统治的原则是不四处徘徊，追求很多目的，而是只着眼于一个目的，并将所有的箭就射向这一靶子。（962b4-d4）

这样，夜间议事会就赋予城邦以目的，为城邦置入了灵魂。而城邦所追求的目标就是德性，所以城邦的守护者必须首先非常充分而深入地理解德性。但是如《法律篇》开篇对德性的叙述中所显示出来的，神圣德性有四种，勇敢、正义、节制、明智/理智，但是它们又都分有同一个名字"德性"，所以理解德性如何既是"多"同时又是"一"就成了城邦守护者首先要做的事情。他们必须能够"从许多不同的事物中看出一个理念（idea）"，即要从四种德性中看出共同的理念来。在这里，雅典人只给出了德性互不相同是什么含义，而将德性为何以及如何为一搁置起来，因为对后者的讨论不是那么容易。从雅典人的例子中，即对勇敢和理智的区分中，我们知道了德性殊异的含义，即勇敢是与恐惧相关的。即便是野兽和孩童也有恐惧，灵魂可以无需理性就变得勇敢，但是离开理性，灵魂永远不可能变得明智和具有理智。雅典人在这里举到的勇敢例子与之前的讨论并不十分贴近，德性统一的含义更多地表现在最高的理智／明智对于其他德性的贯穿性统治力上，即离开了理智／明智的参与，其他德性很难称之为德性。任何其他的德性都需要理智来规定一个方向，这也是所有其他的德性都必须朝向理智的原因。①

除了辩证法的学习外，法律真正的护卫者还必须掌握关于神的知识。如果说辩证法是《理想国》及《智者》等其他对话的一个重要主题的话，那柏拉图的神学则是《法律篇》的核心，在法律真正的护卫者这里，辩证法与世界秩序都成为必须学习和理解的知识。关于神学有两点是最为重要的，即首先灵魂是所有事物中最古老的，并参与了所有事物的生成，灵魂自身是不朽的，它统治着所有的物体；其次，星体是有秩序地运行着的，这是其他事物理智的主宰，是时间秩序的主宰。合格的法律护卫者，夜间议事会的统治者必须牢牢掌握这些知识："他应该发现这些事物中的共同点和与

---

① 我们并不清楚这一理解是否是柏拉图所想说的德性之间的关系，但是对于德性"多"与"一"的表述让我们想到了《智者篇》中对通种论的讨论，而要把握这一知识则必须进行辩证法的学习与练习。参见《法律篇》965c-e，对照《智者》253d1-e3：

客：按照理念进行划分，不把相同的理念认作相异，也不把相异的理念认作相同，我们岂不将其认作**辩证法**的知识吗？

泰：对，我们这么认为。

客：如果一个人有能力做到这点，那么他就能辨识出那个以各种方式贯穿于多个理念（其中每一个理念都与其他理念分离）的单一理念；他也能辨识出多个彼此相异的理念被单一理念从外面包含，或者多个"整体"结合为一个而形成单一理念，又或者，多个理念被完全界划开来；这也就是知道怎样按照理念进行划分，知道各个理念怎么可以结合，又怎么不可以结合。

泰：完全没错。

缪斯女神有关的事情，并通过和谐的方式将这一理解应用到实践和礼法中去，来塑造人的习惯品质；他还要能够尽可能多地为事物提供理性的解释。而那些没能力获得普通德性之外的这些才能的人，永远都不能成为城邦合格的统治者，而只能做其他统治者的助手。"（967e3-968a4）在这里我们发现对城邦真正的统治者的要求，也就是对政治技艺的要求，政治家必须一方面要具备知识，能够俯仰天文，学习辩证，理解灵魂与生成的自然秩序；另一方面，必须能够将天上的知识实现在城邦之中，通过礼法这一中介将宇宙秩序和城邦秩序结合在一起，并朝向辩证法所提供的德性而生活。在这个意义上，夜间议事会成员，也就是城邦真正的灵魂是城邦秩序和生活方式的最终看护者和来源，因此，必须赋予他们以绝对权威。他们并不是城邦日常事务的长官，而是城邦身体的头脑，其中脑代表了理智，头代表了感官，二者在夜间议事会这里达到最完美的结合，由此城邦可以交给夜间议事会运行了，城邦也成为灵魂与身体的统一体。

柏拉图以夜间议事会完成了整个《法律篇》的讨论，正如巴克所说，"柏拉图还是柏拉图"[①]，城邦最后又交到了哲人王的手中。柏拉图并没有改变自己的政治理论，而是更进一步，用哲学或者说对于自然本身的理解来尽最大可能地规定城邦建制，塑造人的生活方式。在《法律篇》中，人、城邦、神（自然秩序）统一在一起，并且通过立法这一中介施展政治技艺，将理智与感官、哲学与人伦、存在与生成重新联系起来。

概览《理想国》和《法律篇》以及对话中展示出的政治思想的体系，我们看到柏拉图面对令人不满的现实政治世界，特别是城邦

---

① 厄奈斯特·巴克：《希腊政治理论》，第488页。

进入政体时代之后所伴生的新的内乱形态,他决然地离开智者们创立的道路,并告诉世人很难在单纯的政治视域内构建良好的秩序和生活方式。在《理想国》中,美丽城邦有赖于超出政治生活的哲学家被迫来担当统治者,而以智慧为欲求对象的哲学生活方式保证了政治统治不会陷入色拉叙马霍斯难题。在《法律篇》中,柏拉图尽其全力向我们描述了属人的最好政体的构建过程,这一政体最终是要培养其尽可能多的公民过上有德性的生活。

值得强调的是,苏格拉底所开启的德性之路在柏拉图这里得到更为完整的表达,并通过最佳政体得以在理论上实现。对于柏拉图来说,政治技艺要做的就是看顾人的灵魂,政制和立法的目标也旨在培养人良好的德性,而要做到这一点,政治共同体必须是统一的共同体。这一目标在柏拉图思想中从未发生过变化,相较于这一政治目标,所有现实城邦政治实际上都难以长期维持良好的尺度,最终不可避免地坠向城邦分裂,这通常表现为富人与穷人、寡头派和民主派的无休止的内乱。而要彻底消除城邦内乱,实现统一的共同体,就必须将政治统治秩序与真正的善关联在一起,构建最佳政体,将城邦立法的着眼点放在公民德性的培养上面。

柏拉图的新方案一方面赋予人新型的良好生活方式,通过整全德性的培养能使得公民在共同体中尽可能地达到美好生活。另一方面,新确立的优良生活也同样是对传统城邦习俗生活的某种否定。以家亲友爱关系为例,上一章中已经分析过,《理想国》卷五中共夫妻共子的设置的实质是,取消私人家庭之后的城邦家庭化,家庭生活以及其内含的友爱关系本质上对美丽城的公民而言并不重要;在《法律篇》中,家庭和婚姻也主要是公民生产的媒介,婚姻安排首要考虑的应该是城邦的利益(773a-b)。人在柏拉图政治思想中的总体图景更像是《理想国》卷三末尾高贵的谎言所揭示的那样,大家都是从大地中长出来的，名义上共有一个大地母亲并互为兄弟姐妹关系，但从根本上说，人的最终幸福并不取决于拟血亲关系，每个公民最终只是需要凭借城邦的最佳政体机制通往德性养成以及更高的生活方式。从这个意义上说，柏拉图政治思想对于传统的挑战并不亚于对智者派的否定，通过树立新的德性理解，原来城邦中的诸种共同体和生活方式都需要从根本上接受质询。

但无论如何，柏拉图通过其政治谋划为城邦提供了代价不菲的治愈内乱疾患的药方。特别是在《法律篇》中，柏拉图明确提出城邦的政制和立法需将其公民从生存意义上的"活着"提升为"活得好"，而这一原则被亚里士多德很好地继承了下来。只不过与老师略微不同的是，亚里士多德对城邦中的诸共同体的生活方式与价值给予更为平和的对待。

第四部分
亚里士多德与友爱城邦

第十章　亚里士多德：政治共同体与政体

1. 政治共同体

作为政治共同体的城邦

为了克服城邦内乱及其背后的政治哲学理论，柏拉图不得不重起炉灶，通过最佳政体的设计为公民找到了通往整全德性的道路。这一总体的政治思考方案基本被亚里士多德继承下来，特别是《法律篇》中对"活着"和"活得好"的区分[①]直接被亚里士多德转化为寻求自足的"共同体"与实现善好的"政治共同体"（即城邦）的区分[②]，而这也恰好构成亚里士多德政治思想的讨论起点。

在《政治学》的开篇处，亚里士多德就直接将城邦（polis）界定为"政治共同体"（koinonia politike），并称它是包含所有其他共同体，是所有共同体中最有权威的。我们已经在第一章中考察了希腊城邦，特别是雅典历史上共同体的形态，此处不再赘述，下面将主要的精力用来考察亚里士多德著作中的共同体以及政治共同体的概念内涵。

亚里士多德对"共同体"（koinonia）这一概念的使用集中在《政治学》《尼各马可伦理学》和《欧德谟伦理学》中，从这些具体的用法来看，亚里士多德是在非常宽泛的意义上使用该词。首先从字

---

① 柏拉图：《法律篇》707d。
② 亚里士多德：《政治学》1252b27-30。

面的含义来看，koinonia 就是指共同分享某物①，而处于同一共同体中的人，"当他们个人想要或需要某些东西的时候，他们不能或者无法轻易地靠自己独立获得，所以他们就相互协作。激发他们合作的需求就是激发他们结合在一起的原初的善，他们通过合作获得的成就就是他们的公共善"②。这就是亚里士多德所说的，每个共同体的建立都是为了某种善好③，除了政治共同体外，其他共同体是"以具体的利益为目的，例如水手们结合在一起航海，是为了赚钱或诸如此类的目的；武装的伙伴聚集在一起打仗，是为了劫夺钱财、取胜和攻城略地"④。

其次，亚里士多德认为每种具体的共同体一旦形成，便会产生与之相匹配的正义和友爱。共同体的范围决定了成员共同活动的范围，也决定了具体的正义和友爱的范围与性质。⑤ 由此很自然的一个推论就是，共同体的性质不同，具体共同体之内成员所共享的东西和程度也不同。考虑到人们结合为共同体主要是为了利益，特别是眼前的利益，针对利益的交换和分配，会产生不同的正义和友爱要求。

最后，对于亚里士多德来说，最高的共同体是政治共同体，所有其他的共同体都包含于其中。这就意味着，并不存在超越于城邦之上的共同体。城邦是"共同体"这一概念的最大范围，人也不可

---

① 关于该词的研究，参见 David J. Riesbeck, *Aristotle on Political Community*, Cambridge University Press, 2016, Chapter 2, pp.45-96; Bernard Yack, *The Problems of a Political Animal. Community, Justice and Conflict in Aristotelian Political Thought*, University of California Press, 1999, Chapter 1, pp.25-50。

② Michael Pakaluk, *Aristotle's Nicomachean Ethics. An Introduction*, Cambridge University Press, 2015, p.271.

③ 亚里士多德：《政治学》1252a2。

④ 亚里士多德：《尼各马可伦理学》1160a15-20。

⑤ 亚里士多德：《尼各马可伦理学》1159b27-31。

能有意义地生活在城邦之外的任何组织形式中。①明确了这一前提，我们就可以更准确地理解诸共同体与政治共同体的关系。在《政治学》第一卷中，亚里士多德将这一关系表述为整体和部分的关系，即诸共同体是组成城邦的各个部分，而要理解城邦这一政治共同体，需要先分析其最小的、不可再分的部分。②

关于城邦的各个部分，亚里士多德并没有去讨论在伦理学著作中提到的航海共同体或武装共同体，而是从家庭这一共同体开始的。亚里士多德还认为从家庭共同体开始的共同体序列和历程是"自然"发展的。③家庭始于夫妻的结合，亚里士多德将这一结合视为是出于自然的必然性，因为男人和女人并非出于慎思才结合在一起，而是要为自己留下同类的后代。在这一点上，男女的结合同其他动物和植物并没有本质区别，但是家庭中另外一种关系则是人所独有的，这就是主奴关系。亚里士多德认为存在着自然意义上的统治者和被统治者，主人因为其具有理性预见能力，是自然的统治者，而使用自己身体和劳力的则是自然的被统治者，也就是奴隶。在亚里士多德看来，主奴的结合是为了幸存，并且有利于主奴双方。这样一来，在家庭中就存在着夫妻和主奴两对最重要的关系，但是妻子和奴隶虽然都要服从家长（丈夫和主人）的统治，但有着本质的区别，主奴统治是蛮族的统治方式，而夫妻只是基于自然意义上的理性程度差别而形成的统治关系。夫妻和主奴构成了两种共同体，从这两种共同体正式形成了家庭，其目的是为了满足人的日常需求。④由多个家庭组成了村落，是第一个为了满足超出日常的

---

① 亚里士多德更为明确的表述可见《政治学》1280a33-1280b11。
② 亚里士多德：《政治学》1252a18-23。
③ 亚里士多德：《政治学》1252a24-26。
④ 亚里士多德：《政治学》1252b9-16。

需求的共同体。亚里士多德将村落视为家庭的自然延伸，是由子孙后代汇聚而成的血缘共同体。我们并不清楚他这里所指的超出日常的需求究竟是什么，但是可以明确的是，无论是家庭之中还是村落之中，都是如王一般的统治。但在亚里士多德看来，无论是主奴统治还是王统治，都不是政治统治方式。

由数个村落构成城邦，共同体才实现了自足，至此才宣告政治共同体的真正诞生。这一看似从部分到整体的自然过程却伴随着质的变化，因为"自然"在这里的内涵发生了根本性的变化。亚里士多德说："城邦的生成是为了活着，但是城邦之为城邦是为了活得好。这就是为什么每个城邦都是依自然而存在的，因为最初的诸共同体就是这样。城邦就是它们的目的，自然就是目的；我们说每个事物的自然就是它的生成完备之后的品性。不仅于此，某物存在所追求的就是它的目的，就是最好的，自足既是目的又是最好的。"① 到达城邦这一最终目的后，共同体的发展之路也终告结束，共同体从最初的出于"活着"的自然必然性的创设，一步步发展到自足阶段时，就实现了其目的意义上的自然，即"活得好"。值得注意的是，这里无论"活着"还是"活得好"的主语并不是共同体，而是人。换言之，人通过结成共同体一步步实现了自足的好生活，但是这一生活方式并不是人的唯一生活形态。

在《动物志》对动物生活方式的著名讨论中，亚里士多德认为人实际上可能有很多种生活方式。根据生活方式和行为的不同，亚里士多德提出有些动物是群居的，有些动物是独居的。而在群居动物中，有一些是政治的动物，有一些是散居的动物，这两种都可以是人的生活和活动方式。② 这里所指的政治性动物是指它们能够

---

① 亚里士多德：《政治学》1252b27-1253a1。

② Aristotle, *History of Animals*, 488a6.

有共同体的目标，完成共同的行为，只有像人、蜜蜂、马蜂、蚂蚁和鹤等才能称为政治性动物。在政治性的动物中，有的是有统治关系存在的，如鹤和一些种类的蜜蜂，而有的动物则没有统治关系，比如蚂蚁。到了《政治学》中，亚里士多德进一步提出，人是比蜜蜂和其他群居动物更具政治性的动物，因为"与其他动物相比，只有人能分善恶、正义与不义等等。正是在这些事情上的共同体构成了家庭和城邦"①。将《动物志》和《政治学》中关于政治性动物的讨论放在一起，就可以发现两种意涵的政治性，人作为依自然的政治动物的完整意涵实际是说，虽然人可以过很多种生活，包括独居、群居、散居和政治性的生活，但对人来说最好的生活应该是沿着"群居—政治性生活（1）—有统治关系的政治性生活—城邦意义上的政治性的生活（2）"这一脉络进行的。正如李猛正确评论的那样，"人比其他政治性动物多出的政治性，在于人不仅能够借助统治关系来完成共同活动，而且能够依托统治关系的建立，形成一个政治共同体特有的生活方式，规定'什么是好的生活'"②。

在亚里士多德看来，依据自然，每个人都有朝向城邦这一共同体的驱动（horme），所以那些因为机运而非自然没能进入城邦的人要么是鄙夫，要么就是超人。③这样一来，政治共同体不仅仅是某一类型的共同体形式，而且是人的良善生活的基础，只有通过自足的城邦阶段的共同生活安排，人才有可能超越幸存意义的活着，过上最终的美好生活，进而更完满地成全人的本性。城邦的双重特征也决定了政治共同体是由理性的人构成的，并不存在奴隶或动物的

---

① 亚里士多德：《政治学》1253a15-18。相关的讨论参见 Yack, *The Problems of a Political Animal. Community, Justice and Conflict in Aristotelian Political Thought*, Chapter 2。

② 李猛：《自然社会》，第 53 页。

③ 亚里士多德：《政治学》1253a30-32。

城邦，因为后两者缺乏理性能力，也就不可能幸福，更是经过慎思之后选择生活在一起。与此同时，城邦也不只是一群人有共同居住地、进行商品交换贸易抑或构成防御共同体，而是在此基础之上实现自足和活得好。用亚里士多德自己的经典总结"政治共同体的存在是为了高贵的行动，而不是生活在一起"①。

城邦：家庭与联盟之间

为了更好地理解亚里士多德对政治共同体的这一定位，我们下面分别从城邦内部的家庭和城邦间联盟两个角度来厘清城邦的特性。对于家庭管理来说，亚里士多德将之区分为两个方面，一是家庭内部成员间的统治关系，一是家庭财产的获取。在家庭内部，亚里士多德认为主要存在着三种统治关系，即主奴关系、父子关系和夫妻关系。其中主奴关系是身为自由人的主人统治没有自由身份的奴隶，而这一统治关系的基础是主人拥有完善的理性能力，而奴隶没有理性能力，却知道理性是好的，奴隶对于主人来说实际上是有生命的财产。父子关系和夫妻关系则都是自由人之间的关系，其中父子统治关系在亚里士多德看来近似于王统治，而夫妻统治关系则类似于政治家的统治。亚里士多德认为，这些不同类型的统治关系的基础是男性家长、妻子、孩子和奴隶的灵魂中各部分的存在方式不同。对于奴隶来说，完全缺失思虑的部分；女性拥有这一部分，但思虑在其灵魂中并不具有权威；孩子拥有这一部分，但尚处于发展之中。统治者必须要拥有完备的理智德性，在此基础上不同的人身上也体现出不同的伦理德性。②

家庭除了存在三种统治关系外，其形成的最主要动力是满足日需，由此也就出现了家政关于财产处理的部分。在《修辞学》I.5

---

① 亚里士多德：《政治学》1281a2-3。
② 亚里士多德：《政治学》1260a4-23。

处，亚里士多德给出了财产及所谓财产权的著名定义，并明确地将财产归入人的幸福所需之中：

> 我们可以将幸福定义为符合德性的实现活动；或者生活的自足；或者安享最大的快乐；或者财产和身体的良好状态，既有能力保护好财产和身体，也有能力使用它们。所有人肯定会同意，幸福就是这些中的某一种或某几种。根据对幸福的这一界定，其组成部分包括：高贵出身，许多朋友，好朋友，财富，好子女，许多后代，幸福的晚年，还有身体的诸种卓越，如健康、俊美、有力、魁梧、健壮，也有声名、荣誉、好运和卓越。人只有拥有了这些内在的和外在的善，才是完全的自足；除了这些，也没有什么别的东西需要拥有了。①

而具体到财富来说，亚里士多德进一步阐明：

> 财富包括：许多金钱和土地；拥有数量繁多、规模庞大以及优良的农田和动产，家畜和奴隶。所有这些种类的财产都是我们的（oikeia），是安全的、自由的（eleutheria）和有用的。有用的是那些生产性的财产，自由的是那些提供愉悦的财产……作为整体的财富就是使用它而非拥有它；实际上财产的这一活动——使用——构成了财富。②

正如米勒正确指出的那样，在《修辞学》这里，亚里士多德提出的幸福概念是"一组概念"，既包括对于幸福的普通信念，也包含对幸福的哲学理解。③ 根据这里的理解，外在善，诸如朋友、财产等对于幸福来说是不可或缺的组成部分。但是应该如何具体理解

---

① 亚里士多德：《修辞学》1360b4-30。
② 亚里士多德：《修辞学》1361a13-25。
③ Fred Miller , "Aristotle on Property Rights", in John P. Anton and Anthoy Preus eds., *Essays in Ancient Greek Philosophy IV: Aristotle's Ethics*, State University Press, 1991, pp.230-232.

财产的这种不可或缺性呢？在《政治学》的讨论中，亚里士多德将财产严格限定在日需之中，与之相对，赚钱术这种无限度地生活则被强烈谴责：

> 一种财产获取术是家政的一个自然部分，要么从一开始就具有的，要么家政要努力获得的这样的积蓄对生活是必需的，并且对于城邦团体或家庭也是有益的。真正的财富就是这些物品。虽然梭伦的诗句中曾经说过，人们的财富并未规定限额，这类真正的财富就自足并追求良好生活而言，实际上不该是无限度的。有如其他行业技术所需的手段各有限度，家务上一切所需也一定有其限度。这些工具在数目及大小方面既各有限定，财富就可解释为一个家长或政治家所拥有工具的总和。
>
> 但获取财产的技术另外还有一类，即通常所谓"获得金钱的技术"，这个流行的名词造得极为合适。世人对财富没有止境的观念是从这个第二类的致富方法引出来的。很多人认为前后这两类方式相同。实际上两者虽属相近，却不相同。前述那一类方式是自然的，后者是不自然的，这毋宁是人们凭借某些经验和技巧所从事的活动。①

从引文可以看出，亚里士多德区分了两种相对的财富获取方式，家政是以生活必需品为对象的，是有限的获取，并且是自然的；与之相对的赚钱术，则是以非必要的财富为目标的，是无限的获取，是不自然的财产获取方式。对于家庭和城邦来说，除了满足基本的生活和必要的储备之外，不应该追求无限度的非必要财富。而之所以大部分城邦会选择后者，亚里士多德解释道，是由于"人

---

① 亚里士多德：《政治学》1256b26-1257a5。

们只知重视生活而不知何者才是优良生活的缘故;生活的欲望既无穷尽,他们就想象一切满足生活欲望的事物也无穷尽"①。通过对家政的论述,亚里士多德总结道:"家政重在人事,不重无生命的财物;重在人生的善德,不重家资的丰饶,即我们所谓的'财富'。"②所以,从对财产的讨论可以更为明确地看出亚里士多德对"活着"和"活得好"区分的界限。家政管理中的财富获取就是为了满足必然性意义的日需,即生存意义上的自足生活。而一旦自足之后,人生活的目的就立即切换了,出于自足逻辑衍生的财富获取并不能承担起自足达成之后的良善生活,甚至是对良善生活有害。

通过对家庭共同体中统治关系与家政的讨论,亚里士多德将最终的落脚点均放在了德性上面,德性也构成了政治共同体使人"活得好"的目标。用亚里士多德自己的话说:"每个家庭都是城邦的一部分,这些(指家中成员)是家庭的组成部分,部分的德性必须通过参照整体的德性来决定。因此,女性和孩子必须要从政体着眼对其进行教育。"③同样的结论可以在亚里士多德对城邦间联盟的讨论中得到进一步验证。如果说家庭是城邦的基本构成单位,那么城邦之上的联盟则是外部最可能的共同体形式,但是亚里士多德明确拒绝承认这一点,他给出的最重要的理由是:

> 一个城邦中的人并不关心其他城邦人的品性,不同城邦的人之间也没有共同的约定保证没有人是不义和邪恶的,而只有城邦不得相互行不义的约定。关心优良秩序的人,会非常关心政治德性与恶。很显然,城邦必须关注德性。否则,共

---

① 亚里士多德:《政治学》1257b41-1258a2。
② 亚里士多德:《政治学》1259b19-20。
③ 亚里士多德:《政治学》1260b12-16。

同体就成了联盟，它与其他联盟的区别只在于所处的区域不同……①

通过对城邦内部的家庭和城邦外部的联盟的讨论，可以更加明晰地看出，亚里士多德所说的城邦/政治共同体的核心是关于德性，也就是城邦中人的良善生活方式。城邦之上并非不存在某种形式的关联，但亚里士多德否认其为共同体的理由就是大家无法建立起共同的生活方式，且彼此就善恶和正义问题有统一共识，政治共同体必须着眼于政治德性。而根据亚里士多德对家庭的讨论，城邦的德性又决定了家庭中各个成员的德性培养。

不仅如此，政治共同体不同于家庭和城邦联盟，它提供了一种新的统治形式，这就是在平等的自由人基础上的统治方式，它既不是主奴统治，也不是王统治。② 正是在这一新的基础上，人们组建起不同的统治类型，通过不同的政体来选择和落实共同生活的具体选择。

2. 政体、公民与最佳政体

政体与政治的限度

在亚里士多德的定义中，政体就是城邦中的统治阶层，也即城邦中最有权威的那个部分。③ 作为城邦的政治统治形式，政体决定了城邦的目标以及共同体成员如何处理统治秩序和共同生活。但是在进入具体的政体讨论之前，需要回答一个根本性的问题，那就是究竟应该由谁来统治？虽然柏拉图和亚里士多德都以最佳政体的讨论著称，但是这一问题对于亚里士多德来说并不容易回答，或者说

---

① 亚里士多德：《政治学》1280b1-10。
② 亚里士多德：《政治学》1255b16-20，1279a8-10。
③ 亚里士多德：《政治学》1278b8-11，1279a25-27。

并非简单提出一种最佳政体方案就可以完善地给予解答,因为这关系到对政治统治本身的理解。

对于这一问题,亚里士多德分别从正反两个方面予以回应。在他看来,在城邦中能够声称去统治的部分无非以下几种:民众、富人、良好出身的人、最优秀的人、僭主。① 亚里士多德观察到,问题的症结在于,这里提到的每一种人都有自己的理由来成为城邦的统治者。比如富人会说他们拥有更多的土地,而土地则是公共的财产,并且在涉及协议的事情上,富人往往更可信靠;有良好出身的人也有类似的理由,因为良好身世在城邦中会得到所有人的尊重,此外他们还会宣称优秀的人往往出自优秀的家庭,因为良好出身就是家庭的德性;而优秀的人中,如果有一个人觉得自己比其他同僚都更加优秀,那么他也会因为自己的德性与智慧来要求应该由自己来进行统治;同样大多数民众同样也有自己的理由,因为相较于少数人来说,他们作为一个整体更强大、更富有或更优秀;哪怕是僭主也会表明自己更强大,并且会为了民众利益打击富人而去夺取权力。面对城邦中不同的人对统治权的诉求,实际上是难以在不同的理由之间做出一劳永逸的决断。

另一方面,所有的这些合法性的声张,也都存在问题。因为当大多数穷人掌权后,他们往往会瓜分富人的财产,这实际上就是在摧毁城邦;僭主同样也会掠夺富人的财产,并变本加厉地粗暴对待城民;少数富人统治,也会进一步搜刮大多数人的财产;哪怕是高贵的人统治也无法避免缺陷,那就是统治权力只在少数的好人中间分享,所有其他人都因为无法参与统治而无缘荣誉;由一个最优秀的人统治也类似,会将除自己之外的所有人都排除

---

① 亚里士多德:《政治学》1283a30-1283b13。

在统治和荣誉之外。①

经过这正反两方面的分析，亚里士多德实际上将与政治统治相关的诸要素和需要考量的内容列举了出来，就政治性的统治而言，并没有单一而完美的政体安排。恰恰相反，要想安顿城邦统治秩序，就必须综合考量财富、出身、人数、德性、智慧、力量、因参与政治而得到的荣誉感等等要素。所有这些因素都是政治性统治内在包含的，只有综合平衡所有这些因素才能够使得城邦维系正义，否则这些因素就会转变为良好政治秩序的限度，而给政治共同体带来摧毁性的力量。

在亚里士多德列举分析的这些统治诉求中，特别值得注意的是好人统治。无论是少数贤人的集团还是一个超凡卓越的人统治，亚里士多德说这也是有隐患的，因为这种看起来的优良统治实际上将其他公民排除出了统治集团之外。长此以往也会使城邦大多数公民生发出不满的情绪，进而危及城邦的秩序。亚里士多德这一观点实际上是认为政治统治必须要让所有的公民都能够参与进来。这一点也是政治的内在要求，因为只有这样才能使得全体公民过上完整意义的政治生活，进而实现更好的生活和幸福。也正是在这一意义上，亚里士多德用政治性活动来界定公民，即有资格参加审议和司法职司的人。②

亚里士多德的公民定义是以政治性参与为标准，然而这一定义却与他紧接着的对政体的经典分类产生了矛盾。按照亚里士多德的政体分类方法，根据统治人数的多寡以及统治的利益着眼点，政体共分为六种，见表10.1：

---

① 亚里士多德：《政治学》1281a11-37。
② 亚里士多德：《政治学》1275b16-20。

表 10.1　亚里士多德《政治学》中的政体分类

	一个人统治	少数人统治	多数人统治
为共同善 正态政体	王制 basileia	贵族制 aristokratia	共和政体 politeia
为统治者的利益 变态政体	僭主制 turannis	寡头制 oligarchia	民主制 demokratia

在这六种政体中，除去三种变态政体不谈，在正态政体中的公民也遭遇到很大的理论困难。比如在王制中，按照参与统治的公民定义，只有王一人能被称为公民；在贵族制中的情形也是类似的，即只有少数最好的人进行统治，也就只有他们能被称作是合格的公民。这一困难也引发学界的诸多讨论，最有代表性的解释思路是扩充或重新诠释公民身份。[1]比如基特（Keyt）为了解决这一困难就将公民群体划分为几个层级，认为王制中只有王和其统治家族的成员才有完全公民权，但是基特注意到在《政治学》另外两处讨论王制的地方（1285a25-27,1311a7-8），亚里士多德也沿袭希腊的具体实践，将王之外的其他人也称为公民。既然这些人并不能参加审议和司法事务，基特就将他们所享有的公民权命名为"二等公民权"[2]。按照这种阐释路径，公民身份实际上就扩充到所有城邦中土著的自由人，只有外邦来的移民、奴隶等被排除在公民群体之外。[3]这一解释的优势在于可以满足亚里士多德关于正态政体是促进城邦公共

---

[1] 学界对此问题的相关讨论总结参见 Donald Morrison, "Aristotle's Definition of Citizenship: A Problem and Some Solutions", *History of Philosophy Quarterly*, Vol. 16, No. 2, 1999, pp.143-165; Riesbeck, *Aristotle on Political Community*, pp.179-235。

[2] David Keyt, "Aristotle and Anarchism", *Reason Papers*, NO.18, 1993, pp.140-141.

[3] 类似的观点也见于 John Cooper, "Political Animals and Civic Friendship," in John Cooper, *Reason and Emotion: Essays on Ancient Moral Psychology and Ethical Theory*, Princeton University Press, 1999, pp.364-365。

善，即公民整体的利益的讲法，因为无论是王制还是贵族制都不会只考虑统治者自己的利益。但是该范式的缺点也比较明显，那就是学者们所利用的文本线索大多是《政治学》其他部分中关于既有城邦实践的描述性论述，亚里士多德很大程度上是沿用这些看法，而在多大程度上是其规范性理论仍是个问题。①

要真正解决公民定义与政体分类之间存在的这一理论困难，视野就不能只局限在第三、四卷中关于具体政体讨论的文本范围。根据亚里士多德对政治性统治的界定，政治统治的基础是平等而相似的公民，而在统治形式上应该是公民间的轮流为治。② 这实际上是说，虽然政治的统治方式可以划分为六种政体，但六种政体与政治性统治最核心意涵的关系并不全然一样，而是存在着程度上的差别，有一些政体形式更加"政治"，有一些虽也是正态政体，统治也看顾城邦总体利益，但并不那么"政治"。这一解释可以从亚里士多德关于最佳政体的讨论中得到进一步印证，并且也只有引入最佳政体的视角，才能够更为准确地把握他的政治思想的核心。

最佳政体与依靠祈祷的政体

相较于柏拉图，亚里士多德的"最佳政体"学说要更为复杂，这主要是由于他在《政治学》中在很多种不同的意义上使用这一概念。③ 根据亚里士多德《政治学》第四卷开始的讨论，亚里士多德的"最佳政体"主要有以下几种情况：

1. 最佳政体，即没有外在限制条件下，最依靠祈祷的政体。

---

① 对这一解释缺点更为全面的批评可见 Morrison, "Aristotle's Definition of Citizenship: A Problem and Some Solutions"。

② 亚里士多德：《政治学》1279a8-10。

③ 学界对此问题已有较为丰富的研究，中文方面参见刘玮："亚里士多德论最佳政体"，收入刘玮主编：《西方政治哲学史》（第一卷），第三章，中国人民大学出版社，2017年。赖安·巴洛特：《希腊政治思想》，余慧元译，华夏出版社，2019年，第217—227页。

2. 适合某些人的最佳政体，即某种既定的人群构成条件下的最佳政体。

3. 在某种假设之下的最佳政体，就城邦中既有的政体着眼，来让其尽可能长久。

4. 对大多数城邦而言的最适合的政体。

在这四种"最佳政体"中，第一个意义上的最佳政体实际上是后面三种讨论的基础，即只有在确定了真正的最佳政体之后，才有可能针对具体城邦内部的人员构成和既有政体形式，讨论如何具体安排政体以及使政体尽可能持久。并且，也只有在第一个意义上的最佳政体澄清之后，才能谈论就大多数城邦而言的最适合的政体形式。仔细考察亚里士多德对第一和第四两种意义上的最佳政体，我们会发现这两种政体都能适配其平等的自由公民轮流为治的政治意涵。下面我们就分别考察一下这两种含义上的最佳政体。

亚里士多德在《政治学》第七卷和第八卷中详细描述了依靠祈祷的或者最能够期望的最佳政体。值得注意的是，《政治学》最后两卷提供的这一看似乌托邦的城邦并非不可实现，运气好是可以实际达到的。① 这个理想城邦之所以要靠祈祷或好运，首先就在于城邦的人口数量与品质、土地的量与质、地理位置等自然因素并非完全人力可为，这部分的讨论非常接近于柏拉图《法律篇》中对麦格尼西亚殖民地自然条件的描述。纵观亚里士多德对该城邦的安排，核心的原则是以城邦的自足为限，并且要着眼于优良生活而不过分超出自足的要求。在人口和领土方面，亚里士多德的标准都是"目力所及"。在人口的数量方面，要维持在能够物质自足与建立起政体之间的规模。亚里士多德特别强调人口并非越多越好，因为如果

---

① 亚里士多德：《政治学》1325b39,1331b21-2,1332a30-1。

要正确处理司法案件和分配官职，前提是公民们必须互相了解，而这是人口过多的城邦所无法实现的。领土方面也是一样，一方面必须要保证城邦能够自给自足，标准是公民能够过闲暇的生活，但正如在第一卷中关于财产获取的讨论所论证的那样，财富不能多到使人豪奢。关于城邦的位置，亚里士多德认为应有海陆通道，以便获取必需品，但也不能因贪图税收而将城邦变成一个交易城邦。城邦的位置也决定了其攻防局势，应兼备海陆便利。如果城邦想要有一番作为，需要组建相当规模的海军，但是亚里士多德强调不能让公民去做桡手。在讨论完自然物质条件后，亚里士多德开始讨论公民的品质，认为最好的公民应具有意气和理智两种品质，意气使得人能够不屈从于压迫，还能产生彼此间的友爱，理智则能使人们思虑以及安排生活。

在城邦的人口与领土的数量与品质的讨论之后，亚里士多德开始讨论城邦的各个部分，即城邦必须要有的事物。亚里士多德一共列了六种，包括：粮食供应、技艺、武器、财产、宗教祭祀和最为必需的评判成员相互间何为有益及正义。根据这六大要求，城邦就需要有相应的人来提供这些所需，正是在这里，不同类型的人的地位开始有了分化。亚里士多德说，城邦必须要有大量的农民提供粮食，还要有工匠、战士、富人、祭司和决定必须与有益事务的人，但是提供粮食的农民与工匠并非理想城邦中的公民。亚里士多德并没有给出特别详细的理由，他只是提出粗俗的匠人、商人和农民的生活方式并不是优良的生活方式，并且因为他们工作的性质，使得他们无法获得闲暇，而闲暇是人能够培养出德性以及参与政治行动的前提。[①] 对于亚里士多德的这一做法，克劳特给出了一个有说服力的解释："虽然工匠和农民在工作中也使用理性，但是只是在非

---

① 亚里士多德：《政治学》1328b33-1329a2, 1337b8-15。

常有限的范围内使用的……所有类型的工匠都没有足够的时间思考城邦面对的重大议题。他们的时间都用在为赚钱而出卖自己的劳力和身体上。既然他们彼此间日复一日的关系都是工具性的，他们的心智也没有被教育改变为自由人，他们也就根本没有能力讨论公共事务。"① 与这些非公民相对，公民则拥有地产，因为奴隶和非希腊臣属人群在他们地产上的农事劳作，公民得以获得闲暇以培养德性与参与政治。城邦中剩下的几件必需之事就由这些公民承担。

其中，与城邦事务最为密切的当属军队和审议裁判群体，也是公民身份体现得最为充分的活动。亚里士多德进一步将公民按照年龄分为两个团体，一个由年长者组成，另一个则由年轻人组成，由他们分别承担两种职能：

> 两种职能需要两种不同的年龄阶段，一者需要实践智慧，一者需要体力，它们应该安排给不同的人。但另一方面，那些能攻能守、擅于战斗之人不可能忍受永远处于被统治状态，从这个意义上讲，两个职能又要安排给同样的人。那些控制武器的人也控制着政体是否能够幸存。所以唯一的办法就是，政体将两种职能任命给同样的人，但是在不同时段分别给出。年轻人很自然体力更强壮，年长者的实践智慧更多，所以按照年龄将两项职能分派给两个团体既是有益的也是正义的，因为这一区分是依照才德分配的。②

根据这一安排，城邦中的所有公民受到农民、工匠、商人等的支持，自己专心参与政治事务。所有公民在成年后，先是在城邦中发挥自己身体的力量优势，作为战士保障城邦内外和平，同时接受比自己年长的公民群体统治。后者因为年龄的原因，对政治事务更

---

① Richard Kraut, *Aristotle: Political Philosophy*, Oxford University Press, 2002, p.216.
② 亚里士多德：《政治学》1329a7-16。

有经验和实践智慧，进而更能做出明智的决策和裁决，同时年轻战士也在这个过程中逐步习得审议与裁决的智慧。公民集体先是被统治，然后在自己年长时实行统治。这样既有能力胜任自己不同阶段的任务，同时也不会因为无法参与统治而心生怨念。

亚里士多德不仅将公民从具体耕作和其他技艺中解脱出来，而且还竭尽全力使得公民们尽可能的平等，这尤其体现在地产的分配和共餐制上面。按照亚里士多德的计划，城邦的土地分为公产和私产，私产属于各个公民。公产与私产再进一步分为两份。在公产中，一份用来供应祭祀所需，另一份则供应公共食堂。属于私产的那部分土地则一份配置在城邦边缘地带，另一份配置在近郊，每个公民要分别在边缘和近郊各取一块土地。这样的安排就保证了公民之间的平等与正义的要求，同时两处地产也使得全体公民在遇到外敌入侵时都能激发出同样的斗志。地产的均分保证了每个公民及其家庭财产的平等基础，不会出现巨富和赤贫之人。另外，城邦的共餐制度则保证了所有公民都不会因为贫穷而难以维持生计，因为有城邦的公地作为托底的保障，以确保公民的闲暇；同时按照亚里士多德在讨论斯巴达公餐制的优点时的说法①，在公餐中也无法区分富人与穷人，因为食物都是一样的。

亚里士多德之所以如此强调闲暇，除了要保证公民能全身心投入战争和政治学事务外，另一个重要的原因就是闲暇还是德性发展的重要前提。对于理想城邦的立法者来说，必须将着眼点放在高贵的事情上面。用亚里士多德的话说："人要有能力工作和战争，但更好的是和平与闲暇；人要有能力去做必需的和有用的行动，但更好的是做高贵的行动。"② 不仅如此，亚里士多德提出和平与闲暇更

---

① 亚里士多德：《政治学》1294b25-26。
② 亚里士多德：《政治学》1333a36-1333b4。

需要德性:

> 要想使闲暇成为可能,必须先有很多必需之事。这就是为什么我们的城邦要具备节制、勇敢和坚韧的德性……勇敢和坚毅是劳作所需,哲学是闲暇所需,节制和正义是二者皆所需,但特别是和平和闲暇所需。因为战争会迫使人成为正义和节制的,但是伴随着和平的好运和闲暇往往会让人们变得傲慢。所以,对于那些最好的人并享有福泽的人来说,需要更多的正义和节制……他们越是生活在闲暇和充沛的这些东西之中时,他们就将最需要哲学、价值和正义。很显然,这就是为何幸福和好城邦需要具备这些德性。①

经由这些讨论,我们看到在《政治学》最后两卷中,亚里士多德接过了柏拉图《法律篇》确立的立法目标,将城邦政体与目标落在整全德性上面。甚至在具体政体设置讨论的绪论中,亚里士多德重复了《法律篇》开篇的讨论结论,即"所有的军事行动之所以被认为是高贵的,不是在它们被作为最高的目的追求的时候,而是只有人们用军事行动来追求最高的目的时才是这样的。完美的立法者就是要研究一个城邦、一群人或任何其他的共同体如何能够共享对他们来说是可能的美好生活和幸福"②。根据伦理学中的讨论,幸福就是德性完满意义上的成全③,而理想城邦的目标就在于此。除了政体的安排之外,亚里士多德和柏拉图一样,将相当大的精力放在了城邦教育制度的设置上。亚里士多德提出人要想成为卓越之人是因为三要素:自然、习惯和理性。理想城邦已经有对于人的自然的基本规定,教育最为重要的任务是通过习惯培养品格,然后再提

---

① 亚里士多德:《政治学》1334a17-34。
② 亚里士多德:《政治学》1325a5-10。对照本书前面几章对《法律篇》的讨论。
③ 亚里士多德:《尼各马可伦理学》1098a7-20,1101a14-17,1102a5-7。

高理性能力，最终实现人之自然的目标。

概览《政治学》卷七、八中对依据祈祷的描述，亚里士多德提供了理想政体的具体范本。在这一政体中，所有具有公民身份的成员都是平等的，并且依据年龄能够在年轻时担任城邦最重要的重装步兵和海军的军官，年长时从事审议和裁判事务。在这个理想城邦中，公民们接受的是几乎一样的公共教育，并且正如克劳特注意到的那样，这些公民"并没有特殊的自然禀赋，也没有接受关于数学或法律等学科的特殊培训……他们具有某种智慧，但这是实践智慧而非理论智慧，它并不需要由对数学或自然世界的学习而获得的特殊能力"①。克劳特的这一断言或有些过于武断，因为最终在最佳政体中实现德性成全的人并不必然无法获得理论智慧，但是最佳政体所提供的公民的生活方式以及统治形式就是这样的，即近乎同质的普通公民形成共同生活，并通过先后的被统治和统治参与到城邦的政治事务中。这一政体下的公民样态最符合亚里士多德在卷三中对公民以及政治性统治的界定。

中道政体

一旦最为理想的政体形式确立，亚里士多德其他几种关于最佳政体的讨论就更容易理解和把握了。除了给定条件下和既有政体的维系与提升之外，最值得注意的是亚里士多德关于对大多数城邦来说的最佳政体的讨论。在《政治学》第四卷中，亚里士多德详细讨论了这一政体，而如果带着卷七和卷八中最佳政体的视野，就会发现卷四的这一政体是与之最接近的。

关于这个意义的最佳政体，亚里士多德说：

> 对大多数城邦来说的最佳政体以及对大部分人而言的最

---

① Kraut, *Aristotle: Political Philosophy*, p.228.

好生活的标准，不是普通人无法企及的德性，也不是基于需要依赖自然禀赋或由运气而来的资源基础上的教育，也不是依靠祈祷而得到的政体，而是大多数人能够享有的生活以及大多数城邦能够实现的政体。①

那么应该如何界定这一政体呢，亚里士多德移用了伦理学关于中道的讨论：②

> 如果我们在《伦理学》中说的是对的，幸福生活就是合乎德性、没有障碍的生活，德性就是中道（mesotes），中间的生活（ton meson bion）就是每个人能实际达到的中道，就是最好的。同样的原则也必适用于城邦或政体的德性与恶，因为政体就是城邦的某种生命。③

亚里士多德在这里所说的中间生活和中道与伦理学的中道并不完全一样④，具体在城邦中，中间阶层的标准与财产紧密结合在一起。亚里士多德将所有城邦中的人分为三类，非常富有、非常贫穷和二者之间的中间阶层。最好的城邦就应该是由尽可能多中间阶层的公民构成的城邦，由这一阶层的公民统治的城邦就是被统治得最好的城邦。⑤ 之所以这一中道政体是最好的政体，亚里士多德从中间阶层和中道政体的效果分别给出了说明。⑥

第一，中间阶层的各方面财富和资源适中，最容易遵循理性。与之相对，那些出身显贵、资籍豪富之人更容易心生傲慢，容易行大恶之事；而赤贫之人则往往充满恶意，容易行小恶，结果就是两

---

① 亚里士多德：《政治学》1295a25-30。
② 亚里士多德：《尼各马可伦理学》1140a25-26,1101a14-16。
③ 亚里士多德：《政治学》1295a35-b1。
④ 二者的区别和关联可参见刘玮：《亚里士多德论最佳政体》，第175—176页。
⑤ 亚里士多德：《政治学》1295b26-28。
⑥ 此部分的讨论参见亚里士多德：《政治学》1295b5-1296b10，具体不再一一标注。

种人都不易遵守理性。第二，中间阶层是城邦中最不愿逃避统治或渴望统治的，而无论渴望还是逃避统治对城邦都会带来伤害。对于拥有巨大城邦资源和财富的人来说，他们既不愿被统治，也不会进行统治，具体来说，他们只会像主人一样进行统治和对待其他人。与之相反的就是贫困之人，因为他们没有资产而会过分谦卑，他们不知道该如何进行统治，并且在被统治的事情上也只知道奴隶被统治的方式。如果城邦统治交在这两种人手里，那城邦就是主奴关系而非政治关系。第三，承接第二点，中间阶层因为既不特别富有，也非贫困，他们是城邦中生活得最好的人。因为他们既不像穷人那样天天觊觎其他人的财产，而其他人也不会如穷人觊觎富人一样想瓜分他们的财产。自足的生活使他们既不参与阴谋，也不会成为阴谋的受害者，所以他们是最安全的一个阶层。基于上述关于中间阶层的优点，亚里士多德观察到最好的立法者往往就出自这个阶层，比如梭伦、莱库古和卡隆达斯都是如此。

既然中间阶层是城邦中最适合统治的阶层，那么由他们进行统治的城邦也就是最好的城邦与政体形式。这一中道政体同样也具有很多优点。第一，只有在中道政体中，才会有尽可能多的平等和相似的公民，而这是城邦形成友爱纽带的重要基础。主奴关系的公民关系实际上是敌人关系，而敌人是不愿意共享什么事物的，甚至连同走一段路都不愿意，只有平等和相似的中间公民才愿意进入共同生活，分享共同的目标。第二，中道政体中，因为作为统治者的中间阶层人数最多且力量最大，所以城邦能最大限度地维持稳定，也是唯一能避免城邦内乱的政体。因为中间阶层的庞大力量，一头一尾两个极端势力都无法在城邦中取得优胜，并且能够遏制僭主制的产生，因为僭主往往是从极端寡头制或民主制萌生出来的。第三，中道政体是最以城邦利益为考虑的政体。与之相对的是民主制或寡头制中，当发生民众与富人之间的斗争时，任何一方一旦取胜之后都不会建立旨在维护公共利益的政体，而是依靠自己的力量确保自己在政体中的优胜地位。而大部分城邦之所以往往是民主制或寡头制，就是因为城邦中没有足够规模的中间阶层。中道政体作为大多数城邦而言的最佳政体确立起来，其他政体便可以此标准排定座次，并按照中道政体的原则进行改良和提升。

如果将中道政体与《政治学》最后依靠祈祷的城邦进行比较，就会发现二者的异同。除了人口和城邦的自然条件外，两个城邦都是由有产阶层进行统治。只不过卷七的城邦中因为田产的原初划分，尽可能地保证了城邦不会出现极富和极贫的公民，所有的公民都平等而相似。中道政体虽无法彻底消除极富和极贫两个处于极端状态的群体，但是将统治权安置在大多数平等的公民手里。另外，卷七的城邦中，公民们的轮流统治是以年龄为标准的，中道政体具体的统治安排并不清楚，但也很难排除会采取依靠祈祷的城邦的统治安排。对于立法者来说，必须将中间阶层纳入到政体中，也就是让他们成为城邦的统治阶层。不仅如此，还要让这一阶层的规模尽可能地扩大，设想如果这一规模能够扩大到城邦全体公民，那么中道政体就非常接近依靠祈祷的政体了。

如果上面的讨论成立的话，那么就可以将中道政体视为是依靠祈祷的政体的弱化版，两个政体所依靠的核心统治阶层在道理上是一样的，只不过中道政体离大部分政体更近，更容易以它为参照去改良其他政体。而在亚里士多德区分的六种政体中，有一种政体本然地更接近中道政体，这就是多数人统治且着眼于公共利益的"政体"（politeia）。①

---

① 或翻译为"共和政体"，为了行文方便，下文或统称为"共和政体"。

在提出政体的六种类型时，亚里士多德对共和政体的界定是："当多数人为了公共的利益统治时，这种政体的名字就是所有政体的统称，即政体（politeia）。"① 亚里士多德对该政体进一步做了具体阐释，即由城邦中的重装步兵群体统治的政体。虽然一个城邦中只可能有极少数人是超凡卓越的，很难使得所有人都实现德性的完善，但多数人是有能力具备军事德性的。如果对照卷七中亚里士多德对立法目标的规定（1325a5-10），"政体"就是将立法目标瞄准了战争，这类政体的代表就是斯巴达和克里特式政体，而这也正是柏拉图《法律篇》讨论的起点。如果只从这一界定来看，共和政体也符合中道政体的大部分要求。考虑到重装步兵需要自己承担装备和兵器，故而这一阶层必是有产者，而非赤贫之人。

除了将城邦统治者寄托于重装步兵群体外，亚里士多德对共和政体的另一个分析重点就是将其解释为混合政体。亚里士多德提出共和政体就是寡头制和民主制的混合，而根据对单一政体的讨论，寡头制是富人统治，而民主制是穷人统治，所以这两种政体的混合实际上就是穷人和富人的混合。② 纽曼对这一混合有过富有洞见的评论："与其说是不同政体的混合，它实际上是不同社会元素的混合。"它们混合在一起"能正当地要求统治权力的两种或更多的社会元素在其中分享权力"③。亚里士多德进一步给出了判定民主制与寡头制混合得好的标准，即能够同时说一个政体既是寡头制又是民主制。他给出的一个范例就是斯巴达的政体，因为在这个政体中既有民主制的要素，如所有的儿童都是统一抚养和教育，公餐的

---

① 亚里士多德：《政治学》1279a36-38。
② 亚里士多德：《政治学》1293b34；1294a22-3。
③ W.L. Newman, *The Politics of Aristotle with an Introduction, Two Prefatory Essays and Notes Critical and Explanatory*, Clarendon Press, 1887, pp.264-265, 498. 转引自 Fred D. Miller, *Nature, Justice, and Rights in Aristotle's Politics*, Clarendon Press, 1995, pp.256-262。

食物也不分贫富，两个重要的职司元老和监察官中，民众选举元老，民众自己则就任监察官；而同时，斯巴达又有明显寡头制的因素，如官职的产生是基于选举而非抽签，少数人有权判定人流放或死刑等等。总结来说，好的政体混合需要满足三个条件。第一，被混合的要素在政体中都有体现，也都有回避；第二，城邦能够靠自己的力量而非外力维系；第三，城邦内部没有任何一个部分想变更政体。

结合重装步兵政体与混合政体这两个因素，我们便可以更加清楚地把握亚里士多德共和政体的实质内涵。共和政体实际上是兼顾了自由和财富两个统治合法性原则，并且将政体落在贫富之间的重装步兵群体上面。该政体并没有被自由或财富的单一原则把控，进而确保了以公共利益为旨归。也正是在这一意义上，亚里士多德在完成中道政体的讨论后，直接将中间阶层与混合政体放在一起论述：

> 立法者应该将中间阶层纳入政体中：如果他要设立寡头制法律，他就应该瞄准中间阶层；如果他设立的是民主制法律，他必须通过法律将中间阶层放进去。在中间阶层的人数超过两个极端时，或者超过其中一个极端团体时，就有可能获得一个稳定的政体……政体混合得越好，这个政体就越稳定。①

我们有足够的理由认为，在亚里士多德政体理论中，混合得好的共和政体与中道政体非常接近，而后者作为对于大多数城邦而言的最佳政体，实际上是依靠祈祷的政体的弱化版。虽然三者最终所能实现的目标不尽相同，特别是依靠祈祷的政体是以公民的德性成全为最终目标，而共和政体则基本体现为军事德性。但是三者有

---

① 亚里士多德：《政治学》1296b34-1297a6。

一个共同点，那就是相较于其他单一政体，这三种政体都能够确保公民集团中尽可能多的人，甚至所有人都能轮流参政，履行《政治学》卷三所确立的公民定义内在要求的那些职能。亚里士多德之所以将共和政体用政体的统称politeia命名，将中道政体界定为最适合大多数城邦的政体，将依靠祈祷的政体界定为最佳政体，实际上是为"政治"的核心意涵提供了连贯而翔实的例示。城邦作为政治共同体，是人作为公民慎思之后选择的共同生活方式，通过构建起"政治的"统治形式，人们可以共同追求美好生活。但是在这诸种政治性的统治之中，最符合政治性要求的是通过公民定义展示出的政体样态，即能够保证尽可能多的平等与相似的公民参与政治事务的政体。

从共和政体—中道政体—依靠祈祷的政体，亚里士多德阐释了一条对于公民通过政治性安排培植德性而最终通达幸福的路径。对于人的幸福来说，最重要的拥有是灵魂之善，这主要靠教育和德性的培养。但是在外在善、身体之善与灵魂之善这三类善好中，位置比较微妙的是外在善。亚里士多德认为德性的获得和保持不是通过外在善，真实的逻辑是正相反，并且卓越之人恰恰是在对外在善的获取方面相当节制。① 亚里士多德这句话的另一层含义是，外在善对于最终幸福的作用虽然不是最核心的，却也是必需的。因为相对节制地获取外在善并不是完全舍弃外在善。在伦理学的讨论中，亚里士多德明确说："幸福显然也需要外在善，因为我们如果缺少资源，就无法或无法轻易做出好的行动。首先，我们在很多事情上需要朋友、财富和政治权力，就像需要其他工具一样。"② 政治权力最主要的就是通过公民间关于正义的共同安排来实现，具体体现为不

---

① 亚里士多德：《政治学》1323a40-1323b10。
② 亚里士多德：《尼各马可伦理学》1099a30-1099b2。

同的政体选择,在正义中公民们建立起处理相互之间关系的品质;而友爱则是人们愿意共同生活在一起的"生活最必需的东西",是公民们建立起共同的伦理生活的必备纽带。在政治共同体中,正义和友爱一并构成了人共同生活的必需条件,而对这两者的思考也构成亚里士多德政治思想中除政体之外的两大核心支柱。

第十一章　亚里士多德论政治正义

1. 内乱与不义

亚里士多德在《政治学》一开始论述人的自然政治性时，谈及人是比蜜蜂等群居动物更具政治性的动物，给出的主要理由就是人能够通过语言辨明善和正义。亚里士多德的这一讲法就将正义与人的政治性以及最终自然意义上的成全联系在一起。在《政治学》第三卷中，亚里士多德明确地将正义界定为政治性的善，正义就是公共利益①，所以正义对于城邦来说是必需的，离开了正义，城邦就根本不可能存在。②在城邦中，正义首先与谁有资格成为统治者这一议题相关，不同的群体会分别依据出身、自由身份、财富和德性等要求统治权。这些统治合法性诉求一方面都有部分道理，但也很容易出现不义的状况③，由此导致的直接后果就是城邦内乱。在从正面讨论政治正义之前，有必要先考察其反面，即不义及其由不义导致的政治后果。

根据上一章的讨论，我们已经看到亚里士多德在讨论共和政体与中道政体时，反复强调如果要想维系城邦政体的稳定，就需要让想维持政体的公民压倒想变更的公民群体④，并且必须尽可能扩充

---

① 亚里士多德：《政治学》1282b16-17。
② 亚里士多德：《政治学》1283a18-21。
③ 参见上一章中对政治限度的分析，参见亚里士多德：《政治学》1281a11-38。
④ 亚里士多德：《政治学》1296b13-34。

中间阶层，唯有这样的政体能够免于城邦内乱。① 面对希腊城邦的这一核心政治问题，亚里士多德已经不再需要如柏拉图那般单独开辟一个新战场与智者等从头进行斗争了，而是选择了在正义和政体的讨论视野下处理这一问题。在《政治学》的卷五中，亚里士多德非常仔细地讨论了民主制、寡头制、贵族制政体变动（metabole）② 的原因。

在亚里士多德看来，民主政体的变更主要起因于民众领袖的放肆的行为，其中主要是指针对富人的行为。因为民主政体是由大多数穷人统治，所以他们掌权后很容易就瞄准富人的财产，而民众领袖为了取悦民众，也会进一步加害富人，课以重税或捐献。具体来说，民众领袖或是针对个体的富户提起恶意的诉讼，或是煽动民众来攻击富人，这就会引起富人们联合起来反击或是颠覆民主政体。民主制中的内乱就可以归结为统治阶层及其领袖对富人的不义剥夺。

与民主制的政体变更相对，寡头政体的变更第一个重要原因就是当权者虐待民众。寡头政体中，执政者是少数的富人，但已有的财富并不会让他们停下进一步剥夺民众的行动，于是民众则会信从跟随对抗少数富人的首领，一旦反抗成功这一首领便很容易转化为

---

① 亚里士多德:《政治学》1296a7。晚近有学者开始强调亚里士多德政治思想的内乱议题，像 Bernard Yack 就认为亚里士多德式的城邦里充满了政治冲突，并且相信没有哪种友爱能够克服这些冲突，他认为将公民凝聚起来的友爱形式是用益型友爱，所以冲突不可避免，见 Yack, *Problems of A Political Animal*, pp.109-127，对这一问题，将在下一章更加具体的回应。类似的阐述也见 Gray, *Stasis and Stability*，他在该书中详述了希腊城邦统一与冲突的两种并存的范式。

② 关于"变动"以及内乱概念的进一步讨论，可参见 Ronald Polansky, "Aristotle on Political Change", in David Keyt and Fred D. Miller., JR. eds., *A Companion to Aristotle's Politics*, Blackwell, 1991, pp.323-326; Kostas Kalimtzis, *Aristotle on Political Enmity and Disease*, State University of New York Press, 2000, pp.104-105。

僭主。寡头政体变更的第二种情况则是统治集团内部的争斗，所谓的少数人统治在具体城邦中须有确定的范围，但这一范围内外之人若感知到不正义的职司和权力分配，便有可能发生内乱。

贵族政体实际上的统治者也是少数人。在这个意义上也属于寡头政体（即少数人统治），故其变更原因与寡头政体有类似，主要是因为能够参与到统治活动的人非常有限，导致能够分享政治荣誉的人很有限。这一政体的危机在于，当城邦民众阶层中出现了德性出众之人却不得其位时，便容易发生内乱。亚里士多德说，贵族政体以及共和政体倾覆的首要原因就是背离了政体自身的正义，在这两种政体中，最难的都是民主制与寡头制的混合，一旦调和得不好，政体便免不了崩溃和变更的命运。

从亚里士多德对这几种政体变更以及引发的内乱的分析可以明显看出，民主制、寡头制和贵族制发生变更是这几种政体自身内在的特质所决定的。前两者是贫富人群之间的必然冲突，贵族制对德性标准的强调使得它不可能扩大统治阶层的规模，无论是出于对财产还是对名誉的要求，这几种政体的自身特质决定了其并不具备维系稳定的要素。亚里士多德认为，"只有与才德和个人财产相匹配的平等才是唯一稳定的"[①]，而与之相对，只要平等意义上的正义出了问题，那城邦内乱就不可避免了。由此，亚里士多德给出了关于城邦内乱原因的理论判定：

> 我们须先假定在各种政体创始时，人们都企求符合正义和比例平等的原则——虽有如曾经说明的，世界上迄今还都未能实践这种原则。譬如民主政体的产生，就是人们在一方面是平等的，进而认为他们应该是绝对平等的（对于所有自由意

---

① 亚里士多德：《政治学》1307a25-26。

义上的平等人,但是认为他们在一切方面都应该是绝对平等的)。相似地,寡头政体的建立则是有一群在某些方面不平等的人,进而认为他们完全是不平等的(他们是在财产上不平等,却认为在一切方面都应该是绝对的不平等)。基于这些想法,前者就要求在所有事物上的平等分享,而后者则寻求更大的份额,因为这才是不平等。所有的这些政体都拥有某种正义,但在绝对正义方面都有缺陷。这就是当有一方没有按照他们的想法参与到政体中时,他们便会发动内乱的原因。①

按照亚里士多德的诊断,内乱根本上就出自城邦中不同人群对不平等或不义的感知,各方都将自己的平等原则视为绝对原则去追求。在这段讨论中,亚里士多德提到了两种平等,即比例平等与数量平等。这一问题在《尼各马可伦理学》中有更为明确的解释。②在伦理学讨论分配正义时,亚里士多德分析道,正义至少涉及四方,即与正义相关的两个人以及要分配的两份事物。两个人之间的关系要与两个事物之间的关系相同,这才会有相同的平等。换言之,两个人之间有着怎样的比例,两份事物间就该有怎样的比例。因为不平等的人不会要求分享同样的份额,而纷争和抱怨就出自平等人分得不平等的份额,或者不平等的人分得平等的份额,所以亚里士多德实际上主张的是每个人获得其应得的份额。正如基特所指出的那样,"对于亚里士多德来说,分配正义首先关切的是政治统治权的分配,其次才是财富的分配"③。为了解释这一原则,亚里士多德提到了民主制和寡头制的例子,他说:"民主制依据的是自

---

① 亚里士多德:《政治学》1301a25-39。
② 亚里士多德:《尼各马可伦理学》1131a20-30。
③ David Keyt, "Aristotle's Theory of Distributive Justice", in *A Companion to Aristotle's Politics*, p.240.

由身份，寡头制依据的是财富，有时也依据高贵的出身，贵族制则依据德性。所以，正义在于成比例。因为比例不仅仅是抽象的量，而且是普通的量。"①与比例平等相对比的数量平等则是"在所得到的相同事物在数量和容量上与他人所得者相等"。在城邦中，恰如亚里士多德观察到的那样，寡头派和民主派都错误地认为他们所秉持的平等观应该应用到所有的事情上面。但是城邦作为政治共同体并不能按照单一平等原则构建起来，比如寡头制城邦的原则最为适合的共同体应该是贸易共同体，可以完全按照股份来分配红利；民主制最为适合的共同体是宴席共同体，即由多人出资操办的宴席自然比一个人出资操办要更好，但这二者都还不是政治共同体。政治共同体的复杂性在于要将城邦中不同的平等原则用在不同的事务上，"某些方面以数量平等，而另一些方面则以比例平等为原则"②，这也就将正义的议题落在政治共同体的根本选择上面。

2. 政治正义

政治正义与法律

正义作为城邦公共善，首要处理的问题就是城邦的形式选择问题，即决定城邦统治秩序的基础。在《欧德谟伦理学》中，亚里士多德说："所有政体都是某种形式的正义，因为（政体是）共同体，而共同的东西都是通过正义建立的。"③相应的政体分类以及关于政体形式的讨论，实质上都是关于正义问题的争论。④在上一章关于政治共同体的讨论中，我们已经看到城邦中寻求统治权力的各种主

---

① 亚里士多德：《尼各马可伦理学》1131a29-31。
② 亚里士多德：《政治学》1302a6-8。
③ 亚里士多德：《欧德谟伦理学》1241b13-15。
④ 亚里士多德：《政治学》1280a7-22,1282b14-23。

张，而正义就是要在能够要求统治的这些因素中实现合理地搭配。亚里士多德在《政治学》卷三中非常明确地指出：

> 在政治事务上，凭任何意义的不平等为依据来争论职司的分配是不合理的。有些人滞缓，另一些人捷足，但这不构成后者可以拥有比前者更多的政治权力；只有在运动竞赛中，后者的这一差别才会赢得荣誉。争论必须是关于城邦构成的要素。因此良好的出身、自由身份和财富能合理地要求职司。①

所以，亚里士多德的最佳政体以及对诸种政体的讨论，实际上就是要实现各个因素正义的混合与安排。而"那些以公共利益为目标的政体是正确的，符合无条件的正义；那些仅仅以统治者的利益为目标的政体则是错误的，是对正确政体的偏离"②。所以亚里士多德实际上认为只有正确政体的正义才符合无条件的正义。③ 不仅如此，如果进一步考察正确政体的具体安排，根据在上一章最后关于"政体/共和政体"的讨论，我们已经看到在这一特殊的政体中，公民们得以实现轮流为治。这一讨论实际上最为契合《尼各马可伦理学》卷五关于政治正义的看法：

> 我们寻求的是无条件的正义行动和政治上的正义行动。这只有在那些以自足为目标共同生活的人们中间才可以看到，他们是自由的，并且在比例上，或者算数上相等，因此对于那些没有这些特征的人来说，就没有政治上的正义行动，而只在相似的意义上有某种正义行动。在有法律的人的关系之中才有

---

① 亚里士多德：《政治学》1283a10-17。
② 亚里士多德：《政治学》1279a17-20。
③ 查尔斯·杨就此认为亚里士多德在《尼各马可伦理学》卷五章六中所描述的无条件正义和政治上的正义是一回事，见查尔斯·杨："亚里士多德的正义"，理查德·克劳特主编：《布莱克维尔〈尼各马可伦理学〉指南》第八章，刘玮、陈玮译，北京大学出版社，2014年，第191—210页，尤其见第202页。

正义的行动。①

根据亚里士多德这里的讲法，政治正义（politikon dikaion）的前提是自由而平等的公民，并且他们是在法律的调节之下，"有平等的机会去统治或被统治"②，通过共同生活实现自足。平等的自由人的轮流为治是亚里士多德关于政治最为核心的界定，但如洛克伍德（T.C. Lockwood）注意到的那样，这一界定实际上包含了两种初看起来相互对立的要素。③第一，轮流为治预设所有城邦公民的平等，即皆有资格进行统治，这可以说是数量意义的平等；第二，有资格进行统治除了自由身份外，实际上更需要公民的政治能力与德性，这更接近比例平等。所以，对于合格的公民来说，必须要具备正确的信念（doxa alethes），合格的统治者最好还要具备实践智慧（phronesis）。洛克伍德进一步强调亚里士多德创造性地弥合了这两个反题，但实际上，根据上一章对"共和政体—中道政体—最佳政体"的讨论，解决这一反题的核心其实是要使得城邦出现一大批拥有宽泛意义的政治德性的公民。如在共和政体中，重装步兵群体拥有军事上的德性，能够在勇敢德性基础上进行轮流为治；在中道政体中，通过政体的混合，城邦庞大的中间阶层得以成为平等的统治阶层；在最佳政体中，得到城邦教育培养的公民依据代际差别进行轮流为治。也就是说，亚里士多德在《尼各马可伦理学》V.6 所讨论的政治正义实际上已经从正确政体进一步推进到政治的最核心理解。

但是如果只将政治正义限定在"共和正义—中道政体—最佳政

---

① 亚里士多德：《尼各马可伦理学》1134a24-30。
② 亚里士多德：《尼各马可伦理学》1134b13-15，另参 1161a30-31。
③ Thornton C. Lockwood Jr., "Polity, Political Justice and Political Mixing", *History of Political Thought*, Vol. 27, No. 2, Summer 2006, pp. 207-222, see pp.212-213.

体"，那该如何看待其他形式的正确政体，即王制和贵族制下的政治正义呢？很明显王制或者由人中之神统治的城邦自然不会有轮流为治的情况出现，永远是一个卓越的王来进行统治，在什么意义上这样的"最佳政体"① 也拥有政治正义呢？回答这一问题，就必须转向亚里士多德对总体正义和具体正义的区分。

亚里士多德在《尼各马可伦理学》第五卷集中讨论了正义问题。在伦理学的总体讨论中，正义和共同体的关系也成为讨论的基础。亚里士多德先是区分了总体的和具体的正义②，总体的正义包含了关于对待他人关系上的总体的德性。亚里士多德将总体的正义也说成是"守法的正义"，但是这里所谓的守法并不是简单指服从法律，而是愿意促进法律的目标，即公共善。亚里士多德强调说："所有的法律规定都是促进所有的人，或那些出身高贵的、由于有德性而最能治理的人，或那些在其他方面最有能力的人的共同利益的。所以，我们在其中之一种意义上，把那些倾向于产生和保持政治共同体的幸福或其构成成分的行为看作是正义的。"③ 在这个意义上，正义作为调节所有的与他者有关的行为，"最好的人不仅自己的行为有德性，而且对他人的行为也有德性"，守法的正义也就不仅仅是德性的一部分，而是德性的总体，其目的就是推动政治共同体的目的实现。所以，总体的正义或不义关涉的是同好人的行为相关的所有事物，"出于总体的德性行为基本上就是法律要求的行为。因为法律要求我们实行所有德性，禁止我们实行任何恶"④。

谈及法律，亚里士多德在政治学相关的诸多文本都明确表达了

---

① 亚里士多德在《政治学》多处地方表示如果出现人中之神，即拥有超凡德性的人，就应该让他来统治，参见 1284a10-11, 1289a40, 1332b16-25。
② 亚里士多德：《尼各马可伦理学》1129a26-b1。
③ 亚里士多德：《尼各马可伦理学》1129a14-19。
④ 亚里士多德：《尼各马可伦理学》1130b21-24。

法律统治的重要性和优先性。相较于人的统治，亚里士多德更为赞赏法律统治。在论及政治正义时，他说："我们不允许由一个人来统治，而赞成由法律来统治。因为，一个人会按照自己的利益来统治，最后成为一个僭主。"① 在《政治学》卷三中，亚里士多德也有类似而阐述更为明晰的观点："让法律统治比让某个公民统治更好。基于同样的论证，即便让某些人统治更好，他们也应该被选出来作为法律的护卫者和助手……要求法律统治似乎就是要求仅仅由神和理智来统治，而让人统治则是加上了野兽。欲望就是这样一个东西，意气会扭曲统治者和最好的人。因此法律是无欲求的理智。"② 当然，亚里士多德这里偏爱的法律从根本上说是由政体决定的，只有正确政体的法律才可能是正义的。③ 而从具体的法律自身的特性来看，也有其独特的优势和特点。根据米勒（Fred Miller）的总结，以下三点是最为明显而重要的：④

第一，法律是普遍的或一般性规则。⑤ 从这一方面来看，法律（*nomos*）不同于法令（*psephisma*），后者只与特殊情形或行动有关，比如授予公民权或豁免。第二，成文法是尽可能的清晰和明确的。⑥ 可能就有一项法律规定所有自由的公民都要参加公民大会，并且会对那些达到一定财产标准但却缺席的公民施以罚金。⑦ 第三，法律

---

① 亚里士多德：《尼各马可伦理学》1134a34-5。
② 亚里士多德：《政治学》1287a18-32。相关的讨论参见刘玮：《公益与私利：亚里士多德实践哲学研究》，北京大学出版社，2019年，第170—174页。
③ 参见亚里士多德：《政治学》1289a13-15,1282b6-13。
④ 参见 Fred Dycus Miller, *Nature, Justice, and Rights in Aristotle's Politics*, Oxford University Press, 1995, p.81。
⑤ 参见亚里士多德：《尼各马可伦理学》1135a5–8, 1137b13；亚里士多德：《政治学》1282b4–6, 15, 1286a9–11, 1269a9–12；亚里士多德：《修辞学》1374a28–b1。
⑥ 参见亚里士多德：《尼各马可伦理学》1162b21–1163a1；亚里士多德：《修辞学》1374a29–30, 34。
⑦ 参见亚里士多德：《政治学》1297a17–19。

有强制力（anagkastike dunamis）。① 城邦的相关官员会对违法的人施加惩罚。在理想的情况下，法律也呈现出稳定性的特征。②

由于法律具备这些特征，亚里士多德进一步指出："很显然，对正义的寻求就是在寻求中道（meson），因为法律（nomos）就是中道。"③ 讨论至此，我们也可以对全权王制政体中的正义问题进行尝试性回答。在王制政体中，因为王自身超凡的德性和能力使得他与被统治者极大地区分开来，但在这一政体中仍然存在法律，只不过法律涉及的是那些在出生和权力上都平等的人，不偏不倚地对待王之外的人，而对于统治者来说并不存在法律，因为王自身就是法律。④ 所以，从着眼于城邦利益和被统治者的角度，王制政体也存在正义，但并不具备亚里士多德严格意义上的政治正义。

法律在亚里士多德政治 – 伦理学说体系内，除了在发挥其制度性作用外，还在教育中发挥着举足轻重的作用。亚里士多德主张，教育的重任很大程度上是由法律承担的："由法律教育的官员肯定能做出良好的裁决。"⑤ 在《尼各马可伦理学》卷十中，亚里士多德更为具体地阐明法律和公民德性培养之间的关系：

> 逻各斯与教育也似乎不是对所有人都同样有效。学习者必须先通过习惯培养灵魂，使之有高贵的爱与恨……但是，如果一个人不是在健全的法律下成长的，就很难使他接受正确的德性。因为多数人，尤其青年人，都觉得过节制的、忍耐的生活不快乐。所以，青年人的哺育和教育要在法律指导下进行……所以，我们也需要这方面的，总之，有关人的整个一生

---

① 亚里士多德：《尼各马可伦理学》1180a21。
② 亚里士多德：《政治学》1269a9–27。
③ 亚里士多德：《政治学》1287b4-5。
④ 亚里士多德：《政治学》1284a11-13。
⑤ 亚里士多德：《政治学》1287b25-26。

的法律。因为，多数人服从的是法律而不是逻各斯，接受的是惩罚而不是高贵的事物。①

在具体的政体之内，政体首先有其自身总体的正义安排，即对城邦统治秩序的根本性规定。公民们通过具体的政体建立起共同的生活方式，并通过法律的普遍规定不断修正和调整生活与行为规范，进而通过法律主导下的教育养成良好而稳定的品质。这样一来，法律就不只是调节贸易交换和其他诉讼纠纷的工具，而是对城邦根本性的组织形态与追求的生活方式的规定与引导。

自然正义与法律/约定正义

无论是政治正义还是守法的正义，都是通过调节人的外在善保证公民们的自足的共同生活，以及帮助公民德性的培养。但在亚里士多德对政治正义的讨论中，仍留有一个争议很大的议题，那就是自然正义与法律（或约定）正义。在《尼各马可伦理学》V.7 中，亚里士多德讲了一句令人困惑的话："政治的正义有些是自然的（*physikon*），有些是法律/约定的（*nomikon*）。"② 根据本书第二部分的讨论，自然与礼法的关系是公元前 5 世纪后半期以降的重要理论议题，也是智者派以及柏拉图等争论的焦点问题。但是与前人不同，亚里士多德这里的表述却着实让人费解，学者们就此问题也展开了激烈的争论。

对这句话最为直接的理解是存在着自然意义上的正义，与具体的政治共同体无关，或者说自然是最为根本的正义标准。秉持这一观点的学者往往会将亚里士多德在《修辞学》中的三处论述作为证据，因为在《修辞学》中他不断提及"自然法"是"共同的""未成文的"和"不变的"正义标准。首先，在 I.10 中，法律分为特别

---

① 亚里士多德：《尼各马可伦理学》1179b24-1180a5。
② 亚里士多德：《尼各马可伦理学》1134b18-19。

法和共同法,而共同法则是"各地皆知的未成文原则"①。其次,在 I.13 中,自然正义被说成是对所有人都适用的,并且还给出了三个例子。索福克勒斯《安提戈涅》一剧中的安提戈涅埋葬波吕涅克斯被认为是遵从了自然法;恩培多克勒劝人不要杀生,给出的理由也是自然法;阿尔卡达马斯(Alcidamas)基于自然对奴隶制提出谴责,认为这是违背自然的。②最后一处文本是 I.15,亚里士多德注意到安提戈涅诉诸未成文法或共同法来对抗城邦成文法,认为前者是比后者更持久和稳定的,因为这是自然法。③

但是《修辞学》中的这些讲法是否真能有效证明亚里士多德持有一种实质性的、以自然为标准的正义学说呢?答案恐怕并不很确定。首先,正如不少学者注意到的,《修辞学》一书的性质和伦理学著作并不一样,其目的主要是说明劝说的方法而非探讨关于人类善好的知识。④其次,亚里士多德这几处文本很难说是他自己的观点,比如他征引的阿尔卡达马斯关于奴隶制是违背自然的观点,亚里士多德在《政治学》卷一中就明确持有相反的立场,而是认为存在没有理性能力的自然奴隶。提及安提戈涅的两处文本主要强调了其所遵循自然法的不变性,但这与伦理学中关于自然正义的讨论是相违背的。因为在《尼各马可伦理学》V.7 中,亚里士多德明确对智者的自然－礼法论述提出批判:

> 有些人认为所有的正义都是约定的,因为凡是自然的都是不可变更的和始终有效的,例如火不论在这里还是在波斯都燃烧,然而人们却看到正义在变化。但是,正义是变化的这个

---

① 亚里士多德:《修辞学》1368b8-9。
② 亚里士多德:《修辞学》1373b7ff.。
③ 亚里士多德:《修辞学》1375a31-33。
④ 如 Yack, *Problems of A Political Animal*, p.146。

说法只有加上一些限制才是对的。在神的世界这个说法也许就完全不对。在我们这个世界，所有的正义都是可变的，尽管其中有自然的正义。①

从亚里士多德这段令人费解的话中，可以判断《修辞学》中关于自然法、未成文法等等的论述并不能对应伦理学中的自然正义。不仅如此，亚里士多德还修正了智者关于正义是无条件变化的说法，进而实际上不认同智者将自然作为评判标准。而在人构成的世界中，包含自然正义在内的正义都是可变的，那么自然作为判定正义的标准这一解释就难以成立。此外，亚里士多德将自然正义与法律正义而非政治正义相对照，也说明这里的自然正义并不是安提丰或卡里克勒斯意义上的。②

如果智者所主张的"自然－礼法"对立意义上的自然理解不适用于亚里士多德，那么另外一种解释方案则是将正义限定在城邦范围内，自然正义和法律正义都属于政治正义，二者实际上是指政治正义的类型而非标准。③换言之，自然正义和法律正义作为两种政治正义的类型，区别在于自然的正义对任何人都有效力，不论人们承认不承认；而法律或约定的正义则是对具体的事情，并且正义主要体现在要履行最初的约定，而至于最初如何订约并不重要。为了更准确地理解自然正义，有必要先考察法律约定正义。亚里士多德就约定的正义给出一个例子："例如囚徒的赎金是一个姆那，献祭时要献一只山羊而不是两只绵羊，就变得十分重要了。"④从这个

---

① 亚里士多德：《尼各马可伦理学》1134b24-33。
② 亚里士多德在别的地方曾明确说自然－礼法的对立只是智者操纵言辞和论辩的悖论，并没有真正的理论价值，参 *Refutations of Sophists*, 173a6-19。
③ 持此观点的学者参见 Yack, *Problems of A Political Animal*, pp.140-149；Zingano, "Natural, ethical and political justice", pp.212-215。
④ 亚里士多德：《尼各马可伦理学》1134b21-23。

例子可以看出，亚里士多德所指的约定正义只是与履行最初的约定有关，而约定自身是否符合更为实质性的道理或正义原则并不在考虑的范畴之内。

无论出于自然的正义还是出于法律/约定的正义都是可变的，只不过二者是很好分辨的。亚里士多德这里给出了一个右手的例子，他说：

> 比如，右手一般比左手更有力，但也有人可能两只手都同样有力。基于约定和方便而确定的正义事物就像是度量用的衡器。谷物与酒的衡器并不是到处都一样，而是买进时用的衡器大些，出售时用的衡器小些。①

亚里士多德用右手的例子来说明自然的正义也是可变的，其直接的意涵是说右手依据自然是比左手更有力的，但也不能排除有左撇子，或者对左手刻意训练而最终和右手一样有力的情况出现。这种对自然正义的理解实际上可以转换为"在绝大多数情况下"的正义，主要是事实描述而非更高的评判标准。但是亚里士多德并没有在这里对右手的例子给出更为明晰的解释，使这一例子的实际含义显得模糊，有学者则希望能从右手的论述中找到更为积极的信息。如米勒在讨论右手的问题时就援引亚里士多德在动物学著作中的讨论②，在亚里士多德看来，右侧肢体是发起运动，而左侧是被移动的，进而右侧相对于左侧也是更好和更高贵的。一旦右手比左手拥有更为实质性和目的论的意涵，米勒就进一步将右手的例子和关于德性培养的论述结合在一起，提出之所以政治正义的一部分是自然的，亚里士多德是在暗示立法者应该根据着眼于公民德性的完善来

---

① 亚里士多德：《尼各马可伦理学》1134b34-1135a3。
② Aristotle, *Progression of Animals*, 705b33-706a1；Miller, *Nature, Justice, and Rights in Aristotle's Politics*, pp.74-79.

设置政体和法律，以实现人的自然目的。① 但是米勒的这一解释又回到了将自然目的化和标准化的思路，仅凭伦理学里的这一个例子是否足以支持这一论断仍是值得怀疑的。亚里士多德与其说是给出了一个例证，不如说使得我们对自然正义的理解更为含混。

　　经过上述分析，我们可以看到，尽管在《尼各马可伦理学》V.7中对自然正义的论述并不充分，但基本可以明确地认定，亚里士多德并没有秉持一种与政治正义相对立的自然正义观，而是相反，认为自然正义是政治正义的一部分。所以，对自然正义和法律正义/约定正义的理解最终还是要纳入政治正义的总体范畴之内，都是要服务于外在善的分配和确立共同体的生活方式。如果说正义是政治的善，为政治共同体成员"生活在一起"构建起必需的条件和纽带，那么城邦仍还需要友爱来使得公民们愿意彼此生活在一起，最终建立起共同的德性生活。

---

① 参见 Miller, *Nature, Justice, and Rights in Aristotle's Politics*, pp.76-77。

第十二章　亚里士多德论政治友爱

1. "兑了水"的友爱

政治共同体通过正义的安排，为公民们的共同生活确定了最为基本的安排，确保城邦能够综合考量和安排与政治相关的各要素。但是公民们不只是要生活在一起，还要愿意生活在一起，在城邦中的共同生活是公民们认真思虑后的选择。正是在这一方面，友爱成为政治共同体最重要的纽带。亚里士多德关于友爱与政治友爱的论述散见于《政治学》，而正面论述则集中于《尼各马可伦理学》与《欧德谟伦理学》中，我们先从《政治学》卷二中他对柏拉图的著名批评入手考察。

在关于柏拉图政治思想的讨论中，我们已经看到柏拉图对于统一城邦的追求，以及为了预防分裂城邦的隐患而设置的一系列制度安排。在《政治学》第二卷中，亚里士多德对既有的关于最佳政体的讨论以及希腊世界中的"最佳政体"进行了系统的检讨，该工作一开始便是处理柏拉图的《理想国》和《法律篇》。亚里士多德对柏拉图的批评非常复杂，其中关于共妻共子能否实现统一城邦的批评尤为重要。如果这一批评成立的话，则是对美丽城设计的釜底抽薪之举。在这一批评中，亚里士多德将《理想国》中统一城邦的友爱纽带所可能存在的困难揭示了出来，进而我们需要首先简要考察对柏拉图《理想国》与亚里士多德在该问题上的分歧。

《理想国》最为瞩目的城邦安排当属第五卷开始的三次浪潮，其中护卫者阶层的共妻共子尤为引人注目。从《理想国》后来在卷八、卷九中关于政体衰变的讨论看，家庭以及基于家庭所产生的亲缘关系在个人灵魂政制以及最终城邦政制的衰变中责任重大。柏拉图看到家庭、财产和子女的私有必然会导致爱的偏私，而家庭亲缘关系又会进一步促使人将所有可能获得的荣誉、财物"往自己家里拖"（464d）。正是在这种情况下，那些在败坏的城邦里还洁身自好的人则会被其家人甚至家奴视为是软弱的和没有男子气的。① 不仅如此，苏格拉底还看到，存在私人家庭和财产的城邦将免不了内乱纷争，而后者则是城邦最大的疾患。正是看到家庭亲缘关系所带有的巨大能力，《理想国》才提出共妻共子的第二次浪潮，将整个城邦变成一个大家庭。在城邦大家庭中：

> 任何人，凡是他碰上的，他都将认为是碰上了或者他的兄弟，或者他的姐妹，或者他的父亲，或者他的母亲，或者他的儿子，或者他的女儿，或者，是他碰上了所有这些人的子孙或是他们的祖辈。（463c）

我们可以看到，共妻共子的第二次浪潮的努力是要将城邦协和为一，而统一城邦的实现是通过取消家庭而将家庭关系城邦化。通过这一内在矛盾的表达，美丽城的困难得以更进一步呈现。换言之，美丽城之为统一城邦所依赖的联系纽带是从家庭亲缘关系派生出来的，表现为城邦之为一个大家庭；另一方面，这一纽带似乎又是不可能的，因为私人家庭从根本上被取消了，这使得家亲－友爱关系从一开始就不可能产生。对这一困境，柏拉图并非没有意识到，他给出的解决方案是通过礼法规定一套亲缘秩序。在给出这一

---

① 参见《理想国》卷八 549c 以下对于荣誉城邦中的父亲形象的讨论。

方案的最后，苏格拉底说在护卫者阶层中，他们之间的亲缘关系不仅仅是名称上的，而且还要规定他们"在一切行动上必须名实相符地行动——对于他们的父亲，一切凡是礼法（nomos）所要求的恭敬、关怀和侍奉，以及对于双亲所应有的听从和孝顺，他们都要去做"（463d）。柏拉图在这里似乎相信礼法对于护卫者阶层关系的塑造能够达到自然亲缘的效果，但是对这后一点，亚里士多德有着不同的看法，并给予自己的老师非常实质性的批评。在亚里士多德看来，取消家庭并不能实现城邦健康的友爱关系，反而会损害友爱共同体，这是因为：

> 凡是属于最多数人的公共事物常常是最少受人照顾，人们关怀着自己的所有，而忽视公共的，或至多只留心对他个人有关系的事物。人们要是认为某一事物已有别人在执管，他就不再去注意了，在他自己想来，这不是他对那一事物特别疏忽（就像在家庭中，成群的婢仆往往不如少数侍从得力）。每个公民将有一千个儿子：可是这些儿子不是个别公民的儿子，每个公民应该是任何儿子的父亲，每个儿子也应该是所有各个父亲的儿子，结果是任何父亲都不管任何儿子。①

对于拥有一千个儿子的父亲而言，当他每次称呼一个儿子的时候，他实际上是知道自己称呼的是千分之一意义上的儿子，由此本来对一个儿子的爱也要划分为一千份儿。亚里士多德认为："人们宁愿是某一人的嫡堂兄弟，不乐于成为苏格拉底所描述的那样的儿子。"② 这一批评的实质是说苏格拉底所希望用礼法来规定的家亲关系根本上是不可能实现的，人只有生活在个人的家庭中才得以感

---

① 亚里士多德：《政治学》1261b33-40。
② 亚里士多德：《政治学》1262a。

受基于家庭所拥有的友爱,正是因为有限度的家庭成员才使得这种友爱得以成立。而苏格拉底的方案最终只能实现稀释了的友爱,就像一勺甜酒混入一缸清水,家亲关系随着成员的无限繁多而平淡无味,所有亲缘关系就仅仅具有称呼的意义。

通过揭示出美丽城友爱碎片化和稀释化,[1]亚里士多德认为柏拉图的举措恰恰事与愿违,他甚至提出,如果真的要为城邦着想的话,不应该在护卫者阶层中而是要在被统治阶层中实施妇孺为公的安排,因为那样会削弱他们的友爱关系,不利于他们团结起来造反,而有益于服从。但是需要强调的是,虽然亚里士多德对妇孺为公的做法进行了猛烈抨击,但是他并不否认柏拉图或苏格拉底实施这一举措的目的,即将城邦打造为友爱的共同体。因为"消除内乱最有赖于友爱,所以我们总是以友爱作为城邦的主要的善德"[2],唯有友爱可以造成城邦的统一。

不仅如此,在讨论最佳政体的财产安排时,亚里士多德的替代方案也给朋友留下了重要的位置。在《政治学》第二卷中,亚里士多德阐述了城邦的财产制度应该是私有而公用。当每个人划定自己的财产,一则不会相互争吵,二来会关心自己的财物,而使得自己家政情况改善。但亚里士多德并没有鼓励人无穷尽地扩充财富和吝啬守财,而是强调财物要得以公用。在这里他引用了柏拉图也曾多次提过的谚语"朋友之间一切共通",主张通过礼法的安排和教化,实现"每一公民各管自己的产业;但他们的财物总有一部分来供朋友的需要,他也与朋友共同使用财物"[3]。此外,财物私有并供朋

---

[1] 参见 Mayhew, *Aristotle's Criticism of Plato's* Republic, Chapter 4, Rowman & Littlefield Publisher, INC., 1997.
[2] 亚里士多德:《政治学》1262b6-7。
[3] 亚里士多德:《政治学》1263a33-36。

友使用更有助于人培养大度、慷慨等德性，而财产公有的城邦则从根本上取消了这一可能。

总结《政治学》第二卷中对《理想国》家庭及财产制度的批评，我们可以看到亚里士多德一方面揭示了柏拉图通过取消家庭而将家庭亲缘关系扩大化的内在困境，将家庭留在城邦中；但是另一方面，他并没有把个人对家政的关切推延至无休止赚钱的生活，而是将家政创造的财产化为朋友间共享。换言之，亚里士多德保留了家庭这一友爱产生的基础，但是将友爱以另一种方式扩展到家亲关系之外的朋友。那后面这一扩大的朋友是指怎样的朋友呢？亚里士多德紧接着给出一个例子：

> 在斯巴达，对于朋友所有的奴隶或狗、马都可以像自己的一样使唤；人们在旅途中，如果粮食缺乏，他们可以在乡间任何一家的庄园中得到食宿。由上所述，已可见到产业私有而财物公用是比较稳妥的财产制度，立法者的特殊任务就在于使得邦民适应这一状况。①

这一例子给出了三层意义上的朋友，第一种是个人的朋友；第二种是同邦或是客人意义上的朋友；第三层意义是在友爱关系实施的财产制度是城邦立法者的任务，即最终要归于城邦的公共安排，而并非现代意义上的私人情谊。亚里士多德通过这一例示给出了他友爱理论的一些线索，而要更加明确地洞悉他的真正观点，则要结合他政治学的总体著作来进行讨论。

2. 政治友爱的性质（1）：基于用益？

在《尼各马可伦理学》中，亚里士多德花了两卷的篇幅讨论友

---

① 亚里士多德：《政治学》1263a33-39。

爱。① 在引入这一主题时，亚里士多德提到了很多关于友爱的"常见说法"，其中关于友爱与城邦关系的评论尤为引人注意："友爱还是把城邦联系起来的纽带。立法者们也重视友爱胜过正义。因为，城邦的同心就类似于友爱，他们最想实现同心；纷争就相当于敌人，他们最想消除之。而且，若人们都是朋友，便不会需要正义；而若他们仅只正义，就还需要友爱。"② 依照这一表述，友爱是城邦最为重要的要素和立法目标③，友爱发挥的作用也远远超出了私人关系的范围。但是与城邦紧密相关的友爱性质究竟是什么呢？对于这一问题，学界有不可计数的研究，也激发了同样复杂的争论，总体来看，争议的核心是应该从用益的角度还是德性的角度来理解政治友爱。

在进入对政治友爱性质的讨论之前，有必要简述一下亚里士多德关于友爱类型的总体讨论。在《尼各马可伦理学》中，亚里士多德根据可－爱的事物的种类将友爱分为三种类型：基于用益的友爱、基于快乐的友爱和基于德性的友爱。基于用益或好处的友爱顾名思义是因为能从对方得到好处而爱，但并不是因对方自身之故而爱，而仅仅是因为对自己有用。这种友爱的纽带只系于用益，一旦不再有用，友爱关系也不再持续。亚里士多德还敏锐地指出，这种友爱关系中的双方并不希望在一起共同生活，而能持续地共同生活则是考验真正友爱的重要标准。与基于用益的友爱相比，基于快乐的友爱双方愿意生活在一起，这种友爱形态

---

① 近些年，国内学界关于亚里士多德友爱问题的论述也逐渐增多，最为系统的论著见廖申白：《亚里士多德友爱论研究》，北京师范大学出版社，2009 年。

② 亚里士多德：《尼各马可伦理学》1155a20-25。虽然不能简单地将这些说法直接归到亚里士多德自己的观点，但是检视其总体论述，他并没有反对这些说法。

③ 柏拉图在《法律篇》第三卷中也曾说政制和立法的目标在于智慧、自由和友爱。

更多地体现为年轻人之间的情爱关系,但是快乐和感情是非常容易变化的,所以他们虽然能体会到友爱的快乐,但是也并不能持久。总体而言,基于用益和快乐的友爱在亚里士多德看来都是偶性的,不能稳定和持久的。

能够结合用益和快乐的友爱是好人与德性相似之人的友爱,德性友爱在亚里士多德看来也是完善的友爱。在这种友爱中,人们会因朋友自身之故而希望他好,而不是为了用益或易变的快乐,但是因为好人既好又相互有用,他们也就能够在这双重意义上令朋友愉悦,并且德性友爱能够持久稳定,经历共同生活的考验,而且能够从共同生活中获得快乐。亚里士多德还进一步指出三种友爱的关系:只有好人之间的友爱才是原本的、严格意义的友爱,其他的被称为朋友的人则是因为友爱中有某种类似的好;并且只有德性友爱才能涵盖用益和快乐,单纯的用益友爱或快乐友爱无法相互结合。①

三种友爱的性质一直是学界讨论的重点,但是对于本研究考察的对象来说,列明这三种友爱类型已经足够。下面的问题便是,政治友爱在这三种友爱的谱系中居于什么样的位置呢?

正如很多学者注意到的那样,亚里士多德虽然在讨论友爱问题的一开始便将其与城邦的密切关系提了出来,但是政治友爱(politike philia)这一表达在《政治学》中出现的次数却极为有限。对其最为直接的阐述出现在《欧德谟伦理学》中,在该书中,政治友爱首先被界定为基于用益的友爱(kata to chresimon):

---

① 亚里士多德:《尼各马可伦理学》VIII.3-4。关于亚里士多德友爱类型的讨论以及争论可参见 John Cooper, "Aristotle on the Forms of Friendship", *The Review of Metaphysics*, Vol. 30, No. 4 (Jun., 1977), pp. 619-648;珍妮弗·怀廷:"《尼各马可伦理学》中的友爱论",收入理查德·克劳特编:《布莱克维尔〈尼各马可伦理学〉指南》,北京大学出版社,2014年,第298—331页。

> 政治友爱的建立主要是基于用益；因为人们聚到一起是因为每个人都不是自足的，虽然他们有可能是为了同住而聚在一起。（《欧德谟伦理学》1242a6-9）

> 政治友爱基于用益；就像城邦间互为友邦那样，公民彼此间的关系也是如此。"雅典人不再认识麦加拉人"；当人们不再对彼此有用时，公民们也不会彼此相识，友爱只是暂时的，为了特殊的利益交换。《欧德谟伦理学》1242b23-27）

> 政治友爱寄望于平等和买卖双方交易的物品。（《欧德谟伦理学》1242b33）

在《尼各马可伦理学》关于友爱和共同体的讨论里，亚里士多德似乎也将政治友爱置于用益友爱之下进行讨论。亚里士多德提出，友爱是与共同体密切相关的，而

> 政治共同体最初的设立与维系也是为了用益。而且，这也是立法者所要实现的目标。他们把共同利益就称为公正。其他共同体以具体的利益为目的。例如，水手们结合在一起航海，是为了赚钱或诸如此类的目的；武装的伙伴聚集在一起打仗，是为了劫夺钱财、取胜和攻城略地。部族和德谟也具有自己的目的。（有些共同体似乎是出于娱乐，例如为了献祭和社交而举行的宗教团体的宴会。但这些共同体都从属于政治共同体。政治共同体所关心的不是当前的利益，而是生活的整体利益。）（《尼各马可伦理学》1160a11-24）

基于亚里士多德的这些文本表述，有学者认为政治友爱在亚里士多德友爱理论中位置并不高，如安纳斯就认为，"亚里士多德并不对政治友爱有特殊的兴趣"，政治友爱不过是一种用益友爱，因为只有这样才有可能在很多人中产生，"政治友爱在其伦理学著作中的角色就像其他用益友爱一样，是在具体的公民间产生的，而并

不是将每个公民与其他每一个公民都联系在一起的扩展的友爱"①。安纳斯进一步提出,亚里士多德所说的友爱不过是人们在小共同体中产生的,如引文中提到的一起航海的水手们或者共同献祭的共同体等,友爱在共同体中很重要是因为城邦的生活在很多方面要依赖这些小共同体的繁盛。政治友爱不过是少数几个人共同参与涉及政治事务(与宗教事务、船务等相比照)的活动时所产生的,比如在支持同一公共举措、放逐某个政治家等事情上成为朋友。②此外,与安纳斯立场接近的斯科菲尔德(Malcolm Schofield)则更严格地将政治友爱限定在近似契约关系的交互用益上,"因为相互帮助使得城邦成为这种特殊的联合,公民们并非作为亲属或者伙伴来交互用益这一事实,就应被视为是政治联合——因为这个原因,也同时是这样的公民友爱的实现或表现"③。被安纳斯视为政治友爱的那些事务在斯科菲尔德看来也并非恰切,而是属于其他概念范畴。④

安纳斯和斯科菲尔德为代表的观点⑤为亚里士多德的政治友爱提出了几个根本性问题:第一,究竟是否存在一种能将全体公民联系在一起的友爱关系?第二,如何理解特别是《欧德谟伦理学》将政治友爱归为用益型友爱?如果政治友爱是用益型友爱,那它和正义的关系又应该如何区分?这样的政治友爱在正义之外还多出了什么意涵?

---

① Julia Annas, "Comment on J. Cooper", in G. Patzig, ed. *Aristotles' "Politik": Akten des XI Symposium Aristotelicum FriedrichshafeniBodensee*, Vandenhoeck & Ruprecht, 1990, p.248.

② Ibid., pp.246-248.

③ Malcolm Schofield, "Political friendship and the Ideology of Reciprocity", in M. Schofield. *Saving the city: Philosopher-kings and other classical paradigms*, Routledge, 1999, p.76.

④ 即同心(homonoia),对这一概念的讨论将留在后文详述。

⑤ 持类似主张的学者还有如 Bernard Yack,参见 Bernard Yack, *Problems of a Political Animal: Community, Justice, and Conflict in Aristotelian Political Thought*。

对于第一个问题，安纳斯的理解有所偏狭，[1]因为亚里士多德在多处文本确证存在城邦意义的友爱关系。在安纳斯也注意到的《尼各马可伦理学》一处文本，亚里士多德在讨论德性朋友稀少时也不否认一个人可能同许多人都有同邦人的友爱（1171a17）。并且，在讨论友爱、正义与共同体的关系时，亚里士多德明确地将友爱与共同体绑定在一起讨论："在每一种共同体中，都有某种正义，也有某种友爱……人们在何种范围内共同活动，就在何种范围内存在着友爱。"[2]在城邦这一政治共同体中，公民们除了自己在具体的德谟、行伍生活之外，肯定有关于整个城邦的共同做事，而只要存在后一种意义上的共同生活，则必然存在政治共同体意义上的友爱关系。

不仅如此，在讨论政体和友爱关系时，亚里士多德也明确认为在三种正态政体，即君主制、贵族制和共和制之中存在着友爱关系。在君主制中是基于不平等关系的优越之爱，在贵族制中是遵循德性安排的友爱，在共和制中是平等和正派基础上的友爱。关于友爱与政体关系的讨论留在后文进行，但从亚里士多德这里的处理便可看出，他不仅承认在组成城邦的小共同体中存在友爱，在城邦层面也存在着将所有公民联系在一起的纽带。

下面来看第二个问题，即如何理解政治友爱的用益意涵。无论是在《欧德谟伦理学》还是《尼各马可伦理学》中，亚里士多德都指出政治共同体最初的设立与维系是为了利益[3]，因为人仅靠自己或单独家室并不能实现自足的生活。[4]政治友爱的发端是出于生活之必需，所以在《欧德谟伦理学》中，亚里士多德才会说公民们走

---

[1] 对安纳斯观点的批评可参见 A W. Price, "Friendship and Politics", *Tijdschrift voor Filosofie* (1999), pp.525-545。

[2] 亚里士多德：《尼各马可伦理学》1159b26-30。

[3] 亚里士多德：《尼各马可伦理学》1160a14。

[4] 参见亚里士多德：《欧德谟伦理学》1242a7，另参见亚里士多德《政治学》卷一。

到一起首要的考虑是因为用益，政治友爱也主要是为了物品交换。并且，正如斯科菲尔德注意到的，《欧德谟伦理学》中还将贸易类型的用益友爱视为是城邦实现其基本经济目的的根本方式。① 而从上面引文中可以看到，政治友爱则正与贸易类型的用益友爱一样。②

不仅如此，在两部伦理学中，亚里士多德还进一步将用益友爱区分为两种类型：法律型和道德型。③ 如果通过契约形式规定的政治友爱是法律型，当一方允许另一方自己决定何时和如何回馈的时候，就是道德型友爱。两种类型的友爱相比，基于契约关系的法律型更为自然，关系双方也基本不会出现抱怨，因为一切事务均可按照约定执行，付款交易后法律型的用益友爱也就结束了。而道德型友爱则依赖对彼此的信任和人的选择，在该种友爱中，人们实际寻求的是用益，但是却要装作好人之间的友爱一样，所以这种友爱因其不自然而更容易产生抱怨，因为一旦利益受损，道德友爱的面纱便不再能够维系。④ 这种商业交易关系在《尼各马可伦理学》关于正义的讨论中也被视作城邦的纽带：

> 在商业服务的交易中，那种回报的正义，即基于比例的而不是基于平等的回报，的确是把人们联系起来的纽带。城邦就是由成比例的服务回报联系起来的。人们总是寻求以恶报恶，若不能，他们便觉得自己处于奴隶地位。人们也寻求以善报善，若不然，交易就不会发生，而正是交易才把人们联系到一起。⑤

此处的讨论将城邦以及一般意义的共同体的基础落在了交易之

---

① 参见 Schofiled, "Political friendship and the Ideology of Reciprocity", p.81。
② 亚里士多德：《欧德谟伦理学》1242b33。
③ 亚里士多德：《尼各马可伦理学》1162b 21ff；《欧德谟伦理学》1243a1ff。
④ 亚里士多德：《欧德谟伦理学》1242b37-1243a2，1243a33ff。
⑤ 亚里士多德：《尼各马可伦理学》1132b31-1133a2。

上,"没有交易就没有共同体"。那么,如果政治友爱可以被缩减为交易正义的契约关系,是不是说城邦这一共同体凭靠正义的调节就可以自存,而不再需要友爱了呢?或者那么在什么意义上可以称之为友爱呢?根据前文对于友爱的讨论,友爱需要双方相互知晓的、对彼此的好意(eunoia),在交易关系中,这好意又该如何理解呢?对此的一种代表性解答是:哪怕是契约交易的用益型友爱中,交易双方也存在着好意,因为基于利益的交易关系并不是一次性的,所以要希望彼此能够在未来持续与自己完成交易活动。[1] 仔细考察这一解释努力,实际上它还是将对另一方的好意或者"友爱"还原为利益的计算。[2]

总体来看,政治友爱的用益解释准确地理解了城邦生成的内在逻辑,即每个人及家室都难以实现自足,进而出于生活必需寻求与他人的交易。这一道理在《政治学》第一卷中得到清晰地揭示,即家室的产生是为了满足生活的日常所需,村落是为了满足更大的生活所需。当多个村落结合为城邦的时候,真正自足的生活才得到实现,也即出于自然必然性的生活才得以安顿,这一过程用亚里士多德的话说就是,"城邦的生成是为了活着"[3]。

3. 政治友爱的性质(2):基于德性?

如果说用益友爱将城邦生成的逻辑以及政治共同体自然必然性

---

[1] 如 Schofiled, "Political friendship and the Ideology of Reciprocity", p.82。
[2] 库珀在《亚里士多德论友爱的类型》一文中为商人用益友爱给出了更加利他主义的可能解释,他基于好意概念展开分析,认为用益友爱虽然基点是为了利益,但是只要与交易方的交往总体能够实现获利,并不排除商人对交易方产生希望他自身好的可能性,详见 John Cooper, "Aristotle on the Forms of Friendship"。需要注意的是,这些解释方案都需要仔细面对亚里士多德在《欧德谟伦理学》中所提出的一个难题,即在基于用益和快乐的两种友爱中,都不存在好意,参见亚里士多德:《欧德谟伦理学》1241a1-14。
[3] 参见亚里士多德:《政治学》1252a34-1252b30。

的那一面揭示出来的话,一个自然的问题就是该如何处理城邦形成之后所具有的性质。我们在前面对政治共同体的讨论已经阐明,在"城邦的生成是为了活着"之后,亚里士多德紧接着为城邦赋予独特的目的性,即城邦之为城邦是为了活得好。好的生活,或者旨在目的性的生活并不是否弃"活着",而是要以活着为基础去实现超越自然必然性的幸福。我们可以将人生活以及城邦性质的双重视野规定为必然性与目的性,那么带着这双重理解来审视政治友爱,我们会发现问题要复杂得多。

在新的理解框架之下,政治友爱可以很好地处理必然性的部分,但似乎很难适应城邦和人的生活目的性的部分。这一疑难很大程度上是因为将政治友爱以及对友爱和政治关系的理解失当。目的性的视野实际上要求我们来澄清和面对双重意义的政治友爱:第一层意义的政治友爱就是 politike philia,在两部伦理学中很多地方被规定为用益型的友爱。但除此之外还有第二层意义的友爱,这就是广义的友爱讨论本身就具有很强的政治性。如此理解的一个表面原因是《尼各马可伦理学》两卷的友爱讨论也是在"政治学"的名下,并且是从伦理学向政治学过渡的关键环节。深层的原因是,友爱作为人最重要的外在善,是最终获得个人德性和实现幸福生活的重要手段,而这正是城邦-政治共同体所要实现的目标。

之所以要强调友爱本身所具有的政治性,是因为虽然到目前为止对广义政治友爱的性质尚不明晰,但是我们可以看到亚里士多德自己并不满意于将政治友爱仅仅停留在用益友爱之上。按照《尼各马可伦理学》中对于用益友爱的分析,亚里士多德说:

> 有用的友爱似乎最常见于老年人(由于年龄已老,他们不再追求快乐,而追求有用)以及以获利为目的的中年人和青年人之中。这样的朋友不喜欢共同生活。因为他们相互间有时

候会不愉快。既然他们每个人只因对方能给自己带来好处才觉得对方使他愉快，所以除非相互能期望对方会带来好处，否则也没有必要相互来往。①

亚里士多德提出了用益友爱非常重要的一个缺陷，即处于这一关系的双方并不喜欢共同生活。这就与城邦中公民们的生活状态不相符合，因为人们选择政治的生活方式而非独居、散居或者没有统治关系的生活方式，一个重要的标志就是愿意选择在一个政治共同体中共同生活。而在友爱的三种类型中，唯有德性友爱能够使人们稳定地共同生活。如果再考虑到对人政治性以及城邦生活的理解，政治友爱的第二个解释向度也就自然地出现了，这就是从城邦所追求的善，即幸福生活的角度将政治友爱向德性友爱的方向解释。

这一解释努力在《政治学》卷三的那个本研究多次讨论的著名段落中得到坚实的文本支撑。在该处文本，亚里士多德将城邦的性质以及与友爱的关系做了具体的澄清，为了讨论需要，我们再次从友爱的视角看待这段文本：

> 显然，并不是在一起居住就是一个城邦，城邦的存在也不是为了防止互相伤害和互通有无。而城邦要出现的话，是需要这些的，但所有这些都出现了还不是城邦，只有当诸家庭作为一个共同体生活得好，这个共同体的目的是完备和自足的生活时，城邦才出现。这只有他们生活在一个地方并通婚。这也是为什么城邦中会出现婚姻的联结，还有兄弟关系、宗教祭祀和悠闲地追求一起生活的原因。因为这类事是友爱的结果，而**慎虑地选择生活在一起构成了友爱**（*he gar tou suzen proairesis philia*）。城邦的目的是活得好，其他的事情都是为了这个目

---

① 亚里士多德：《尼各马可伦理学》1156a24-30。

的。城邦是实现了完备而自足生活的家庭和村落的共同体,我们说其生活得幸福与高贵。①

从友爱的角度分析,如果城邦与其他共同体有着性质上的区别,那么可以说政治共同体的友爱和其他共同体的友爱性质并不相同。换言之,一旦存在政治-友爱,它就并非可以与其他领域或共同体的友爱并列,而是像城邦超越其他共同体那样有其单独的位置。不仅如此,亚里士多德虽然在《政治学》中没有单独讨论友爱问题,但是当他说政治共同体的成员共同在一起生活是友爱的结果时,就将友爱与城邦实质性地结合在一起,并且把高贵和幸福的生活与友爱建立了关联。正是基于《政治学》卷三中的这段话,库珀等学者确立了其对亚里士多德政治友爱(civic friendship)向德性友爱的方向解释的经典论述。②

库珀认为政治友爱与德性友爱之间虽然存在差别,但之间并非存在不可逾越的鸿沟。他看到虽然在两部伦理学著作中,政治友爱都规定为用益友爱,但是《政治学》卷三这段话足以表明,亚里士多德的城邦不是商业伙伴的结合,政治友爱包含了相互之间的好意、信任以及对彼此道德品性的关切:

> 每个人都期望他的同邦公民在和他进行(政治的、经济的和社会的)交往时,不只是出于自利(或其他私人的特殊利

---

① 亚里士多德:《政治学》1280b29-1281a1。

② 参见 John Cooper, "Political animals and civic friendship", in John Cooper, *Reason and Emotion: Essays on Ancient Moral Psychology and Ethical Theory*, Princeton University Press, pp.356–377;同参见 Cooper, "Aristotle on the Forms of Friendship"。上文提到的安纳斯与斯科菲尔德的解释都是直接或间接批判性地回应库珀的理解。除了库珀外,强调政治友爱的德性向度的学者还有 Price, Stern-Gillet, Irwin 等,参见 A.W. Price, "Friendship and Politics"; Price, *Love and Friendship in Plato and Aristotle*, Clarendon Press, 1989; S. Stern-Gillet, *Aristotle's Philosophy of Friendship*, State University of New York Press, 1995; Terence Irwin, *Aristotle's First Principles*, Clarendon Press, 1988, pp.398-399, 421。

益），而且还有出于对他自身（心智和品性以及其他善的因素）的关切……这意味着在由政治友爱激发的城邦中，每个公民都能关切每一个公民的幸福并从中得益，这单纯就是因为他人是同邦公民。政治友爱使得同邦公民的幸福与每个人都相关。①

在一个充满政治友爱的城邦中，"每个公民都会设想所有其他人，即便那些不太熟识的人，都愿意支持他们共同的机构，愿意成为共同的公共物品的贡献者，他和所有其他的公民都能从中获益。"与安纳斯主张的小共同体友爱与善不同，库珀认为城邦产生之后拥有独立的政治共同体意义上的公共善，这公共善并不能等额划分为具体的个人或小共同体的善好。

库珀认为，政治友爱中所产生的人际关系在关切彼此的善上更像是家庭关系，在家庭中，每个成员自己的善，如好运、成功或者杰出的品性也都是整个家庭的善，其他成员都会将之视作自己的善，"政治友爱就是将家庭纽带凝聚在一起的灵魂纽带在整个城邦的延展，并使得每个家庭成员直接参与其他人的善成为可能。政治友爱使公民们在一些重要的方面就像一个扩大的家庭"②。但是政治友爱有一点与家庭亲缘关系是不同的，那就是前者对正义的要求更高。家庭亲缘关系的存在可以使成员之间的不正义被化解，但是政治友爱则必须在相互关系中首先实现正义的要求，即满足公民们在用益方面的要求，并保证共同体的维系。正义在这里构成了政治共同体的底线原则，但正如上文对城邦性质的讨论所揭示的，政治共同体绝不仅限于此，在政治友爱的结构中，每个人不但要获取自己的利益，并且也会把实现他人的利益视为自己的善，这正是城邦作为共同体所拥有的意涵。而关于对城邦所追求的善，库珀

---

① Cooper, "Political animals and civic friendship", p.371.
② Ibid., p.372.

认为，它自然包括个人的物质利益，此外还包括道德和理智意义的善，"在那些最成功的城邦里，是因为政治友爱使得所有公民，包括那些心智与品质上略逊一等的人，都能被视为过着一种好而卓越的生活"①。

库珀将政治友爱还原到人通过城邦-政治生活最后实现卓越的政治学总体框架之下，从而为政治友爱的性质提供了更为完整的理解视域。德性友爱向度的解释方案准确地看到城邦以及政治对于人生活目的性的作用，从城邦的目的出发来审视政治友爱所扮演的角色。但是德性向度的解释所面临的困难也是显而易见的，这也是主张用益友爱解释的学者所着重批评的一点，那就是德性友爱作为最严格意义上的友爱，无疑体现了友爱的真正结构。置身于这一关系中的朋友们都是品性卓越的好人，皆因为彼此之故而希望对方好，并且能够从维系稳定的共同生活中获得快乐和德性的增进。但是正是因为德性友爱的标准和要求过高，导致的一个必然结果就是这种友爱非常稀少，同时人也不可能同时有很多基于德性的朋友。亚里士多德在《尼各马可伦理学》中讨论朋友的数量时说：

> 好人朋友是应当越多越好呢，还是应当像城邦的人口那样，有个确定的数量？十个人构不成一个城邦，但是若有十万人，城邦也就不再是城邦了……所以，朋友的数量也有某些限定，也许就是一个人能持续地与之共同生活的那个最大数量。但是，一个人不可能与许多人共同生活或让许多人分享其生命……其次，一个人的朋友相互之间也必须是朋友，如若他们也要彼此相处的话。但是如若有许多朋友，这件事就比较困

---

① Cooper, "Political animals and civic friendship", p.377. 与库珀观点类似，埃尔文也认为，在理想政体中，每个公民都希望自己的同邦公民成为有德性的人，每个人都希望所有的邦民都能接受使他们变得卓越的共同的道德教育。见 Irwin, *Aristotle's First Principles*, p.421。

难。第三，一个人很难与许多人共欢乐，也很难对许多人产生同情……因德性和他们自身之故而交的朋友，有少数几个我们就可以满足了。①

虽然古代希腊城邦的规模有限，但一个人也无法和所有同邦的公民都产生德性意义上的友爱，这是为德性向度的解释设置的最大阻碍。对于政治友爱来说，用益友爱的解释过于偏向正义所调节的范围而丧失城邦共同生活的性质，而德性友爱又显得太过强烈，无法在城邦范围内推行。由此看来，用益友爱和德性友爱构成了讨论政治友爱性质的两个基本标杆，将政治友爱可能的限度标定了出来，但是要澄清这一问题，还需要寻找新的进路。

4. 同心一致

正如上文分析指出的那样，用益友爱和德性友爱分别对应城邦也即政治共同体的必然性与目的性。建立城邦是出于生活之必需，或者说活着，而城邦最终要实现的是高贵和幸福的生活。但是我们在库珀的德性友爱解释中看到，用目的性向度来解释政治友爱实际上面临一个困难，那就是除了上一章节中引用的《政治学》卷三中的那段话以外，亚里士多德并没有在《政治学》中详述如何通过政治友爱来实现最终的目标。库珀采取的策略是，通过与家庭亲缘关系比照来推导政治友爱的模式，这一论证方式无疑是间接性的。要探究政治友爱的性质，必须将眼光重新放回到政治上面，即人们在形成政治共同体后，究竟出现了何种新的生活方式，以及围绕这一方式所产生的友爱性质。对于这一问题，亚里士多德为我们提供了一个重要的概念：同心（*homonoia*）。

---

① 亚里士多德：《尼各马可伦理学》1170b29-1171a20。

同心最初的出现是与政治友爱连在一起的，在《尼各马可伦理学》友爱讨论的一开始，同心便被视为与友爱相似（homoion），① 是立法者最为看重的，并且最想在城邦中实现同心，与同心相对则是城邦的内乱纷争。② 在专门讨论同心的章节中，亚里士多德又说："同心似乎就是政治友爱（politike de philia phaientai he homonoia）。人们也的确说它就是政治友爱（estin he homonoia philia politike）。"③

之所以惯常的看法将同心与政治友爱等同，是因为同心恰恰对应了"政治"领域：

> 很明显，同心也是友爱的一个特征……当城邦的公民们对他们的共同利益有共同认识，并选择同样的行为以实现其共同的意见时，这个城邦便被称之为同心。"同心"是关于行动的事情，尤其是关系到双方乃至所有人的大事。例如，整个城邦的公民决定要通过选举来分配职司，或者要与斯巴达结盟……同心是指在具体情况下的同心，例如大众和正派的人都认为应该由最好的人统治；因为以这种方式，每个群体都得到了他们想要的东西。所以，同心似乎就是公民间的友爱，事实上它也被说成是公民间的友爱；因为它和利益以及影响人们生活的事情相关。④

从亚里士多德这里的阐述可以看到，首先，处于同心这一关系之中的是城邦的公民，而非商人或是其他共同体关系中的人。按照《政治学》卷三中对公民的界定，公民须是能够参加审判与公民大会等事务的城邦成员，而当同心所关涉的就是政治共同体中与政治

---

① 亚里士多德:《尼各马可伦理学》1167a21。
② 亚里士多德:《尼各马可伦理学》1155a25。
③ 亚里士多德:《尼各马可伦理学》1167b2-3。
④ 亚里士多德:《尼各马可伦理学》1167a22-b4。

相关的成员关系。其次，从这段文本所举的例子可以看出，同心所涉及的内容也都是与城邦政治相关的。同心所彰显的政治友爱虽然也关乎利益，与仅仅基于用益的友爱不同的是，它处理的内容拥有更多的公共性。同心不仅仅涉及个人的买卖和契约关系，而且是关于城邦职司的分配或对外的结盟，这都是关系到城邦内部的政体安排以及城邦对外的关系确立的公共事务。由此，同心就超出了生活必需的用益友爱，而成为关系城邦根本安排的新政治友爱。

在《欧德谟伦理学》中，亚里士多德对于同心的讨论也呼应了《尼各马可伦理学》的内容。"同心是两派人关于谁统治，谁被统治做出同样的选择（he aute proairesis），这里说的'同样'不是说每一派都选自己，而是双方都选择同样的人。同心是同邦公民的友爱。"①

从两部伦理学的论述来看，同心所涉及的对象不是随便意义上的共同意见，也不是关于任意主题的共同认识，而是在城邦这一共同体之后出现对城邦形式的共同慎虑选择②，进而解决政治共同体运作的基础性问题。所以，《政治学》卷三中的"慎虑地选择在一起生活构成了友爱"这句话，其含义现在可以理解为：友爱使得在小共同体中生活的人们在新的意义上选择和其他人共同生活，并且在这一新的生活中，决定大家共同生活的是政治性的统治与被统治关系。当所有人对组织政治共同体的方式达成一致时，同心便即达成。

同心既然关涉的是用政治统治关系来构建城邦共同体中分享的

---

① 亚里士多德：《欧德谟伦理学》1241a31-34。
② 关于慎虑选择 proairesis 与同心 homonoia 及友爱 philia 等的关系，参见 Nancy Sherman, *The Fabric of Character: Aristotleis Theory of Virtue*, Oxford University Press, 1989, pp. 131-137。

生活方式，那么理解同心的首要工作便是理解"政治"。在《政治学》第一卷的开篇，亚里士多德便提出政治的统治方式与家长制、主奴统治、王制并不一样。后面三种统治方式在家庭、村落等构成城邦的共同体中都能找到，但却非政治性的。亚里士多德所说的政治性的统治方式核心是基于平等的自由人的轮流为治。此外，在政治的统治关系中，能够实现人们的利益，因为：

> 人们各自设想，在我担当这种义务的时期，既然照顾到他人的利益，那么轮着他人执政的时期，也一定会照顾到我的利益。(1279a14-15)

> 正如先前在《伦理学》中提到的那样，回报的平等维系城邦。这一原则即使在自由和平等的公民间也是必需的。因为他们不可能同时执掌职司，而是每个人担任一年或者其他委任时段的官职。通过这种方式，结果就是所有人统治，就好像鞋匠和木匠互换工作，并不总是做同一工作。(1261a30-7)

基于统治关系的建立，特别是统治权威及职司安排上达成共识的同心能够为公民们提供城邦层面的利益安排，① 因为一旦没有关于政治事务安排的共识，城邦必然是失序的，也就连公民们的基本物质利益也无法保证了。对于城邦而言，同心所要求的政治事务共识最为重要的就是政体，因为政体问题的核心在于城邦的统治者是谁。在这一问题上达成共识已经预设政体是正义的，而所有发生内乱的城邦根本上都是正义和比例平等方面没有做好。② 亚里士多德

---

① 正是基于这一点，有日本学者也将政治友爱性质的解释落实在统治权威和互利关系上，即通过统治的轮换实现"政治的"利益，如 Kazutaka Inamura, *Justice and Reciprocity in Aristotle's Political Philosophy*, Cambridge University Press, 2015, Chapter 5, pp.143-178。

② 参见亚里士多德《政治学》卷五关于城邦内乱的讨论，特别是 1301a25-1301b4。正义问题并非这里讨论的重点，但是需要注意的是，正义与友爱构成了人非常重要的外在善，并且处理的是相同对象的关系。

没有仅仅将城邦停留在正义的要求上，而是通过同心提出了更高的标准，这就是由正派的人组成的城邦。

与基于用益的友爱不同，亚里士多德提出，同心并非是鞋匠和瓦匠彼此的同心，也不仅仅是指公民之间的关系，而只会出现在正派的人之间（en tois epieikesin）。"正派的人不仅与自己同心，而且相互间能是同心的。因为他们就好像以同样的东西为根基的：他们的希望稳定而持久。"（《尼各马可伦理学》1167b6-9）而坏人间则没有能够实现城邦同心的可能。坏人的"灵魂总是分裂的，一个部分因其邪恶对缺乏某种东西感到痛苦，另一个部分则对此感到高兴；一个部分把他拉向这里，另一个部分把他拉向那里，仿佛要把他撕裂"（《尼各马可伦理学》1166b2-26），从而无法与自身保持一致。这样的人无法自处，并且坏人之间也不会有同心，因为"他们总是想多得好处，少出力气……结果就是出现争端：每个人都强迫别人出力，自己却不想出力"（《尼各马可伦理学》1167b11-16）。

这就将公民的政治友爱进一步引向德性维度，即同心的达成不仅需要公民，还需要正派的人。亚里士多德这一讲法的背后，其实是他对正派之人自爱的看法。在讨论正派的人自爱时（《尼各马可伦理学》IX.4），亚里士多德发现了友爱的所有特征：（1）他与自身一致，追求同一些事物①；（2）希望自身活着，特别是保全能够思虑的部分；（3）他希望和自身一起生活，因为自身给他带来快乐；（4）与自身一起悲欢与共。正是因为正派的人与自身的关系具有这些特征，并且他会以对待自己的方式来对待朋友，而友爱的每一种特征都存在于正派之人自爱的关系之中。②这正如克罗诺斯基指出的那样："同心看来就是政治友爱，它在城邦中起到协和统一的作

---

① 对照柏拉图在《理想国》卷一中的类似表述，351c-352d。
② 参见亚里士多德：《尼各马可伦理学》1166a29-33。

用，就像友爱对于个体的协和统一作用一样。"①

总起来看，亚里士多德对同心的讨论从公民们涉及城邦内外公共事务出发，将政治共同体的独特性质揭示了出来，即人们结成政治生活后统治关系的确立。同心所关涉的就是统治秩序，或者政体形式的共识，这也是人们慎虑地选择生活在一起之后面临的最重要议题。这就使得同心从更多关心狭义用益的友爱进一步升华，从之前缺乏生活在一起的意愿过渡到共同生活中来。同心进一步要求城邦的主体必须是君子而非坏人，并且城邦中的民众和正派的人都同意应该让最好的人来统治。所以，亚里士多德通过同心向我们揭示出政治友爱的图景是由正派的人组成的贵族政体，为了进一步澄清政治友爱所发生的场域，以及正派的人如何在相应的政体中达成这一关于统治关系的共识，有必要将目光转回到政体问题。

5. 政治友爱与政体

回到《尼各马可伦理学》中的政体分类，我们得知共有三种好政体以及相应的变态政体：王制、贵族制和政制（politeia）；僭主制、寡头制和民主制。亚里士多德明确告诉我们，在变态政体中少有友爱也少有正义，三种正态政体中有其各自的友爱类型。王制中的友爱被认为是基于不平等基础上的友爱，类似于父子关系，但是由于王和治下属民差别太大，这种友爱关系并不容易建立，因为"如果两个人在德性、财富或其他方面相距太远，他们显然就不能继续做朋友……这在王身上也同样明显，因为他们治下的属民没有人会期望同他们做朋友"（《尼各马可伦理学》1158b31-36）。贵族政体的友爱则相应于德性，每个人各得其所。友爱最多的是在荣誉

---

① Richard J. Klonoski, "Homonoia in Aristotle's Ethics and Politics", *History of Political Thought*, 1996, Vol.XVII, NO.3, p. 319.

政体或政制，即基于资产的平等政体中，这种政体的公民们彼此平等，他们轮流治理，权力共享。

亚里士多德对政体与友爱关系的论述暗含了友爱的一个重要性质，即量上的平等。如果说正义所关涉的平等首要是要合比例，即按照应得的逻辑来实现平等，那么在友爱中，首要的则是数量上的平等，比例平等居次要地位。① 在各方面平等且相似的人才能在共同生活中分享最多的东西，所以友爱的这一性质所指向的政体形态就是基于平等而相似的人所构建的政体，而这恰恰是政治本身的意涵。

在简要讨论亚里士多德对政体以及相应的友爱关系的论述之后，接下来要解决的问题便是，所要求的政体应该如何理解呢？一方面，同心要求城邦中有一群平等而相似的人，从这一条件来看更像是"政体"；但另一方面，这些人又都是正派之人或是好（*spoudaios*）人，在这个城邦中大家一致同意的是由最好的人来统治，从这个角度来看更像是贵族制。那么同心所指向的政体究竟是怎样的呢？结合之前对于最佳政体的讨论，我们可以看到亚里士多德在《政治学》第七、八两卷中详细阐述的靠祈祷获得的城邦便是能够符合同心这两个条件的城邦。

根据之前的讨论，在这个最佳政体中公民们实行代际意义上的轮流为治：

> 唯一的办法就剩下将该政体的两部分职能授予同一批人，但不是同时授予他们。因为很自然的是，年轻人拥有强壮力量而老年人拥有明智，所以依据年龄为两个群体分配职能是有益和正义的，因为这是基于才能划分的。（《政治学》

---

① 参见亚里士多德：《尼各马可伦理学》1158b29-1159a。

1329a12-18）

在这个城邦中，因为所有的公民都是相似的，平等和正义就是要给他们以相同的对待。通过年龄，公民划分为由两个代际内部平等的成员组成的群体，年长的作为统治者，而青年的作为被统治者。在这个城邦中，不论是统治者还是被统治者，都能够就统治秩序达成一致，即由年长的、具有明智的公民来统治，而年轻人被统治。青年人并不会反对年长公民的统治，考虑到他们会在可预期的将来自己担任统治职责，就更加不会有僭越统治的想法。

按照这一政体安排，同心所要求的两个条件均可符合。首先，城邦的公民都是平等而相似的；第二，这个城邦是由最好的人，即明智长者统治的。无论统治者还是被统治者，都能够就城邦内外关系的重大事务达成共识。不仅如此，仔细考察这一安排会发现，该政体不仅着眼于平等公民的状况实现了正义的安排，而且还塑造了两种性质的政治友爱关系，从而共同实现了同心。

第一种友爱是各个代际群体内部的友爱。这一友爱可以比照共和政体中的友爱，因为平等且年龄相近，更像兄弟与伙伴的友爱，并且实际上也是源自兄弟友爱。兄弟间的友爱关系首先源自同一个来源，并且兄弟年龄相近还接受共同的抚育。而要是年龄相同，又拥有同样的道德便是伙伴。① 可以合理地推想，年龄相近的平等公民正是从基于家室中兄弟的共同生活中熟悉并获得友爱情感，因为在该城邦中，立法者设置了统一的教育制度，旨在培养孩童和年轻人养成同样的道德。② 不论是接受一致的教育共同成长，并通过共餐、军事活动等机制共同生活的年轻人团体，还是经历了所有之前的共同生活而具备明智德性的年长者团体，内部彼此间都拥有兄

---

① 参见亚里士多德：《尼各马可伦理学》1161b31-1162a2。
② 关于教育制度的具体安排，参见《政治学》卷七1336a4至卷八。

弟、伙伴般的友爱情感。

第二种友爱是两个代际群体间的友爱。这一友爱关系则体现为王制政体的友爱，最主要的来源是父子关系的友爱。因为王制中的友爱是基于优越的友爱关系，统治者之于被统治者就如同牧羊人和羊的关系。王要尽最大可能提升被统治者的德性。王制中的友爱关系类似于父子关系，子女从父母身上生出，并且最初是在自己的家庭中被抚育长大，之后再接受城邦的公共教育。所以，父对子有自然的爱，而子对父也有尊敬。在基于年龄的代际统治关系中，统治者和被统治者在基于职能区别的统治关系之外，实际上还是父（辈）与子（辈）的关系。虽然亚里士多德没有像柏拉图那样将城邦塑造为一个不能区分小家的大家庭，但是在这个城邦军事团体中，每个成员基本都能在统治者团体中找到自己的亲生父亲，反之亦然。

综合两种友爱，两个团体可以就统治关系达成共识，即由更为卓越的公民长者来统治，这一共识的基础是平等、父子友爱中的爱护和尊重以及依据才能的分配。除此之外，在代际的政治团体中实际上也存在着友爱的深化与过渡，即从年轻时的兄弟/伙伴关系通过共同的教育、军事政治活动、从被统治中学习政治经验等，最后成为年长的明智之人之间的友爱。

将同心放入最佳政体（或者严格地说是人所能希望达到的最佳政体或靠祈祷得到的政体）进行考量，可以将亚里士多德关于政治以及政治友爱的分析看得更加清楚。人有可能有很多种生活方式，具体到统治关系中，也存在多种统治类型，政治只是其中的一种；与之相应，不同政体下也存在着不同类型的友爱关系，在变态政体中友爱和正义都很罕见，而正态政体中友爱类型和结构也不尽相同。基于平等的自由人轮流为治是最为政治性的生活方式，而超越了公民身份的正派之人也构成了政治友爱的主体，并更为接近政治共同体的目的，即活得好与做得好。①

通过将政治友爱置入政治的视野中以及阐发友爱本身所具有的政治性，我们看到友爱与政治密不可分。对于一个政治共同体来说，正义的安排能够保证城邦的稳定，但更多的是对城邦比例平等与数量平等的区分和分配。政治共同体的前提是人们愿意不仅仅停留在各种基于用益的共同体中，而是选择走到一起形成新的共同生活方式。共同生活由此也构成了友爱非常重要的标志，也为政治友爱提供了双重意涵：人们走向共同生活可能是出于必然性，这是狭义的政治友爱的作用；但是共同生活一旦形成，它所要求的就不仅仅是对财富等外在善的正义安排，而是要求大家产生共同生活的联系纽带。

政治共同体产生之后，城邦不再是依照原来小共同体的组织方式进行，而是出现了新的生活方式，即通过统治和被统治关系或政体来构建关乎所有公民的共同生活，政治友爱就是在参与政治性的生活之中构建而成。如果说在城邦之前的共同体中，人生活的主要目标是为了满足生活必需，那么政治生活为人的生活添加了荣誉等外在善，以及使人们有可能通过参与共同的政治活动去磨炼和培养德性。

如果说以上的回顾展示了政治和城邦对于理解政治友爱的引导作用，那么同心则提供了一个从友爱的角度理解政治的视角。如前

---

① 如果说《政治学》卷七和卷八的最佳政体/贵族政体太过特殊，还有一种版本的共和政体（politeia）也能揭示政治友爱的一些特征。结合《政治学》卷四中的讨论，荣誉政体作为政体的通名是围绕城邦中的重装步兵阶层构建起来的。这一阶层拥有武器并且在城邦中拥有最高的权威。这种政体虽然也很稀少，却是大多数人实践中能够接受的政体。王制或贵族制，因为这二者所要求的卓越是只有极少数人才能够获得的，并非整个公民群体都能分有，而军事德性则可以为大多数人所共有。在政体中，重装步兵阶层构成城邦的中间阶层，他们彼此之间都是相似而平等的，这恰恰是共同体中友爱产生的重要基础。（1295b24-30）

文所论述的那样，近似于政治友爱的同心处理的是政治共同体的基础议题，即统治关系或政体形式。同心所指向的是由正派的人协和一致而组成的贵族政体，而正派的人或是卓越的好人恰恰又是贵族政体所要培养的目标。所以，同心自身所要求的量的平等以及德性目标恰恰是政治的本真意涵。正是在这双重的映射关系中，我们可以更加清楚地看到亚里士多德政治学作为成人之学的性质。

结语

政治 在过去与未来之间

经过以上诸章的讨论，本书以古风和古典希腊历史中的政治思考为主线，系统考察了政治的创生、政体时代、体系化的哲学家等几个阶段的政治思考。作为西方政治和思想传统的开端，古希腊的政治思考范式决定性地支配着后世的政治思想。正如在全书导论中指出的那样，人们至今仍然不断返回古希腊去寻找政治的本相、民主的理想和共和主义的精神，而在完成对希腊政治思想发端和成型过程的研究之后，对这些用希腊资源解决现代政治困境的努力也会有新的认识。

　　通过本项研究，我们看到，政治的出现是城邦精英阶层将权力斗争扩展至城邦范围内解决的直接后果。伴随着更广大成员参与到城邦权力的分配之中，以及共同体成员更为均质化地发展，城邦开始转变为政治共同体。但是用政治的方式解决城邦冲突并非一片光明，而是从一开始就危机四伏。当贵族阶层的冲突城邦化之后，权力斗争的强度和烈度就自然扩充到共同体的全体成员。无论是理性辩论还是投票，实质上都是将城邦内部的分歧明确化和公开化，在这个意义上，政治与城邦内乱是孪生兄弟。由此，共同体成员必须找到确定共同体成员身份和联结公民的新纽带，以防止城邦内部出现敌我战争。由于政治的逻辑已经不同于原来血缘共同体和利益共同体的逻辑，传统的家亲关系也不足以维系基于政治身份的共同体秩序。这一过程基本上是公元前 5 世纪中叶之前希腊城邦历史与政治演变的基本逻辑与面貌。

希腊城邦的政治化进程并没有得到进一步的自然演进，而是在公元前5世纪后期遭到战争的打断，自此古典希腊城邦也正式进入了政体时代。奠定了西方政治传统核心形态的政体是古希腊人的创设，但是政体在发端时却也是与内乱相伴。作为城邦的统治形式，政体最核心的意涵就是决定哪个群体是城邦的统治群体，而统治与被统治的关系非常自然地将参与性政治转变为潜在对立的两个群体。而当政体时代遭遇伯罗奔尼撒战争这样的大战时，以权力争夺为核心的政体斗争便在希腊范围内的城邦世界不停上演。战争这个暴力的老师不仅摧毁了原有自然血缘的共同体纽带，而且也将新近形成的政治共同体观念打得七零八落，党派取代了城邦成为公民新的核心认同单位。与此同时，"自然－礼法"关系的讨论以及政治现实主义的主张也在这种背景下出现。

"政治"和"政体"，这两个希腊留给后世政治最大的遗产在创生时实际上步履蹒跚，二者始终与其对立面，即城邦内乱处于艰难的平衡和紧张关系中。希腊城邦的历史告诉我们，绝大多数的城邦无力逃脱城邦内乱的魔咒，而一旦陷入其中，则会陷入循环往复的权力角斗。当然也有例外，斯巴达因其独特的混合政体设计基本未受内乱的困扰，而雅典虽在伯罗奔尼撒战争末期两次陷入内乱，却凭靠共同体的历史以及民主制度自身的韧性，最终在城邦内实现和解，直到希腊化时期都维持了政体的稳定。雅典政治经验的核心是借祖宗之法对日益极端化的民主政体加以节制，使持有财富的群体与自由公民之间达成相对合理的混合和制约。

年轻时目睹并参与雅典内乱的柏拉图，将城邦内乱及其背后的理论支撑作为自己政治思想的核心问题意识。在他看来，既有的政体和城邦无一例外都处于败坏之中且无法拯救，因为如果只将权力放在政治的视野内讨论的话，由权力而来的荣誉以及其他利益自然就是人们争夺的焦点，城邦内乱也就无法根治。柏拉图的解决方案是将政治权力与超越政治的哲学或善关联在一起，为城邦重新奠定基础。通过为人赋予一个超越政治的更好的生活方式，政治世界的秩序问题也就得到了安顿。但是这一解决方案也将原来政治对传统共同体的压力进一步转化和提升，因为如果说《安提戈涅》中的克瑞翁想用城邦利益来重估一切关系，从而对家亲关系带来挑战的话，那么柏拉图则是用哲学的生活方式质疑所有人伦生活的真实性与合法性。柏拉图在《理想国》中构建的美丽城，将人从原有的血缘共同体中拔出，通过最佳政体的立法与教育安排，借由政治生活走上德性完善之路。柏拉图在《法律篇》中构建的"次佳政体"和亚里士多德的政治建构，虽然给予血缘共同体特别是家庭以更多的看顾，但在根本上仍然认为人的最终幸福并不能在家庭中获得。家亲友爱对政治友爱有助益，但只有在最佳政体中才可能实现更为整全的德性。柏拉图和亚里士多德的政治思想，开始于对城邦内乱疾患的克服，通过最佳政体的设计最终将落脚点放在灵魂德性培养和人的成全上面，政治也成为人总体性生活方式的规定和关照。由此一来，理想的政治共同体在柏拉图笔下就是统一的友爱共同体，在亚里士多德笔下就是由正义和友爱为纽带打造的德性共同体。

在厘清古希腊政治与政治思想自发端到公元前4世纪的演变之后，我们可以更准确地把握古今政治之间的复杂关系，特别是除了学界讨论众多的"古今之争"外，古代与现代在"政治"的核心逻辑上实际有着更为本质的关联。这一点还要从公元前4世纪两位哲人的最佳政体设计谈起。如果比照柏拉图和亚里士多德的最佳政体设计，会发现有很多类似之处。最为核心的是在几个"最佳政体"的版本中，城邦的统治者都是接受城邦系统教育的战士阶层，并且往往是由更富实践智慧的年长的护卫者统治，之后年轻的战士阶层学习并在年长后接过统治权。哪怕在最普通的"共和政体"中，亚里士多德也要保证重装步兵群体的轮流为治。这也是他对"政治"最为核心的理解，即由平等的自由人轮流为治。我们前面说过，柏拉图和亚里士多德的政治学说，最终都是着眼于公民个体的德性成全，而城邦所实现的自足与"活得好"都将使公民实质上脱离其他共同体的认同和归属。如果将古代政治思想中的共同生活方式与德性成全的因素去除，并进一步扩充平等的自由人的范围，我们便来到现代政治的世界。

当古典希腊哲学与基督教的上帝都隐退之后，人民自身构成现代政治的唯一主体与合法性来源。不仅如此，哲学和上帝的隐退在取消政治之外权力的同时，却把哲学与宗教对习俗共同体根基摧毁的后果保留了下来。以柏拉图的学说为例，在《理想国》高贵的谎言中讲述的人从大地出生的神话和共妻共子的叙述，以及最终作为城邦护卫者和统治者的生活状态，从根本上说都是没有自然血缘属性的公民的共事，最终的"爱-智慧"以及《吕西斯》对话结尾处展示的友爱样态都很难想象能有他人的参与。令人颇感意外的是，最为接近这一政治图景的恰恰是现代政治奠基人霍布斯的自然状态学说，因为霍布斯政治理论中的现代人也是像蘑菇一样冒出来，在根本的意义上并不背负既有的家庭或社会纽带。[①] 在霍布斯的政治理论中，古典最佳政体学说所依循的自然不平等以及德性视野不复存在了，但是古典政治哲学中公民群体的平等却被进一步扩大。在霍布斯看来，基于对人的体力、经验、理性与激情的考察，成年人在力量与知识上差距很小，换言之，自然状态下的人是自然平等

---

① 对这一问题的详细讨论可参见李猛：《自然状态与家庭》，《北京大学学报（哲学社会科学版）》，2013年5期。

的。但是这种自然平等并没有形成有效的政体结构，反而在平等的极端意义上，即任何人无法在自然状态下实现稳定的支配秩序，进而使得自然平等成为被杀死的平等可能性。这样一来，自然状态沦为战争状态，而走出战争状态则需要所有人在恐惧激情促使下放弃自己所有的自然权利，并将之赠予主权者，进而在国家之下获得和平和安全。细究霍布斯从自然状态到国家的理论推进，会发现现代人除了对暴死的共同恐惧之外，真正能凝结在一起的纽带非常薄弱。在进入契约的关键环节，他的理论要求所有人需要成为正义的人，因为只有这样才能够一并主动放弃所有自然权利，结束自然状态。霍布斯为个体提出的要求也仅仅是付出真诚的努力（*conatus*），使得契约最终得以履行而不至于出现履约人困境：

> 同样的法律（自然法）由于只对欲望和努力[我指的是真诚与持久的努力]有约束力，所以便易于遵行。因为既然，自然法所要求于人的只是努力，努力履行这些自然法的人就是实现了它们，而实现了自然法的人就是正义的。①

这也是霍布斯对现代个体面对他者时唯一积极意义的"纽带"，甚至无须和古代哲人最佳政体中政治抑或德性友爱相比照，我们也可以看出利维坦人性基础的微妙和脆弱。在这一基础上构建的现代国家也就成了和平地生活在一起的保障，同时，现代政治的实质性关系也转变为个体的现代人与主权者的直接关系，而在自由平等个体基础上的秩序则开始围绕权力安顿展开。

如果说霍布斯为现代政治提供了平等的现代个体，那么到了卢梭那里，政治就更进一步转化为人民主权。在论述社会契约时，卢

---

① 霍布斯：《利维坦》，黎思复、黎廷弼译，商务印书馆，1997年，第35页。对这一问题更为细致的讨论，参见张新刚：《"微动/努力"（conatus）与利维坦的人性基础》，《学海》，2017年第6期。

梭在著名的段落中将主权者和人民实质性等同起来：

> 这一由全体个人的结合所形成的公共人格，以前称为城邦，现在则称为共和国和政治体；当它是被动时，它的成员就称它为国家；当它是主动时，就称它为主权者；而以之和它的同类相比较时，则称它为政权。至于集合者，他们集体地就称为人民；个别地，作为主权权威的参与者，就叫作公民，作为国家法律的服从者，就叫作臣民。①

在卢梭看来，社会契约对于每个个人来说都是与自己订约，即对于个人来说，他就是主权者的一个成员，而对于主权者，他也就是国家的一个成员。国家作为"普遍意志"的体现，高于"特殊意志"和"众意"，并且要强迫任何拒不服从普遍意志的人服从普遍意志。相比于霍布斯，卢梭借助普遍意志的理论，为人民主权下的个体赋予了更多的道德色彩，使得个体的道德自主性和国家彻底统一在一起。在卢梭的政治理论中，人民与国家最终达到了高度一致，人民既是主权者又是臣民，人民实际上是在自我统治，而这实际上是古典政治核心理解的彻底实现。当人民主权理论在北美大地上成为切实的政治实践时，托克维尔感叹身份平等的发展是天意使然。这与其说是民主的天意，不如说是"政治"的天意。托克维尔敏锐地看到这种发展的特征是"普遍和持久的，它每时每刻都能摆脱人力的阻挠，所有的事和所有的人都在帮助它前进"②。面对这一天意主导下的发展，所有人类社会都必须正视并直面"政治"本身，并重新审视政治共同体的认同以及共同体成员间的纽带。

最后，让我们回到柏拉图的《政治家》这部对话。在对话的结尾处，苏格拉底将政治家的技艺比作编工：

---

① 卢梭：《社会契约论》，何兆武译，商务印书馆，2005年，第21页。
② 托克维尔：《论美国的民主》，董国良译，商务印书馆，1998年，绪论，第7页。

> 编工-政治家将具有勇敢性格的人（像延伸着的经线）与具有节制性格的人（像丰富而柔和的纬线），编成密实的织体。当拥有知识的王者，借助一致与友爱来塑造他们的共同生活时，就完成了所有编织物中最美和最高贵的一种，城邦的所有人均被囊括其中：奴隶、自由人，均通过这一种编绕而抟结起来，通过对所有相关事务进行事无巨细的统治与指导，才使城邦成为幸福的。(311b-c)

对于古代立法者来说，政治的技艺就是将不同的德性编织在一起，把不同性质的人编在城邦这张紧实的共同织品上。无论是德性友爱还是同心一致，政治共同体中的成员愿意共同生活在一起，追求德性成全的生活方式。面对人民主权逻辑支配下的现代国家，我们仍需找到将公民凝结在同一个政治共同体内的合宜纽带，只不过这一次无法指望卓越的王者，而只能靠人民自身了。